● 国家语委"十二五"科研规划项目(项目编号:YB125-98)

外宣翻译与国家形象建构

韦忠生◎著

中国社会科学出版社

图书在版编目(CIP)数据

外宣翻译与国家形象建构/韦忠生著.—北京：中国社会科学出版社，2016.12

ISBN 978-7-5161-9739-4

Ⅰ.①外⋯ Ⅱ.①韦⋯ Ⅲ.①中国对外政策—宣传工作—语言翻译—研究②国家—形象—研究—中国 Ⅳ.①H059②D6

中国版本图书馆 CIP 数据核字(2016)第 323349 号

出 版 人	赵剑英
责任编辑	陈雅慧
责任校对	王新乐
责任印制	戴 宽

出　版	中国社会科学出版社
社　址	北京鼓楼西大街甲158号
邮　编	100720
网　址	http://www.csspw.cn
发行部	010-84083685
门市部	010-84029450
经　销	新华书店及其他书店
印　刷	北京明恒达印务有限公司
装　订	廊坊市广阳区广增装订厂
版　次	2016年12月第1版
印　次	2016年12月第1次印刷
开　本	710×1000 1/16
印　张	20.75
插　页	2
字　数	363千字
定　价	128.00元

凡购买中国社会科学出版社图书，如有质量问题请与本社营销中心联系调换
电话：010-84083683
版权所有　侵权必究

前　言

　　良好国家形象的建构离不开外宣翻译，而国际话语权的构建以及推动中华文化走向世界更是需要通过。通过以能被世界接受的方式讲述中国故事、传递中国声音、传播中国文化，中国文化软实力将不断增强，有助于建构负责任的大国形象。改革开放近40多年来中国政府致力于对外传播工作，成就斐然，其国际影响力不断加强。外文局出版的《北京周报》《今日中国》《人民画报》等国家级外宣期刊，以9个语种面向180多个国家和地区发行，是海外读者了解中国的重要渠道。作为中国最大的对外出版机构，外文局翻译出版的《红楼梦》《西游记》《三国演义》《水浒传》《本草纲目》等经典名著，在全球拥有大量的读者。创刊于1981年的《中国日报》是中国国家英文日报，作为中国了解世界、世界了解中国的重要窗口，是进入国际主流社会、国外媒体转载率最高的中国报纸。成立于2014年7月的中国翻译研究院，隶属中国外文局，致力于集聚国内外知名翻译家、汉学家、跨文化传播专家、中国问题研究专家以及国际翻译组织专家，研究中国时事政治及经典中国文化翻译中的重大问题，策划实施国家级重大翻译项目，培养多语种高端翻译人才，搭建翻译与国际传播领域的国际化交流合作平台。新华社是中国的国家通讯社，同时也是世界性的现代通讯社，拥有多渠道、多功能、多层次、多手段的新闻报道和发布体系。新华网是新华社主办的中国重点新闻网站，被称为"中国最有影响力网站"，每天24小时以7种文字、通过多媒体形式不间断地向全球发布新闻信息。中国国际广播电台目前每天用43种语言播出211个小时的广播节目，覆盖全球200多个国家和地区，成为继美国之音（VOA）和英国广播公司（BBC）之后世界公认的第三大国际广播电台。CCTV-4和CCTV-9

这两个面向海外的英语国际频道的开播，标志中国电视真正打开了走向世界的大门。中国政府不仅致力于对外传播工作，近年来也极为注重向海外推介中国的学术成果。一年一度的国家社科基金中华学术外译项目立足于学术层面，资助相关学术精品以外文形式在国外权威出版机构出版并进入国外主流发行传播渠道，旨在深化中外学术交流与对话，增强中国学术的国际影响力和国际话语权，不断提升国家文化软实力。

目前30—40家大型国际传媒公司占据全球传媒市场的最大份额，其中的10家传媒集团垄断了全球传媒市场，尤其是美国在线—时代华纳（AOL - Time Warner）、迪士尼（Disney）、贝塔斯曼（Bertelsmann）、维亚康姆（Viacom）、新闻集团（News Corporation）等超级国际传媒集团，攫取了最大经济利益。以美国为首的西方国家在冷战结束之后，借助其强大的文化软实力，一方面通过充分发挥传播媒体在国际事务报道中的主导作用，继续垄断对重大国际问题的议程设置权，巩固了美国在世界上的国际话语权地位；另一方面，美国通过大量输出文化产品，潜移默化地传播了其意识形态和价值观念。西方国家的主流媒体善于设定新闻报道的议程，掌握新闻传播的主动权与话语权，这些行为给我们深刻的启迪。一些学者的研究结果表明，西方国家的主流媒体借助新闻报道的议程设置在国际社会上建构了东、西方两种截然不同的形象：西方的正面形象与东方的负面形象。

毫无疑问，近年来，我国媒体硬件还是软件、规模还是传播影响力，都比前些年有了较大改观，一些主流媒体纷纷走向世界，向外拓展更广阔的发展空间，如外文局于2004年开始实施外宣期刊本土化战略，以国内为基地，把策划编辑和印刷发行环节前移到对象国和地区，目前已有《北京周报》等6种刊物不同程度地实现了本土化运作。《中国日报》近年来不断加快海外发展步伐，完善全球采编和传播网络，向着构建世界一流的现代新型全媒体集团的目标迈进。然而与大型国际传媒公司相比，中国传播媒介的国际影响力还存在较大的差距，对外传播与外宣翻译工作无疑面临巨大的挑战与压力。

截至2016年3月22日，在中国知网期刊栏目下模糊检索关键词"外宣翻译"，结果共计1904项，结果表明其研究主要聚焦外宣翻译的微观研究，其论题少部分包括外宣翻译文本的翻译错误分析，更多的内

目　　录

第一章　引论 …………………………………………………… (1)
　　第一节　外宣翻译研究评述 ………………………………… (1)
　　第二节　研究的主要问题、重点和难点 …………………… (9)
　　第三节　研究框架和方法 …………………………………… (10)
　　第四节　主要创新 …………………………………………… (12)

第二章　多维哲学视域下的意义观与译学研究 …………… (13)
　　第一节　哲学视域下翻译研究概述 ………………………… (14)
　　第二节　哲学视野下的意义观解读 ………………………… (15)
　　第三节　中西翻译研究哲学路径之比较 …………………… (20)
　　第四节　多维哲学视域下的中西翻译研究与发展趋势 …… (24)
　　小结 …………………………………………………………… (30)

第三章　外宣翻译本体研究的多维思考 …………………… (31)
　　第一节　翻译的学科地位 …………………………………… (32)
　　第二节　外宣翻译研究的翻译学属性 ……………………… (34)
　　第三节　外宣翻译研究的传播学属性 ……………………… (36)
　　第四节　外宣翻译研究的修辞学属性 ……………………… (39)
　　第五节　外宣文本语篇功能之分析：纽马克文本
　　　　　　类型理论的视角 …………………………………… (42)
　　第六节　外宣翻译的噪音干扰与翻译原则 ………………… (44)
　　小结 …………………………………………………………… (51)

第四章　多维视域下国家形象和话语权建构 (53)
　　第一节　多维视域下的国家形象界定与分类 (53)
　　第二节　国家形象的特点 (55)
　　第三节　国家力量与国家形象建构 (57)
　　第四节　媒介符号与国家形象的关系 (59)
　　第五节　传播视域下的国家形象建构策略 (61)
　　第六节　国家话语权的生成机制 (69)
　　小结 (73)

第五章　多维视域下城市形象建构与外宣翻译 (75)
　　第一节　多维视域下的城市形象界定与分类 (75)
　　第二节　城市形象的生成机制 (77)
　　第三节　外宣翻译与城市软实力的建构 (80)
　　第四节　平行文本视域下的城市外宣翻译 (81)
　　第五节　城市外宣平行文本对比与翻译策略 (83)
　　第六节　城市外宣招商项目文本解读与翻译策略 (90)
　　小结 (102)

第六章　多维视域下大学形象建构与外宣翻译 (103)
　　第一节　多维视域下高校形象的界定与分类 (103)
　　第二节　多维视域下高校形象的生成机制 (104)
　　第三节　传播视野下的外宣翻译与高校形象建构 (108)
　　第四节　语篇分析视域下高校简介对比与翻译 (111)
　　小结 (120)

第七章　外宣翻译方法论系统与实证研究的多维审视 (122)
　　第一节　外宣翻译研究路径 (122)
　　第二节　系统理论和实证研究视野下的外宣翻译方法论 (124)
　　第三节　哲学视域下的外宣翻译实证研究 (126)
　　第四节　外宣翻译研究设计 (129)
　　第五节　外宣翻译方法论体系的建构 (131)

容主要涉及运用具体的翻译理论探析外宣文本的具体翻译策略，如功能翻译理论、翻译模因论、顺应论、后殖民翻译理论等，其中功能翻译理论运用的频率最高。不到5%的宏观研究主要聚焦外宣翻译的研究综述、外宣从业人员的素质、外宣翻译的特点与标准、外宣翻译的重要性、译者主体性等方面。2011年至2016年的外宣翻译研究在数量上较2010年及以前有了显著的增加，总计为1457项。其研究的内容更加细化，语料涉及英语网站、企业文本、旅游文本、少数民族文化文本、政府网站翻译、政治文本、体育等内容，研究视角亦进一步多样化，如生态学、传播学、伦理学、社会学视角，但是学者们仍然注重微观层面的研究，侧重个案研究，宏观层面的研究主要涵盖外宣翻译与教学研究、外宣翻译的特点与要求、外宣翻译人才的培养等内容，与上述的内容大同小异，仅占6%左右。从系统论的视角予以审视，目前的研究存在严重失衡，很难形成一个完整的体系，主要缺失的是宏观层面的研究，对外宣翻译学科地位的建构极为不利。一门学科的发展与其宏观的理论建构是分不开的，只有重视学科的理论建构才能使其立于学科建设的前沿。对外宣翻译中理论和实践其中任何一方的过度关注都可能造成两者的割裂，可能重新形成翻译理论二元对立的格局。

　　本书正是针对外宣翻译的上述研究状况而撰写的，全书分为十章。第一章为"引论"，内容主要包括外宣翻译研究评述、研究的主要问题、重点和难点，研究框架和方法以及主要创新的简要介绍。第二章为"多维哲学视域下的意义观与译学研究"，主要概述了哲学视域下的翻译研究，解读了哲学视域下的意义观，探析了中西翻译研究的不同哲学路径并从多维哲学的宏观视域下分析了中西翻译的不同研究视角与发展趋势。第三章为"外宣翻译本体研究的多维思考"，其内容主要涉及从宏观的视角探究翻译的学科地位，外宣翻译研究的翻译学属性、传播学属性、修辞学属性、外宣文本语篇功能以及外宣翻译原则。第四章到第六章分别为"多维视域下国家形象和话语权建构"，"多维视域下城市形象建构与外宣翻译"和"多维视域下大学形象建构与外宣翻译"，其内容涵盖国家形象、城市形象和高校形象的界定、分类和生成机制以及外宣翻译。第四章为宏观层面的理论探讨，涉及媒介符号、传播的作用、国家形象和国家话语权等，而第五章和第六章既有宏观的探析，亦包括基于平行文本视域和语篇分析的视角对中西城市外宣文本和中西高校简介的对比与翻译策略所开展的微观讨论。第七章和第八章分别为"外宣翻译方法论与实证研究的多维审视"和"多维视域下外宣翻译的实证研究",主要论及外宣翻译研究路径、研究设计、系统理论、实证研究和哲学视域下的外宣翻译实证研究体系的建构以及多维视域下外宣翻译的实证研究。第九章为"西方对外传播话语与修辞的批评性分析与翻译",将西方对外传播话语与修辞的批评性分析与翻译纳入外宣翻译研究视野,为西方对外传播话语与修辞的研究提供了可供参考的框架。第十章为"外宣翻译文本批评的框架建构",其要点包括从理论的宏观层面探析外宣翻译批评的界定、外宣翻译批评的类型、外宣翻译批评的框架建构和外宣翻译批评模式与参数设定。

本书得以完成,首先要感谢国家语委项目评审专家,他们的信任使得该课题得以立项。其次我还要感谢国家语委的经费支持。在历时两年多的时间里,国家语委对该项目的经费支持为该项目的研究解除了后顾之忧。我还要感谢福建师范大学福清分校对本项科研工作的重视,感谢其各级机构对本项目的研究所提供的大力支持与各种便利;最后我还要对中国社会科学出版社领导对本书的出版给予的鼎力支持深表谢意,感谢该出版社国际合作与出版部的夏侠主任、责任编辑陈雅慧为本书的策划和出版所付出的各种努力。感谢夫人胡奇勇副研究员的无私奉献和辛勤付出。感谢参考文献的所有作者,我从他们的作品中得到许多启发和灵感。本书是国家语委十二五科研规划项目 2014 年度科研立项项目"外宣翻译与国家形象建构"的最终成果,部分阶段性成果以系列论文的形式发表于学术期刊上。

小结 ……………………………………………………………… (138)

第八章　多维视域下外宣翻译的实证研究 ……………………… (139)
　　第一节　语境动态顺应与外宣翻译 ………………………… (139)
　　第二节　言语行为理论视域下的外宣翻译策略 …………… (150)
　　第三节　修辞视域下的受众解读与外宣翻译策略 ………… (160)
　　第四节　叙事视角下的外宣翻译策略 ……………………… (167)
　　第五节　接受美学视野下的外宣翻译策略 ………………… (179)
　　第六节　主体间性视域下译者的主体性与外宣翻译策略 … (190)
　　小结 ……………………………………………………………… (200)

第九章　西方对外传播话语与修辞的批评性分析与翻译 ……… (202)
　　第一节　新闻语篇的对话性 ………………………………… (202)
　　第二节　批评视域下欧洲主权债务报道的概念隐喻评析 … (209)
　　第三节　英语新闻语篇冲突隐喻的批评性解读 …………… (221)
　　第四节　批评性话语分析视域下的新闻报道与翻译 ……… (230)
　　第五节　框架视域下新闻语篇隐喻的话语建构与
　　　　　　翻译策略 …………………………………………… (241)
　　小结 ……………………………………………………………… (251)

第十章　外宣翻译文本批评的框架建构 …………………………… (253)
　　第一节　外宣翻译批评概念与类型的界定 ………………… (254)
　　第二节　外宣翻译批评的框架建构 ………………………… (255)
　　第三节　中西方一些翻译批评模式评述 …………………… (261)
　　第四节　外宣翻译批评的评估模式与参数设定 …………… (264)
　　第五节　外宣翻译批评的步骤与方法 ……………………… (268)
　　小结 ……………………………………………………………… (270)

参考文献 ………………………………………………………………… (272)
附录 ……………………………………………………………………… (293)

第一章 引论

第一节 外宣翻译研究评述

在国外学术研究中没有外宣翻译的概念,只有传播学研究。与中国相比,西方较早开展对外传播研究,并取得了丰硕的学术成果。一战后,技术进步和教育水平的提高使得传播成为人们关注的话题,学术界开始对传播学研究表现出浓厚的兴趣。传媒的政治影响促使学者们对宣传和公众舆论开展了大量研究。20世纪初研究者们着手态度和意见的研究,试图探究公众舆论在多大程度上受到媒体的影响。同一时期社会科学也正在发展,社会学和心理学率先介入传播学的研究。20世纪30年代社会学的许多研究开始调查传播影响个体和社区的各种方式。受欢迎的社会心理学研究论题包括电影对儿童、宣传、劝导和团体活力的影响。

二战以后社会科学的学科地位得以确立,对心理和社会过程的兴趣越发浓厚,传播学研究得到进一步发展。早期的大众传播理论关注媒体的结构和作用,例如哈罗德·拉斯威尔(Harold Lasswell)的模式列出了提供信息、娱乐和解释的功能。20世纪70年代前的其他功能主义理论提出了更多的功能,如形成公众舆论、传播革新、培育共同价值、设定公共议题。20世纪70年代前的媒介理论主要关注政治制度对媒介体制与传播的制约。20世纪70年代以后跨国媒体集团在各国政府的决策中发挥了重要作用,同时各国政府也积极利用媒体捍卫其利益,一度被称为"媒体外交"。随着冷战的来临,国际传媒巨头BBC、VOA、CNN充分利用自己的实力,崭露头角,在各种政治危机中赢得了国际话语权,不断向全世界灌输其意识形态。随后出现了新闻话语的概念，学者们开展了符号以及编码、译码的研究，话语被视为意识形态的体现。

直至20世纪80年代，大众传播研究的功能主义的传统受到了其他观点的有力挑战。20世纪80年代新自由主义新闻理论和市场批判理论应运而生。新自由主义新闻理论主张媒体彻底私有化、市场化和全球化，反对国家的任何干预。一些较为温和的美国人主张把政府对媒体的管制降到最低程度从而更好地为市场服务，这一观点很快在传媒的决策中占据优势。新自由主义新闻理论体现了媒介资本对利润的无止境追求。在新自由主义新闻理论的主导下，媒体不再为公众服务，大众的政治诉求被否定，因此这种理论遭到许多学者的反对，从而催生了媒介市场批判理论。

1992年前后，诞生了"公众新闻学"这一新型的媒介理论，与此相关的新闻采写被称为"公众新闻运动"，即记者深入民众，发动和组织讨论、开展民意测验、建构公共论坛，加强媒体与公众互动以寻找解决问题的方案。公众新闻学的主要内容包括：1. 系统听取公民的意见，同时保留报道内容的自由。2. 若涉及重要社会问题的报道，尽量尝试不同的报道方式。3. 保持与公众持续交流的做法。4. 提高重大公共问题报道的主动性以改善公众对解决方案的认识。公众新闻学对当下的新媒体的创新具有启迪意义。[①]

20世纪90年代美国出现了"亲近性新闻"，1997年沃特·哈里顿（Walt Harrington）出版了《亲近性新闻——记录日常生活的艺术与手法》(*Intimate Journalism—The Art and Craft of Reporting Everyday Life*)[②]一书，其中不乏荣获普利策奖的作品。基于普通人的视角，亲近性新闻不仅报道大众追寻生活的意义与目的，在平凡人生中寻找不平凡之处，还关注他们的行为、动机、情感、信念、态度、忧伤、希望、恐惧和成就。亲近性新闻对外宣报道的内容与视角具有启发意义，报道普通人物的平凡人生，追求具体、平易、生动和贴切的语言成为外宣报道的一个

---

① Cheryl J. Gibbs and Tom Warhover, *Getting the Whole Story: Reporting and Writing the News*, New York: The Guilford Press, 2002, p. 363.

② Walt Harrington, *Intimate Journalism—The Art and Craft of Reporting Everyday Life*, Thousand Oaks, California: SAGE Publication, 1997.

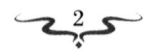

必然选择。美国学者斯蒂文·W. 小约翰（Stephen W. Littlejohn）的《人类传播理论》（*Theories of Human Communication*）① 堪称经典，自1978年问世后已经第6次再版，其特点在于它内容的深刻性和视角的多样性，为外宣翻译构建了坚实的理论基础。该书内容包罗万象，涉猎广泛，不但包括传播的基本理论，而且涵盖与传播学有关的思想、理论与学科，涉及哲学、语言学、符号学、文化学、修辞学、心理学等诸多学科。全书分为4个部分，共16章。第二部分由9章组成，是全书重点，阐述了9种传播学理论，即系统理论、符号与语言理论、话语理论、信息生成理论、信息接受理论、象征互动理论、社会与文化现实理论、经验与阐释理论和批判理论。维曼和多米尼克（Wimmer and Dominick）的第6版《大众传媒研究导论》（*Mass Media Research: An Introduction*）② 是一部经典的媒介研究方法的教材，对外宣翻译研究的方法论构建具有非常重要的指导意义。全书由四个部分构成。第一部分为总论，主要探讨科学研究的特征、要素与方法、媒介研究的伦理问题，并阐述了媒介研究的核心内容——"抽样"。第二部分详细论述了各种媒介研究方法和数据收集方法，如定性研究的田野调查、团体焦点访谈、深度访谈和个案研究，以及定量研究的内容分析方法、问卷调查法、纵向研究设计方法和实验研究法，该部分更为注重定量研究。伊斯博兰卡·贝尔沙和苏桑·巴斯内特（Esperança Bielsa and Susan Bassnett）③ 将媒体研究、社会学与翻译学研究糅合在一起，以翔实的新闻翻译文本作为语料，系统地研究了在全球化与本地化并存的时代背景下新闻翻译的目的、特点、策略以及新闻通讯机构的新闻从业人员采写、编译、新闻报道的诸多问题，对外宣翻译研究体系中目的论与方法论的探讨具有重要的启示意义。列奥纳达·吉美涅茨和苏桑纳·圭勒姆（Leonarda

---

① ［美］小约翰：《人类传播理论》（影印），清华大学出版社2003年版。
② Roger D. Wimmer and Joseph R. Dominick, *Mass Media Research: An Introduction*, sixth ed., Wadsworth Publishing Company, 2000.
③ Esperança Bielsa and Susan Bassnett, *Translation in Global News*, London & New York: Routledge, 2009.

Jiménez and Susana Guillem)① 从本体论与认识论的视角探析了传播学的跨学科地位,提出传播学的理论研究范式应该涵盖话语、认知、交际与文化等多个层面,为外宣翻译研究体系中本体论与认识论的探讨提供了很好的借鉴。斯特拉·索比 (Stella Sorby)② 以英汉新闻翻译文本中词语的褒贬色彩作为研究对象,将原文部分信息传递功能的丧失归咎于中文版的英语新闻倾向于态度的表述,因此受众的误读与误解在所难免。罗杰斯·福勒 (Roger Fowler)③ 在对英国报刊的研究中对新闻报道的客观性提出质疑,认为新闻是由社会和政治世界构建的实践。费尔克拉夫 (Fairclough)④ 从批评性话语的视角深入分析了现代英国社会话语与权利的关系,阐释了在话语中所体现的权利以及隐含在话语深处的权利,反映了人们如何通过话语掌握话语权。罗伯特·赫尔兰 (Robert Holland)⑤ 则着眼于国际新闻的传播流程,探析了国际新闻翻译与传播过程中新闻制作人对新闻的操控以及受众接受与传播效果关系的问题,他的研究对外宣翻译的效果与价值判断以及建构外宣翻译研究中的受众研究具有参考价值。美国职业翻译家皮克汉姆 (Pinkham) 则立足于目的语读者的视角,详细归纳了汉译英中最常见但却被多数译者忽视的冗余性英文表达问题,并提出了相应的翻译策略,有助于外宣翻译研究方法论的发展。⑥ 伯克 (Burke) 的修辞理论也称动机修辞学,其主要观点之一便是"同一" (identifications)⑦: 传统修辞的关键是规劝,强调

---

① Leonarda Jiménez and Susana Guillem, "Do Communication Studies Have an Identity? Setting the Bases for Contemporary Research", *Catalan Journal of Communication & Cultural Studies*, No. 1, 2009, pp. 15 – 27.

② Stella Sorby, "Translating News from English to Chinese—Complimentary and Derogatory Language Usage", *Babel*, No. 1, 2008, pp. 19 – 35.

③ Roger Fowler, *Language in the News: Discourse & Ideology in the Press*, London: Routledge, 1991.

④ Norman Fairclough, *Language and Power*, London: Longman, 1989.

⑤ Robert Holland, "Language (s) in the Global News—Translation, Audience Design and Discourse (Mis) representation", *Target*, Vol. 18, No. 2, 2006, pp. 229 – 259.

⑥ Joan Pinkham, *The Translator's Guide to Chinglish*, Beijing: Foreign Language Teaching and Research Press, 2011.

⑦ Kenneth Burke, *A Rhetoric of Motives*, Berkeley: University of California Press, 1969, p. 55.

有意的设计；新修辞的关键乃是同一，其中包括部分无意识的因素。外宣翻译文本是否能取得令人满意的传播效果取决于目的语读者是否认同外宣翻译文本所体现的修辞方式。

中国外宣翻译研究始于 2001 年，截至 2016 年 3 月 22 日，在中国知风期刊栏目下模糊检索关键词"外宣翻译"，结果共计 1904 项。早期成果较少，2001—2005 年仅有 7 篇论文，2007—2009 年每年的相关论文数量都在 15 篇以内，自 2010 年开始论文数量快速增加，2010 年为 30 篇，2011 年骤然跃至 62 篇，2012 年更是高达 336 篇，2013 年为 119 篇，2014 年为 82 篇，2015—2016 年显示为 1206 篇。

纵观中国外宣翻译研究，其内容主要包括外宣翻译的理论探索、翻译策略与技巧研究、外宣翻译语料库建设研究，其中翻译策略与技巧研究占比最大。涉及外宣翻译理论探析的既有著作，也不乏论文，其中以著作为主，然而数量仍然较少，论文更多地涉及对外宣文本具体翻译策略的探析。王银泉的《实用汉英电视新闻翻译》是国内第一本系统总结对外电视新闻翻译原则与策略的书籍。[①] 作者强调了外宣的重要作用，概述了中国外宣电视新闻节目的现状，论述了电视新闻英语的文体特点和翻译原则，最后探析了 13 种汉英电视新闻的翻译策略，构建了汉英电视新闻翻译的宏观和微观研究框架。刘雅峰的《译者的适应与选择：外宣翻译过程研究》为中国第一部系统探析外宣翻译过程的著作，论述了外宣翻译的本质、翻译原则、特点与外宣译者的主导作用，将翻译选择论作为理论指导，从外宣翻译方法的选择、翻译策略的选择和文体的选择阐述了译者的选择过程，认为译者的选择过程受到语言因素（如文本的形式意义、文化意义、联想意义等）和非语言因素（如目的语读者的需求、认知水平和意识形态等）的影响，最后对外宣翻译中的四种主要翻译错误进行了例证分析。[②] 衡孝军在《对外宣传翻译理论与实践：北京市外宣用语现状调查与规范》一书中概述了北京市对外宣传材料翻译的现状，运用语言、文化、翻译三个方面的理论对北京市的对外宣传翻译文本进行了理论探讨，涉及的理论主要有韩礼德的

[①] 王银泉：《实用汉英电视新闻翻译》，武汉大学出版社 2009 年版。
[②] 刘雅峰：《译者的适应与选择：外宣翻译过程研究》，人民出版社 2010 年版。

功能语言学语篇分析模式、豪斯的以语域变量为基础的翻译评估模式、贝尔的话语参数分析模式、哈蒂姆与梅森的语境分析模式等。① 该书对大量北京市对外宣传材料进行了剖析，指出其中存在的问题，深入分析问题的原因，对整体改进目前北京市外宣翻译状况提出了建设性的策略和建议，对提高北京市乃至全国各地对外宣传材料的翻译质量具有重要的理论与实践意义。张健的《外宣翻译导论》一书从应用翻译学、对外传播学、跨文化交际学的视角出发，探讨了对外宣传的现状、目的与意义、内容与任务，以及外宣翻译的主要特点、原则、要求和翻译策略。② 全书内容点面结合，针对性强，整个理论解读过程系统深入，理论阐述与实证分析紧密结合，贯穿始终。

　　文献检索表明，在具体翻译策略与技巧研究中运用功能翻译理论的论文占据了最大比例，应用关联理论、心理认同、意识形态与建构主义等理论探析外宣翻译的论文的数量呈现逐渐上升的趋势，这表明外宣翻译研究对各种翻译理论兼收并蓄的开放态势，学界运用不同的翻译理论探讨具体的翻译问题，并提出各种翻译策略。舒娜③认为外宣翻译的关键就是分清汉英文化的差异，注重外宣翻译的特点：严肃性、准确性、平和性、简明性等，采用合适的翻译策略，遵循"外宣三贴近"的原则：贴近中国发展的实际；贴近国外受众对中国信息的需求；贴近国外受众的思维习惯。朱义华④认为菲律宾政府将中国的黄岩岛改为"帕纳塔格礁"，日本政府愈演愈烈的钓鱼岛"国有化"事件无不折射出对外宣传与翻译工作中的政治意识。胡芳毅⑤运用勒菲弗尔的操纵理论，以政治文本翻译为例，探讨了意识形态对外宣翻译的影响，认为在政治文本的翻译中，译者必须充分考虑意识形态对翻译的操纵，在顺应国外读

---

① 衡孝军：《对外宣传翻译理论与实践：北京市外宣用语现状调查与规范》，世界知识出版社 2011 年版。
② 张健：《外宣翻译导论》，国防工业出版社 2014 年版。
③ 舒娜：《文化差异视域下的外宣翻译特点多维探析》，《江西师范大学学报》（哲学社会科学版）2015 年第 4 期，第 137—140 页。
④ 朱义华：《从"争议岛屿"来看外宣翻译工作中的政治意识》，《中国翻译》2012 年第 6 期，第 96—98 页。
⑤ 胡芳毅：《操纵理论视角下的外宣翻译——政治文本翻译的改写》，《中国科技翻译》2014 年第 5 期。

者思维习惯的同时,对原文适当改写从而在某种程度上颠覆该文本的话语权。王平兴[1]以中国政治话语作为研究对象,探究了如何将一些中国特有的政治词语通过翻译转换成海外受众易于理解的符号,从而有效地传递它们所包含的重要政治信息,在转换过程中尽可能求同存异。胡芳毅、贾文波[2]以勒菲弗尔的操纵论为基础,从四个方面阐明了改写在外宣翻译中的必然性。武光军[3]从句子和语篇两个层面分析了中国2010年政府工作报告英译本中的迁移性冗余,提出了中译英中迁移性冗余的相应对策。卢小军[4]通过大量外宣翻译实例,并以关联理论为支撑,探究了"译+释"策略,并列举了翻译策略的十二种常用形式。黄慧、贾卉[5]以建构主义翻译观为理论基础,以《2005年上海市政府工作报告》的翻译为语言实例探析了外宣翻译策略。陈小慰[6]分析了语用修辞与外宣标语口号翻译的关系,从语言层面、文化层面和美学层面,针对汉英差异,从语用修辞的角度对外宣标语口号的译文建构进行探讨。顾静[7]认为美国新闻期刊在翻译中国特色词汇时的翻译策略是采用音译或按汉语字面形式直译的方法以保持词汇的中国文化特色。刘明东、陈圣白[8]通过对文化软实力以及翻译跨文化传播性质的阐述,提出翻译有助于增强文化软实力,体现文化软实力和展示文化软实力。

外宣翻译的第三类研究为外宣翻译语料库建设研究。由北京大学计

---

[1] 王平兴:《对外传播符号转换与重要词语翻译》,《中国翻译》2010年第1期,第71—75页。

[2] 胡芳毅、贾文波:《外宣翻译:意识形态操纵下的改写》,《上海翻译》2010年第1期,第23—28页。

[3] 武光军:《2010年政府工作报告英译本中的迁移性冗余:分析与对策》,《中国翻译》2010年第6期,第64—68页。

[4] 卢小军:《外宣翻译"译+释"策略探析》,《上海翻译》2012年第2期,第40—43页。

[5] 黄慧、贾卉:《建构主义翻译观下的外宣翻译——从"做可爱的上海人!"的英译谈起》,《上海翻译》2007年第4期,第38—42页。

[6] 陈小慰:《外宣标语口号译文建构的语用修辞分析》,《福州大学学报》2007年第1期,第94—99页。

[7] 顾静:《透视美国新闻期刊对中国特色词汇的翻译》,《上海翻译》2005年第1期,第57—60页。

[8] 刘明东、陈圣白:《翻译与文化软实力探析》,《外国语文》2012年第4期,第99—102页。

算语言研究所的柏晓静和常宝宝等学者共同开发的"babel 汉英平行语料库"为新闻语料库,是有望服务于新闻的汉英机器翻译。① babel 汉英平行语料库始建于 2001 年,它最初服务于一个面向新闻领域的机器翻译系统,为其中存储的引擎提供翻译实例,目前,语料库的规模已达 20 万句对。吕和发、蒋璐、周剑波等②概述了全国公示语翻译语料库的发展历史,描述了由北京第二外国语学院开发的全国公示语翻译语料库的具体设计过程与内容。全国公示语翻译语料库于 2008 年 7 月 8 日并网运行,服务当时即将开幕的北京奥运会。全国公示语翻译语料库收入汉英公示语 5 万余条,涉及食、宿、行、游、娱、购等方面的内容,也包括社会发展、新生事物、危机管理、城市管理、商业推广等语料。2007 年夏,汉英公示语翻译研究网改版,新增全国公示语翻译语料库,并进入试运行阶段;5000 余幅以英语原始公示语语料图片和参考译文为主,包括法、德、意、日语种的图片已经上网。全国公示语翻译语料库搭载的"公示语翻译研究在线"网站 2003 年 7 月开通,成为这个领域全国唯一的网络学术交流平台。洪增流、朱玉彬③提出了将语料库研究成果应用于安徽省外宣翻译实践的初步理论设想,认为建设一个网络上共享、不断更新的安徽省外宣翻译双语平行语料库是有效提高安徽省外宣翻译质量的重要方式。

根据文献检索、归纳与分析,目前外宣翻译研究主要呈现以下几个特点与不足之处。一是西方并不存在外宣翻译的概念,相关翻译往往被称为对外新闻传播,其研究与政治、文化、语言等诸多因素息息相关,被归于传播学、政治学与国际关系研究等领域,缺乏与其他学科结合的交叉学科成果,不存在外宣翻译的学科地位建构问题。二是中国对外宣翻译研究中重视具体翻译技巧探讨而轻视翻译理论建构的现象普遍存在,外宣翻译在整个翻译学研究体系中的地位缺乏清晰性,从宏观角度探讨外宣翻译学科属性与学科建构的论文较为少见,大部分研究主要

---

① http://icyel.pku.edu.cn/icl_groups/parallel/download.htm.

② 吕和发、蒋璐、周剑波等:《公示语翻译语料库的研究与建设》,《当代外语研究》2015 年第 10 期,第 48—55 页。

③ 洪增流、朱玉彬:《安徽外宣翻译双语平行语料库建设的构想》,《合肥师范学院学报》2008 年第 2 期,第 101—103 页。

关注翻译的标准与方法等。常被归类为应用文本翻译抑或实用英语翻译，甚至被归类于新闻翻译、财经翻译、旅游翻译和体育翻译等。三是在中国外宣翻译实践研究层面，研究者过度关注具体翻译策略的探析，某种程度上来说，研究的理论性、前瞻性、系统性和专题性较为薄弱。四是运用的翻译理论数量众多，然而对理论探讨的系统性和层次性较为欠缺，总体而言切入面较窄，研究比较分散，缺乏完整的理论体系，直接影响外宣翻译研究目标的明确性、内容的具体性和方法的操作性。五是将中国外宣翻译与国家软实力以及传播学结合起来予以探析的论文并不多见，理论高度亟待加强，否则将不利于中国软实力和国家形象的建构，不利于中国文化走向世界。

第二节 研究的主要问题、重点和难点

本书尝试建构的外宣翻译研究体系包含外宣翻译研究的本体论、认识论、方法论与外宣翻译批评。外宣翻译研究体系的本体论主要探讨外宣翻译研究的学科属性问题，试图从宏观上建构其学科框架；认识论主要涉及外宣文本的功能、外宣翻译的干扰因素与翻译原则以及其他相关问题；方法论则基于系统论、实证研究和哲学的视角讨论外宣翻译方法论的建构并从多视角采用实证研究的方法探析外宣翻译策略，试图建构外宣翻译的方法论体系。此外，外宣翻译研究还将西方对外传播文本的批评性分析与翻译作为方法论的一项研究内容。西方对外传播文本的批评性分析与翻译，涉及西方主流媒体对外传播文本话语与修辞的批评性分析与翻译，批判性地分析其话语倾向性并开展翻译研究。外宣翻译批评则是旨在借鉴现有翻译批评的基础上建立起检验外宣翻译效果的批评原则、参数、批评方法与步骤，反思外宣翻译实践，在多维的视角下审视外宣翻译文本的批评。

本书研究的重点是，基于哲学的基本原理探析翻译研究，探讨外宣翻译的本体论，试图建立外宣翻译方法论体系，建构外宣翻译研究的理论框架；将外宣翻译与国家文化软实力以及传播学、修辞学结合起来研究，以传播效果为核心，以西方传播学和新修辞学的有关理论作为理论导向，建构适宜的修辞情境，试图实现修辞情境三大要素——受众、新

闻价值和可信度三者之间的平衡；建立外宣文本语料库，运用批评性话语分析的方法对西方传播话语与修辞予以评析并采用适当的翻译策略赢得西方读者的认同，加强新闻的可信度。

第三节　研究框架和方法

一　研究目标

外宣翻译话语体系的建构旨在从深层次多层面探析外宣翻译的学科属性，系统探析外宣翻译的方法论体系，客观分析外宣翻译对国家形象、城市形象以及高校形象和话语权建构的重要作用。城市形象和高校形象是国家形象的重要组成部分。本书还试图建构外宣翻译效果评价的参考框架，扩大学界对外宣翻译研究的关注度，拓宽外宣翻译研究的深度与广度，建构外宣翻译研究的宏观理论平台，推动外宣翻译研究独立分支学科地位的确立，增强中国文化软实力。外宣翻译的研究体系是一个动态的开放系统，处于动态的发展过程中，需要不断充实与拓展，本书希望通过对外宣翻译体系的研究，构建一个开放、多元、理论与实践融合的外宣翻译探索平台。

二　主要内容

全书分为十章，既有理论的宏观探析，亦涉及外宣翻译策略的微观讨论，其中宏观层面的内容占了更大的比例。一门学科的发展与其宏观的理论建构是分不开的，只有重视学科的理论建构才能使其立于学科建设的前沿。中国知网的文献检索结果表明，著述者们过度关注对外宣翻译策略的探讨，已经在某种程度上形成外宣翻译理论与实践二元对立的格局。本书正是基于这样的考虑而撰写的。第二章"多维哲学视域下的意义观与译学研究"、第三章"外宣翻译本体研究的多维思考"、第四章"多维视域下国家形象和话语权建构"、第七章"外宣翻译方法论与实证研究的多维审视"和第十章"外宣翻译文本批评的框架建构"涉及宏观理论层面的讨论。第二章解读了哲学视野下的意义观，探析了中西翻译研究的不同哲学路径并从多维哲学的视域下分析了中西翻译的不同研究视角与发展趋势。第三章从宏观的视角探究外宣翻译研究的翻译学属性、传播学属性与修辞学属性，外宣文本的语篇功能以及外宣翻译原则，试图建构外宣翻译研究的学科框架。第四章在多维视域下概述了国家形象的界定、分类和国家形象的特征，探讨了媒介符号与国家形象之间的紧密关系，从传媒的议程设置、形象的框架建构、传播媒介的公信力、新闻报道的亲和力、危机管理的实施五个层面重点探析了传播视域下的国家形象建构的策略，最后从硬实力、软实力、外交和传播视域的视角探讨了国家话语权的生成机制。第七章从系统理论、实证研究和哲学三个层面系统探析外宣翻译实证研究方法论体系的建构，论及外宣翻译研究路径和研究设计，从某种程度上改变了过去对该方面的探讨不成体系的格局。第十章从理论的宏观层面探析外宣翻译批评的界定、外宣翻译批评的类型、外宣翻译批评的框架建构和外宣翻译批评模式与参数设定。

第五章"多维视域下城市形象建构与外宣翻译"和第六章"多维视域下大学形象建构与外宣翻译"既有宏观层面的理论探讨，涉及城市形象和高校形象的界定、分类和生成机制，亦包括基于平行文本视域和语篇分析的视角对中西城市外宣文本和中西高校简介的对比与翻译策略所开展的微观讨论。第八章"多维视域下外宣翻译的实证研究"从语境动态顺应、言语行为理论、修辞意识、叙事方式、接受美学、主体间性这六个视角探析了外宣翻译策略，在不同角度下开展外宣翻译的实证研究。第九章"西方对外传播话语与修辞的批评性分析与翻译"将西方对外传播话语与修辞的批评性分析与翻译纳入外宣翻译研究的视野，主要以西方主流媒体如《时代周刊》《纽约时报》《美国新闻与世界报道》和《卫报》等对世界热点话题的报道作为语料，批评性地分析西方对外传播话语与修辞的话语倾向性并探析其翻译策略。

三 研究方法

（1）文献分析法。大量阅读相关文献，进行分析和归纳总结。（2）案例研究法。本研究以外宣翻译的具体语料为案例，进行批评性话语分析和翻译研究。（3）语料库研究法。建立微型类比语料库，通过数据统计与分析，在定量研究的基础上做出定性结论，研究运用语料库语言学的方法分析外宣翻译的过程和策略。（4）逻辑推理法。

本研究在回顾和分析外宣翻译研究的基础上，以具体语料为依托，建构多模态外宣翻译研究批评性分析的路径，通过反复的逻辑推论得出结论。（5）数据分析法。注重对比分析，对研究中的具体数据进行分析，从而加强研究的信度和效度。

第四节　主要创新

1. 理论价值：目前的外宣翻译研究注重对具体的翻译策略的探析，倾向于微观层面的研究，对其学科属性以及其他理论建设的关注显然不足，在某种程度上导致外宣翻译宏观层面研究的缺失，本书的研究试图立足学科发展的宏观视角探索外宣翻译的理论建构，以期改变这种研究现状。通过对文献的归纳总结，基于实证研究的视角，本书试图突破外宣翻译研究的感性认识的束缚，将其逐步系统化为理性认识，并建构层次分明的外宣翻译理论研究话语体系，试图建构外宣翻译研究独立学科地位。

2. 在方法上，综合运用多种理论，在多维视域下探讨外宣翻译研究，引入哲学、传播学、政治学（意识形态）、文化学、修辞学、语用学等理论开展多维度研究，试图建构多元外宣翻译理论，拓宽外宣翻译研究的话语空间。

3. 在视角上，在哲学的视野下研究翻译与外宣翻译的方法论也是本书研究的一大创新之处，此外本书的研究打破了国家形象仅仅局限于国家有关机构的外宣翻译的研究视角，将其扩展到城市形象和高校形象的建构，从多维视角探析其生成机制，并且加强了对外宣翻译与国家形象、城市形象和高校形象的软实力建构的探讨。本书还将西方对外传播文本的话语与修辞的批评性分析与翻译纳入外宣翻译研究范围，以西方主流媒体的新闻报道作为语料，引入福勒（Fowler）[①] 和梵迪克（Van Dijk）[②] 等的批评性话语分析理论开展研究。

[①] Roger Fowler, *Language in the News: Discourse & Ideology in the Press*, London: Routledge, 1991.

[②] Van Dijk, "Principles of Critical Discourse Analysis", *Discourse & Society*, No. 2, 1993, pp. 249–283.

第二章　多维哲学视域下的意义观与译学研究

对翻译哲学的探讨是翻译研究的一个重要论题。张泽乾率先对"翻译哲学"概念进行了理论化阐述，给翻译界以一定的启迪。他认为翻译学涵盖翻译哲学、翻译理论、翻译史、翻译技术科学和翻译实践五个部分。翻译哲学主要是指马克思主义的世界论与认识论（物质观、运动观和时空观）以及现代系统科学的系统观与方法论，可以作为翻译学的指导思想与理论基础。翻译学乃是运用哲学世界观的空间观研究各种具体翻译现象的学科。① 黄忠廉1998年讨论了翻译哲学这个概念，提出翻译哲学是系统化和理论化了的翻译观。翻译哲学的基本问题只有一个，就是译者思维同翻译行为之间关系的问题。② 翻译哲学是论述翻译中出现的哲学问题，从哲学本体论、认识论、方法论、价值论上对翻译进行考察，研究翻译和翻译涉及的意义与语言的本质等问题。③ 刘邦凡认为翻译哲学应属分析哲学的范畴，它是翻译步骤、技巧、方法、模式、环节、原则、价值、本质、心理、道德等一系列问题的所谓一般性的、总的看法。它基于人们的抽象与概括，是人们对翻译实践具体分析的结果。④ 我们认为翻译哲学就是运用哲学的世界观与方法论从哲学的多维视角探讨翻译研究的本体论、认识论、方法论、价值论、目的论、

---

① 张泽乾：《现代系统科学与翻译学》，《外语研究》1987年第3期，第57页。
② 黄忠廉：《翻译哲学及其它——读"关于翻译的哲学思考"》，《外语研究》1998年第1期，第57—58页。
③ 喻锋平：《翻译哲学：哲学的分支学科——从中西哲学和翻译研究史出发》，《江西社会科学》2011年第2期，第61页。
④ 刘邦凡：《试论翻译哲学》，《探索》1999年第6期，第60页。

翻译批评，进而研究翻译学的学科地位、翻译的性质以及翻译中的作者、原语文本、译者和目的语读者之间的多元关系。

第一节　哲学视域下翻译研究概述

截至 2014 年 12 月 27 日，在中国知网期刊栏目下精确检索关键词"哲学与翻译"，结果显示为 17 项，"哲学与翻译"的模糊检索结果显示为 1332 项，而真正与该论题有关的论文在 150 篇左右，对这些论文的分析结果表明，学者们从哲学视角研究翻译问题虽然不乏真知灼见，然而在某种程度上深度与广度有待进一步加强与深化。学者们主要从三个层面基于哲学的视角探讨翻译问题。

第一层面为理论层面的探讨，从语言哲学角度开展翻译研究，这一层面的研究占了最大比重。陈吉荣探讨了语言哲学与翻译研究的共性与差异。其共同点在于二者都关注具体语境的语言应用、构成条件、意义生成、心智与语言之间的关系以及语境约束。二者的差异显而易见，主要体现在：语言哲学将语言的真值条件[①]、元语言、描述空间和时间体验等要素纳入研究视野，并据此进行逻辑判断；翻译研究更加关注书面语言的转换以及原作者、原语、译者、目的语四者之间的关系。[②] 吕俊[③]认为评价理论是以价值哲学作为哲学基础的，因此翻译批评学也应以价值哲学为基础，他探讨了价值哲学和翻译批评学的关系以及价值哲学对翻译批评学的指导作用。

第二层面的研究主要为基于哲学视角对特定学者的理论评介。王

[①] 实际上就是话语与情景的匹配。话语与情景契合或对应，则为真，否则为假。弗雷格称之为"真值对应论"，又称"意义实在论"。塔尔斯基（Tarski）将其称为"真值条件句"，乃是语句成真的条件。真值条件语义学以"外延义"为基础，本质上属于"客观主义哲学"。美国著名语言哲学家戴维·刘易斯（David Lewis）提倡运用真值论界定句子的意义。他认为句子的意义取决于那些足以确定该句成真或不能成立的条件，涉及时间、地点和不同发话人等各种因素。塔尔斯基以 T 公式（又称 T 图式或真值图式）对真值条件予以表述：S is true if P。其中 S 代表语句，P 代表 S 为真的一组条件：只有在 P 真实的条件下 S 才得以成立。

[②] 陈吉荣：《翻译研究中的语言哲学：共性、差异与影响》，《西安外国语大学学报》2014 年第 3 期，第 32—35 页。

[③] 吕俊：《价值哲学与翻译批评学》，《外国语》2006 年第 1 期，第 52—59 页。

栋①从考察多纳德·戴维森（Donald Davison）的意义理论的哲学渊源入手，深入分析其真值条件意义理论内在的逻辑发展轨迹。张德让②基于伽达默尔（Gadamer）的理解的历史性、视界融合和效果历史三大哲学解释学原则，提出重新审视翻译中历史性误读、文化过滤、重译等现象。王雪、胡叶涵等③对施莱尔马赫（Schleiermacher）的翻译思想的哲学根源进行分析，认为他的翻译思想与其哲学观点紧密关联，指出语言哲学、心灵哲学和阐释哲学的观点都影响了他翻译理论的形成。

第三层面的研究为哲学的交叉学科与翻译研究的结合，这部分数量很少。白忠兴、苏亮④从跨学科的视角分析了计算主义哲学应用于翻译认知过程研究的逻辑前提，在理论层面上论证了将作为当代认知科学主流思想的计算主义引入双语翻译认知过程中的可行性及价值。

截至2014年12月27日，在中国知网期刊栏目下模糊检索关键词"中西翻译研究哲学路径"，结果显示为2项，关键词"多维哲学视角下的翻译研究"的模糊检索结果为1项，说明著述者从上述两个视角探析翻译的论文并不多见。本章将主要探讨哲学视野下的意义观解读、中西翻译研究哲学路径的异同以及多维哲学视角下的翻译研究，以期在某种程度上拓宽该论题的话语空间。

第二节　哲学视野下的意义观解读

翻译与哲学的关系源远流长。语言哲学中涉及大量的翻译理论问题，翻译理论也包含哲学思辨和哲学方法论的运用；通过观察哲学与方法论的关系我们认为，哲学的世界观与翻译学的方法论极为相似。⑤哲学的世界观促使翻译工作者充分发挥主观能动性，将经验性的方法升华

---

① 王栋：《戴维森意义理论维度下的语言哲学观》，《求索》2011年第7期，第135页。
② 张德让：《伽达默尔哲学解释学与翻译研究》，《中国翻译》2001年第4期，第35页。
③ 王雪、胡叶涵等：《施莱尔马赫翻译思想的哲学溯源》，《天津大学学报》（社会科学版）2010年第3期，第263页。
④ 白忠兴、苏亮：《计算主义哲学与翻译认知过程研究》，《沈阳大学学报》2010年第1期，第107页。
⑤ 刘军平：《通过翻译而思：翻译研究的哲学途径》，《外语与外语教学》2010年第2期，第64页。

为理论，基于哲学观点认识翻译的本质、特征、方法、批评与目的。将某些哲学原则运用于翻译研究就是方法论，翻译方法论总是以一定的哲学原则作为其内在依据和理论前提。

一 现象学语义观

传统的哲学研究现象之外的一个不可见和自在的领域，其论证主要借助主观推理，因此具有主观随意性。埃德蒙德·胡塞尔（Edmund Husserl）创立于1900年的现象学是现代西方哲学影响最大的一个流派，现象学摒弃了当时作为思想界主流思潮的实证主义，将现象作为研究对象，在哲学史上具有开创性的意义。20世纪初现象学始于德国，盛行于法国，后来又在全世界得以传播，其推广和发展是西方哲学史上最为持久的一场运动。

胡塞尔在现象学的基础上提出了现象学语义观，认为意义就是意义的意向性，体现于说话人的意向性活动中，与真值没有关联。[1] 换言之，语符本身无实在意义，其意义不是取决于指称的物体，唯有借助意向性活动才能显现。胡塞尔反对形而上学的自我观念，将主客体分为两元，其中一元为自我，一元为物，从而把主体形而上学发挥得淋漓尽致。为了阐明概念和知觉、理想的意向性活动和实在的认识之间的关系，胡塞尔将意向性活动归纳为两类[2]：其一为观念性的"意义赋予"（meaning - giving），指的是诸如数学与逻辑学观念；其二是实在性的"意义充实"（meaning - fulfillment），即实在的物体形象。换言之，前者是单纯的意义赋予，后者则是充实意义从而使意义具有实在对象。

戈特洛布·弗雷格（Gottlob Frege）与胡塞尔的语符（symbol）理论迥然不同。前者基于语符，借助含义（sense），通向所指（referent），即著名的语义三角理论。后者主要基于先验自我，在觉察到物理性语符（如以颜色标识的词语）后将它与纯粹意识以及意向性所指的对象连接，借助意向性作用的激活而被赋予意义，旨在突出人的主体作用，彰显了以人为本的精神。如"拿破仑""耶拿的胜利者"

---

[1] 王寅：《语义理论与语言教学》，上海外语教学出版社2014年版，第70页。
[2] 方环非、郑详福等：《当代西方哲学思潮》，浙江大学出版社2013年版，第100页。

"滑铁卢的失败者"虽然同指一人，但是由于语符意义不同，其意向性也各不相同。

二 存在主义意义观

存在主义的代表人物马丁·海德格尔（Martin Heidegger）认为哲学的根本原则是人类的生存，基于这样的原则从生存论的视角分析语言，探讨意义，旨在揭示人类与物体存在的意义。按照海德格尔的观点，"语言是存在的家园"，即意义是一种存在方式，人类的世界是通过语言建构的。[①] 只有等到事物找到了与之相匹配的词语这一事物才能存在，才有可能被人类认知并理解。他将勒内·笛卡尔（René Descartes）的"我思，故我在"改为"我在，故我思"，[②] 这一更改充分体现了他的观点。换言之，一切存在，包括人类本身，只有借助语言才能显现；我们的思想若不以语言阐述，就无法为人所知，也就不存在。可以说意义是人类存在的一种方式。

海德格尔的思想可以分为两个时期，许多研究者将1930年作为分界线。前期其研究的重点为生存与时间，后期他转而研究语言与存在，从而推动西方哲学开始向语言学转向。按照海德格尔的观点，人类的特殊存在方式是"生存"，人类被称为"此在"（Dasein）。《存在与时间》阐述的主题是：存在就是在场，存在的意义在于时间。[③] 然而存在论的时间观点着眼于未来，并非现在。海德格尔主张不仅需要理解文本，还要理解存在的意义以及此在的解释学意义。他对笛卡尔的二元论持批判态度，认为人与世界和事物的关系首先是与实践活动的关系，并非抽象的理论关系。唯有通过实践活动，人们才能揭示自身与他人和世界的关系，体现在世界中的存在意义。

三 解释学意义观

解释学可以追溯到中世纪对《圣经》的阐释，而现代意义的解释

[①] 王寅：《语义理论与语言教学》，上海外语教学出版社2014年版，第75页。
[②] 王寅：《语义理论与语言教学》，上海外语教学出版社2014年版，第74页。
[③] ［德］海德格尔：《存在与时间》，陈嘉映、王节庆译，生活·读书·新知三联书店1987年版，第38页。

学源于19世纪神学家施莱尔马赫。施莱尔马赫之前的解释学主要解释类型各异的文学与宗教文本。传统的做法是以语法作为解释的工具，而他主张运用心理学的方法探析原作者的写作动机。威廉·狄尔泰（Wilhelm Dilthey）深受其影响，然而他采用了不同的解释方法：他注重历史性，突出人类生活的客观化。海德格尔摒弃了施莱尔马赫的心理理解和狄尔泰的历史意义分析，而是依赖存在论和"解释学循环"① 开展研究。

伽达默尔的《真理与方法》基于形象学的方法论创立了解释学，研究存在论，关注对人的理解与解释并包含对人类世界经验的探析，从而形成他的解释学语义观。解释学为理解和解释文本意义的理论。文本意义的解读取决于理解，理解深受"前结构"，亦称"前理解结构"② 的制约。③ 换言之，人们对文本的理解往往受到特定的文化背景、心理因素、审视问题的视角以及预设观点的影响，因此文本意义的生成是基于文本与读者的对话和主体间性，乃是阅读过程中双方或多方的视域融合的结果。

尤尔根·哈贝马斯（Jürgen Habermas）是批判解释学的代表人物。他将语言的有效性归结为四个基本条件：可领会性、真实性、真诚性和正确性。基于四个基本条件的语言理解体现三重交往关系④：言说者与作为现存物整体的外部世界的关系、言说者与作为所有被规范化与调整了的人际关系整体的我们的社会世界的关系、言说者与作为言说者意向经验整体的特殊内在世界的关系。其核心在于建立合理的人际关系，确立主体性与主体间性。

---

① 意义存在于整体之中，整体与部分为相辅相成的关系，对部分的理解取决于对整体的理解，同时对整体的理解需要依赖对部分的理解，因此理解和解释的过程就是从整体到部分，又从部分到整体的不断循环过程。
② 前结构或前理解结构涉及三个层面：前有（fore‐having）：原有存在的解释因素，如特定文化的语言审美心理；前见（fore‐sight）：业已存在的看待问题的视角；前设（fore‐conception）：蕴含于字里行间的预先设定的观点，需要逻辑推理予以推断。
③ 王寅：《语义理论与语言教学》，上海外语教学出版社2014年版，第75页。
④ 方环非、郑祥福等：《当代西方哲学思潮》，浙江大学出版社2013年版，第226页。

四 解构主义意义观

雅克·德里达（Jacques Derrida）反对语音中心主义或逻各斯中心主义。然而解构并非颠覆，不是简单颠倒双方的位置，否则可能形成文字中心主义或非理性中心主义，导致新一轮的哲学对立。简言之，解构主义反对任何形式的中心，否认任何名目的优先地位，消解一切本质主义的思维方式。

德里达对费尔迪南·德·索绪尔（Ferdinand de Saussure）为首的结构主义理论持批评态度，提出了解构主义意义观。他认为读者在阅读过程中不断解构原作品，然后重新组合被解构的内容，致使文本产生新的意义，他称之为"解构式阅读法"。由于读者解构和重组的方法不尽相同，同一语篇的意义也就迥然不同。其观点主要包括痕迹论（trace theory）和延异论（différance）。痕迹论认为文本处于不断的变化过程中，是一种痕迹，某些痕迹得以保存，某些痕迹可能消逝，还可能被改写，留下的唯有种种痕迹。[1] 因此文本的意义不是一成不变的，随着旧意义痕迹的消失将会生成新的意义。为了抗衡索绪尔的差异论，他提出了延异论，延异[2]是德里达创造的一个词语，包含"区分"（differ）和"推延"（defer）两层含义，文本既在时间上有推延，在空间上也有差异。[3] 对文本的解读不仅取决于差异，更取决于变幻莫测的延异，随着时间的耽搁以及空间的差异，原有意义可能消失，还可能不断产生新义，永远没有终极意义。德里达的延异与索绪尔所提倡的差别原则迥然不同，延异否认了所指与能指的对应关系，字符所构成的并非固定的意义，乃是流动的"意指"（signifying），导致意义的"多向度传播"（dissemination）。[4]

---

[1] 王寅：《语义理论与语言教学》，上海外语教学出版社2014年版，第86页。
[2] 原文为"分延"，此处改为大部分学者使用的译文"延异"。
[3] 赵敦华：《现代西方哲学新编》，北京大学出版社2006年版，第309页。
[4] 顺着延异的方向，非直线式、单向度的信息传递，而是信息朝四面八方扩散。有些译文为"播撒"，似乎较为欧化，笔者将其翻译为"多向度传播"。

第三节　中西翻译研究哲学路径之比较

一　中西译论隐性与显性哲学路径并举

综观翻译历史，中西翻译研究都存在采用隐性的哲学路径探索翻译理论或跨学科建构的问题，大量文献分析表明，许多中西学者主要采用隐性的哲学路径。运用哲学话语体系来探索翻译的历史实际上或可追溯到翻译学的代表人物詹姆斯·S. 霍姆斯（James S. Holmes）。虽然他的翻译研究图谱未明确使用本体论、认识论、目的论、方法论、价值论与批评观之类的翻译术语，但其研究框架隐含了对翻译研究进行哲学探讨的雏形。[①] 他的翻译结构图勾勒出了翻译学科的基本框架，他将翻译学分为纯理论翻译学和应用翻译学；纯理论翻译学再细分为翻译理论研究和描述性翻译研究；翻译理论又再分为普遍理论和专门理论。[②] 中西方不少学者也采用隐性路径来系统探索翻译理论或跨学科建构，如彼得·纽马克（Peter Newmark）[③] 探讨了翻译的定义、性质、语言功能与文本类型、翻译标准、目的以及翻译批评。中国学者刘宓庆[④]从翻译学的性质与学科架构，中国翻译理论基本模式，翻译的实质、原理、方法论，翻译美学，翻译风格论等方面系统地对翻译开展了研究。

诚然，也有中西翻译研究直接从哲学的视角来探讨翻译理论与翻译过程，如乔治·斯坦纳（George Steiner）[⑤] 提出"理解即翻译、翻译即阐释"的观点，将哲学的阐释学引入翻译研究，提出了基于阐释学分析的四个翻译步骤：信任、侵入、吸收和补偿。然而直接从哲学层面探讨翻译学科建设的著述早期似乎并不多见，但最近几年在中国译界有逐

[①] 朱义华：《外宣翻译研究体系建构探索——基于哲学视野的反思》，博士学位论文，上海外国语大学，2013年，第28页。

[②] Jeremy Munday, *Introducing Translation Studies: Theories and Application*, London: Routledge, 2000, pp. 10 – 11.

[③] Peter Newmark, *A Textbook of Translation*, Shanghai: Shanghai Foreign Language Education Press, 2001.

[④] 刘宓庆：《当代翻译理论》，中国对外翻译出版公司2001年版。

[⑤] George Steiner, *After Babel—Aspects of Language and Translation*, Shanghai: Shanghai Foreign Language Education Press, 2001.

渐增多的趋势。20世纪西方阐释学的根本转向初露端倪。德国的海德格尔和伽达默尔的研究使阐释学发生了质的变化，从一般精神科学方法论一跃成为一种本体论意义上的哲学阐释学。因不可避免而导致的理解的历史性的偏见趋于合理，即海德格尔所说的"前理解"。理解也不再是单纯遵循原文本，而是创造性地阐释主体，文本视域与主体视域的相互融合使其成为可能，即伽达默尔描述的"视域融合"。与古典阐释学截然不同，现代阐释学摒弃了传统阐释学完全依赖原文意义的做法，阐释主体的自我意识成为关注的焦点。现代阐释学的诞生从理论上有助于合理解释翻译学的意义问题。伽达默尔阐释学的三大理论核心——理解的历史性、效果历史和视域融合在翻译研究中发挥了举足轻重的作用，该理论被广泛应用于探讨原文意义的多元阐释、译者的主体作用、译文与原文的关系、意义生成机制、复译以及文学翻译的创造性叛逆等翻译论题。蔡新乐[1]讨论了元翻译、主体间性、翻译研究的本体论等概念的主要内涵，指出应对翻译及翻译研究进行形而上的思辨，从形而上的路径，以哲学的形而上之维进入翻译的探讨是可行的，学科理论的建设需要形而上的思维。刘宓庆[2]探析了现代语言哲学中的各种意义观：指称论意义观、观念论意义观、语用论意义观和指号论意义观，以语言哲学的新思想为翻译理论研究开辟了新的视野。

二　中西译论哲学思维的差异[3]

徐行言认为中国哲学思维偏好运用直接体验的方式去获取和传达涵盖力极强、极灵活、为认识主体留有极大领悟空间的认识成果[4]。他举例说明了中国人形象的和依靠直觉的思维方式，如"道"是宇宙本体，是自然规律，是实体，是虚空。究其实，那便是"道不可闻，闻而非也；道不可见，见而非也；道不可言，言而非也"。它回答了宇宙万物深邃又难以认识的问题，却无法明确界定本质，这也可以说明中国许多

---

[1]　蔡新乐：《翻译的本体论研究》，上海译文出版社2005年版。
[2]　刘宓庆：《翻译与语言哲学》，中国对外翻译出版公司2007年版。
[3]　该部分的内容已发表。具体参见韦忠生《多维哲学视域下的翻译研究》，《重庆理工大学学报》（社会科学版）2015年第10期，第128—132、138页。
[4]　徐行言：《中西文化比较》，北京大学出版社2004年版，第121页。

重大的基本哲学概念都没有明确的内涵与外延。这种思维方式拒绝肯定的答案，使认知具有开放性特征，这符合中国哲学对本体模糊本质的认识，被称为中国式智慧。中国译论也体现了这种哲学的思维方式，如严复的"信、达、雅"，傅雷的"神似"，钱钟书的"化境"，许渊冲的"三美"说等，表述婉转、措辞简洁、内涵丰富、寓意深远，这些标准都是基于翻译家的翻译实践总结出来的体会和经验，缺乏对概念的明确界定与阐述，其抽象性和概括性显而易见。如神似、化境的内容与实现途径没有被明确阐述并澄清，给译者与读者留下了广阔的领悟空间。

  西方的哲学思维倾向于借助严密的逻辑推理去获得和传递精确、可靠、稳定的知识，因而注重规则的缜密，力求避免认识主体理解和阐释对象的任意性，重视认识的客观性与同一性。[①] 西方译论逻辑严密、层次分明、概念清晰，从多角度多层面对翻译活动进行研究和描述。吉迪恩·图里（Gideon Toury）[②] 提出的描写翻译理论就是一个很好的例证。他认为翻译过程中的初始规范（initial norm）体现了译者所采取的翻译策略，通常具有两种倾向：侧重充分性（adequacy）或是可接受性（aceeptability）。前者强调译文忠实于原文，后者则注重译文在目的语中的认可度。他还将翻译的具体规范又分为两大类：预备规范（preliminary norms）和翻译。翻译还涉及间接翻译手段的运用，包括借助第三种语言转译。按照他的观点，操作规范由两个层面构成，一是母体规范（matricial norms），即在宏观结构上对翻译内容作出取舍，如全译、摘译等；二是篇章操作规范（operational norms）。基于卡特福德（J. C. Catford）的转换概念，图里将转换归纳为两类，一是强制性转换（the obligatory），另一种为非强制性转换（the non–obligatory），前者受到语言动机的制约，后者则基于文学或文化层面的考虑。目的语文本运用非强制性转换的比例取决于初始规范是否倾向于可接受性或是充分性规范。

---

  ① 徐行言：《中西文化比较》，北京大学出版社2004年版，第121页。
  ② Gideon Toury, *Descriptive Translation Studies – And Beyond*, Amsterdam and Philadelphia, PA: John Benjamins Publishing Co., 1995, pp. 56–59.

三　中西译论哲学方法论的异同

陈寿灿[①]认为哲学方法论首先被理解为是关于科学认识活动的方式、形式和体系的原理的学说，涉及各种要素及其相互关系的意义。他认为这些要素包括：（1）客体，即主体认识和变革的对象。既可以是人和物，也可以是诸如思想文化等精神性对象，其主要特征包括客观性、对象性、受动性、社会历史性，矛盾性等。（2）主体，即参与认识和实践活动的人。主体不但具有客体所拥有的一切特征，还具有自身独有的特征，主体性为更显著的特征，表现为主观能动性和主体的多样性。（3）主体与客体相互依存的关系，即认识与被认识的关系，评价与被评价的关系。主体自身的条件以及对客体认识的深度和广度，导致主体对客体迥然不同的评介方式、认识方式和实践方式，从而形成形态各异的方法论。

中西译论存在本质上的相似性，都涉及哲学方法论的基本要素：主体、客体，以及主体与客体的关系。传统译论主要有两种范式：结构主义语言学翻译研究范式与语文学翻译研究范式。[②] 前者认为作者和文本高于一切，译者处于从属的地位；后者认为作者的地位至高无上，作者和译者的关系等同于主仆的关系，译者必须忠实于作者的意图。翻译研究的文化转向是译者主体地位的最好体现，译者主体性的过度张扬是当代翻译研究范式的特点。然而解构主义翻译理论和后殖民翻译理论等任意拔高译者的地位，使得翻译的主体——译者从某种程度上偏离翻译客体之一的原文文本和原语文化，对原文文本任意改写，导致翻译主体与客体不同程度的割裂与对立。将哲学的主体间性理论运用于翻译研究可谓独辟蹊径，其注重多元主体之间的相互关系，认为翻译发起人、赞助商、原语作者、原语文本、译者、目的语文本、目的语读者、出版商、翻译批评者等均参与翻译过程中多元的互动与对话，从而生成了各种翻译方法论。

[①]　陈寿灿：《方法论导论》，东北财经大学出版社2007年版，第5页。
[②]　韦忠生：《主体间性视域下译者的主体性与外宣翻译策略》，《重庆理工大学学报》（社会科学版）2012年第10期，第88页。

中国人注重整体、悟性、形象和直觉思维，往往从整体上去认识和把握世界，西方人重视逻辑分析和抽象思维，习惯基于多元化的视角去理解和解释世界，这种思维方式的不同在翻译这一认知思维活动上得以充分体现，导致中西译论的差异。① 中国哲学坚持整体的宇宙观，以认识主体与客体的融合作为认识的基本前提。这种"天人合一"的整体思维在中译论中体现为注重翻译理论宏观上的概述，具有较强的表现力，如严复的"信、达、雅"，陈西滢的"形似、意似、神似"和许渊冲的"三美"（音美、意美和形美）说。直觉思维的个体主观性是不确定的，认识本身亦具有随意性、灵活性和主观性，因此它可以产生无限的创造性。对上述翻译标准的解读颇具灵活性，取决于译者和读者的创造性思维。为了区分二元对立的两个不同概念，或多个概念，西方译论侧重微观分析，逻辑清晰、层次分明。如以劳伦斯·韦努蒂（Lawrence Venuiti）为代表的文化翻译理论，详细阐述了归化与异化的差别与定义，条分缕析，在归纳施莱尔马赫理论的基础上进行了创造性的继承和发展，在翻译的政治价值、文化价值和意识形态价值的视角下，阐述了异化翻译观的内涵，后来异化被称为"存异伦理"，体现了异族文化因陌生化而具有的吸引力。

第四节　多维哲学视域下的中西翻译研究与发展趋势

一　天人合一的辩证思维

中国古代的本体论或存在论有两大特色，一是注重观照整体的辩证法的探讨，二是注重人生伦理问题的探讨，后者的特色是"天人合一"的思维方式。② 中国的辩证法思想源远流长，《易经》以形象的语言体现了辩证法可以指导人们的一切活动。它以阴阳的相辅相成关系解释战争、医疗、农事等各种现象，阐释万物的产生、发展和灭亡。《老子》论及美丑、难易、祸福、荣辱、刚柔、巧拙等几十对辩证关系。作为认

---

① 何旭明：《从辩证系统观论翻译之动与静》，《英语广场》2012年第2期，第16页。
② 陈寿灿：《方法论导论》，东北财经大学出版社2007年版，第9页。

识论的基本范畴,"天"为认识对象,即客体,"人"则为认识主体。"天人合一"指认识论中的主客体相互依赖、相辅相成的辩证关系。

中国传统哲学认识论对翻译标准的影响,主要体现在言意范畴的命题以及辩证关系对翻译标准的影响。① 在中国古代的佛经翻译中,曾有所谓的"美言不信,信言不美"的哲学—美学命题。② 在中国的传统译论中,几乎所有的译论命题都有其哲学和美学渊源,③ 所有论述都体现了形式美与内容美的辩证统一关系。得意忘言和得意忘象,大致相当于言外之意、言不尽意,是一种言意范畴的命题,对中国古代的文学、佛学、书画艺术产生过直接影响,其影响也波及翻译理论和实践。中国翻译理论就借鉴了这些领域的认识论。古代佛经翻译标准的文质之辩便是言意范畴的具体体现。质派要求以质直求真,以朴拙作为译学的美学标准,文派则认为要有一定的文采。这是我国翻译界直译、意译的开端。玄奘是我国佛经翻译鼎盛时期的代表人物,其翻译标准"求真喻俗"指的是内容忠于原文,语言通俗易懂。他还提出"五不翻"主张,着眼于内容真与形式美的辩证关系,在翻译实践中采用了补充法、省略法、转化法、分合法等翻译技巧。1894年马建忠提出"善译",认为译者首先应该透彻理解原文,了解其风格,然后以通顺的文字予以表达。1896年严复提出了"信、达、雅",并对三者之间的辩证关系作了阐述,认为翻译应该使用典雅的文字才能达意,而在意义与表达产生矛盾时"尔雅"的文字更为重要。钱钟书的"化境"标准则是直接借用了佛教用语。在陈西滢"形似、意似、神似"和傅雷的"神似说"的翻译标准中可以窥见绘画理论的影响。这些翻译标准虽然用词简洁,但内涵丰富,是"言不尽意"的一种表现。实际上也体现了形式美与内容美的辩证统一关系。

二 主客二分的二元对立概念

在西方翻译界存在许多观点迥然不同的翻译学派别,如语言学派与

---

① 刘峥、张峰:《哲学视角下中西翻译标准的对比》,《长沙铁道学院学报》(社会科学版) 2008年第2期,第160—162页。
② 刘宓庆:《当代翻译理论》,中国对外翻译出版公司2001年版,第201页。
③ 毛荣贵:《翻译美学》,上海交通大学出版社2006年版,第7页。

语文学派、规范学派与描写学派、结构学派与解构学派,它们的翻译学观点截然不同。西方的许多翻译理论也充斥着二元对立的概念,如直译与意译、异化与归化、卡特福德(J. C. Catford)的全译与摘译,功能翻译理论的功能与忠诚、语内连贯与语际连贯,释意理论的内含意义与外显意义。《红楼梦》全译本的译者大卫·霍克斯(David Hawkes)以目的语文化为视角对涉及中国文化内容的翻译主要采用了意译或归化的翻译策略,而该作品的中国译者杨宪益则以原语文化为导向更多地采取了直译或异化的翻译策略。全译与摘译的选择显然会受到翻译活动发起人的需求或社会的价值观念或意识形态的影响,如英语小说《查太莱夫人的情人》中文节译本中有关性爱描写的许多场景因为有悖中国社会的道德观念而被删除。

  翻译中的二元对立模式可以追溯到其哲学和语言学根源。"西方哲学中的二元论(dualism)理念可以说是造成二元对立思维模式的滥觞。"[①] 西方哲学的二元论认为世界的本原是意识和物质两个实体,意识离开物质而独立存在。一元论则持对立的观点,认为世界的本原是物质或者意识,两者居其一。笛卡尔的二元论认为自我或心灵乃是一种不依赖上帝意志的独立存在,也不依赖物体或自然的必然性而存在的东西,为人主体性的存在和发挥开辟了道路。

  主客体的二元对立构成了西方哲学思想的基本前提,构成了现象与本质、形式与内容、主体与客体、感性与理性、原因与结果、必然与偶然等二元对立的哲学范畴。在主客对立的逻辑前提下西方人建立起无数彼此互相对立的范畴:人与自然、人与社会、有限与无限、现象与本质、理论与实践等。正是由于事物内部的矛盾促进了事物的发展,使人类社会生生不息,充满活力,同时正是承认事物的差异才能彰显个人在西方社会的价值,展现千姿百态的世界。然而与二元对立的思维模式相伴随的价值观容易将事物对立的性质绝对化、简单化,形成非此即彼的错误分析和形而上学的思想方式。二元对立对翻译的积极与消极作用也

[①] 朱安博:《翻译中二元对立的思维模式的反思》,《外语教学》2010年第3期,第106页。

是显而易见的。王洪涛①认为在翻译研究中主客体的二元对立一定程度上有助于激发逆向思维、活跃学术氛围，然而这种二元对立的译学格局使得翻译研究陷入了一个怪圈：仿佛离开了这种非此即彼、二律背反的理论程式，翻译研究再无其他发展的动力。

三　理论哲学与实践哲学的融合

理论与实践的关系是哲学面对的首要问题，在这个问题上持何种立场决定了哲学理论的基本路径。学界对理论与实践关系问题持两种迥然不同的态度：其一，理论高于实践，不依赖人类实践而存在，即具有脱离实践的阿基米德点；其二，理论与实践息息相关，但并不单独存在，理论乃是生活实践的一个组成部分。②与这两种立场相对应的便是两种不同的哲学路径：前者为理论哲学，后者为实践哲学。

中国翻译界对理论哲学与实践哲学的重要性有两种截然不同的态度，一些学者认为前者比后者更为重要，其他一些学者认为应该将后者置于优先的位置。冯文坤、万江松③认为翻译研究正在经历从实践哲学向理论哲学的转向，因此翻译研究的焦点应为理论哲学的研究，并非对具体翻译实例的探讨。孙宁宁④认为翻译研究已经实现从理论哲学向实践哲学的转向，翻译观也相应地从语文学模式变为以实践哲学为基础的建构模式。笔者认为这两种观点值得商榷，诚然理论翻译学或在将来成为一种可能，霍姆斯（James S. Holmes）就将翻译学分为纯理论翻译学和应用翻译学。然而任何理论应该在某种程度上来源于实践的总结，如奈达的翻译理论就是在翻译《圣经》过程中的经验归纳、总结和升华。倘若毫无翻译实践的基础，翻译理论理性的完全自主性、优先性与超越性似乎很难达到；倘若过度强调翻译实践哲学的作用，势必影响翻译学

---

① 王洪涛：《超越二元对立的致思模式——当代译学格局之批判与反思》，《外语学刊》2006年第3期，第98页。

② 熊兵娇：《实践哲学视角下的译者主体性探索》，博士学位论文，上海外国语大学，2009年，第65页。

③ 冯文坤、万江松：《由实践哲学转向理论哲学的翻译研究》，《四川师范大学学报》2007年第2期，第99页。

④ 孙宁宁：《实践哲学转向对翻译研究的影响》，《河海大学学报》2003年第3期，第77页。

科的理论建构与跨学科研究。一门学科的发展与其宏观的理论建构是分不开的，只有重视学科的理论建构才能使其立于学科建设的前沿。对翻译中理论哲学和实践哲学其中任何一方的过度关注都可能造成两者的割裂，可能重新形成翻译理论二元对立的格局。中西译论总是和翻译实践紧密相连、相辅相成、相互促进，中西文化间历次翻译高潮的出现促进了翻译理论的不断深化和翻译实践的不断创新，同时又使理论自身得以不断完善。莫纳·贝克（Mona Baker）主持研制的翻译英语语料库基于语料库语言学的理论、方法和手段，力图实现翻译研究的客观性和描述性，正是重视理论哲学与实践哲学的结合。与少量、零星的语言实例相比，翻译语料库的优势显而易见，其信度与效度有目共睹，有助于从翻译文本微观层面上予以量化分析，如文本等值概率分析，译文风格特点的量化分析，多个译本在词汇密度、词频、句子长度、搭配模式、特定词汇的使用以及使用频率等方面的比较研究。这种典型的以数据驱动（data driven）为导向的研究，其思维模式遵循自下而上的路径，基于具体数据推导结论，将信息时代庞大信息量处理的需求纳入视野，融合了语料库语言学的理论与实现途径，注重翻译实证研究，可以界定为描述性的翻译研究，标志着翻译研究方法从规定走向描述，实现了理论哲学与实践哲学的结合。

四 从二元对立走向多元共生

各种翻译研究的思潮与思想都有其哲学基础，所以认清哲学发展与翻译研究发展的关系，以及认识以往各种译学范式的哲学基础，对翻译研究意义重大[①]。中西翻译研究历经了传统的语文学、解构主义翻译研究等范式，正步入多元化的翻译学研究阶段。语文学范式翻译研究往往重视灵感的重要作用，无疑与古典知识论哲学有深厚渊源，体现了其人本主义的方法论。古典知识论哲学强调人的主体作用，将其视为宇宙的精华，鼓励人们对大自然的驾驭与征服，归属本体论哲学。在这种不分主客、注重直觉与灵感的思维影响下，人们将文学作品的成功视为灵感

---

① 邵璐：《新视野 新研究——哲学转向对翻译学的建构性意义》，《山东外语教学》2004年第6期，第98页。

的充分体现,翻译的成败往往取决于个人的天赋。结构主义语言学翻译研究范式摈弃了灵感与直觉的语文学研究路径,开始关注客体,开展文本的语言分析,试图寻找语言转换规律,体现了认识论主体哲学的影响。然而它过分强调语言规律的作用,逐渐形成了语言逻各斯中心主义,其结果是译者的主体作用被削弱。20世纪90年代中期兴起的以哲学阐释学为哲学基础的解构主义翻译研究范式打破了结构主义翻译语言学范式的静止性与封闭性的状态,从理性主义转向怀疑主义,将翻译中语言结构之外的诸多因素纳入视角,从文化、译者目的等多元视角来研究翻译问题。然而解构主义翻译研究范式对译者主体意识的过分强调,以及对语言转换规律的忽视,致使翻译活动演变为永无终止的过度诠释。以语义学为导向的卡尔纳普(Carnap)模式和以语用学为宗旨的戴维森(Davidson)模式反映了分析哲学和后分析哲学的典型思维方式,标志着思维模式从语义学向语用学转向[1]。西方语言哲学的语用学转向促使语言哲学由主体性向主体间性转换,使主体之间的可理解性、可沟通性成为现代和后现代哲学的中心问题。哲学的语用学转向促使翻译从语言学的逻辑性与文化学派的阐释性进入语用学解释性的理性交往的建构时代。翻译的主体间性第一层面涵盖作者、文本、译者的关系,第二层面还涉及作者、译者、读者的关系,因此可以归为多元主体关系。哲学的主体间性理论的诞生成为翻译的主体性研究的理论基础,促使翻译跨越原作者独白、文本独白以及无限度的读者阐释,构筑多元主体之间不受时空限制的积极对话[2]。吕俊、候向群[3]以普遍语用学的交往论和言语行为理论为哲学基础,提出了建构主义翻译学视角,对翻译学学科建构和翻译研究具有重要意义。

---

[1] Jaroslav Peregrin, "The Pragmatization of Semantics", in K. Turner ed., *The Semantics/pragmatics Interface from Different Point of View*, Amsterdam: Elsevier, 1999, p. 420.

[2] 韦忠生:《主体间性视域下译者的主体性与外宣翻译策略》,《重庆理工大学学报》(社会科学版)2012年第10期,第89页。

[3] 吕俊、侯向群:《翻译学:一个建构主义的视角》,上海外语教育出版社2006年版。

小 结

基于哲学视角对翻译开展研究有助于拓宽翻译的研究视野,本章概述了哲学视域下的翻译研究,解读了哲学视野下的四种意义观:现象学语义观、存在主义意义观、解释学意义观和解构主义意义观。从中西译论隐性与显性哲学路径、哲学思维的差异以及哲学方法论的异同三个方面对中西翻译研究哲学路径进行比较,从天人合一的辩证思维、主客二分的二元对立概念、理论哲学与实践哲学的融合、二元对立走向多元共生四个层面探析了中西翻译理念的异同与发展趋势。

翻译学是涉及语言学、传播学、交际学、符号学、文化学、政治学、逻辑学、心理学、认知科学、美学等相关学科的错综复杂的人类活动,是一个开放性与动态性兼备的学科系统。该系统内部诸要素与文本之外的各种因素之间既相互对立,又互相融合,是一种辩证统一的关系。"翻译实践是丰富的、复杂的、矛盾的、多元的,所以翻译理论也应该是多元的。对于翻译理论的价值判断与认同应该超越是与非、好与坏、正确与谬误等二元对立的旧范式。"[①] 今天的翻译研究已从对立走向融合,呈现出多元互补、相互融合的发展态势。翻译研究的综合性不言而喻,其多学科、全方位的研究特征亦显而易见。

[①] 白爱宏:《超越二元对立,走向多元共生——中国译学建设的一点思考》,《外语与外语教学》2002 年第 12 期,第 41 页。

第三章 外宣翻译本体研究的多维思考[①]

外宣翻译由广义与狭义概念两个层面组成。广义上的外宣翻译指地方政府新闻、外事、文化、经贸、旅游、教育、体育、金融等诸多部门的外宣工作，旨在信息传播、文化交流、经贸往来、区域形象或地方政府形象或城市形象建构等，此外还包括高校和企业的外宣工作，旨在信息传播、文化与学术交流、经贸往来，建立正面的高校与企业形象。而狭义上的外宣翻译特指中央政府或国家外宣与传播机构，如国务院新闻办、中宣部、外交部、文化部、商务部等所从事的以国家名义开展的具有重大国际影响的对外文化交流与传播工作，往往以国家形象与文化软实力建构为目的。诚然广义上的外宣翻译的重要性无法与狭义上的外宣翻译相提并论，然而它也是国家对外传播工作不可分割的一部分，对提升国家文化软实力与树立正面国家形象发挥了举足轻重的作用。区域形象、地方政府形象、城市形象、高校与企业形象都是国家形象的重要组成部分。

外宣翻译研究体系之本体论涉及外宣翻译的本质属性、外宣翻译研究的学科属性与定位[②]。一个较为完整的翻译本体理论包含下列内容：译论的哲学渊源、翻译实质、译论实施的动因和手段、翻译原则与方法、翻译标准以及对翻译中矛盾与现象的解释等[③]。本章的内容主要涉及翻译的学科地位、外宣翻译研究的学科属性、外宣文本功能、外宣翻

[①] 本章的内容已发表，此处内容有所变动。具体参见韦忠生《外宣翻译本体研究的多维思考》，《哈尔滨学院学报》（社科版）2015年第10期，第109—113页。

[②] 朱义华：《外宣翻译研究体系建构探索——基于哲学视野的反思》，博士学位论文，上海外国语大学，2013年，第35页。

[③] 胡庚申：《生态翻译学——建构与诠释》，商务印书馆2013年版，第179页。

译的噪音与翻译原则。

第一节　翻译的学科地位

20世纪50年代初，西方学者主要基于语言学的视角开展翻译理论和实践的研究，在某种程度上显示出一定的系统性和科学性。语言学家参与研究对翻译学的建构功不可没，自此翻译研究逐渐摒弃传统译论的经验式评判，系统性及操作性的不足得以改善，传统翻译研究中的极端主观感受性逐渐削弱，翻译实践的科学性及客观性得到彰显，极大地推动了翻译学科的建立[1]。1972年美籍荷兰裔学者霍姆斯（Hdmes）[2]在一次国际应用语言学会议上描述了他对翻译学学科理论建构的基本构想与框架。后来以色列著名翻译理论家图里（Touri）[3]以图表的方式将其予以阐述。霍姆斯的翻译结构图勾勒出了翻译学科的基本框架：纯理论翻译学和应用翻译学。纯理论翻译学再划分为翻译理论研究和描述性翻译研究；翻译理论又再分为普遍理论和专门理论[4]。斯内尔·霍恩比（Snell Hornby）[5]借鉴了语言学派和和文学派翻译理论，提出将翻译研究作为一门独立学科予以构建的见解，倡导运用格式塔理论，以及框架语义学等理论开展翻译研究的综合方法。众多翻译界学者携手并进，至"20世纪80年代，翻译研究俨然成为一门独立学科"[6]。

中国学者对翻译的学科地位开展了大量的研究，潜心学科建构，翻

---

[1] 易经、谢楚：《翻译学从属于语言学吗？——析语言学派的翻译学定位》，《湖南人文科技学院学报》2012年第3期，第74页。

[2] James S. Holmes, "The Name and Nature of Translation Studies", in L. Venuti ed., *The Translation Studies Reader*, London and New York: Routledge, 2000, pp. 172 – 185.

[3] Gideon Toury, *Descriptive Translation Studies—And Beyond*, Amsterdam and Philadelphia, PA: John Benjamins Publishing Co., 1995, p. 10.

[4] Jeremy Munday, *Introducing Translation Studies: Theories and Application*, London: Routledge, 2000, pp. 10 – 11.

[5] Mary Snell - Hornby, *Translation Studies: An Integrated Approach*, Shanghai: Shanghai Foreign Language Education Press, 2002.

[6] Susan Bassnett and Andre Lefevere. Preface, In Susan Bassnett and Andre Lefevere eds., *Translation, History and Culture*, London and New York: Printer Publishers, 1990, p. IX.

译学从名不见经传的边缘地位崛起，逐渐成为外语教研的中心，完成了其独立的二级学科框架构建。1951年董秋斯在《翻译通讯》上率先发表了题为"翻译理论建设"的文章，明确提出建立翻译学的设想，我国译学发展史初见端倪；1984年董宗杰在《翻译通讯》上发表了"发展翻译学，建立专业队伍"一文，基于宏观和微观两个基本层面简要阐述了翻译学的性质与内容，建议条件具备的高等学校设置翻译学专业[1]。谭载喜将翻译分为普通翻译、特殊翻译与应用翻译三部分，指出翻译学的具体研究对象包括翻译的实质、原则、标准、翻译方法以及翻译过程中出现的各种矛盾[2]。刘宓庆阐述了翻译学的性质与学科构建的基本框架与路径，将其分为内部系统与外部系统，剖析了它们之间的辩证关系[3]。杨自俭[4][5]提出了翻译科学的研究对象、性质和三层次学科结构，认为翻译学的研究对象为涵盖主客体、过程、结果与影响等诸多因素的整个翻译过程以及翻译史与方法论，提出应注重翻译理论的实证研究，将其视为一门独立的、开放性、综合型的人文社会科学。他还认为翻译学体系由广义和狭义的两个系统组成，前者称为学科制度体系，涵盖学科理念、学科规范体系、学科管理与法律系统，后者为学科规范体系，包括元理论、翻译哲学、翻译理论、翻译策略与技巧五个子系统。吕俊、侯向群[6]总结并反思了多种翻译研究范式，借鉴传播学和言语行为理论分别作为翻译学建构框架和语言学基础，提出建构主义翻译学理念，以实践哲学为哲学基础的建构主义翻译学实现了理论哲学到实践哲学的转向。

---

[1] 许钧、穆雷：《中国翻译学研究30年（1978—2007）》，《外国语》2009年第1期，第77页。
[2] 谭载喜：《试论翻译学》，《外国语》1988年第3期，第22—28页。
[3] 刘宓庆：《当代翻译理论》，中国对外翻译出版公司2001年版，第16—20页。
[4] 杨自俭：《如何推动翻译学的建设与发展》，载胡庚申《翻译与跨文化交流：转向与拓展》，上海外语教育出版社2007年版，第3—6页。
[5] 杨自俭：《对几个译学理论问题的认识》，载胡庚申《翻译与跨文化交流：整合与创新》，上海外语教育出版社2009年版，第3—13页。
[6] 吕俊、侯向群：《翻译学：一个建构主义的视角》，上海外语教育出版社2006年版。

第二节　外宣翻译研究的翻译学属性

外宣翻译学科内部体系的核心可以称为外宣翻译本体论，主要关注外宣翻译的本质属性与外宣翻译研究的学科属性的建构问题。外宣翻译学科内部体系由五个部分组成，即外宣翻译本体论、外宣翻译原则、外宣翻译方法论、外宣翻译实证研究和外宣翻译批评。外宣翻译原则主要探讨外宣翻译过程中应该遵循的基本原则。外宣翻译方法论将从多视角系统探讨外宣翻译的各种翻译策略，如接受美学理论、言语行为理论、新修辞理论、批评性话语分析等，加强专题性研究。外宣翻译实证研究将运用平行文本理论和多模态语篇分析方法等以中西政府网站、招商引资、城市宣传、大学门户网站的有关文本作为语料，建立平行语料库，应用相应翻译理论进行讨论，指出错误并提出建设性的翻译策略。外宣翻译批评将基于国内外学者的有关翻译批评理论，力图建构外宣翻译批评的原则。

外宣翻译还具有一个外部体系。本章所提出的外宣翻译学科建构外部体系借鉴了刘宓庆对翻译的分类：哲学思维系统、语言符号系统和社会文化系统[①]，并根据外宣翻译实践中的具体情况和操作可行性对这三个系统的具体内容作了调整。外宣翻译的外部体系阐述了外宣翻译与下述领域的学科渊源。其一，外宣翻译的外部体系为外宣翻译内部体系提供学科建构基础，有助于外宣翻译确立其科学性、系统性与前瞻性，可称为外宣翻译的学科体系。其二，外宣翻译的外部体系为外宣翻译内部体系提供理论导向，促使外宣翻译从封闭状态走向开放格局，并从单向度向多向度发展，可称为外宣翻译体系的理论框架。

外宣翻译的外部系统涵盖哲学思维系统、语言符号系统和社会文化系统。哲学思维系统包括：哲学、美学、逻辑学；语言符号系统包括：语言学、语义学、句法学、语用学、修辞学；社会文化系统包括：政治学、传播学、文化学、心理学、宗教、民俗学。

---

① 刘宓庆：《当代翻译理论》，中国对外翻译出版公司2001年版，第20页。

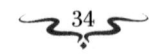

第三章　外宣翻译本体研究的多维思考

　　翻译学与系统论作为一个科学系统，其渊源可谓源远流长，只有突破传统译论的局限性，拓展学科发展的前瞻性思维，外宣翻译才可能取得长足进展，因此需要运用系统论的原则对外宣翻译开展宏观的多元研究。同时翻译学是一种系统性、开放性、动态性和多向度的综合性学科，必须借鉴其他学科的发展，兼收并蓄，才能为外宣翻译提供足够的动态发展空间并开拓其发展前景。

　　外宣翻译具有与翻译学同样的本质，涉及两种语言和文化的对应转换，即语言与文化的编码与解码，注重原语文本内容、文化、风格等因素的语言与功能对等。谭载喜[1]从辩证论的观点出发研究翻译本质，认为翻译具有"绝对"和"相对"的双重属性，其绝对性体现在"转换"和"对等"，其相对性则体现在实际"转换"和翻译"对等"的各个层面。他还强调完全的转换和对等并非翻译的本质要求，但"相对"意义上的转换和对等乃是翻译的"绝对"属性。由于语言与文化背景的迥然不同，达到完全对等显然是可望而不可即的。对某些西方著名学者的翻译定义的回顾有助于对外宣翻译研究的本质这一问题的认识。德国翻译理论家沃尔夫兰·威尔斯（Wolfram Wilss）[2]对翻译是这样界定的：翻译使原语文本成为译语文本，它以理解原语文本内容和风格为前提，尽可能与其保持对等。英国翻译理论家巴兹尔·哈提姆（Basil Hatim）和伊恩·梅森（Ian Mason）[3]认为：翻译是一种交际行为，它试图跨越语言文化界限，体现另一种交际行为。外宣翻译研究的是外宣文本的翻译，而外宣翻译的过程涉及语言符号的转换，这是翻译的前提。这就是雅可布逊翻译类别三分法中的语际翻译，用一种语言的符号去解释另一种语言的符号，这就是人们通常所指的严格意义上的翻译。翻译的实质是双语间意义的对应转换，意义指的是利奇所阐述的七种意义。与此同时，原文外宣材料的内容也

---

[1] 谭载喜：《翻译本质的绝对与相对属性》，《广东外语外贸大学学报》2007年第1期，第5页。

[2] Wolfram Wilss, *The Science of Translation*, Shanghai: Shanghai Foreign Language Education Press, 2001, p.62.

[3] Basil Hatim and Ian Mason, *Translator as Communicator*, London and New York: Routledge, 1997, p.1.

应在一定程度上关注原语文本内容、文化、风格等因素,否则就变成了外宣采编而不是外宣翻译了。

功能翻译理论对翻译的阐述有助于阐释外宣翻译研究的翻译学属性,体现其动态性、可调适性和社会性的特征。显然外宣翻译除了关注文本的符号和文化解码,还需要关注原语作者、客户或委托人(包括翻译发起机构)所要达到的目的以及社会语境如意识形态、价值观念等因素对外宣翻译活动中语码转换的影响。任何一种行为都有其相应的目的,翻译行为所要达到的目的决定了翻译所要采取的翻译策略。由于意识形态的影响与外宣翻译的目的决定了需要对外宣翻译文本进行一定程度的变译、删译和改译,还需要关照目的论的语内连贯(intratextual coherence)和语际连贯(intertextual coherence)两个原则[①],使译文符合目的语的表达方式,译文能够被读者理解,并且在目的语文化以及译文的交际环境中有意义,符合目标受众的期待视野,同时还要关注"忠实法则"(the fidelity rule),使原文和译文存在某种对应关系,体现翻译的基本原则。

总之,外宣翻译研究的翻译学属性要求除了关注文本的语言、文化、文体、风格等的对应转换,也要关注社会语境如意识形态、价值观念等因素对外宣翻译活动中语码转换的影响,采取各种翻译策略和技巧予以转换和补偿,补充文化背景知识,弥补文化缺省,消除文化理解障碍,更需要分析文本的功能类型,关注语言的交际功能,实现语言动态功能对等和语篇语用对等,实现传播和弘扬中国文化的目的,从而提升中国的文化软实力,更好地建构中国国家形象。

第三节 外宣翻译研究的传播学属性

作为传播学的奠基人和先驱之一的美国政治学家哈罗德·拉斯韦尔(Harold. D. Lasswell)阐述了传播学的五个要素或五W模式:即参与者(Who)、言语的内容(Say What)、借助何种途径(In Which

---

[①] Christiane Nord, *Translating as a Purposeful Activity – Functionalist Approaches Explained*, Shanghai: Shanghai Foreign Language Education Press, 2002, pp. 31 – 33.

Channel)、言语的对象（*To Whom*）、生成何种效果（*With What Effect*）[1]。它涵盖传播主体、传播内容、传播渠道、传播对象和传播效果这五个层面的内容。后来在此基础上其他学者增加了两个要素，即传播的目的和场合。传播学与翻译的本质具有共同特征，希望通过信息的处理和传递，以各种方式消除信息传播的障碍，取得预期的宣传与传播效应，从而宏观上实现国家软实力、地区软实力与城市软实力的构建。吕俊[2]在国内首次提出了翻译学传播理论，力图基于传播学和跨学科的视角开展翻译研究。

翻译与传播学研究的焦点具有相似之处。传播学关注两大焦点：其一，关注所传播的信息传递给目标受众的途径，其二，关注传播的信息是否能够实现传播者希冀实现的传播效应。翻译同样涉及两个焦点，一是译者注重将原语的信息和意图成功地传递给目的语读者的适当方式，二是着眼于有效地使目的语读者领会原语的信息和作者的意图，以期实现翻译的预期目的与效果[3]。

翻译与传播学研究的属性同样具有异曲同工之处。学者们对传播定义的界定各不相同，然而对于传播的基本属性基本上持一致的观点：传播是一种具有高度目的性的信息传播社会行为，其过程是一种互动的信息交流和传播，各传播要素之间的动态组合构建了一个信息传递系统。该传播系统中的每一个环节都相辅相成、相互作用，而传播涉及的社会语境也必然影响这个系统的建构，导致噪音的生成。整个翻译过程就是以传播目的为导向，妥善处理原语作者、原语文本、译者、目的语文本和目的语读者的五元关系，克服噪音干扰，力求客观地传播信息，实现翻译目的、达到传播效果。外宣翻译活动的目标与预期的效果均表现为信息传播与对外交流的性质，其整个过程必须将传播主体、传播目的、传播内容、传播渠道、传播受众、传播场合

---

[1] Harold. D. Lasswell, *The Structure and Function of Communication and Society*: *The Communication of Ideas*, New York: Institute for Religious and Social Studies, 1948, pp. 203 – 243.

[2] 吕俊：《翻译学——传播学的一个特殊领域》，《外国语》1997年第2期，第39—44页。

[3] 杨雪莲：《传播学视角下的外宣翻译——以〈今日中国〉的英译为个案》，博士学位论文，上海外国语大学，2010年，第Ⅳ页。

与传播效果等传播学的基本要素纳入视野,关注受众的期待视野,采用恰当的翻译策略消除传播中的噪音以期达到最佳的传播效应。

噪音干扰可能来自勒菲弗尔(Lefevere)[①]的翻译三要素理论中三种因素的操纵:诗学观(poetics)、当代的政治意识形态(ideology)和赞助人(patronage),势必影响外宣翻译的方法论。代表某种意识形态的赞助人必定利用他们的话语操控权干预翻译活动,意识形态和诗学观的操纵无疑在某种程度上影响了译者的翻译策略,往往采取变译、编译、增添、删减、逻辑重组、语篇重构等手段对原语文本进行适度改写,从而使改写后的文本能被目的语受众认同并顺应主流意识形态。这种改写旨在赢得目标受众,取得最佳传播效果。勒菲弗尔的诗学主要论及文学翻译中的诗学,而宣传诗学主要涉及某一特定社会群体在既定时间内对宣传文本在形式和功能上的阅读期待和视野期待,关注目的语读者的语言习惯、审美心理、价值取向等诸多因素。当然,改写并非是指编译者可以随意篡改原文内容,而是抵制并消解某些具有强烈意识形态色彩的内容。同样译者应该审视文化的趋同性与异质性问题,一方面保持民族文化的鲜明特点,保持其异质的特色以吸引目的语读者,另一方面则以一种受众文化认可的方式来实现国家形象与软实力的建构。

斯图亚特·霍尔[②]针对新闻观众和读者提出三种迥然不同的翻译策略:无协商余地的立场(dominant hegemonic position)、商议性立场(negotiated position)、抵抗式立场(oppositional position)。该翻译策略不失为抵消对外传播噪音干扰的有效途径,更是凸显了意识形态对外宣翻译方法论的影响。由于意识形态对传播话语权的操控,对新闻文本的翻译采用改写,变译、删除都是颠覆新闻话语权的有效手段。在英汉新闻编译中,译者广泛运用霍尔的三种翻译策略中的后两者——商议性立场和抵抗性立场,主要是基于两个层面的考虑。诚然新闻文

---

① André Lefevere, *Translation, Rewriting and The Manipulation of Literary Fame*, Shanghai Foreign Language Education Press, 2010, pp. 1–10.

② Stuart Hall, "News from Now Here: Televisual News Discourse and the Construction of Hegemony", In Allan Bell and Peter Garrett eds., *Approaches to Media Discourse*, Oxford: Blackwell Publishers, 1998, pp. 114–116.

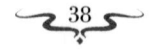

本中的话语逻辑和意识形态迥然不同,甚至相互抵触,因此编译者不可能全盘接受原语新闻文本的话语表述。再者,与普通文本的翻译不同,新闻文本的翻译在某种情况下是一种编译,因而不要求编译者完全采纳在原语中所使用的语言与文化编码。

外宣翻译研究的传播学属性确立了外宣译者在整个信息传播过程中所发挥的主观能动作用。首先,译者需要慎重选取有助于中国文化传播并提高中国文化软实力的外宣文本,努力构建中国话语权,加速推动中国文化的国际化进程。其次,在译者对外传播中需要充分考虑目标受众的期待视野,关注目的语读者的文化认同,充当文化融合的使者。具有一定认知能力的目标受众对已翻译的文本信息进行语言与文化解码,并对传播内容做出反馈,力图建立认知共性。因此,外宣翻译研究的传播学探究亟待与翻译学相互融合,对译者及其主体性的研究无疑是外宣翻译研究中的一个重点论题。

第四节 外宣翻译研究的修辞学属性

翻译和修辞两者之间有着密不可分的关系。"翻译和修辞之间最大的契合点是两者都是以运用语言象征为主面向受众的交际活动。两者都与现实社会紧密相关,最基本的共同特性都是交际。"[1] 就像翻译一样,外宣翻译就是将一种语言和文化解码为另一种语言和文化,因此具有不同语言和文化背景的人们得以相互交流,开展有效的交际。西方修辞学家詹姆斯·A. 赫里克(James A. Herrick)[2]认为修辞就是(出于交际目的)有效运用象征性语言而实现交际效果的系统研究和实践活动。

外宣翻译和修辞都非常重视目标受众的研究以检验翻译和修辞是否达到了预期的效果。奈达详细阐述了翻译中"动态对等"的理念,即重视读者的反应,运用自然流畅的语言使译文通俗易懂,甚至可以

---

[1] 陈小慰:《翻译研究的新修辞视角》,博士学位论文,福建师范大学,2011年,第83页。

[2] James A. Herrick, *The History of Theory of Rhetoric: An Introduction*, Boston: Allyn and Bacon, 2001, p.4.

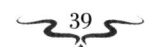

针对读者的不同层次采用不同的语言翻译同一文本，使译文读者获得与原文读者相同的阅读效果。奈达的"读者反应论"是在"功能对等"的基础上提出的，20世纪80年代中期，他重视翻译标准的动态性原则，以"动态对等"取代了"功能对等"。译文质量的优劣取决于读者对译文的反应，因此翻译评论往往将读者反应和原文可能产生的反应进行对比以检验译作是否成功再现原作。按照纽马克（Newmark）① 的观点，交际翻译试图再现原文的意义以便读者能够接受并理解其内容和语言。功能翻译理论其中一位创始人弗米尔（Vermeer）认为任何一部翻译作品都是以预期受众为导向的。伯克（Burke）质疑修辞学传统的受众观点，提出与众不同的受众观点，其观点在"同一性"学说中得以充分阐述。伯克认为修辞者运用受众认可的语言或修辞方式说话的时候，试图与受众保持共同的立场，即获得同一性。与听众试图取得共同立场的过程实际上也改变了修辞者的修辞立场与方式。同一性过程促使言说者向听众的立场靠拢，因此，劝说绝对不是一种单维的直线性过程，乃是一种双向的交际活动，在这一活动中言说者与听众融为一体，即听众认同言说者的修辞立场与观点，交际得以成功实现。否则，可能导致交际的失败。

语境是外宣翻译和修辞共同关注的焦点之一。哈提姆和梅森（Hatim & Mason）② 认为翻译活动必须关注语境，运用系统功能语言学的视角研究语境的三个层面：交际、语用以及符号，交际行为包括语场、语式和语旨，语用行为涵盖言语行为、言外之意、预设等，符号互动指作为符号的词语、语篇、话语、体裁以及语篇的互文性。外宣翻译也不例外，也必须关注语言语境、文化语境和社会语境，根据不同的语境创建目的语文本。修辞主体积极的修辞活动生成修辞语境，修辞主体积极的修辞活动与修辞主体的交际意图、目的动机紧密相连，因此修辞语境是具有主观性的特征；其主观性主要体现在主体

---

① Peter Newmark, *A Textbook of Translation*, Shanghai: Shanghai Foreign Language Education Press, 2001, p. 47.

② Basil Hatim and Ian Mason, *Discourse and the Translator*, Shanghai: Shanghai Foreign Language Education Press, 2002, pp. 57–58.

对语境的创造和语境的选择两个层面①。诚然社会背景、自然时空和具体的时间语境没有选择的余地，然而其他语境都可以基于交际主体的交际意图与目的予以创建。

外宣翻译与修辞学科的另一共性是两者都具有明显的跨学科性质②。正如翻译一样，外宣翻译的客体及其翻译理论源流具有明显的跨学科特点。综观中西翻译史，我们可以看到翻译活动的对象涵盖宗教文献、文学作品、对外传播文本等内容。历史上翻译活动的客体对象实际上也是外宣翻译实践活动的对象，只是早期还没有外宣翻译这一概念。外宣翻译活动客体对象的多样性决定了它必定受到各种因素的制约，因此除了关注不同语言之间的语言解码、结构转换、篇章调整，外宣翻译还涉及哲学思辨、文化解码、意识形态、语言审美心理等诸多内容。外宣翻译的这一特点使外宣翻译与哲学、语言学、文化学、心理学、政治学等学科紧密相连，奠定了外宣翻译研究的跨学科基础。

现代西方修辞学的跨学科特点同样十分显著。苏珊·贾拉特（Susan Jarratt）③认为修辞与人类学、传播学、哲学、心理学、政治学等学科有着传统的学科渊源。随着20世纪50年代后西方"新修辞学"的崛起，具有不同学科背景的学者以修辞学的名义开展修辞学研究，借鉴了不同学科的研究成果，与其他学科交叉融合，彰显了显著的多学科性、边缘性的特点④。修辞学的多学科性主要体现在两个层面：学科性质和研究视野。在学科性质层面，修辞学是一门交叉学科——它以语言学为主要研究对象，涉及文学、传播学、新闻学、心理学、教育学、民俗学、宗教学、社会性、人类学、哲学等众多领域；在研究视野层面，

---

① 张宗正：《修辞学语境与语用学语境的异同》，《修辞学习》2004年第5期，第67页。

② 袁卓喜：《修辞劝说视角下的外宣翻译研究》，博士学位论文，上海外国语大学，2014年，第34页。

③ Susan Jarratt, *Rhetoric Introduction to Scholarship in Modern Languages and Literature*, 3rd edition, David G. Nicholls ed., New York: Modern Language Association of America, 2007, pp. 73 - 102.

④ 温科学：《中西比较修辞论——全球化视野下的思考》，中国社会科学出版社2009年版，第187页。

修辞学的跨学科性也得以充分体现——它可以广泛融入众多学科领域，同时亦是相关学科领域的共同研究对象。现代西方修辞家大多研究视野开阔，往往从跨学科的视角开展修辞研究。

外宣翻译与修辞的另一相似之处是两者都体现了话语的倾向性，即意识形态。安德烈·勒菲弗尔（André Lefevere）是文化学派的典型代表。他在《翻译、重写以及对文学名声的操纵》（Translation, Rewriting and the Manipulation of Literary Fame）一书中阐述了关于翻译的"三要素"理论。勒菲弗尔认为，翻译是对原文的重写；翻译不能真实地反映原作的面貌，主要因为它始终都受到三种因素的操纵：诗学观（poetics）、译者或当代的政治意识形态（ideology）和赞助人（patronage）①。修辞者通过意符体现其蕴含的意识形态，使修辞者的观点、主张得以体现；听众面临两种选择：其一，支持修辞者的观点、主张或行为，其二，违背该意识形态遭受社会谴责或惩罚②。听众选择前者的概率通常较高。在这个劝说过程中，修辞者试图通过意符诱使听众与其思想和行为保持同步，即与修辞者合作。

第五节　外宣文本语篇功能之分析：纽马克文本类型理论的视角

翻译理论家纽马克（Newmark）③详细讨论了语言功能并在此基础上对各种文本进行分类，具体内容如下所述。按照体裁他将官方告示、文学作品、个人自传、私人书信等归结为"表达型文本"（expressive text-types）；将教科书、技术报告、文件、报刊文章、论文、备忘录、会议记录等纳入"信息文本"（informative texts）；而将通告、说明书、对外传播文本、对外宣传文本、论说文、通俗作品等一类体裁归于

---

① André Lefevere, *Translation, Rewriting and The Manipulation of Literary Fame*, Shanghai Foreign Language Education Press, 2010, pp. 1–10.

② 邓志勇、崔淑珍：《基于意符的意识形态修辞批评：理论与操作》，《当代修辞学》2013年第6期，第43—53页。

③ Peter Newmark, *A Textbook of Translation*, Shanghai：Shanghai Foreign Language Education Press, 2001, pp. 39–53.

"呼唤型文本"（vocative texts）并阐明了各自的文本"核心"和作者在翻译作品中的地位。纽马克进一步指出"表达型文本"的核心是作者的思想（the mind of the speaker），它在文本中的地位是至高无上的。而"信息型文本"聚焦于"某个主题的事实"（the facts of a topic），因此信息传达的真实性乃是这类文本的核心。"唤型文本"的核心是读者层或受众（the readership, the addressee），因而文本作者的身份并不重要，重要的是信息的传递效果和读者的情感呼应，即读者效应，以促使读者深入思考与感受，按文本设定的方式作出反应，即采取行动。纽马克这一文本功能分类既通俗易懂又易于操作，有助于外宣翻译文本的文本功能分析。但是在具体的操作中，纽马克进一步强调，只有单纯一种功能的文本极为少见，大部分文本都是以一种功能为主而兼顾其他两种功能。

除了具有信息功能，文本还具有言情功能。对外宣传文本也不例外，主要为目的语读者提供包括文化、历史、自然风景等诸多信息，旨在希望他们感同身受，领略其悠久的历史、文化和美丽的风光。试想一下，如果一篇介绍某一城市的外宣文本只包括该城市的地理方位、人口、物产等简单的信息是很难激发潜在读者的参观欲望的。除了基本信息，受众还希望了解其文化、历史、民俗、自然风景等有关信息。因此，对外宣传文本必须具有生动具体的言情功能。其言情功能在语篇中得到明显的体现，读者在语篇中可以找到所需的历史、文化、自然风光等相关信息，感受到人文美和自然美。

外宣文本包含的语篇类型十分广泛，涉及新闻传播、文化报道、商务活动、科学技术、工农业发展、对外交流等诸多领域，包括法律文件、新闻报道、规章制度、书信、函电、告示、契约、报告、旅游指南、广告、产品说明书、技术规范等内容。它还包括政府有关部门、出版社、旅行社等机构以正式或非正式形式出版的手册和指南等。和其他语篇一样，外宣文本也具有多功能性，具有如下几个特点：信息性；匿名性；客观性；劝说性；鼓动性。首先是它的信息性，给潜在的读者提供内容丰富的信息，力图以客观的语言与态度陈述有关事实和数据。匿名性是指外宣文本的某些语篇往往没有具体作者或译者的署名，其文本按约定俗成的方式撰写或翻译规则进行翻译。外宣文本劝导受众接受或者否定某一信息与表达的立场。然而外宣文本起主导作用的应是呼唤功能，使用大量评论性的语言（形容词）和祈使句，甚至明确提示或暗示受众，希望他们了解怎样的信息，采取何种行动：语篇发出诱导性信息，并产生明显的"言后效果"，即直接刺激目的语读者了解其内容的欲望。

第六节　外宣翻译的噪音干扰与翻译原则

一　外宣翻译的噪音干扰

外宣翻译的噪音干扰，即种类繁多的错误翻译。陈小慰探析了福建省外宣翻译的现状，认为普遍性存在的错误主要有五种[①]。第一种是单词拼写和语法错误；第二种是不合英语规范；第三种是信息真空或信息误导；第四种是违背西方受众接受习惯；第五种是译名不统一。其中的第一种、第二种和第五种显然属于语言噪音，第三种可以归为语用噪音，而第四种归属心理噪音。功能翻译理论将翻译错误归结为四类：语用翻译错误、文化翻译错误、语言翻译错误、特定文本翻译错误[②]。从传播学的视角予以审视，无疑属于语用噪音、文化噪音、语言噪音和其他噪音。语用翻译错误源于缺乏以接受者为中心的意识，未能适当地解决语用问题；文化翻译错误是由于译者在再现或改写特定文化规约时决策不当引起的；语言翻译差错主要是由语言结构的处理不当导致的；特定文本翻译错误都可以基于功能或语用学的角度进行评价。引起语用失误的原因主要可以归结为两种：一种通常是由于外语学习者运用的目的语不符合其语言表达习惯或套用母语的表达方式而引起的；另一种是由于不了解或忽略交际双方的社会、文化背景而引起的；违背西方受众接受习惯主要是忽视了西方受众的期待视野，即语言习惯、文化心理、审美情趣等诸多因素。

鉴于外宣传播中存在的各种噪音，本章将以外宣翻译文本作为语料

---

① 陈小慰：《福建外宣翻译的现状与对策》（http://www.fjfyxh.com/search.php, 2006）。
② Christiane Nord, *Translating as a Purposeful Activity-Functionalist Approaches Explained*, Shanghai：Shanghai Foreign Language Education Press, 2002, pp. 75 – 76.

(本节所采用语料除注明出处外,其余均取自福建某政府网站),探析外宣翻译的翻译原则,力图消除外宣传播中的噪音,实现有效的传播目的,从而建构正面的国家形象。下面主要就一些外宣翻译文本进行分析,并提出建设性的修改意见,在此基础上总结外宣翻译的翻译原则。

二 外宣翻译原则之探析[①]

(一) 政治言辞修正原则

皮埃尔·布迪厄(Pierre Bourdieu)不仅深入地探讨了符号权力这个概念,而且深刻地分析了语言作为政治实践在建构、维持权力以及灌输知识与信仰方面的运行轨迹[②]。翻译文化学派认为,译者在特定社会历史文化语境下的翻译行为受制于诗学规范、意识形态等一系列外部因素[③]。在外宣翻译中,有一些政治词语高度敏感,若处理不当不仅影响对外传播效果,还可能犯原则立场错误。译者必须进行一定的言辞修正,其中一个原则是必须符合我国政府的立场和主张[④]。这种言辞修正实际上关照了赞助人或委托人的期待视野,强调译者的主体作用,举个典型的例子,目前某些权威网站和图书存在 "Taiwan independence" 这样的翻译,虽然加上引号也不能改变其语义,因为我国官方对"台独"的定性是分裂国家的行为。我国主流媒体都将其翻译为 Taiwan secession attempt, Taiwan's attempt to split China。

例1 如您从国内始发经北京转乘国际、地区航班,根据中国海关的规定,海关将在出境前的最后一站对旅客及所属物品进行查验。

译文:When you transfer in Beijing from a domestic flight to an international or regional one, you and your belongings are subject to customs check before you leave Mainland China, as required by the Chinese customs author-

---

[①] 第二节的内容已发表,此处内容有所变动。具体参看韦忠生《传播视域下国家软实力建构与外宣翻译原则》,《沈阳大学学报》(社会科学版)2015年第3期,第357—361页。

[②] 傅敬民:《布迪厄符号权力理论评介》,《上海大学学报》(社会科学版)2010年第6期,第104页。

[③] 袁丽梅:《意识形态视野下的译者主体性研究——以〈快乐王子〉的两个中译本为例》,《英语研究》2011年第4期,第53页。

[④] 王银泉:《实用汉英电视新闻翻译》,武汉大学出版社2009年版,第228页。

ities. (北京某航空公司介绍手册)

例1 将"中国大陆"称为外国媒体常用的"mainland China",违反了"一个中国"原则,而应翻译为"the mainland of China"或"Chinese mainland"。福建某公司的外宣翻译中出现了"向台湾地区出口"的说法,其译文宜用 increase sales to Taiwan 来代替 export to Taiwan。我们不能将对外开放翻译为 open-door,而应将其翻译为 opening up/opening up to the outside world,因为 open-door 会让人联想到鸦片战争后西方列强强加给中国"门户开放"的屈辱政策。方位词"up"的使用彰显了其积极性,中国是对外开放规则的制定者。不把亚洲四小龙(中国香港、中国台湾、新加坡、韩国)翻译为 newly industrialized countries (NICS),而将其翻译为 newly industrialized economies (NIES)因为香港、台湾均非国家。民主党派不是 democratic party,也不是 non-communist party 而是 other political party,少数民族不是 ethnic minority,也不是 minority nationality,而是 other ethnic groups,否则容易引起误解。西方媒体中的 visible minority(有色人种)指白人以外的其他种族显然具有强烈的话语倾向。

(二)语言动态对等原则

翻译就其本质而言是意义的解码,即运用一种语言把另一种语言所表达的思想内容完整、准确地重新予以表述。将汉语句子翻译成英语,一是不要拘泥于字面上的一致,追求机械的对等,二是要摆脱原文思维方式的制约,需要在忠实原文的基础上恰当处理好两种语言间的语码转换。翻译过程中还须特别注意两种语言结构的差异,实现形合与意合、主语显著与话题显著、物称与人称、静态与动态等方面的转换。

例2 Quanzhou used to have a flourishing period of overseas communication and foreign trade…UNESCO has sent three expeditions to Quanzhou and confirmed it as the start of the ancient "Maritime Silk Route". Various cultures from ancient Persia, Arabia, India and Southeast Asia brought to Quanzhou via maritime communication blended with local culture which was originated from Central China, creating a unique multicultural phenomenon and winning Quanzhou the fame as "Museum of World Religions". (下划线为笔者所加,下同)

例 2 中画线部分的语言表述值得商榷，建议将 "used to have" 改为 "witnessed"，"has sent…expeditions" 有时态不一致问题，而且搭配不当，建议改为 "organized…expeditions"，最后的画线部分修饰关系不妥，应改为 "Various cultures brought to Quanzhou from ancient Persia, Arabia, India and Southeast Asia via maritime communication"，为过去分词短语修饰 "cultures"。

例 3　<u>Afforestation construction</u> in Xiamen's residential areas <u>has been rapidly developing</u>. Since the establishment of the Special Economic Zone, tracts of fully equipped residential areas and villas have been built, and <u>afforestation construction</u> in residential areas <u>have greatly developed</u> at the same time.

例 3 显然存在表达上的问题，我们可以说 "afforestation campaign" 或 "movement"。Develop 一词被使用了两次，这是写作或翻译的忌讳，通常一个词第二次或更多次出现时我们会使用同义词或近义词，除非使用了"重复"的修辞手法或构成排比结构。第一个 "afforestation construction" 建议改为 "afforestation campaign"，"has been rapidly developing" 建议改为 "has been in full swing"。"afforestation construction in residential areas have greatly developed" 建议改为 "afforestation program has yielded remarkable results"。

（三）文化传真原则

任何一种语言都是悠久历史文化的积淀，不同文化的人们在社会背景、生活习俗、思维方式上存在差异，在语言表达上也存在差异，这些差异在文化中得到充分的体现。在翻译时，如果不能透彻理解字里行间所蕴含的文化信息，就可能导致文化误读与误译。翻译中要达到社交语用等效就要了解原语和目的语的社会、文化背景，关照不同读者的文化心理。文化"传真"是文化翻译的基本原则，要求译语要从文化语义的角度准确地再现原语所要传达的意义、方式及风格[①]。

例 4　Zhuxi, the founder of <u>rationalistic of Confucian philosophical school</u> in the South Song Dynasty, spent 40 years of his lifetime in <u>Minbei</u>.

---

① 谢建平：《文化翻译与文化"传真"》，《中国翻译》2001 年第 5 期，第 19 页。

改译：Zhuxi (1130 – 1200), the founder of Neo – Confucianism in the South Song Dynasty (1127 – 1279), spent 40 years of his lifetime in north Fujian.

西方一般将理学翻译为 Neo – Confucianism，"Minbei"应该改译为"north Fujian"。此外还补充了朱熹生卒日期和南宋的起止时间，对缺省的文化信息的介绍实现了西方受众的文化期待视野，使缺省的文化背景得以补偿，消除了文化理解的障碍。

例5 In 1866, General Zuo Zongtang and Shen Baozhen set up Fujian Chuan Zheng (Naval Administration) in Mawei, Fuzhou. They introduced advanced science and technology to shipbuilding, ran the Chuan Zheng School to cultivate talents, thus opened up the modern Chinese industry and technology. It is now a major site to be protected at the national level.

改译：In 1866, General Zuo Zongtang (1812 – 1885) and Shen Baozhen (1820 – 1879) set up Fujian Shipyard in Mawei, Fuzhou. They introduced advanced science and technology into shipbuilding, established Mawei Navy College to cultivate talents, thus opened up modern Chinese industry and technology. It is currently a major site to be protected at the national level.

例5中使用汉语拼音翻译"福建船政局"和"马尾船政学堂"有滥用汉语拼音之嫌，"福建船政局"，亦称"马尾船政局"实际上指当时的"马尾造船厂"，将其翻译为"Fujian Naval Administration"是不确切的，应该翻译为"Fujian Shipyard"。建议将"Chuan Zheng School"改译为"Mawei Navy College"，将西方受众的文化期待纳入视野。"福建船政局"和"马尾船政学堂"是福建船政文化的核心内容，对其进行介绍有助于获得西方受众对该文化的认同。

（四）审美心理对等原则

英语对外宣传文本大多结构严谨，风格简约，语言朴实，表达直观通俗，注重信息的准确性和语言的实用性，忌用华而不实的语言。汉语对外宣传文本常采用华丽的语言、对偶排比结构，四字结构，流水句，达到渲染气氛、打动读者的目的。宣传文本写作手法的不同体现了英汉两个民族不同的语言习惯和文化心理。因此，在汉语对外宣传文本的英译中应该以接受美学的视野融合为原则,采用归化的翻译策略,将华丽的辞藻变为简洁的语言,以符合目的语读者的视野期待。反之,在英语对外宣传文本的汉译中应将朴实的语言变为文采华丽的语言,从而引起读者的强烈共鸣。①

例6 土楼人家崇文重教,楼楼都有体现耕读为本、忠孝仁义、礼义廉耻等意味深长、对仗工整的楹联,规模较大的土楼还设有学堂;岁时节庆、婚丧喜事、民间文艺、伦理道德、宗法观念、宗教信仰、穿着饮食等也都传承了中原一带古代汉文化的遗风,语言较完整地保留着上古中原的方言。

译文:They attach great importance to arts and education, which can be seen from the rhythmic decorating couplets with profound implication. All the couplets show the importance of farming and education. Other content of the couplets are Zhong (faithfulness), Xiao (filial piety), Renyi (benevolence), Liyi (ritual) and Lianci (integrity) etc. A private school is usually attached to an earth building of relatively large scale. The remnants of ancient Han culture in central China can still be seen from festival celebration at the end of year, marriage and funeral ceremonies, folk art, moral principles, clan rules, religious belief, dress and food etc. Their language preserves the element of dialect in ancient central China rather well. (自译)

仔细阅读原文与译文,你会发现原文有很多的四字结构,韵律优美,文采浓重,朗朗上口,如"崇文重教""耕读为本""忠孝仁义""礼义廉耻""意味深长""对仗工整""岁时节庆""婚丧喜事""穿着饮食"等,在译文中将"对仗工整"翻译为"rhythmic",对"忠孝仁义、礼义廉耻"等包涵丰富文化含义的中国特色文化词汇作了解释性翻译,关照了目标受众的期待视野和文化心理。

(五)读者认同原则

一些拼写正确、语法也看似通顺、十分"忠实"原文的译文,因为其话语建构方式没有考虑译语读者的接受心理,违背西方受众的习惯

---

① 韦忠生:《对外宣传翻译策略的"接受美学"阐释——基于福建土楼世遗申报报告》,《长春大学学报》2011年第11期,第50—51页。

传统，同样在英语语境中显得格格不入，难以得到英语受众的认同，从而无法取得译文的预期效果①。由于中英文行文与遣词方面存在的巨大差异，这其中必然会涉及对原文的重组、重写及由此而引起的文字与内容的增删②。伯克（Burke）认为，修辞成功的关键在于——认同（identification），即个体与某个特性或人之间共同的本质③。以生物学上独立的个体形式存在的人类始终在借助交际追求认同以克服人们之间的隔离感。

例7 In October 2009, Mazu culture was recognized in the Nonmaterial World Cultural Heritage List.

该例的"Nonmaterial World Cultural Heritage"不等同于非物质文化遗产，违背西方受众的习惯表达方式，违背了读者认同原则。应该翻译为"Intangible Cultural Heritage"。UNESCO 官方网站将物质文化遗产表述为"tangible cultural heritage"，将非物质文化遗产描绘为"intangible cultural heritage"。该例的动词"recognized"也应该改译为"inscribed"。在英文中，最初使用的是"Nonphysical Heritage"（"非物质遗产"）一词，与 1982 年联合国教科文组织首次设立以这一名词命名的部门使用同一术语；后又使用"Oral and Intangible Heritage"（"口头与无形遗产"）；1992 年，联合国将"非物质遗产"部门更名为"无形遗产"（Intangible Heritage）；到了联合国发布《保护非物质文化遗产公约》时，更改为"the Intangible Cultural Heritage"。

在中文译文里，则先后出现过"非物质遗产""无形文化遗产""口传与非物质遗产""口述与无形遗产""口头和非物质遗产""非物质文化遗产"等多种表述形式的更迭。笔者认为"无形文化遗产"似乎更为贴切，不易造成误解。

例8 购买实名制车票时，须凭乘车人有效身份证购买并持车票及

---

① 陈小慰：《外宣标语口号译文建构的语用修辞分析》，《福州大学学报》2007 年第 1 期，第 60—61 页。
② 何刚强：《谈单位对外宣传材料英译之策略——以复旦大学百年校庆的几篇文字材料为例》，《上海翻译》2007 年第 1 期，第 20 页。
③ 陈小慰：《翻译研究的新修辞视角》，博士学位论文，福建师范大学，2011 年，第 63 页。

购票时所使用的乘车人有效身份证原件进站、乘车，但免费乘车的儿童及持儿童票的儿童除外。

原译文：When buying real-name railway tickets, must be conducted with passenger's valid identity card, and entering the station and getting in the train with tickets and passenger's valid identity card used when buying the tickets, but children of free ride or holding children tickets are excepted. （某动车介绍手册）

改译：When buying real-name railway tickets, passengers are expected to present valid identity card. Passengers shall present valid identity card and tickets as well when boarding but children of free ride or children tickets holders are excepted.

原译文文字表述不够简洁，将"进站、乘车"按字面直接翻译为"entering the station and getting in the train"，改译的译文将其翻译为"when boarding"，关照了语言经济原则。此外，原译文还存在语气和语法错误。原文本是一种善意的提醒，在译文中使用"must"，变成了居高临下的命令，违反了本意，在译文中将其改译为"are expected to"。

小　结

中国对外宣翻译研究的理论性探究相对薄弱，对作为一个独立研究领域或者分支学科的外宣翻译研究在整个翻译学研究体系中的定位不明，探讨外宣翻译本体性的论著也并不多见，主要关注翻译的标准与方法的哲学思考。这种状况亟待改善，否则势必影响中国软实力的构建，弱化外宣翻译的学科地位。本章界定了外宣翻译的广义与狭义概念，总结了目前外宣翻译研究的特点与不足，此外还阐述了翻译的学科地位，探析了外宣翻译研究的翻译学、传播学和修辞学属性，建设性地提出了跨学科视野下的外宣翻译学科体系的内部和外部体系，旨在为外宣翻译的学科建构提供参考的框架。

本章还引入了拉斯韦尔5W传播模式，分析了对外传播中的各种噪音，诸如语言噪音、语用噪音、文化噪音、心理噪音、审美噪音等，这些噪音导致译文信息传输的不稳定性并由此产生信息的冗余、流失、偏差和失真，导致外宣翻译错误，影响外宣翻译的传播效应。本章以外宣翻译文本作为语料探讨其翻译策略并建设性地提出了外宣翻译的五大翻译原则：政治言辞修正、语言动态对等、文化传真、审美心理对等和读者认同。

第四章　多维视域下国家形象和话语权建构

第一节　多维视域下的国家形象界定与分类

中外学者从不同视角对国家形象予以界定，可以分为国际形象与国内形象。国家形象的研究始于19世纪60年代。学者们从不同视角对其进行定义。斯库勒（Schooler）[1]认为基于历史及环境的因素而形成的国家形象，体现了对于某国人民或社会上某些组织机构的态度。按照长岛（Nagashima）[2]的观点，国家形象指人们对于某个特定国家的描述、声誉及刻板印象，其形成取决于国家特征、历史、传统、政治、经济背景及代表性商品等诸多因素。马丁和厄洛古鲁（Martin & Eroglu）[3]主张国家形象是人们对于特定国家所有描述性、推论性及信息性信念的综合体，在国家的政治、经济和科技三个层面得以体现。

20世纪90年代中国学者们将"国家形象"纳入研究视野。徐小鸽[4]是从新闻传播学的视角研究"国家形象"中最早的一位中国学者。管文虎2000年出版的《国家形象论》是中国学者第一部关于"国家形象"的专著。近几年来大量论著的发表加深了对"国家形象"的研究，

---

[1] Robert D. Schooler, "Product Bias in Central American Common Market", *Journal of Research in Marketing*, No. 2, 1965, pp. 394–397.

[2] Akira Nagashima, "A Comparison of Japanese and US Attitudes Toward Foreign Products", *Journal of Marketing*, Vol. 34, No. 1, 1970, pp. 68–74.

[3] Ingrid M. Martin and Sevgin Eroglu, "Measuring a Multi-dimensional Construct: Country Image", *Journal of Business Research*, Vol. 28, No. 3, 1993, pp. 191–210.

[4] 徐小鸽：《国际新闻传播中的国家形象问题》，《新闻与传播研究》1996年第2期，第36—46页。

成果斐然，在此不予赘述。管文虎①十分明确地阐释道："国家形象是一个综合体，它是国家的外部公众和内部公众对国家本身、国家行为、国家的各项活动及其成果所给予的总的评价和认定"。杨伟芬②将其定义为"国际社会公众对一国相对稳定的总体评价"。李寿源③将其解释为"一个主权国家和民族在世界舞台上所展示的形状相貌及国家环境中的舆论反映"。段鹏将国家形象分为三个层面：国家实体形象、国家虚拟形象和公众认知形象并予以阐述④。国家实体形象即客体形象，是综合国力的自然状态。国家虚拟形象即媒体国家形象，不是国家实体形象纯粹客观的反映，是一国媒体与另一国媒体博弈中所形成的带有倾向性的形象。公众认知形象，即国家主观形象，指外部公众通过媒介传播所获得的对某一国形象的认知。它在本质上是国家虚拟形象对外部公众的一种影响，是国家实体形象在外部公众意识中的反映。根据学者们的研究国家形象的构成要素主要可以归纳为：政治（政府信誉、民主状况和国家关系等）、经济（经济制度、国家财政、著名品牌、人民生活水平等）、军事（军事力量、国防实力等）、外交（外交关系等）、文化（文化交流、文学艺术、历史文化遗产等）、社会（法制制度、公共设施等）、教育（教育水平、教育资源等）、科技（总体科研水平、国际科研合作等）、体育（国际赛事、运动员国际声誉等）和国民（国民素质、国民整体性格特征、习俗风貌等）⑤。

基于不同的划分标准，学者们对国家形象的分类各不相同，陈世阳⑥认为国家形象分类的参照点可以分为时间、空间、性质和领域并进行了阐述。在此基础上，我们根据学者们的研究又增加了主客观和地域性的参照点。其内容概述如下：（1）以时间作为参照，国家形象分为

---

① 管文虎：《国家形象论》，电子科技大学出版社2000年版，第23页。
② 杨伟芬：《渗透与互动——广播电视与国际关系》，北京广播学院出版社1999年版，第305页。
③ 李寿源：《国际关系与中国外交—大众传播的独特风景线》，北京广播学院出版社2000年版，第25页。
④ 段鹏：《国家形象建构中的传播策略》，中国传媒大学出版社2007年版，第8—9页。
⑤ 韦忠生：《传播视域下国家软实力建构与外宣翻译原则》，《沈阳大学学报》（社会科学版）2015年第3期。
⑥ 陈世阳：《国家形象战略研究》，博士学位论文，中共中央党校，2010年，第17页。

历史形象、现在形象和未来形象。国家形象不仅反映当今国家现状，还包括人们对该国所形成的历史上的刻板形象和未来的认知形象。随着该国软实力的提高，其刻板形象必定会被崭新的形象所替代。（2）以空间作为参照，国家形象可分为地区形象与整体形象。地区形象代表不同区域和城市的形象，是整体国家形象的组成部分，在某种程度上影响或制约整体形象。（3）以性质作为参照，国家形象可分为正面形象与负面形象。本国政府往往致力于建构其所代表国家的正面形象以体现政治合法性，而作为竞争对手的他国政府则出于自身利益倾向于传递其负面信息。（4）以领域作为参照，国家形象可分为政治形象、经济形象、军事形象、文化形象、社会形象、环境形象、人权形象等。这些分门别类的形象各自代表着国家在不同领域的形象，构成一个多元的立体国家形象。（5）以主客观作为参照，国家形象可分为主观形象和客观形象。国家主观形象指外部公众通过新闻媒体的"拟态环境"所获得的某一国形象，往往受到意识形态、文化背景、审美心理等各种因素的影响。国家客观形象指一个国家的政治、经济、军事、文化等因素在人脑中的客观反映。（6）以地域性作为参照点，国家形象可分为国际形象和国内形象。国际形象指国际受众对一个国家的政治、经济、军事、文化、科技、国民素质等层面所形成的总体印象的认知；国内形象指某一特定国家的国内受众对本国的各个领域所形成的感知印象。

第二节 国家形象的特点

张昆、徐琼[1]将国家形象的特征概括为：整体性和多维性；动态性和相对稳定性；对内对外的差异性。韩源[2]认为国家形象具有五方面特征：第一，国家形象具有二重性，即客观性与主观性；第二，国家形象具有民族性；第三，国家形象具有多样性；第四，国家形象具有可传播

---

[1] 张昆、徐琼：《国家形象刍议》，《国际新闻界》2007年第3期，第14—15页。
[2] 韩源：《全球化背景下的中国国家形象战略框架》，《当代世界与社会主义》2006年第1期，第99—100页。

性和可塑性；第五，国家形象具有相对稳定性。按照刘艳房、张骥的观点[①]，国家形象的特征体现为客观性、主观性、复杂性、历史性、稳定性、民族性和动态性。综合学者们的研究，国家形象的特征可以概述如下：

（1）主客观性。由于不同国家的文化传统、意识形态和价值观念各不相同，各国民众对同一个国家所作出的评价势必产生差异，国家形象的主观性由此产生。同时国家形象是一种客观存在，是一个国家的政治、经济、军事、文化等诸多因素在人脑中的客观反映。

（2）民族性。国家形象具有鲜明的民族特性，体现一国的民族性格、民族特色、民族传统和民族文化。来自不同国家的不同民族拥有与众不同的民族历史和文化、不同的思维模式和价值观念，因此民族性是国家形象的其中一个核心要素，无法反映民族特色的国家形象是不存在的。

（3）稳定性。国际社会一旦形成对某一具体国家的国家形象，在短期内具有相对稳定性。主要有三个层面的原因：其一，在主观层面，国家形象是一种心理积淀，一旦形成就会在公众心目中形成一种心理定式，不会由于一国组织行为的某些变化而发生改变；其二，在客观层面，建构国家形象的基本要素是相对稳定的，因此国家形象也是相对稳定的；其三，一个国家在一定时期内在重大问题上的方针和政策保持不变，必定对国家形象的建构产生积极的影响，促使其保持一定的稳定性。

（4）动态性。国家形象不是一成不变的。随着一国的硬实力和软实力的增强，其国家形象必定发生变化，体现了动态性的特点。例如：中国、印度、巴西、俄罗斯和南非，都由于近年来经济的快速发展，一跃成为快速发展的新兴经济体，被国际社会称为金砖五国，国际社会改变了对这些国家的刻板印象。一个国家的某些具有重大影响力的重要事件也会促使国际社会改变对某一国家的印象。如2008年的北京奥运会提出"绿色奥运、科技奥运、人文奥运"的理念，中国主要新闻媒体

---

① 刘艳房、张骥：《国家形象及中国国家形象战略研究综述》，《探索》2008年第2期，第71页。

通过议程设置，成功地实现了政治传播、经济传播和文化传播的目的，建构了一个和平崛起的国家形象。

（5）复杂性。国家形象是一个复杂的体系建构，涉及政治、经济、文化、科技、体育、国民素质、社会风尚、民族精神等诸多领域。各要素并不是独立存在的，而是处在相互联系、相互作用、相互影响的复杂过程之中。此外人们的认知能力也受到各种因素的制约，因此对国家形象的认识亦体现出多样性与复杂性。

第三节　国家力量与国家形象建构

约瑟夫·奈尔（Joseph Nye）教授[①]出版的题为《注定领导：变化中的美国力量的本质》（*Bound To Lead: The Changing Nature of American Power*）一书，正式提出了"软实力的概念"。他认为冷战后国际政治的变化主要表现在世界权力的变革和权力性质的变化。过去对一个大国的考验是其在战争中体现的实力。今天实力的界定不再强调军事力量和征服，技术、教育和经济增长等因素在国际权力话语中正在日益变得重要。国家实力有"硬实力"和"软实力"之分。硬实力通常指强制能力，主要依赖一国的军事和经济实力，借助经济胡萝卜或者军事大棒得以实现。软实力是通过精神和道德诉求，影响和说服别人相信和认同某些行为准则、价值观念和制度，从而产生拥有软实力一方所希望的过程和结果。

力量本身有助于创造和巩固形象，借助力量所形成的形象往往比纯粹以语言描述的形象更具有现实感并更具有威慑力与感召力。通过各种传播途径展现这些力量自然就会逐渐成为该国在国际社会中的刻板印象，形成一种思维定式。诚然这种刻板印象并不是一成不变的，而是动态地不断变化的，往往随着国家力量的增强而逐渐改变的。例如中国、印度、巴西、俄罗斯和南非，都由于近年来经济的快速发展，一跃成为快速发展的新兴经济体，被国际社会称为金砖五国，人们逐渐丧失对其

[①] Joseph Nye, *Bound To Lead: The Changing Nature of American Power*, revised ed., New York: Basic Books, 1991.

原有的发展中国家的刻板印象。再比如发生在希腊的国家主权债务危机不断发酵，其负面影响波及葡萄牙、爱尔兰、意大利和西班牙，致使它们债台高筑，失业率居高不下，其结果是其国家信誉和国家形象受到损害。由此可见，经济发展程度在国家形象建构中发挥了至关重要的作用。

实际上，国家力量的影响在国家形象的建构中随处可见，体现了以各种不同方式呈现的国家力量的重要性。政治力量决定了一国在国际社会中的政治话语权；经济力量体现了一国的总体经济实力和该国在国际经济领域所发挥的作用；军事力量显示国家是否具有抵御外来入侵抑或是军事上威慑甚或入侵他国的能力；外交力量展现国家的国际影响力与国家形象；科技力量反映了一国的科技发展水平；文化力量体现国家的文化软实力及其潜移默化的文化影响力。如美国就是借助其极其强大的军事、政治、经济、外交和科技等领域的力量，与一些地区与国家建立了形态各异的联盟关系，如北约和北美自由贸易协定，同时它凭借军事合作、经济援助和科技协作等诸多途径，一跃成为世界超级大国。此外，美国凭借其强大的文化软实力，大量出口各种文化产品，不断壮大其文化产业，展现文化魅力。凡此各种活动不仅为美国赢得了巨额的经济利益，同时输出了美国的意识形态与价值观念，弘扬了美国文化，有些学者将其称为文化入侵。

国家形象是国家软实力的最高表现形式，它体现了一国的魅力、威慑力和影响力，具有诱导和规劝的能力，在潜移默化之中改变事态的不合理进程和发展[1]。在国际社会良好的国家形象可以确保一国在国际社会充分发挥其影响力，从而在国际事务中赢得更多的话语权，乃至国际话语制定权，更好地实施外交政策，实现国家利益的最大化，以较小的成本投入博取最大的利益。在政治层面，一个民主的国家形象有助于建构国际社会中国家之间的政治互信，促进两国的交往与交流；在军事层面，良好的国家形象是国家之间军事交流与合作的关键因素，有助于增强军事互信，成为促进与维护国际社会与本地区安全的重要力量，为经

---

[1] 万晓红：《奥运传播与国家形象建构——以柏林奥运会、东京奥运会和北京奥运会为样本》，华中科技大学出版社2014年版，第32页。

济发展构建优良环境；在经济层面，良好的国家形象有助于建构开放、法治、合作、竞争的经济形象，成为经济合作的稳定剂，吸引外资和具有国际视野的人才，实现经济互补、合作共赢或合作多赢的局面。

第四节 媒介符号与国家形象的关系

在国家形象的塑造上，媒介符号与文化表征存在密不可分的关系。传播学中一直存在三个世界的真实，即客观真实、媒介真实和主观真实，据此国家形象可以归纳为三种：国家实体形象、国家虚拟形象和公众认知形象。借助蕴含文化含义的诸多媒介符号国家虚拟形象得以构建，而公众的认知形象的建构往往取决于国家虚拟形象。

"媒介形象"研究的重心在于阐释"现实""媒介"和"认知结果"三者之间的互动关系[1]。李普曼（Lippmann）的"拟态环境"（pseudoenvironment）假说为该类研究提供了理论框架。李普曼率先提出议程设置（agenda-setting）的概念，认为在我们生活的世界里存在两种不同"环境"，其一是可以体现现实世界复杂的"真实环境"，其二是经过媒介加工之后较为简单的"拟态环境"[2]。诚然我们相信通过自己的判断力足以认识这个世界，但由于个人认知能力受到世界复杂性的影响，同时又受到诸多因素的限制，现实情况往往事与愿违。李普曼认为"媒介影响着我们头脑中的'图像'"[3]。换言之，正是在媒体的影响之下，刻板印象得以建构，铭刻在我们的脑海中，对于和它不一致的事实则会采取漠然的态度。一些学者的研究结果表明，西方国家的主流媒体借助新闻报道的议程设置在国际社会上建构了东西方两种截然不同的形象，在涉及西方发达国家的新闻时，西方媒体的议程设置聚焦于经济、科技、民生、环保、选举、移民和难民等诸多话题，

---

[1] 王朋进：《"媒介形象"研究的理论背景、历史脉络和发展趋势》，《国际新闻界》2010年第6期，第124页。

[2] Stephen W. Littlejohn, *Theories of Human Communication*, seventh ed., 清华大学出版社2003年版，第319页。

[3] ［美］李普曼：《公众舆论》，阎克文、江红译，上海人民出版社2002年版，第73页。

试图建构西方国家经济发达、政治民主、科技进步、关注民生、注重环保、负责任的形象。而涉及发展中国家的新闻时，媒体的议程设置往往涉及战争、冲突、人权、民情、环境、生态、违法和犯罪等负面的话题，其话语蕴含显而易见，发展中国家乃是动荡不安、人权缺失、漠视民情、环境污染、生态破坏和违法犯罪之所，与西方发达国家形成鲜明的对比。

　　社会学的符号互动理论也很好地阐释了"现实""媒介"和"认知结果"三者之间的互动关系，为媒介形象研究的重心提供了另一个理论框架。米德（Mead）等主要从社会学的角度提出象征互动理论（symbolic interactionism），强调传播与社会之间的关系。该理论认为象征互动通过社会互动、社会结构和社会意义得以生成并保持。巴巴拉·巴利斯·莱尔（Barbara Ballis Lal）总结了象征互动理论的其中一个重要观点，即世界是由许多具有不同名称的社会对象所构成的，因此社会对象具有社会意义。象征互动理论是由芝加哥学派和爱荷华两个学派构成的。芝加哥学派的代表人物米德的理论主要概念为社会、自我和意识，它们是社会行为的三个层面[1]。因此社会行为涉及三个方面的关系：个人的最初行为、其他人对其最初行为的反应以及结果，其结果就是该行为所产生的传播意义。认为人与人之间是通过传递象征符和意义而相互作用、相互影响的。它是一种通过象征符号进行交流或交换意义的活动。爱荷华学派的库恩（Kuhn）的理论基础与米德不谋而合，他认为所有行为的基础就是象征互动。库恩提出"自我"这一理念，极大地发展了象征互动理论。他认为自我理念是个人为实现自我而采取的行动计划，包括个人身份、兴趣、喜好、目标、意识形态和自我评价；由于"自我"这一理念往往充当判断其他物体的最习以为常的参考框架，因此它们经常是各种态度的表露[2]。从本质上来说，人的自我互动是与他人的社会互动的内在化，也就是与他人的社会联系或社会关系在个人头脑中的反应。该理论认为可以通过认识个体是如何赋予其用来交

---

[1] Stephen W. Littlejohn, *Theories of Human Communication*, seventh ed., 清华大学出版社2003年版，第146页。

[2] Ibid., p.148.

流互动的符号信息以意义,从而理解人类的传播行为。符号互动理论的思想基础是个体在认知层面上判断对象的意义后而对对象采取行动,而意义来自与他人的社会互动,并通过个体的解释得以修正。

西方主流媒体所建构中国的负面"媒介形象"往往与报道者的意识形态、偏见和文化误读紧密相连,涉及报道者的意识形态的比率更高。"策略性泄漏在政治上的运用,反映了媒介与政府的共生关系:政府需要媒介传达信息并支持政府,媒介则需要政府这个信息源,媒介与政府之间的信息双向流动进一步加强了政府与媒介的合作。"① 美国政府赋予新闻机构进驻政府主要部门的权利,白宫新闻团拥有两百多名记者。美国政府一方面为新闻机构提供信息源,另一方面也将它们置于政府的监视之下,巧妙地促使它们维护政府的立场。学者们的许多研究表明媒介形象和真实情况之间的关系是错综复杂的。由于意识形态的影响,新闻媒介对信息进行操控,新闻报道有时甚至会严重背离社会事实。文化误读具有两方面的原因:其一,作者不了解目的语文化;其二,作者固有的偏见。偏见所导致的文化误读现象屡见不鲜,因此伽达默尔认为偏见乃是文本误读的主要原因。按照他的观点,对文本的解读都是基于个人视域和历史视域的融合。个人视域是指每个潜在的读者对文本的前理解往往受到个人偏见(相当于海德格尔的前结构)的影响;历史视域是指不同历史时期对文本的解读方式各不相同。换言之,文本具有开放性与动态性的特征,对语篇意义的解读深受个人视域和历史视域的干扰,即完全客观的意义是不存在的。换言之,一切理解均受到人们的视域、经验以及所处的情景和历史背景的制约,那么误解和偏见也就必然会产生。

第五节 传播视域下的国家形象建构策略

作为传播学的奠基人和先驱之一的美国政治学家哈罗德·拉斯韦尔(Harold D. Lasswell)在《社会传播的结构与功能》一书中阐述了传播

---

① Joseph N. Cappella and Kathleen Hall Jamieson, *Spiral of Cynicism: The Press and the Public Good*, New York: Oxford University Press, 1997, pp. 151, 153.

学的五个要素或五 W 模式：即谁（Who）、说什么（Say What）、通过什么渠道（In Which Channel）、对谁说（To Whom）、产生什么效果（With What Effect）。它包括了传播主体、传播内容、传播渠道、传播对象和传播效果这五个方面的内容。吴瑛[1]根据传播学的 5W 模式，同时借鉴布雷多克（Braddock）在此模式上提出的信息传递的具体环境以及反馈等诸多环节提出了软实力生成机制：主体国家通过政府、国际组织、跨国企业、传媒、个人的动员，调动本国的物质文化、行为文化、精神文化资源，通过信息的不同传播渠道向客体国家传播，进而生成软权力，软权力的效果又反过来形成对主体的反馈，甚至重新转化为软权力资源，如国家威望反馈到国内可以转化为国民凝聚力。此外软实力生成机制还涉及其他因素：主客体国家所处的国际、区域和国内环境以及客体国家的价值取向、文化模式、传统和民族性格等。软权力的生成对国家形象的建构发挥了举足轻重的作用，致使外国公众对该国的政治、经济、社会、历史、文化等方面给予正面的评价，从而形成正面的国家形象。

一 传媒的议程设置

适时设定新闻报道的议程乃是传播视域下的国家形象建构最重要的策略。西方国家的主流媒体善于设定新闻报道的议程设置，掌握新闻传播的主动权与话语权，给我们以深刻的启迪。一些学者的研究结果表明，西方国家的主流媒体借助新闻报道的议程设置在国际社会上建构了东西方两种截然不同的形象：西方的正面形象与东方的负面形象。1972 年麦克斯维·麦库姆斯（Maxwell E. McCombs）和唐纳德·肖恩（Donald Shaw）共同发表了《大众传媒的议程设置功能》一文，率先提出了议程设置理论。作为该理论的创始人他们指出大众传媒的影响，即促使个人的思维认知能力产生变化的能力被称为大众传播的议程设置功能[2]。议程设置包括属性议程、议程设置的动态过程和议程的效果。从

---

[1] 吴瑛：《文化对外传播：理论与战略》，上海交通大学出版社 2009 年版，第 45—46 页。

[2] Donald L. Shaw and Maxwell E. McCombs, *The Emergence of American Political Issues*, St Paul, MN: West, 1977, p. 5.

总体上说，议程设置理论就是一种关于大众传播效果的假设式理论，它的基本内涵是：大众传媒对某些问题（议题）的特别报道倾向和力度（显著性和重要性）将影响人们对这些问题的关注和认知[1]。当媒体需要对报道的新闻作出选择时就采用了议程设置；担任信息"守门人"的新闻管理机构需要对报道的内容和方式进行抉择；公众在特定时间对某一事件状态的了解在很大程度上是新闻监督的结果[2]。小约翰（Littlejohn）将议程设置分为两个层面：第一层面确立重要的总体论题，第二层面论述那些论题的重要部分或者方面[3]。在许多方面，第二层面与第一层面同样重要，其原因在于它给我们提供了一个给这些论题建构一个框架的方法。这些论题引起公众的关注，建构了媒体的议程。罗杰斯和迪尔林认为（Rogers & Dearing）议程设置的作用是一个三个方面的线性过程：首先必须设定在媒体中讨论的首要论题，称为媒体议程；第二，媒体议程在某种程度上影响了公众的思想或者与公众的思想产生互动，称为公众议程[4]；最后，公众议程在某种程度上影响了决策者认为重要的内容或者与决策者认为重要的内容有关联，称为决策议程。简言之，媒体议程影响了公众议程，公众议程影响了决策议程。但小约翰（Littlejohn）不同意罗杰斯和迪尔林的看法，认为媒体议程和公众议程可能是互相作用的关系，而不是线性过程[5]。

二 形象的框架建构

由于媒介形象涉及公众对社会真实的主观认知，而媒体所选择的新闻框架决定了新闻文本中形象以何种方式呈现，受众亦使用框架来认知媒介当中的各类形象，并建构意义。因此，框架乃是媒介形象建构中的

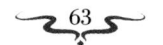

---

[1] 李莉、张咏华：《框架构建、议程设置和启动效应研究新视野——基于对2007年3月美国传播学杂志特刊的探讨》，《国际新闻界》2008年第3期，第6页。

[2] Pamela J. Shoemaker, "Media Gatekeeping in an Integrated Approach to Communication Theory and Research", Michael B. Salwen and Don W. Stacksa, eds, Mahwah, NJ: Erlbaum, 1996, pp. 79–91.

[3] Stephen W. Littlejohn, *Theories of Human Communication*, seventh ed., 清华大学出版社2003年版，第319页。

[4] Ibid., p. 320.

[5] Ibid..

重要因素，框架理论为媒介形象研究的方法论提供了一种新的视角①。小约翰（Littlejohn）②认为人们对场景的定义可以分为板条（strip）和框架（frame）：前者指的是一系列活动；后者则是一个可以描述一系列活动的基本组织构造。他还认为框架乃是我们用于理解我们经验的模式和我们将事物组合在一起组成一个连贯性整体的方式。近年来许多学者运用框架理论开展新闻传播学研究。框架理论认为传播媒介并非仅仅局限于就某一事件或场景进行报道，而是通过新闻框架的选择，建构某种形象。

社会学家高夫曼（Goffman）③对社会事实进行了阐述，其主要内容为：第一，社会事实在社会中无处不在，然而彼此之间不存在归属关系；第二，社会事实需要再现才能在人们的内心深处显现，可以借助框架将其予以再现。社会事实以不同的音调（keys）体现，其与社会日常生活关联程度成为框架建构的关键，相关程度越高，为公众所接受的程度就越高。因此，框架可以界定为对某种社会事实的定义。框架有助于传递正面的意义，建构正面形象；同时在意识形态的框架下，框架也可以传播负面的意义，建构刻板甚至失真的形象。框架的高层次结构是指对某一社会事实主题的界定，即"What is it that's going on here?"（这里发生了什么?）④方博在其他学者研究的基础上将框架结构分为高层次结构、中层次结构和低层次结构三个层面并作了描述⑤：高层次结构往往指一些以特定形式出现的标题、导语或者直接引语；框架的中层次结构包括某一社会事件的时间（事件的前因后果，包括历史、结果、影响、未来变化、先前事件、主要事件等）和空间（事件的原因、评价、期望等）；低层次结构，或称框架的微观结构，包括句法结构、用

---

① 张晓莺：《论框架理论与媒介形象之建构》，博士学位论文，暨南大学，2008年，第3页。

② Stephen W. Littlejohn, *Theories of Human Communication*, seventh ed., 清华大学出版社2003年版，第150页。

③ Erving Goffman, *Frame Analysis: An Essay on the Organization of Experience*, New York: Harper & Row, 1974.

④ Ibid., p. 8.

⑤ 方博：《新闻框架与社会图景建构——以〈人民日报〉与〈纽约时报〉对甲型H1N1流感的报道为例》，硕士学位论文，中国科技大学，2011年，第7—8页。

字技巧、修辞风格等诸多因素。在阅读过程中，读者将话语的理解置于互相关联的一个或多个框架之中，利用已知的知识背景和概念结构去推断和理解话语和说话者的意图。

三　传播媒介的公信力

传媒的公信力无疑是传播视域下国家形象建构的重要策略之一。所谓传媒公信力，就是传媒在公众中的可信度或者是公众对传媒的信任度[①]。小约翰（Littlejohn）认为媒体的力量取决于许多因素，包括在特定的时间内媒体对某些特定论题的公信力，公众中的个体对媒体中冲突的证据的认识程度，个体对媒体在一定时间内所宣扬的价值观念的认可程度以及公众是否存在指导的需要[②]。当传媒的公信力很高，冲突的证据很少，个体认同媒体所宣扬的价值观念，读者急需指导时，其影响力趋高。由于传媒的公信力这一概念略显抽象从而导致其实际运用的困难，所以在分析传媒公信力的时候很多研究人员都将其细分为多个可以量化的指标。美国学者梅耶（Meyer）[③] 所提出的传媒的公信力指标得到了学界的一致认可。他认为媒体公信力的五个衡量标准是公平（fairness）、公正（unbiased）、完整的报道（telling the whole story）、准确（accuracy）和可靠性（trustworthiness）。弗雷纳金等（Flanagin）[④] 认为媒体公信力公认的评判标准是可信度（believability），然而媒介公信力涵盖面较广，还涉及准确性（accuracy）、可靠性（trustworthiness）、偏见（bias）、信息的完整性（completeness）等评判标准。

传媒的公信力的实证研究为传播媒体的策略选择和调整提供了证据，具有重要的实践意义。靳一通过对以往研究资料的整理以及焦点访谈、开放式问卷等方式，归纳出了32个可能会影响媒介公信力的媒介

---

① 沈荟、金璐：《西方传媒公信力的研究视域》，《上海大学学报》（社会科学版）2008年第4期，第83页。

② Stephen W. Littlejohn, *Theories of Human Communication*, seventh ed., 清华大学出版社2003年版，第320页。

③ Philip Meyer, "Defining and Measuring Credibility of Newspapers: Developing an Index", Journalism Quarterly, Vol.1, 1988, pp. 567–574.

④ Andrew J. Flanagin and Miriam J. Metzger, "Perceptions of Internet Information Credibility", *Journalism & Mass Communication Quarterly*, Vol. 77, No. 3, 2000, pp. 515–540.

行为表现，制定了由 18 个指标和 4 个因子构成的媒介公信力测评量表[1]。4 个因子根据指标含义分别被命名为：新闻专业素质、社会关怀、媒介操守、新闻技巧。从量表的重要性指数来看，媒介的"专业素质"，即真实、准确、完整、客观、平衡、全面等新闻专业主义要求也是媒介公信力的重要影响因素，因子重要性指数仅次于"社会关怀"达到 6.83%，这与国外的公信力研究结果类似。国外对媒介公信力的研究以"专业主义"作为公信力最为重要的影响因素，一般不包括"社会关怀"因子。而在中国，"社会关怀"因子对公信力的影响力高于"专业主义"因子，这种倾向在文化程度较低的民众中更为明显。由于中国正处于社会转型期，媒介公信力的影响因素呈现出不同于西方发达国家的特征。喻国明、张洪忠[2]对不同区域城市的相对公信力进行分析发现，在华南沿海的电视相对公信力只有 5.64%，远远低于总体水平。而在这一地区的港台电视、报纸、杂志、广播相对公信力则比较突出，达到 16.21%。总的来看，沿海地区电视的相对公信力偏低，东北和中西部地区偏高。华北沿海在广播上的相对公信力比其他地区明显高。

四　新闻报道的亲和力

在新闻内容的重复化、同质化的背景下，新闻报道的亲和力无疑是传播视域下民主国家形象建构的重要策略，有助于建构公民积极参与公共事务的正面公民形象。过去我国的新闻报道更为侧重新闻报道的宣传价值，某种程度上不够注重其新闻价值，更多地将传播者的意图纳入视野却忽视了受众的需要。显而易见这种单向灌输式的传播模式使受众无缘参与新闻传播活动，从而不利于正面的公民形象的建构，"亲近性新闻"的理论与实践为新闻报道的亲和力提供了理论和实践依据。亲近性新闻诞生的根本前提体现在公民化转型的过程中；"公民"以及"公民化"概念的产生是与"民主政治"紧密相连的，是推动"民主政治"

---

[1] 靳一：《中国大众媒介公信力影响因素分析》，《国际新闻界》2006 年第 9 期，第 57—61 页。

[2] 喻国明、张洪忠：《中国大众传播渠道的公信力评测 [1]——中国大众媒介公信力调查评测报告系列》，《国际新闻界》2007 年第 5 期，第 29—34 页。

实现的力量；这个前提是促成"亲近性新闻"的内在动因①。20 世纪 60 年代开始，人们开始开始反思新闻价值观念，质疑传统新闻报道的客观性原则。在这种思潮的推动下新闻媒体逐渐介入"亲近性新闻"的实践。到 70 年代末以后，其中有些反映平民生活的特稿摘取了普利策奖的桂冠，从而使平民化的报道作品倍受欢迎。20 世纪 90 年代美国一些资深记者纷纷将"亲近性新闻"付诸实践。1997 年沃特·哈里顿（Walt Harrington）出版了《亲近性新闻——记录日常生活的艺术与手法》一书，该书包括编者的两篇论文《为部族记忆的工作》和《作者的观点：平凡之中的不平凡之处》以及其余 13 篇亲近性新闻报道，其中不乏荣获普利策奖的作品。"亲近性新闻"的称呼随着该书的出版应运而生并被学界广泛接受，从此亲近性新闻被中外学者纳入研究视野。传统的新闻报道记录了社会中变动显著的那些事件，比如战争、灾难、政治纠纷、名流隐情；亲近性新闻学认为，记者的工作是为人类记录每日的真实生活②。基于普通人的视角，亲近性新闻不仅报道大众追寻生活的意义与目的，在平凡人生中寻找不平凡之处，同时报道还关注他们的行为、动机、情感、信念、态度、忧伤、希望、恐惧和成就。

　　陈婷将亲近性新闻称为平民化新闻，认为其表现形态主要体现在题材、报道视角和报道语言三个层面并进行了解析③。第一，题材的平民化。平民化新闻就是以平民人物和平民生活为主要报道对象，"讲述老百姓自己的故事"。第二，报道视角的平民化。视角的平民化主要体现于报道过程中的两个方面。首先，报道者自身的角色定位；其次，报道视角的平民化还体现于以平等的眼光报道一些大人物、大事件。第三，报道语言的平民化。尤其是对于一些通讯类、评论类的新闻报道，借鉴一些散文的结构方法、抒情笔法、语言风格，无疑会使报道更加生动灵活。

---

　　① 吴飞、卢艳：《"亲近性新闻"：公民化转型中的新闻理论与实践》，《新闻记者》2007 年第 11 期，第 53 页。
　　② 蒋荣耀：《美国新闻报道的平民化趋势——对亲近性新闻的解读》，《国际新闻界》2001 年第 1 期，第 66 页。
　　③ 陈婷：《报刊新闻的平民化倾向》，《湖北社会科学》2004 年第 8 期，第 101—102 页。

五 危机管理的实施

在国际事务中对危机的管控能力也是传播视域下国家形象建构的重要策略。一旦发生国家形象危机，如果没有及时采取形象修复措施，一个国家的国际形象将受到一定程度的损害。在1962年古巴导弹危机之前只有危机应对，自觉的危机管理和危机管理研究是从古巴导弹危机之后才开始的。一般认为国际危机管理的定义可以分为狭义和广义两种。温哈姆（Winham）认为危机管理乃是采取必要措施消除和缓和危机，降低危机可能引发的战争风险，属于狭义上的定义[1]。乔治（George）认为危机管理着眼于国家的政策目标，一旦该国的危机目标得以实现就可以归为成功的危机管理，属于广义的定义[2]。除了传统国际危机如军事危机和政治危机外，还存在各种威胁人类和社会安全的非传统国际危机，如经济危机、金融危机、债务危机、能源危机、生态危机、粮食危机、流行病危机、恐怖主义危机等诸多其他危机种类，构成国际危机的主体。郑伟阐释了一些美国学者的国际危机管理策略，认为主要有三种策略：其一，国际危机管理的关键在于和平地解决冲突从而避免战争；其二，国际危机管理旨在迫使对手让步，并在国际社会争取国际话语权；其三，采取折中手段，将危险控制在双方所能接受的范围内从而化解一场危机[3]。

在许多情况下，国家形象危机是由传统或非传统的危机引发的。程曼丽[4]将国家形象危机归纳为两种并论述了我国政府层面传播失当的原因与不正确传播的几种情况。一种是由危机事件所导致的形象危机；一种是传播失当造成的形象危机。制定科学、有效的危机应对和传播策略有助于减轻国家形象受损的程度，或者从根本上避免形象危机的出现。

---

[1] Gilbert R. Winham ed., *New Issues in International Crisis Management*, Boulder, CO: Westview Press, 1988.

[2] Alexander L. George ed., *Avoiding War: Problems of Crisis Management*, Boulder, CO: Westerview Press, 1991.

[3] 郑伟：《国际危机管理与信息沟通》，中央编译出版社2009年版，第19—20页。

[4] 程曼丽：《国家形象危机中的传播策略分析》，《国际新闻界》2006年第3期，第5—10页。

在我国政府层面传播失当主要有两方面的原因：一是传播意识的缺失。长期以来，我国各级政府信息传播的职能未能充分发挥，还有政府的责、权及其与党的宣传部门的关系没有彻底理顺，导致政府在信息传播方面产生惰性或被动性。二是有意避而不谈。这与我们"报喜不报忧"的传统观念有关。不正确传播大致有几种情况：一是传播时机不恰当；二是传播信息不准确；三是语言使用不当；四是共同价值观念的背离。

第六节　国家话语权的生成机制

自20世纪90年代以来，在国际上拥有话语霸权的西方发达国家在冷战思维的视角下大肆渲染"中国威胁论"，试图贬低中国的国家形象，压缩中国在国际社会的发展空间，从而牵制中国的发展。因此探析中国国际话语权的生成机制有助于中国国家形象的建构，对中国实现在国际社会塑造负责任大国良好形象的目标具有重要意义。

话语权就是说话权、发言权，亦即说话和发言的资格和权力；话语权往往同人们争取经济、政治、文化、社会地位和权益的话语表达密切相关[1]。话语权也是国家实力的具体体现。法国哲学家福柯的著作聚焦于"权利"这一话题；他认为权利是所有话语形成的不可分割的一部分[2]。换言之，话语就是权利。

王啸将中国国际话语权的演变过程归纳为三个阶段并予以阐述[3]：古代中国——无话语权意识时期；近、现代中国——国际话语权被剥夺时期；当代中国——话语权意识觉醒与国际话语权博弈时期。古代中国不关注别国对中国的态度，体现了话语权意识的缺失，更别提主动运用话语权建构国家形象。19世纪中期到20世纪中期，号称"日不落帝国"的英国建立了强大的英帝国，确立了其全球霸权地位，而中国经历了"百年屈辱"，国力衰败，使西方从对中国的敬仰转而不

---

[1] 张国祚：《关于"话语权"的几点思考》，《求是杂志》2009年第9期，第43页。

[2] Stephen W. Littlejohn, *Theories of Human Communication*, seventh ed., 清华大学出版社2003年版，第221页。

[3] 王啸：《国际话语权与中国国际形象的塑造》，《国际关系学院学报》2010年第6期，第58—65页。

屑一顾。作为分水岭的改革开放见证了当代中国话语权意识觉醒与建构意识。改革开放前的 30 年，中国基本处于国际话语体系的边缘，改革开放后的 30 年中国在对外传播中淡化意识形态色彩，积极融入国际社会，努力建构国际话语权，主动塑造"和平发展"与"负责任"的大国形象。

一　硬实力视域下的国际话语权建构

一国在国际上的话语权往往取决于其硬实力，因此硬实力是国际话语权建构的奠基石。与其他传统的诸如军事权力、经济权力的权力形式毫无二致，国际话语权（一种新型权力政治）实现的前提乃是其硬实力，即军事与经济力量。由于其强大的军事力量和经济力量，英帝国在 19 世纪迅速崛起。一方面它在海外不断扩大殖民地范围，掠夺资源，攫取经济利益，奴役当地的人民；另一方面在输出其语言与文化的同时，还输出了价值观念和政治理念，在 19 世纪拥有国际上最强大的国际话语权。英语的影响力在世界上经久不衰，取决于英国与美国的经济和军事地位：19 世纪的英国是世界上最强大的经济和军事大国，美国继英国之后在 20 世纪成为世界超级大国，其经济和军事力量位居世界之首。当时的西班牙和法国早已国力衰败，辉煌不再，西班牙语、法语未成为国际社会的通用语言就是最好的例证。强大的经济和军事地位致使美国成为 20 世纪乃至今日国际社会拥有最强大国际话语权的国家，也是许多国际规则的制定者。权力政治仍然是国际政治的主要体现方式，一国在国际上话语权的决定因素仍是其自身的硬实力，完全依靠国际组织如联合国和欧盟以实现一国的政治和经济诉求是不切实际的，至少不可能完全实现。硬实力的威慑性和震撼力是成为国家话语权较量最可靠和最强有力的诉诸手段。

二　软实力视域下的国际话语权建构

中国学界的软实力理论总体上秉承了约瑟夫·奈的软实力理论，一致认为软实力乃是一种吸引力，政治价值观、外交政策和文化理念是其核心因素，上述这些资源可再分为政治制度、社会制度、核心价值、文化理念、民族特性、政府素质、有影响力的发展模式和国际形象等诸多要素。根据文献检索中国学界的软实力研究主要可以归结为政治派和文化派。前者关注政治要素，即政策（制度、战略或规则），以政治为导向，认为政治对文化的引导乃是最重要的一环，需要凭借政治运作体现其价值。后者强调文化要素，即观念（价值观、思想、精神或原则），指出政治的运行需要借助一定的文化背景并在文化价值观指导下运作，其重心是文化对政治运行的导向作用。他们一致认为文化是中国软实力的核心要素，因此需要予以优先考虑。

在国际社会，一国借助软实力树立其国家形象，因此具有较强软实力的国家将拥有更强的国际话语权。一国的政治价值观念、外交政策取向和文化传统成为建构国家形象的先决条件。各国的文化特征和文化软实力千差万别，因此呈现出多姿多彩的文化形象与文化影响力，致使各国的国家形象各不相同。国家形象是国家软实力在国际社会的映现。国家形象或是民主的、开放的、有责任的、爱好和平的；国家形象也可能是专制的、封闭的、不负责任的、好战的。象征一国经济总量、军事实力的硬实力只能衡量一个国家实力的强弱，却通常无法发挥国家形象建构的作用。拥有良好国家形象、具备较强软实力的国家对某些重大国际问题的观点往往会得到国际上更多国家的呼应，反之，不具有软实力优势、形象欠佳的国家，其观点和允诺往往无法赢得其他国家的响应。一个诚信和负责任的国家给其他国家带来安全感和稳定感，因此其国际声音代表了一种正能量。

三　外交视域下的国际话语权建构

外交能力的充分发挥是大国实力崛起的重要因素，实行一种积极介入国际事务的外交政策，其结果往往是其国际话语权的增强。在国际上赢得话语权某种程度上取决于合适的外交手段的运用，充分展现自己的实力才能将潜在的话语权转变为实际的话语权。"罗斯福计划"就是美国介入全球事务的全球视野的一种体现，其计划的最后一点指出，为了保持全球秩序战争盟国在和平时期也应该结盟，成为该计划建构全球蓝图的核心。二战后的美国奉行"杜鲁门主义"（the Truman doctrine），主导并积极参与国际事务，试图牵制苏联的国际发展空间[①]。其结果是在国际社会拥有强大的国际话语权。相反，当一国外交奉行一种不积极参与国际事务的孤立的外交政策时，该国的军事和经济实力以及各种资源也无法物尽其用，政府无法将本国的实力转换为话语权。因此外交上的不积极参与与不作为往往导致一国国际话语权的丧失。19 世纪末 20 世纪初，虽然美国的硬实力和软实力位居世界前列，但由于美国实行消极的"孤立主义"外交政策，所以无缘列入国际话语大国。

一国在国际上的话语权还受到其外交政策的价值取向的影响。英国国际政治学家卡尔认为，在道德与权力之间保持平衡是一国外交政策的重要原则[②]。外交政策上的完全利己主义或完全利他主义都是不明智的选择，都可能影响该国的国家形象，阻碍该国国际话语权的建构。虽然二战之后苏联在欧洲和世界上奉行的外交政策不乏积极与明智的一面，然而亦可以窥见其中隐含的极端的民族利己主义和大国沙文主义，其结果是在同属华沙条约国成员国的东欧以及其他一些国家，苏联的国家形象在某种程度上受到损害，因此其国际话语权受到削弱。诚然纯粹的"利他主义"的外交政策在短时间内可能会在国际社会赢得一些国家的支持，提升其国家形象，但是从长远看，一国话语权的实力基础将遭到破坏。因此在"利己与利他""民族主义"与"国际主义"之间找到一个适当的平衡是一国外交政策的价值取向应该遵循的一个基本准则。

四 传播视域下的国际话语权建构

二战之后，尤其是冷战结束之后，国际政治发展体现了一国的对外传播力往往比外交力更为重要，是建构一国国际话语权的关键因素。主要有三个层面的原因[③]：其一，各种不同类型新兴力量的崛起某种程度上挑战了传统的政府外交，大众外交逐步取代精英外交。普通大众、新

[①] James M. McCormick, *American Foreign Policy and Process*, Belmont, CA: Thomson Wadsworth, 2005, p. 45.

[②] [英] 爱德华·卡尔：《20 年危机 (1919—1939)》，秦亚青译，世界知识出版社 2005 年版。

[③] 吴立斌：《中国媒体的国际传播及影响力研究》，博士学位论文，中共中央党校，2011 年，第 79—80 页。

闻媒体和各种社会组织都是大众外交的积极参与者，在一定程度上分享了政府外交的决策权、评论权、监督权。其二，二战后国际主流传媒纷纷从政府机构中分离出来，变为独立的经济实体。二战后，一方面传媒的数量和种类骤然猛增，另一方面新闻媒体不再扮演政府对外传播的角色，俨然形成了与政府外交渠道同等重要的新的传播渠道。无疑，这一渠道极大地削弱了外交渠道在对外传播方面的作用。其三，传媒技术的进步促使信息传递效率更高、成本更少。借助具有独立经济地位的传媒向另一国传递该国的声音，不仅节约了巨大的人力资源，也简化了严密的外交程序。它是直接面向受众的，因此可以节约执行成本。

目前30到40家大型国际传媒公司在国际上占据传媒市场的绝大部分份额，不到10家传媒集团垄断了全球传媒市场，尤其是位居前列的美国在线—时代华纳（AOL - Time Warner）、迪士尼（Disney）、贝塔斯曼（Bertelsmann）、维亚康姆（Viacom）、新闻集团（News Corporation）等超级国际传媒集团，它们攫取了最大经济利益并获得良好的社会效益。随着冷战的结束，以美国为首的西方国家凭借其强大的文化软实力和文化影响力，一方面通过充分发挥传播媒体在国际事务报道中的主导作用，操控重大国际问题的议程设置权，巩固了美国在世界上的国际话语权地位；另一方面，美国通过大量输出其文化产品壮大其文化产业并潜移默化地传播了其意识形态和价值观念。毫无疑问，冷战结束之后国际政治其中一个发展趋势是国际话语权的赢得与新闻传播的作用息息相关。

小　结

本章首先在多维视域下概述了国家形象的界定与分类，将国家形象分为历史形象、现在形象和未来形象（时间作为参照）；地区形象与整体形象（以空间作为参照）；正面形象与负面形象（以性质作为参照）；政治形象、经济形象、军事形象、文化形象、社会形象、环境形象、人权形象等（以领域作为参照）；主观形象和客观形象（以主客观作为参照）；国际形象和国内形象（以地域性作为参照点）。国家形象的特征体现为客观性、主观性、复杂性、历史性、稳定性、民族性和动态性。

此外讨论了国家力量与国家形象建构之间的关系，认为国家力量的影响在国家形象的建构中随处可见，体现了以各种不同方式呈现的国家力量的重要性，如政治力量、经济力量、军事力量、外交力量、科技力量和文化力量。媒介符号与国家形象之间也存在紧密的关系，借助蕴含文化含义的诸多媒介符号国家虚拟形象得以构建，而公众的认知形象的建构往往取决于国家虚拟形象。本章还从传媒的议程设置、形象的框架建构、传播媒介的公信力、新闻报道的亲和力、危机管理的实施五个层面重点探析了传播视域下的国家形象建构策略。最后从硬实力、软实力、外交和传播视域等方面探讨了国家话语权的生成机制。本章涉及理论主要有李普曼（Lippmann）的"拟态环境"、社会学的符号互动理论、哈罗德·拉斯韦尔（Harold D. Lasswell）的传播学五个要素、麦克斯维·麦库姆斯（Maxwell E. McCombs）和唐纳德·肖恩（Donald Shaw）的议程设置理论、高夫曼（Goffman）的框架理论、媒体公信力的衡量标准、亲近性新闻理论、危机管理理论和话语权理论。

第五章　多维视域下城市形象建构与外宣翻译

第一节　多维视域下的城市形象界定与分类

城市形象是国家形象、区域形象和地方政府形象极为重要的一个组成部分。许多学者认为最早提出城市形象概念的是美国城市研究学者凯文·林奇。按照林奇的观点，作为公众印象的城市形象乃是多个印象的综合。1960年他出版了专著《城市意象》（Image of City），提出一个城市的形象是由它的街区、标志或是道路组成，进而组成一个完整的形态[1]。他认为城市形象主要构成要素还包括路、边、区、节点、标示等方面，主要通过人的综合"感受"而获得。显然我们可以看出其研究的重点在于城市形象设计，因此他界定的城市形象主要是对城市物质形态（主要是道路、边沿、区域、节点和标志这五类）的知觉认识。

随后"城市形象"概念的研究范围更为宽泛，一些学者把城市精神、城市文化以及政府行为、市民素质等内容也纳入其研究范围，从而形成了涵盖范围更广的综合性定义。城市形象是指公众对一个城市的内在综合实力、外显表象活力和未来发展前景的具体感知、总体看法和综合评价，是城市总体特征和风格的体现[2]。何国平认为作为国家形象的子系统，城市形象由精神形象（信念、理念等）、行为形象与视觉表象（形象与识别系统等）三个层次组成；城市形象的构成元素是城市的历

---

[1] ［美］凯文·林奇：《城市意象》，方怡萍、何晓军译，华夏出版社2001年版，第2页。

[2] 陈映：《城市形象的媒体建构——概念分析与理论框架》，《新闻界》2009年第5期，第103页。

史文化积淀、城市物质文明与精神文明等因素综合而成的识别性符号，是城市形象传播的叙述个性、叙事素材和叙事策略的基本依据①。城市形象是城市内部、外部公众对城市形态和特征等进行高度概括和提炼后形成的总的看法和评价②。

由于著述者们对城市形象分类的参照点各不相同，其城市形象分类的类别也有所不同，主要可以分为实体形象和媒介形象，在不同著述者的分类中其内涵略有不同。陶建杰认为城市形象既包括城市景观、城市建筑等视觉形象，也包括城市口碑、城市管理水平、市民言行等非物质形象，同时还包含依靠大众传媒构建的城市媒介形象和依靠人际传播构建的城市口碑形象③。"城市形象"区分为"实体形象"与"虚拟形象"④。所谓"实体形象"是指一个城市的整体风貌，是由城市硬件系统与城市软件系统构成的。前者包括城市规划布局、城市建筑、城市绿化、城市环境等可视性因素，后者涵盖政府行为、市民素质、城市文化等诸多内容。而所谓"虚拟形象"，则是基于认知心理学的视角将"城市形象"视为城市内部公众和外部公众对城市的总体信念与印象，是公众认同、公众意志与价值观的具体体现。叶晓滨将城市形象分为实体形象、媒体形象和公众形象三个概念并予以阐述⑤。实体形象是指一座城市未被评价和认知的自然因素，它不仅包括诸如城市景观、城市生态等物质要素，还包含城市文化、居民素质、政府效率和廉政形象、管理制度、服务质量、社会安全感以及创新精神等诸多无形要素。城市媒体形象指媒体塑造而产生的虚拟形象，无疑深受政治、经济、社会等各种要素的影响。公众形象，亦称公众认知形象，是指公众对一座城市的认知或公众借助新闻媒介的传播所获得的对某一个城市的认知，乃是城市

---

① 何国平：《城市形象传播：框架与策略》，《现代传播》2010年第8期，第13—17页。
② 陶建杰：《城市软实力评价指标体系的构建与运用——基于中国大陆50个城市的实证研究》，《中州学刊》2010年第3期，第114页。
③ 陶建杰：《城市软实力评价指标体系的构建与运用——基于中国大陆50个城市的实证研究》，《中州学刊》2010年第3期，第114页。
④ 陈映：《城市形象的媒体建构——概念分析与理论框架》，《新闻界》2009年第5期，第104页。
⑤ 叶晓滨：《大众传媒与城市形象传播研究》，博士学位论文，武汉大学，2010年，第27—28页。

实体形象在公众意识中的反映。城市实体形象是城市媒体形象和公众认知形象存在的前提。随着实体形象的提升，虚拟形象和公众形象也会随之发生变化。

第二节 城市形象的生成机制

一 硬实力视角下的城市形象建构

城市"硬实力"是人们对于一座城市形成第一印象的基本要素，是公众对城市形成整体印象的根本条件。一座城市若无一定的硬实力其形象建构无从谈起，成了无源之水，无本之木。一座城市的"硬实力"与一个国家的"硬实力"既有相似之处，也存在差异，一般在以下几个层面得以体现[①]：（1）经济方面，包括经济整体发展水平、产业竞争力与辐射力、企业规模与知名度、对外经贸交流与合作的深度与广度、产品品牌的影响力等；（2）科教方面，包括科技竞争力、科技队伍的规模与水平、科技和教育对社会的贡献、居民素质、企业家素质、人才队伍素质、政府管理人员素质等；（3）政府方面，包括政府管理效率、劳动就业率、社会保障机制、民众满意度、社会和谐水平等；（4）城市建设管理方面，包括城市规划、基础设施建设、人居环境、城市绿化、市容市貌、历史街区景观、旅游资源、城市环境与生态保护等。

二 软实力视角下的城市形象建构

城市的"硬实力"固然重要，然而城市"软实力"也是城市形象建构不可或缺的因素。"软实力"往往以城市文化内涵、发展理念、城市精神去吸引别人，体现城市的魅力，从而赢得公众的好感。因此城市"软实力"是否有助于城市建构良好的城市形象往往取决于社会公众在多大程度上对一个城市的历史文化、价值观念采取普遍认同的态度。

城市软实力是反映城市在参与竞争中，建立在城市文化、城市环境、人口素质、社会和谐等非物质要素之上的，包含文化号召力、教育

---

① 叶晓滨：《大众传媒与城市形象传播研究》，博士学位论文，武汉大学，2010年，第45—46页。

发展力、政府执政力、城市凝聚力、社会和谐力、形象传播力、区域影响力、环境舒适力等在内所形成的合力①。

比较而言,中国学者似乎更注重文化软实力,倾向于文化软实力是软实力的重要组成部分一说,认为从内涵和本质上来说,文化力与软实力既有着密切的联系和相似之处,又在内涵和用法上有一定的差异。谭志云把城市文化软实力看作城市经济实力与其他要素之间的函数,具体表述为:城市文化软实力＝经济实力(文化凝聚力＋文化创新力＋文化辐射力＋文化传承力＋文化保障力)②。

三 议题设置视角下的城市形象建构

按照议题设置理论的观点,人们往往聚焦于大众媒介所关注的议题,并基于媒介对各种议题的关注程度以建构自己对某个议题的立场与态度③。借助议程的设置,如报纸的头版头条新闻,新闻媒介可以促使对某个议题意见不一的个人或团体就该议题达成某种程度上的共识,从而使个人之间,乃至不同团体之间的对话成为可能。如果议程设置不当或者议程设置体现了话语的倾向性,与客观事实背道而驰,往往可能误导目标受众甚或欺骗目标受众,其结果导致受众对媒介持怀疑乃至敌视的态度,传媒公信力必然受到影响。

近年来许多城市纷纷举办各种大型活动,借助大众媒体设置传播议题,往往可能在一定时间内成为国内外受众关注的焦点,提升城市的知名度和美誉度从而在某种程度上提高城市的凝聚力,实现推介城市良好形象的目的。新闻界将各种大型活动称为重大媒体事件,常指一座城市充分利用自身的城市特色,积极举办一些大型的商务、文化、体育等诸如此类的活动,对议题的成功设置往往能使该议题成为国内外媒体的头条新闻。厦门这些年来成功举办了20届投洽会(每年9月8日,简称98投洽会)。投洽会以"引进来"和"走出去"

---

① 陶建杰:《城市软实力评价指标体系的构建与运用——基于中国大陆50个城市的实证研究》,《中州学刊》2010年第3期,第113页。
② 谭志云:《城市文化软实力的理论构架及其战略选择——以南京为例》,《学海》2009年第2期,第176页。
③ 张国良:《20世纪传播学经典文本》,复旦大学出版社2003年版,第407页。

为主题，以"突出全国性和国际性，突出投资洽谈和投资政策宣传，突出国家区域经济协调发展，突出对台经贸交流"为主要特色。福州举办了多届"中国·福建项目成果交易会"（每年6月18日，简称6·18，现更名为"中国·海峡项目成果交易会"），以"项目—技术—资本—人才"为主题，成为国内外科技成果与福建企业对接，加快科技成果向现实生产力转化而搭建的平台。这两个国家级、高水平的会展品牌对于提高福州和厦门的城市品位发挥了重要的推动作用，因此也受到国内其他城市的效仿。

四　新媒体视角下的城市形象建构

唐·舒尔茨（Don E Schultz）提出了整合营销传播（Integrated Marketing Communication），简称 IMC，强调各种营销手段的综合运用，将人员推广、广告、促销、重大事件营销与公共关系等各要素予以整合，注重广告传播的整体效应，旨在实现传播手段的优势互补与营销效应的最大化[①]。新媒体传播生态环境下，在城市形象传播过程中对受众群体进行细分，形成多层次、多元化的传播态势就是该营销传播理念的体现[②]。在全媒体传播时代的视角下，在制定不同阶段的城市形象传播策略时需要纳入考虑范围的因素包括城市发展现状与传播定位理念，不同传播市场的个性需求以及城市形象信息的侧重点等要素。随着互联网的发展，网络媒体成为被广泛运用的传播模式，新媒体则包括博客、微博、微信、播客、SNS、QQ 等社交化媒介载体，可以视为创意媒体传播模式环。新媒体环境下，一些城市的地方性媒体事件往往能通过互联网的快捷性，促使其一举成为全球性媒体事件，短时间内将其传播到世界各地，将传播正能量的友好的城市形象呈现在外部公众乃至国际公众面前，从而提升某个城市的知名度，塑造其正面形象。

[①] ［美］唐·舒尔茨：《整合营销传播》，何西军译，中国财政经济出版社 2005 年版，第 50—68 页。

[②] 莫智勇：《创意新媒体文化背景下城市形象传播策略研究》，《暨南学报》（哲学社会科学版）2013 年第 7 期，第 153 页。

第三节　外宣翻译与城市软实力的建构

"软实力的概念"是由约瑟夫·奈（Joseph Nye, Jr.）提出的。国家实力有"硬实力"和"软实力"之分。学者们主要运用该理论探讨国家文化软实力。近年来中国学者利用该理论探讨城市软实力建构。城市文化软实力与国家文化软实力既有联系也有区别：国家文化软实力涉及主流价值、文化认同、民族文化的保护与弘扬、文化对外传播等；城市的文化软实力包括城市文化的影响力、感召力和凝聚力，具体体现在精神、技术、物质、行为等诸多层面[1]。城市软实力由五大要素构成：城市文化凝聚力、影响力、创新力、辐射力、生产力，它们都是相辅相成、相互作用的统一整体[2]。我们认为传媒在城市软实力建设中发挥着举足轻重的作用，因此，如果缺乏强有力的传播，无论多么丰富的资源，往往也可能不为人所知，城市的软实力建构也就无从谈起。

"传媒与软实力的关系，还表现在中介方面，传媒是软实力资源向外扩散，进而产生吸引、影响效果的载体和工具。传媒的价值在于其传播的功能。传播是思想、文化、社会价值观等软实力资源得以延续发展的必要手段，也是其产生吸引力的主要途径。这就是传播的传递观。"[3] 文化的输出能力不仅取决于具有独特魅力的文化产品，也取决于先进的传播手段。传播是文化的内在属性和基本特征，一切文化都是在传播的过程中得以生成和发展的[4]。因此凡是拥有先进的传播手段、城市外宣翻译工作出色的城市，其形象传播力就愈强，其城市精神就愈广为流传，其各方面的话语权也就愈强。

---

[1] 谭志云：《城市文化软实力的理论构架及其战略选择——以南京为例》，《学海》2009 年第 2 期，第 175—180 页。

[2] 余晓曼：《城市文化软实力的内涵及构成要素》，《当代传播》2011 年第 2 期，第 83—85 页。

[3] 陶建杰：《传媒与城市软实力关系的实证研究》，《新闻与传播研究》2010 年第 4 期，第 38 页。

[4] 余晓曼：《城市文化软实力的内涵及构成要素》，《当代传播》2011 年第 2 期，第 85 页。

随着城市化进程的推进,城市之间的竞争日趋激烈,众多城市开始注重提升城市软实力的理论与实践研究。与此同时,学界也不断关注与城市软实力密切相关的论题研究,这些论题涵盖城市形象、城市文化创新能力、城市精神建构等诸多层面。作为城市传播不可或缺一部分的城市外宣翻译无疑是城市软实力建构的一个重要环节,关系到一个城市的国际形象。城市外宣翻译文本是否能够赢得目的语读者的认同是城市外宣翻译的关键所在。正是由于外宣翻译在城市软实力建构中的重要作用,城市外宣平行文本的比较有助于建构符合目的语读者语篇思维模式、语言表述方式、语言审美习惯的外宣翻译文本,有助于弘扬该城市的影响力和感召力。

第四节 平行文本视域下的城市外宣翻译

平行文本为比较语篇语言学的一个常用术语,然而翻译界对平行文本的界定各不相同。德国学者哈特曼(Hartmann)[①]对平行文本的分类可以归纳为:A 类为形式吻合的译文与原语文本;B 类为形式不尽相同却功能对等的译文及原语文本;C 类为基于同一交际情境而产生的两种不同语言的语篇。此处用于分析与研究的文本指的是哈特曼分类中的 C 类平行文本,其交际情境大同小异,还涵盖了受到 C 类平行文本的启迪而产生的 B 类平行文本。

中西方学者将平行文本的相关理论应用于翻译研究与翻译培训,成绩斐然。20 世纪 50 年代加拿大从事翻译研究的学者金·鲍尔(Jean Paul)和金·达贝尔内特(Jean Darbelnet)对出于相同交际目地但运用不同语言的平行文本进行对比并将其应用于译员的培训。50 年代后期以来,欧洲的译员培训机构和大学的翻译课程大力推广类似培训,该方法备受推崇[②]。斯内尔·霍比(Snell Hornby)认为平行文本翻译培训

[①] Reinhard R. K. Hartmann, *Contrastive Textology*, Heidelberg: Julius Groos Verlag Herdelberg, 1980, pp. 37 – 40.

[②] 李德超、王克非:《平行文本比较模式与旅游文本的英译》,《中国翻译》2009 年第 4 期,第 55 页。

方法极大改善了译文的质量①。按照克里斯蒂安·诺德（Christiane Nord）②的观点，翻译过程中的各种难题往往可以借鉴形态各异的平行文本开展翻译活动。她认为体裁规范的平行文本甚至可以向译者提供某些约定俗成的语言成分（ready-made segments）。作为辅助性文本的平行文本为译者提供了文本参照，有助于译文的改善从而提高翻译质量。换言之，平行文本可以作为翻译范例体现目地语的语言表述习惯和文化规约。截至2014年11月12日，关键词"平行文本与翻译"的中国知网期刊模糊检索结果为43项，而真正涉及该论题的仅为4篇。杨凤③运用相关平行文本理论对15所中英大学简介进行了定量和定性分析，主要比较了其信息和呼唤两个功能，提出在翻译中需要对原文本予以译前处理。陈紫薇④以外宣翻译的旅游文本，结合平行文本外宣翻译的旅游文本，结合平行文本和文本分析理论作为翻译策略的指导。赵静倩、吴帅等⑤从中西方企业外宣文本的宏观和微观结构进行了比较并提出了相应的翻译策略。李德超、王克非⑥基于维利克（Werlich）的文本语法分析归纳了中英文酒店外宣文本的不同特点并以语篇作为着眼点探析了其翻译途径。鉴于利用平行文本理论开展外宣文本翻译的研究仍然较为薄弱，本节拟对10个中美城市的外宣文本进行比较并讨论翻译策略以及城市软实力建构。

以10个中国和美国城市作为研究对象，10个中国城市分别为福州、广州、合肥、杭州、南京、南宁、成都、武汉、郑州、厦门。所选取的10个美国城市分别为西雅图（Seattle）、波士顿（Boston）、纽约

---

① Mary Snell-Hornby, *Translation Studies: An Integrated Approach*, Shanghai: Shanghai Foreign Language Education Press, 2001, p. 86.

② C. 诺德：《Looking for Help in the Translation Process—The Role of Auxiliary Texts in Translator Training and Translation Practice》，《中国翻译》2007年第1期，第23页。

③ 杨凤：《中英高校网页学校简介平行文本分析》，《海外英语》（学术版）2012年第2期，第78—80页。

④ 陈紫薇：《"平行文本"比较模式与"文本分析"模式之对比分析》，《华中师范大学研究生学报》2011年第1期，第95—98页。

⑤ 赵静倩、吴帅、龙明慧：《平行文本在企业外宣翻译中的应用》，《海外英语》（学术版）2013年第5期，第166—169页。

⑥ 李德超、王克非：《平行文本比较模式与旅游文本的英译》，《中国翻译》2009年第4期，第54—58页。

(New York)、迈阿密（Miami）、芝加哥（Chicago）、巴尔地摩（Baltimore）、辛辛那提（Cincinnati）、克利夫兰（Cleverland）、亚特兰大（Atlanta）、波特兰大（Portland）。对介绍中国城市的中文网站和美国城市的英语网站进行了分析与研究，结果显示中国城市的网页一般包括城市概况、政务公开、网上办事、政民互动、市民企业频道、旅游频道等内容，美国城市的英语网站一般涵盖商务、政府部门介绍、政务服务、生活须知、访问须知、网上办事等内容，在所搜索的10个美国城市中只有西雅图、芝加哥、亚特兰大3个城市提供了城市概况。

以平行文本为导向，选取了西雅图、南京和福州三个城市介绍历史人物、城市概况和城市精神的三段并列的平行文本作为语料[1]，从语篇模式、语言习惯和语言审美三个层面并结合文本功能进行比较与分析，试图从城市外宣的英语文本中寻找启迪，对城市外宣中文文本提出建设性的译文从而能够得到目的语读者的认同，引起他们的共鸣，激发他们一睹为快的欲望，更好地实现外宣翻译的目的，提高城市软实力。

第五节 城市外宣平行文本对比与翻译策略

德国学者维力克（Werlich）[2]认为，影响语篇建构的因素主要可以归结为两类：其一为诸如语境及体裁等语篇外部的制约因素（external constraints）；其二为语篇内部建构规则（internal composition rules）。语篇的基本结构涵盖开头、顺序排列、语篇结构、语篇单位和结尾。文本的顺序排列就是主题阐述的先后顺序，衔接与连贯在语篇建构的过程中发挥了至关重要的作用。语篇不同的顺序排列生成形态各异的文本结构。维力克（Werlich）[3]还认为若语篇遵循线性的发展模式，可以将其归类为普通的文本结构；若语篇的推进模式更为注重情感与态度的表述

---

[1] 本节除了文中明确标注的外宣文本，其余语料均摘自西雅图、南京和福州三个城市的市政府网站，在此不逐一列出。摘自南京市和福州市政府网站的语料为中文，译文为笔者所译。

[2] Egon Werlich, *A Text Grammar of English*, Heodelberg: Quelle and Meyer, 1982, p. 150.

[3] Ibid., pp. 177 - 192.

即可归类为感召性语篇。下文中的例1对历史人物的介绍可视为普通的文本；例3对城市精神的阐述可以归为感召性语篇，旨在激起人们采取某种行动。语篇由句子、段落、小节、章节和全书构成。从语篇外部的制约因素考虑，中西方城市外宣文本的语境及体裁具有相似之处，在语境上都是介绍某一城市的宣传文本，旨在树立正面的城市形象以吸引潜在的访问者前往参观访问。在体裁上除了给读者提供基本的城市信息，更为注重的是语篇的感召功能，体现言语的言后行为，即言语产生的积极效果，均属于感召性语篇。在语篇内部建构规则，两者显然存在明显的不同之处。英语属于形合语言，注重连接词语的使用以体现言语之间的逻辑关系；汉语归为意合语言，其逻辑往往依赖语言的顺序排列予以体现，连接词语的使用频率相对较低。英语是以主语主导的语言，主语不可省略；汉语是话题凸显的语言，然而话题可以省略而不影响意义的表达，在汉译英时往往需要予以补充。

一 语篇层面对比与翻译策略

英语思维模式呈直线型发展，注重在段落的开头明确设定主题句，然后以各种论据围绕论点展开讨论，深受注重个人主义的西方文化思维方式的影响，强调个人见解的表述。在中国古代社会国家和帝皇的权威不容置疑；在中国现代社会集体主义乃是关注的焦点，因此个人在社会中的作用往往处于弱化的地位。这种差异在写作的谋篇布局中得以体现，汉语段落的开头往往是主题句的缺失。例1和例2为两个并列的介绍历史人物的平行文本。例1的第一句显然就是其主题句，段落中的其他内容均围绕该论题予以展开，列举了4个原因。例2的第一句似乎不能概括这一段落的内容，因此建议对第一句话进行译前处理，修正并增加其内容，改为"林则徐（1785—1850），清朝后期政治家、思想家和诗人，功勋卓著，深受国人敬仰"。其英译文充分考虑了英语语篇的特点，设定了一个主题句，以主题为主线予以叙述从而体现整个英语段落的完整性和连贯性。在文本顺序形式层面，介绍美国林肯总统的文本以"话题性顺序"展开，并与段落的其他部分衔接与连贯，介绍林则徐的汉译英的内容也以这种话题性顺序展开，以话题为主线，实现了语篇的衔接与连贯。

第五章　多维视域下城市形象建构与外宣翻译

例1　Historians, mindful of President Lincoln's mythic place in American popular culture, accord him similar praise for what he accomplished and for how he did it. Because he was committed to preserving the Union and thus vindicating democracy no matter what the consequences to himself, the Union was indeed saved. Because he understood that ending slavery required patience, careful timing, shrewd calculations, and an iron resolve, slavery was indeed killed. Lincoln managed in the process of saving the Union and killing slavery to define the creation of a more perfect Union in terms of liberty and economic equality that rallied the citizenry behind him. Because he understood that victory in both great causes depended upon purposeful and visionary presidential leadership as well as the exercise of politically acceptable means, he left as his legacy a United States that was both whole and free. ①

例2　林则徐（1785—1850），近代中国"开眼看世界的第一人"。1839年6月，林则徐领导了彪炳史册的"虎门销烟"，掀开了近现代炎黄子孙反抗殖民侵略波澜壮阔的第一页，树立了国际禁毒史上的第一块丰碑。林则徐一生被誉为"六任封疆帅，千秋社稷臣"。他组织编译的《四洲志》，是近代中国第一部系统介绍世界的译著；他在新疆主持兴修水利，开挖"坎儿井"，至今仍为民造福，被颂称为"林公渠""林公井"。"海纳百川，有容乃大；壁立千仞，无欲则刚"，"苟利国家生死以，岂因祸福避趋之"等林则徐留下的名句，既是他一生的写照，也激励着一代又一代后人为中华民族伟大复兴而不懈奋斗。

译文：Lin Zexu (1785 - 1850), a statesman, thinker and poet in late 19th century, is greatly revered by Chinese for his outstanding achievement. He launched world - famous opium - banning campaign at Humen, Guandong in 1839, which marked a brilliant record of Chinese in their resistance against colonial invasion and laid a cornerstone for anti - opium trafficking in the world. He became a supreme governor of six areas in his life and was regarded as a prominent official of national security. He organized the transedition of the book entitled "An Introduction to Geography of Four Con-

---

① http://millercenter.org/president/lincoln/essays/biography/9.

tinents", the first Chinese translated book which offered systematic introduction of the world; he took charge of irrigation project in Xinjiang such as Karez well, also known as "Lin's Ditch" or "Lin's Well", and it is still utilized even today. His well-known remarks such as "tolerance is a virtue as sea takes in all rivers; uprightness is the product of unselfish aspiration as precipice stands straight", "do whatever is favorable to one's country even at the expense of one's life" not only truly reflects his whole life but also encourages later generations to forge ahead in their endless endeavor to realize the great rejuvenation of Chinese nation.

二 语言层面对比与翻译策略

城市外宣文本的其中一个主要功能就是为读者介绍某个城市的基本信息，因此特别注重对概念意义（即信息）的传递。然而迥然不同的中西方语言结构和文化背景致使概念意义的传达方式各不相同。若将中文城市外宣文本的表述方式原封不动地以英文予以传递，势必影响原语概念意义的传达，甚至无法赢得目的语读者的认同，影响传播的效果。以下这些文字来自于西雅图和南京的历史简介，可以视为平行文本，西雅图的历史简介总共 1338 个字，大部分文字用于描述西雅图的历史演变。南京的历史简介有两个版本，其一题为"我爱南京"，全长 3403 字，措辞正式；其二是历史沿革，计 2100 字，措辞虽然没有第一个版本那么正式，然而仍然比介绍西雅图历史的文字更为正式。这些文字均向读者介绍了两个城市的历史演变，实现了网页的信息功能。两者使用的文字都比较客观具体，但是南京市历史的简介篇幅较大，整体措辞更为正式与严谨，联结词语使用频率较低，主要依赖意合；西雅图历史简介追求简洁朴实的语言，逻辑严密，讲究形合，例 3 运用的联结词语使用频率较高，如 above all, that, who, but。了解了这两个城市的历史简介平行文本的差异有助于在翻译过程中对南京市历史简介的英语文本采取适当的翻译策略。例 4 的译文添加了联结词语 additionally, hence, furthermore, nevertheless, as a result, 使得句子之间的逻辑更加清晰，采用更为简洁的文字，从而更好地适应目的语读者的期待视野。

例 3 Seattle is proud of its arts and cultural institutions, the many live theaters, and the downtown art museum. It is proud of its parks, of its professional and collegiate sports, of Pioneer Square and the Pike Place Market, and, above all, of the beauty of its surroundings. Seattle is also a city of parades, not always respectful of its own brief heritage, not as radical as its legend would have it; a city of homes that has many who are homeless, a city that wants great growth but demands that somehow the setting remain untouched.

例4 爱南京，是因为这里的山川河流。这里的一草一木都是一道风景。它地控长江扼守京沪大动脉，素有"东南门户，南北咽喉"之称。城东钟山龙蟠，城西石城虎踞。秦淮河、金川河蜿蜒城中，玄武湖、莫愁湖静若处子。这些风景名胜，经过历代文人索隐穷幽，至乾隆以降，共得金陵四十八景。最为脍炙人口的，莫过于春游"牛首烟岚"，夏赏"钟阜晴云"，秋登"栖霞胜境"，冬观"石城霁雪"。其间既有高山大河的雄浑大气，又兼江南水乡的烟雨迷蒙；既有故宫城垣的残墙旧础，又有禅林道场的暮鼓晨钟。

译文：Nanjing takes pride in all its scenery such as its mountains, rivers and streams. Additionally, it takes pride in its strategic position along the Yangtze river and Beijing – Shanghai transportation artery, hence known as a "gateway to southeast, south and north". Furthermore, it takes pride in the beautiful scenery scattered in the city. To begin with, Zhong Mountain and Stone City are majestically located in the east and west of the city; Qinghuai River and Jinchuan River meanders through the city; Xuanwu Lake and Mochou Lake lies tranquilly in the city. These well – known sceneries led to the creation of fourty – eight scenes of Jinling in Qianlong's reign (1736 – 1796) of the Qing Dynasty (1636 – 1912) due to the joint efforts of men of letters in successive dynasties. Nevertheless, the most remarkable scenes are four famous ones in four different seasons: fantastic spring views of Niushou Mountain, gorgeous summer cloud of Zijin Mountain, spectacular autumn scenery of Qixia Mountain and awesome winter snow of stone city. As a result, visitors are expected not only to see the sublime views of mountains and rivers, the misty and rainy sights of riverside city south of the Yangtze River, the remaining old walls and foundations of ancient palace but also to hear the sonorous morning and evening beat of drum and bell from Buddhist temples.

三 语言审美层面对比与翻译策略

城市外宣文本的其中一个主要功能是注重文本对读者产生的感召作用，旨在赢得目标受众的充分关注，建构城市的正面形象，最大限度地提升城市的文化软实力。因此，城市外宣文本是否获取目的语读者的认同并被接受成为城市外宣翻译成功的关键因素。只有得到读者认同的城市外宣翻译文本才能产生预期的言后行为，即语篇实现了某种预定的传播效应，读者从感情上乃至行动上做出积极的回应。英语城市外宣文本素来以简洁朴实见长，其语言从不过分渲染以避哗众取宠之嫌。以下的语言实例分别为介绍西雅图和福州市城市精神的平行文本。例5虽然在 exhibited a spirit of, was institutionalized as, be credited with accomplishments 中使用了一些较为正式的语言，如 exhibited, institutionalized 和 credited，但总体所使用的语言仍然简洁朴实，没有华丽字眼的应用。同时该段文字讲究语言的对称，在 spirit 后应用了由介词加上三个名词构成的平行结构作为定语（of optimism, enterprise, and self-promotion），在 the city 后也运用了三个并列的不定式结构"to move…, to connect…, to build…"作为宾语补足语，从而达到句子结构的平衡美，更好地实现其感召功能。与例5相比，例6的语言更为注重音韵效果，使用了为数众多的四字结构和较为华美的文字，如无处不在、自强向上、厚植本土、生生不息等，体现了中国人的语言审美心理。在外宣翻译中需要关注中西方语言审美心理的差异对语言进行转换与解码，将华丽的语言转变为朴实无华的语言，从而符合目的语读者的语言审美心理。例6同时还应用了许多排比结构如"种子一落地就会生根发芽，气须一垂地就会入土成枝，不计较环境，不选择条件"，"咬定青山不放松，盯紧目标不懈息"，"锲而不舍谋发展，矢志不渝绘蓝图"。此处存在好几处虚空之词，无实际意义，若按照字面予以翻译必定会使译文言不达意、臃肿不堪，因此第二段的译文作了较多的调整与转换，整合了内容，将其真正的意义予以表述，然而仍然关注结构上的平衡与对称，最后一行使用了一个并列的不定式结构以期更好地实现感召功能。

例5 Seattle has always exhibited a spirit of optimism, enterprise, and self-promotion. At one time this was institutionalized as "the Seattle Spirit," a movement that enabled the city literally to move mountains by washing down high hills to improve building sites, to connect Lake Washington and Puget Sound with locks and a canal, and to build the world's largest man-made island at the mouth of the Duwamish River. More recently, this spirit can be credited with accomplishments like the Forward Thrust program of the 1970s, which built the Kingdome arena and numerous parks throughout the city, including Freeway Park that spans the I-5 freeway with waterfalls and hanging gardens.

例6 福州别称榕城，榕树乃福州的市树。城里无处不在的榕树，不仅为有福之州点缀绿色、带来清爽、增添美感，更以其身上浸透出的"榕树精神"，影响着福州人的精神品格，鼓舞着福州人自强向上。福州干部要大力践行厚植本土、生生不息的"榕树精神"，不断激励自己奋发图强、建功立业。

榕树见缝插针，随处可生，种子一落地就会生根发芽，气须一垂地就会入土成枝，不计较环境，不选择条件，顽强的生命力令人折服。各级干部要践行榕树这种落地生根、生命如炬的顽强精神，咬定青山不放松，盯紧目标不懈怠，知难而进，愈挫愈奋，锲而不舍谋发展，矢志不渝绘蓝图。

译文：Banyan tree has displayed a deeply-rooted and everlasting spirit which encourages people to be industrious and aspiring in the pursuit of their goals. Fuzhou is known as banyan city for banyan tree is established as its city tree. Omnipresent banyan trees not only bring Fuzhou greenness, coolness and beauty, but also endow the city "the spirit of banyan tree", which has great impact on the disposition of its residents and encourages them to forge ahead. Government employees in the city are expected to practice the spirit of banyan tree.

Banyan tree has exhibited its indomitable spirit as well. Banyan tree can be grown everywhere and survive under any environment, thus its strong survival capability is remarkable. Government employees at all levels are also expected to practice the indomitable spirit of banyan tree, and to stick to their their goals in the development of the city no matter how hard it will be.

第六节　城市外宣招商项目文本解读与翻译策略[①]

我国对外开放的继续深化促使对外招商引资项目不断增加，招商引资项目书的翻译质量问题不断被提上议事日程。其翻译质量的优劣反映各级政府和企业的管理水平、国际商务理念、文化素养，因此不但与企业自身形象的建构紧密相连，甚至与一个城市，地方政府，乃至整个国家的形象建构息息相关。近年来学者们积极开展招商引资项目书的翻译策略研究。截至2015年2月9日，关键词"招商引资翻译"的中国知网期刊模糊检索结果显示为23项，其中3项不涉及该论题的研究。叶苗等[②]、周锰珍[③]、汪宝荣[④]、梁燕华[⑤]从语用策略、认知经济原则、目的论、促销视角等展开研究，在此不予赘述。本节拟基于语篇分析理论分析招商项目书的语篇特征，从语篇的主位推进、语言的简洁性、文化规约、衔接连贯、语体风格等层面探析招商项目书的翻译策略。

一　语篇分析视域下招商项目书的文本分析

博格兰和德雷斯勒（Beaugrande & Dressler）[⑥]认为语篇建构取决于七大要素：衔接性（cohesion）、连贯性（coherence）、意向性（intentionality）、可接受性（acceptability）、信息性（informativity）、情景性

[①] 本节部分内容已发表，内容有所增加。具体参见韦忠生《招商项目文本的语篇分析与翻译策略》，《集美大学学报》（哲学社会版）2016年第2期，第92—96页。

[②] 叶苗、朱植德：《论对外招商引资项目英译的语用策略》，《中国科技翻译》2007年第4期，第28—32页。

[③] 周锰珍：《认知经济原则与投资指南翻译的信息量调控》，《广东外语外贸大学学报》2006年第4期，第76—79页。

[④] 汪宝荣：《招商说明书英译原则、问题与方法》，《浙江工商大学学报》2005年第5期，第66—71页。

[⑤] 梁燕华：《促销语篇翻译论视角下的招商引资项目书英译》，《黑河学刊》2012年第8期，第50—52页。

[⑥] Robert de Beaugrande and Wolfgang U. Dressler, *Introduction to Text Linguistic*, London: Longman, 1981, p.3.

(situationality) 和互文性 (intertextuality)。招商引资项目书具有所有这些语篇特点。首先是它的信息性，为潜在的投资者提供某投资项目名称、项目内容与建设规模、项目建设理由与条件、项目经济效益分析和项目总投资额等有关信息。其意向性显而易见，旨在构建该项目的投资前景，促使潜在的投资者前往投资兴业，赢得社会与经济效益。虽然招商引资项目书的篇幅往往较短，然而其语篇的衔接性和连贯性的重要性与其他语篇毫无二致。衔接旨在使语句互相连接，往往通过词汇、语法手段予以实现。韩礼德和哈桑（Halliday & Hasan）[1] 将衔接手段归类为语法衔接和词汇衔接，前者涵盖连接、照应、替代和省略，后者包括同义、上义、下义、重复等因素。贯通全篇的逻辑往往是连贯语篇建构中至关重要的因素，使有关概念的时空顺序连接井然有序、逻辑推理合乎常理，令人信服。英语属于形合语言，往往通过大量连词的使用体现句子间的逻辑关系，不同的连词建构各种不同的逻辑关系。招商引资项目书的情景性指的是其具体的语境，通常指在招商引资的活动中涉及企业的各种推介。其可接受性指的是招商引资项目书的语篇推进模式、语言表述习惯、衔接连贯手段、文化传播途径、语言审美视角、语言风格与体裁等能够得到目的语读者的认同，从而成功实现某一招商任务。互文性是指每一个文本都不是孤立存在的语篇，都是基于对其他文本的吸收与借鉴，它们相互联结，彼此参照，形成一个开放的动态语篇。

二 多维视域下招商项目文本的翻译策略

（一）语篇推进与信息调控

戴恩（Dane）[2] 认为主位推进指主位的选择和顺序以及主位之间的关联和逻辑，同时还指上一级语篇单位的总主位（hypertheme），体现了与整个语篇的关系。国内外学者对主位推进模式的分类主要可以归纳为四种，即主位同一型、延续型、述位同一型、交叉型。在主位同一型的推进模式中各小句具有相同的主位，然而其述位各不相同，围绕主位

---

[1] Michael A. K. Halliday and Ruqaiya Hasan, *Cohesion in English*, London: Longman, 1976.

[2] F. Dane, "Functional Sentence Perspective and the Organization of the Text", In F. Dane ed., *Papers in Functional Sentence Perspective*, Prague: Academia, 1974, p.114.

进行阐述，往往没有严格的时间顺序排列。其句际语法关系是并列平等的，借助主位提供了论述的主题，语篇意向明确，主旨清晰，因此亦被称为聚合型①。话题主位的分布有助于语篇的建构。中心话题的统一性是语篇建构的关键所在，而主位均匀的分布使得信息的有效发展得以实现，是促使语篇围绕中心话题展开的重要因素。例 7 和例 8 的中文语篇的第一和第二句均为无主句，其原译文完全遵从中文语篇的模式，导致作为主题的主位缺失，违背了英语语篇不能省略主位的语篇建构和推进模式，影响了语篇信息的传递。改译后的例 7 译文将 logistics center 作为主位，同时第一句增加了谓语动词 is to be constructed 使其成为一个完整的句子，第二个句子仍然以其作为主位展开叙述，以 is to be equipped with 作为谓语动词构建了第二个完整的句子。该句采用了主位同一型的推进模式，使其主题十分清晰。改译后的译文将"亩"转换为"公顷"。语篇中单一主位推进模式不免给人一种单调乏味的感觉，无法使文章的表现形式丰富多彩。同一语篇往往采用多种主位推进模式。大多数语篇的主位模式都是若干种模式的综合使用。例 8 就是一个很好的例证。原文的中文语篇的第一句是以分号分开的三个并列的无主句，原译文运用了三个并列的不定式结构予以表述，但该句的主位仍然缺失，无法构成完整的英语句子。改译后的译文将原译文中的五个宾语 workshop, space, machinery, equipment 和 vehicles 作为主位，使其话题明白无误，同时分别运用谓语 are to be constructed, are to be purchased and installed 和 is to target at 将其变为完整的句子。在改译后的句子中其信息的流动更为流畅，语篇的推进更合乎情理，从而语篇的意向性也更为明确。

例 7　年配送果蔬、水产品、肉类 60 万吨的现代物流中心一个，占地 460 亩。内设支线火车货运站一个，占地 2000m² 的天棚堆货场 30 个，调控控制中心、电脑网络控制中心一个，长途大型汽运车队一个，1200³ 保鲜库房 20 间，制冰车间 2 个。

译文：A 460 mu modern logistics center with annual distribution of

---

① 杨家勤、张允：《句际关系视角下主位推进模式的语篇建构功能》，《北京第二外国语学院学报》2010 年第 6 期，第 38—44 页。

600,000 tons of fruits and vegetables, aquatic products and meat. Equipped with a branch line train freight station, 30 ceiling heap freight yards covering 2000 square meters, a scheduling control center, a computer network control center, a long – distance large automotive team, 20 preservation of the treasury occupied 1200 square meters, and 2 ice – making workshops.①

改译：A 30.7 – hectare modern logistics center with annual distribution capacity of 600000 tons of fruits and vegetables, aquatic products and meat is to be constructed. The logistics center is to be equipped with a branch line freight – train station, 30 freight yards covering 2000 square meters, a control center, a computer terminal, a large long – distance truck team, 20 freezers measuring 1200 square meters, and 2 ice – making workshops.

例8　建设标准化食用菌生产车间及办公用房设施73500²；购置安装生产线机械设备；购买产品运输冷藏车辆5—10辆。年生产食用菌（真姬菇）1000吨。

译文：To construct 73500 square meters standardization mushroom production workshop and office space; to purchase and install processing line machinery and equipment; to purchase 5 – 10 refrigerated vehicles. Annual mushroom (marmoreus) output is to be 1000 tons.

改译：A standard mushroom production workshop and office space with an area of 73500 square meters are to be constructed; processing line machinery, equipment and 5 – 10 refrigerated vehicles are to be purchased and installed. Annual mushroom (hypsizygus marmoreus) output is to target at 1000 tons.

（二）简洁性与语篇信息调控

在乔姆斯基（Chomsky）生成语法的"最简方案"（minimalist program）中经济原则倍受推崇，被视为普遍语法的核心内容之一。马丁

---

① 作为本节语料的招商项目书收集于2014年在厦门召开的第十八届98中国国际投资贸易洽谈会。其中例7、8、11、12摘自《投资福建现代农业》（福建省农业厅编写），例9、10、13摘自《投资福建》（福建省商务厅编写），例14摘自《2014—2015浦东新区投资指南》（上海市浦东新区商务委员会编写），例15摘自《温州市外商投资合作项目汇编》（温州市人民政府编写），文中恕不逐一列出出处。

内特（Martinet）① 认为语言经济的两个基本要素就是省力原则和交际需要。按照他的观点，一方面，说话人需要传递足够的信息以期实现某种交际目的；另一方面，又力图尽量减少脑力和体力的消耗，从而达到最省力的目的。将省力原则率先应用于当代语用学研究的当属美国语用学家劳伦斯·霍恩（Laurence Horn）。在齐夫（Zipf）的省力原则与格雷斯（Grice）的会话准则的基础上，霍恩于1984年提出了以两个原则为导向的语言经济原则：基于听话人的质量原则和基于说话人的关系原则，两者之间相辅相成，互为补充②。前者称为听话人省力原则，后者则为说话人省力原则。例9的画线部分属于对某一招商项目进行评述的评价性信息，旨在感召读者，显然体现了中文招商项目书撰写者的强烈个人观点，在中国商务文化语境中的中国读者往往认同这种表述方式。然而英语招商项目书注重信息的客观传递，不含评价性的语言。如果将例9的画线部分全部翻译成英语将成为冗余的信息，似乎有影响招商项目书的客观性之嫌，其结果可能适得其反，建议删除。原译文虽然忠实地将原文予以再现，然而其译文显然违反了语言认知经济原则，因此在英语译文中删除了下划线部分的内容。第四行的Relying on the port, the development zone neighbors the int'l airport and enjoys convenient traffic conditions 也存在信息的冗余问题，将其改译为 Adjacent to Fuzhou port and international airport, it boasts convenient traffic conditions。原译文120字，修改后的译文为73字。

例9　该项目对环境无任何污染危害，市场广阔，具有可持续发展性，将极大地促进我市汽车市场的发展，将为经济建设、转型跨越发展作出卓越的贡献。开发区依托港口，紧邻国际空港，交通便利。目前已有福特汽车、丰田汽车、东风本田、广州本田、雷克萨斯等汽车4S店，有一定的产业规模，是福州汽车消费市场的重要组成部分。我区希望通过招商进一步做大汽车销售规模，成为福州精品汽车市场的销售中心。

译文：The project bears no pollution to the environment and features

---

① André Martinet, *A Functional View of Language*, Oxford: Oxford University Press, 1962, p. 139.

② 姜望琪：《Zipf与省力原则》，《同济大学学报》（社会科学版）2005年第1期，第91页。

第五章　多维视域下城市形象建构与外宣翻译

great market expectation, thus guaranteeing sustainable development <u>and hopefully promoting the development of auto market in the development zone and contributing remakably to economic building, transformation and leaping development.</u> Relying on the port, the development zone neighbors the int'l airport and enjoys convenient traffic conditions. There're already automobile 4S stores for Ford, Toyota, Dongfeng Honda, Guangzhou Honda and Lexus in the zone, holding a certain industry scale, <u>thus making an important part of Fuzhou auto consumer market</u>. Our development zone intends to enlarge the scale of auto consumption by inviting more investment, so as to make a sale centre of quality auto market in Fuzhou.

改译：As an environment – friendly project, it enjoys great market expectation, thus guaranteeing its sustainable development. Adjacent to Fuzhou port and international airport it boasts convenient traffic conditions. The existing automobile 4S stores with considerable industry scale here are Ford, Toyota, Dongfeng Honda, Guangzhou Honda and Lexus. Our development zone intends to enlarge the scale of auto consumption by inviting more investment, so as to establish a sale center of quality auto market in Fuzhou.

（三）文化规约与语篇信息调控

文化规约指某一社会特定的文化规范和习俗，包括历史价值、价值取向、文化意识、传统继承、宗教信仰、风俗习惯、思维方式等要素。文化"传真"乃是文化翻译的基本原则，要求目的语基于文化的视角准确地再现原语意欲传递的意义、方式及风格[1]。换言之，就是在目的语中再现原语的"形""神"，实现功能对等。语言与文化息息相关，蕴含着丰富的文化内涵，并受文化的制约。"一线放宽、二线管住"属于商务活动中特有的文化专有项目，若不加解释，会导致潜在投资者理解上的困惑，影响招商项目的开展。原译文仅按字面予以翻译，导致潜在的投资者对该文化专有项目的具体内容不得而知，因此某种程度上影响了商务文化的传播效应。改译后的译文添加了圆括号，对其具体含义予以阐释，从而促进了商务文化信息的双向交流。一旦消除了文化障

---

[1]　谢建平：《文化翻译与文化"传真"》，《中国翻译》2001年第5期，第19—22页。

碍，对目的语读者而言语篇的可接受性和意向性无疑得以增强。所谓"一线放宽"，就是将平潭与境外的口岸设定为"一线"管理。包括：对出入境人员和交通运输工具以及货物等出入境边防检查、检疫；所谓"二线管住"，即是将平潭与内地之间设定为"二线管理"，包括对货物的报关等查验监管。按照这一模式，平潭进口货物在"二线"，出口货物在"一线"执行贸易管制政策，这较目前海关特殊监管区域不论进出口均在二线执行贸易管制政策有了大的突破。虽然世界各国都对重点发展的产业以及其他一些弱势企业采取扶持的政策，给予提供贷款和税收方面的优惠，政府予以财政补贴，这些做法均是各国商务文化中一项重要内容，然而往往也成为日后国际贸易纠纷的理由，所以我们认为例11在招商引资项目书上公开承认某一项目得到政府的政策倾斜是不妥的，应该坚持内外有别的原则，因此在译文中删除了中文下划线部分的内容。反补贴调查使中国面临的国际贸易争端由单一的反倾销手段发展到反倾销与反补贴合并进行的趋势，往往涉及一国政府的宏观经济调控手段，致使国际贸易摩擦中出现体制性摩擦[①]。

例 10　按照既有利于平潭开发和人员、货物、交通运输工具进出方便，又有利于加强查验监管的原则，实施<u>"一线"放宽、"二线"管住</u>、人货分离、分类管理的管理模式。

译文：Carry out the management mode of "frontline supervision deregulation", control of second – line supervision, and passenger – freight separation, and classified management according to the principle of promoting Pingtan development, and convenient passage of personnel, goods and means of transportation, and strengthening inspection and supervision.

改译：The following management mode is to be implemented: "frontline supervision deregulation" (i. e. simplify the entry formalities of personnel, vehicles and accompanied goods outside Chinese mainland), control of second – line supervision (i. e. the supervision of customs clearance from other areas of Chinese mainland), passenger – freight separation and classified

---

① 党伟：《反补贴调查：从贸易摩擦到体制性摩擦》，《大连海事大学学报》（社会科学版）2009 年第 2 期，第 48—51 页。

management according to the principle of promoting Pingtan's development, facilitating the flow of personnel, goods and means of transportation as well as strengthening inspection and supervision.

例11　上杭县是国家现代农业示范区，食用菌是现代农业重点发展产业之一，<u>项目符合国家产业发展政策</u>，市场前景广阔；食用菌工厂化生产技术条件十分成熟；项目点交通便利，有利于项目实施；<u>项目实施有充分政策保障</u>。

译文：Mushroom is one of the key development industries of modern agriculture, and Shanghang County belongs to national modern agricultural demonstration zones, <u>so the project is in line with national industrial development policies</u>, has a bright market prospects; mushroom factory production technology is very mature; the product site has convenient traffic for the project implementation, <u>which has adequate policy support.</u>

改译：As a national modern agricultural demonstration zone Shanghang County attaches great importance to its mushroom project development. Mushroom is one of the key development industries of modern agriculture, consequently the project enjoys a bright market prospect. Furthermore, mushroom's factory production technology has reached a mature stage and the project's convenient traffic condition will facilitate its implementation as well.

（四）衔接连贯与语篇信息调控

衔接可以分为区域纽带（local ties）和整体纽带（integral ties）[①]。前者是语篇句子之间或部分之间的连接，后者则是语篇整体的部分之间或局部与整体的联系。区域纽带的作用是组成较大的语义板块；而整体纽带的作用是把这些小部分与整体联成一体，使其成为整体不可分割的一部分。语篇的连贯具有多维性的特征，体现于语义层面、语用层面和语篇交际双方的心理互动三个层面[②]。例12 的原译文由于连接词的缺失导致其语篇连贯性无法生成。在改译的译文中添加了连接词 for 描述

[①] 张德禄：《衔接力与语篇连贯的程度》，《外语与外语教学》2001 年第 1 期，第 9—15 页。

[②] 张敬：《语篇连贯与翻译》，《中国科技翻译》2010 年第 2 期，第 26—29 页。

其茶园有较大规模的原因,还增加了连接词 that 解释具体的原因,此外还运用了连接词 which,as,增强了其语篇的连贯性,此外,将亩转换为西方通用的公顷(1 公顷相当于 15 亩)。例 13 的原译文也存在相似问题,使其语篇连贯性无法很好地实现。原译文第一句与第二句之间隐含因果关系,在改译的译文中添加了连接词 thus;原译文的第三句说明了更多的有利条件,体现了递进的关系,在改译的译文中添加了连接词 in addition;而原译文的最后一句列举了更多的立项条件,在改译的译文中添加了连接词 likewise(同样地),同时在动词 help 和 provide 之前添加了连接词 not only 和 but also。这些连接词的添加使得语篇的逻辑性更加清晰,其语篇的衔接性与连贯性得以改观。同时原译文也存在其他问题,第一句显然是按原文的字面意义予以翻译,受到中文句式与表达方式的影响,short hills 是 low hills 之误。改译后的译文将 the rear land area 改译为 hinterland,将原译文的 is open 改译为 spacious,置于 hinterland 之前,将原译文的 contains 改译为 is dominated by,使得该句的译文更为简洁。

例 12 政和县茶园 8 万亩,产量 8 千吨,海拔 200—1000 米的丘陵山坡有利于茶树生长发育。全县无公害茶园占茶园总面积的 95%,有近 3 万亩茶园通过绿色食品等质量认证。政和工夫是"闽红"三大工夫红茶之一,有 150 年生产历史。承办公司拥有茶叶种植、生产、加工、销售、科研、茶叶检测于一身的传统"政和工夫"红茶种植和加工历史。

译文:Tea plantation covers an area of 80,000 mu, with the annual output of 8000 tons of tea, grown in 200 – 1000 meters above sea level on the hilly slopes, the unique climate provides ideal environment for the production and development of tea trees. Pollution – free tea plantation of the county accounted for 95% of the total area of tea plantations. Nearly 30,000 mu of tea plantations have obtained standardized planting demonstration certification or green certification. Zhenghe unshredded black tea is one of the three Gongfu teas in Fujian, having more than 150 years of production. The contractor company has traditional Zhenghe Gongfu black tea planting and processing base of tea cultivation, production, processing, marketing, research, tea detected in one.

改译：Covering an area of 533. 3 hectares the tea plantations in Zhenghe County boast an annual output of 8000 tons, for the reason that the hilly slopes 200 – 1000 meters above sea level are suitable for tea growth. Pollution-free tea plantations of the county account for 95% of its total tea plantations, among which 2000 – hectare tea plantations have obtained green certification. As one of three main black tea varieties in Fujian Province, Zhenghe Gongfu tea enjoys a production history of more than 150 years. The current project undertaker has gained rich experience in the tea cultivation, processing, production, marketing, test and research of Zhenghe Gongfu black tea.

例13　秀屿港区后方陆域开阔，多为矮丘和红土台地，工程地质基础好，承载力高，可满足大型港口机械和船舶修造工业用地的要求。项目选址不仅临港，便于原材料和产成品的运输，而且靠近钢铁基地和原有的机械制造园区，原料易得，工业基础好。

译文：the rear land area of Xiuyu Harbor District is open and mainly contains short hills and red clay platform. It provides a good geological condition for projects and has a great carrying capacity. The project's location is close to port, which is convenient for the transportation of raw materials and finished products. And it is also close to steel and iron production base and original mechanical manufacturing parks, which helps acquire raw materials and provides a good industrial foundation.

改译：The spacious hinterland of Xiuyu Harbor is dominated by low hills and red clay, thus it provides a good geological condition for the project and ensures a great carrying capacity. In addition, the project is adjacent to port, which facilitates the transportation of raw materials and finished products. Likewise, it is close to steel and iron production base and original mechanical manufacturing parks, which not only helps acquire raw materials and but also provides a good industrial foundation.

（五）语体风格与语篇信息调控

美国语言学家马丁·朱斯（Martin Joos）将语体归纳为五类：熟近（intimate）、随便（casual）、商榷（consulative）、正式（formal）和僵

化（frozen）[①]。语篇分析显示招商项目书属于正式文体，语体庄重，主要体现在正式词汇和句子结构的应用。连接词和被动语态的广泛应用是庄重句式的其中一个标志，而口语体往往用词不够正式，连接词的缺失导致句法结构松散，口语体中也常见句子的片段。在翻译中将其庄重语体予以再现也是招商项目书翻译的一个重要因素，否则势必影响招商项目书的传播效应，无法取得预期的招商效果。例14原译文的第一句为主动句，改译的译文将其改为被动句，从而使招商引资项目书的陈述更加客观，因而更具有传播效力。原译文画线部分的语言显然不够正式，在改译的译文中分别将其翻译为 previous, undergo, nevertheless, currently, requires，使其语体更加庄重与正式，符合具体的商务语境，即商务语篇的情景性。其语言规范性的改进在某种程度上增强了语篇的信息性与可接受性，更好地体现招商引资项目管理机构的权威性和招商引资项目的严肃性，语篇的意向性从而得以更好地传递。原译文还存在一处语法错误，has shorten 应该修改为 has been shortened，其主动语态也变成被动语态，显得更为客观。例15原译文中两个人称代词 wei 的使用致使其语体不够正式与庄重，在改译的译文中将其翻译为被动语态 this project is to be established…approvals are to be accomplished…, application reports are to be submitted…原译文中连接词 while 使用不当，在改译的译文中将其删除并将句子改为被动语态 this project will be launched…，这些改译彰显了其语言表述的客观性与文体的庄重性。

例14 外资审批在全国率先试行"告知承诺与形式审查"。已经实行了30多年的外资投资市场审批制度变为告知承诺制，审批方式由实质审批改变为格式审批。外商投资管理体制改革后，外资项目（包括设立和变更项目）批准时间从原来4个工作日缩短到2个工作日，比国家法定审批时间（20个工作日）缩短90%，在目前浦东新区对外承诺的4个工作日的基础上再缩短50%。

译文：Pudong is the first place in China to adopt "inform – and – pledge" and "formal review". In the past 30 years, foreign capital had to

---

① 唐述宗：《语体、语域与翻译——英汉翻译风格纵横谈》，《外语与外语教学》2002年第6期，第34—39页。

go through an examination and approval process to enter Chinese market. But now, it only needs to pass a formal review, instead of content review, so that approval time for establishment and modification of foreign – invested projects has shorten from 4 to merely 2 workdays, which is 50% shorter than it used to be, and 90% shorter than statutory time (20 workdays).

改译:"Inform – and – pledge" and "formal review" methods are initiated by Pudong in China. Within the previous 30 years, foreign capital had to undergo an examination and approval process prior to its entry into Chinese market. Nevertheless, currently it only requires to pass a formal review, instead of content review, so that approval time for establishment and modification of foreign – invested projects has been shortened from 4 to merely 2 workdays, which is 50% shorter than it used to be, and 90% shorter than statutory time (20 workdays).

例15 选取乐清湾北港区,计划于2014年第三季度完成环评、海域、用地、水保、通航等十余个前期专项审批,并上报审批项目申请报告,2015年开工建设,2018年建成投产。

译文:We choose to establish this project in the north harbor district of Yueqing Bay and intend to accomplish a dozen of preliminary special approvals before the third quarter of 2014, including EIA, maritime space, land needed, soil and water conservation, navigation and air traffic. Besides, we shall submit application reports to obtain examination and approval. In 2015, this project shall start construction while it shall be constructed and put into operation in 2018.

改译:This project is to be established in the north harbor district of Yueqing Bay and a dozen of preliminary special approvals are to be accomplished before the third quarter of 2014, including EIA, maritime space, land needed, soil and water conservation, navigation and air traffic. Besides, application reports are to be submitted to access examination and approval. This project will be launched in 2015 and put into operation in 2018.

小 结

城市形象是国家形象、区域形象和地方政府形象极为重要的一个组成部分。本章首先在多维视域下探析了城市形象的界定与分类,从硬实力、软实力、议题设置和新媒体视角探讨了城市形象的生成机制。

作为城市传播不可或缺一部分的城市外宣翻译无疑是城市软实力建构的一个重要环节。平行文本为比较语篇语言学的一个常用术语,然而翻译界对平行文本的界定各不相同。本章回顾了平行文本理论,分析了城市软实力的内涵,并对中美10个城市的外宣文本进行了比较与分析,选取了西雅图、南京和福州三个城市介绍历史人物、城市概况和城市精神的并列平行文本作为语料,基于平行文本理论对外宣文本的语篇思维模式、语言表述方式和语言审美习惯进行比较,探析了城市外宣文本的翻译策略,建设性地提出了语篇模式、语言表述和语言审美的转换模式。

城市外宣招商项目书的翻译质量不容乐观,涉及语篇建构、语言表述、文化差异、衔接连贯、语体风格等各种因素。其翻译质量的优劣不但与企业自身形象的建构紧密相连,甚至与一个城市、地方政府乃至整个国家的形象建构息息相关。因此招商项目书翻译的规范是外宣翻译的一项重要任务。相对于其他语篇,招商引资项目书篇幅较小,但仍然是具有完整语篇功能的文本。本章基于语篇分析理论分析了招商项目书的语篇特征,从语篇的主位推进、语言简洁性、文化规约、衔接连贯和语体风格几个层面探析了招商项目书的翻译策略,旨在为招商引资项目书的翻译提供一定的参考框架。

第六章　多维视域下大学形象建构与外宣翻译

第一节　多维视域下高校形象的界定与分类

正如城市形象一样，高校形象也是国家形象、区域形象和地方政府形象极为重要的一个组成部分。高校形象是高校内在精神和外在特征在社会公众心目中的总体印象，它综合反映了高校的管理水平、学科建设、教学质量、教师素质、科研实力、社会评价、校园外观的美誉度和校园文化等诸多方面的因素。大学形象是一个含义丰富的复杂概念，著述者们从不同的视角予以界定与分类。所谓的大学形象，特指在媒体中所呈现的大学教师、学生和大学管理体制方面的形象，我们把对这种对形象的具体描述区分为三种类型加以总结：负面、中性和正面[1]。大学形象作为公众对某所大学的客观评判，最引人关注的还是学校的教学质量、科研水平、办学实力、办学效益与知名学者等客观事实本身。公众对某所大学的形象评价与反馈本身实乃一中介显示器，作为一种社会舆论与综合评判，是对大学的一种折射[2]。大学形象是社会与公众对大学的总体印象和认知，是大学整体状况的综合反映；大学形象是大学精神的外在表现，是一所大学在创建、发展过程中逐步积淀下来的、凝结了在一所大学名称中的、跨越时间和空间的全部表现和特征，体现了社会公众对大学的认可程度[3]。王鲁捷、高小泽等对高校形象进行了详细的

---

[1]　金兼斌：《大众传媒中的大学形象》，《国际新闻界》2006年第2期，第28页。
[2]　王全林：《大学形象的实质及其建构原则》，《上海大学学报》（社会科学版）2002年第1期，第102页。
[3]　刘潮临：《论大学形象》，《湖北社会科学》2003年第10期，第76页。

阐述，将其分为实体形象和精神形象①。实体形象由物力形象（基础设施建设、教学科研建设和办学规模）、人力形象（领导综合素质、教师综合素质、学生综合素质）和教学科研实力（重点学科建设、教学水平、科研水平）组成；精神形象由文化形象（校园文化、人文素质、制度文化、行为文化）和声誉形象（社会声誉、学术声誉）组成。

综上所述，中国学者们从不同视角对大学形象进行界定，其侧重点各不相同。然而我们对参考文献的观察与分析表明，大部分学者倾向于认为高校形象是社会公众对高校所蕴含的内在精神和外显的外在特征的总体印象的评判，体现了社会与公众对一所高校整体水平的认可程度。概括而言，我们所感知的高校形象是由"形"与"神"两个层面构成的。高校形象的"形"即人们对某一高校的外观形象的感性认识，往往以显性的物质形态予以体现，如校名校门、学校标识物、校园风物、校舍建筑、教学设施、典礼仪式等；而高校形象之"神"更侧重人们对高校的理性认识，乃是对高校的外观感性认识的升华，体现了高校蕴含的精神力量与凝聚力，如高校办学理念、校风学风、学科定位、学术气氛、校园文化等。

第二节　多维视域下高校形象的生成机制

一　CIS 理论视野下高校形象建构

借鉴企业识别（Corporate Identity）理论，结合高校的特点，高校形象设计可以分为三大部分，即高校理念识别系统、高校行为识别系统和高校多传媒识别系统②。其中高校理念是该形象设计的核心，然而它不能直接转化为学校形象，必须借助行为识别系统展示学校形象，通过多模态传播媒介使学校的正面形象得以传播并发扬光大。根据该理论，高等学校形象设计由三部分组成：一是 MI（Mind Identity）理念识别系统，包括高校精神特征和校园文明系统，二是 BI（Behavior Identity）

---

① 王鲁捷、高小泽、汤云刚：《高校形象评价指标体系研究》，《中国高教研究》2007年第3期，第78页。

② 金艾裙：《高校形象的设计与传播》，《高等农业教育》2002年第6期，第36页。

行为识别系统，涵盖高校所有规章制度及其管理运作体系；三是 VI（Visual Identity）视觉识别系统，指的是高校外观形象系统[①]。其中理念识别系统为核心内容，行为识别系统是保障高校良好形象运行的行为框架，视觉识别系统是学校形象个性化、差异性的体现，有助于社会公众对其形象认知的建构，加深其印象，可以发挥提升形象、提高知名度的作用。

（一）高校理念识别系统的构建

高校理念识别系统（MI）是高校形象设计的核心部分，理念识别系统不仅仅是一个理念，更是一个系统的建构，将发展战略、校园精神、校风校训等一系列内容有机地融合在一起。其主要指学校的办学理念、发展战略、指导思想、学校精神、核心口号、校风等，如清华大学"自强不息，厚德载物"的校训和"行胜于言"的校风，厦门大学"自强不息，止于至善"，浙江大学"求是创新"，复旦大学"博学而笃志，切问而近思"，武汉大学"自强弘毅求是拓新"，南京大学"诚朴雄伟，励学敦行"等校训，在精神层面上系统地阐述了各个高校的理念。由于各个高校的发展水平不同，各校的理念识别系统也各不相同，体现了差异性与个性化的原则，有助于各个高校个性化发展战略的建构。

（二）高校行为识别系统的构建

学校形象战略成败的关键乃是将高校的理念具体化为可操作性的行为，将其付诸实施并检验其合理性和有效性。行为识别系统以高校的办学理念为指导方针，包括组织制度建构、人力资源管理、教学管理、学科建设、科学研究、对外联络和交流合作等。教学与科研是高校行为识别系统的两个核心要素，它们之间存在相辅相成的关系，而培养高素质人才始终是贯彻高校形象战略的关键。当然，高校以各种方式融入社会，利用自身优势奉献社会、服务社区，促进社会发展是高校形象在公众中最直接的表现。学校行为识别体系基本上由六个层面组成：管理决策、教学管理、科学研究、公关宣传、交流合作、学校行为主体形象（学生形象策划、教师形象策划和管理者形象策划）。

---

① 杨桥：《论高等学校形象设计》，《高教探索》2001 年第 1 期，第 61—62 页。

（三）多模态视野下的高校形象传播策略

形象传播，是某个组织形象的主体整合和策划其形象的各种要素，以语言模态（如语言、文字）和非语言模态（如图像）的各种形式在媒体上进行传播的过程。大学形象传播是以大学和媒体为主要载体，以涉及大学形象的信息为传播内容，以大众作为信息的接收者，以巩固和提升大学形象为目的的传播过程[①]。高校外在的显性特征和深层次的校园精神无法直接转化为高校形象，需要借助一定的传播媒介才有可能建构正面的形象。传播可通过多种媒介得以实现，如文本传播、视觉传播、听觉传播以及网络传播等。通过文本、视听、网络等多模态的传播形式将学校的办学理念、校园精神、学科发展、管理模式等抽象概念具体化为语言符号、视觉图像和实物，以有形的方式展示在公众面前，形成组织化、系统化、标准化和个性化的传媒方案，这些媒介是高校理念表达的重要载体，是高校个性的重要表现，能以最快的速度、最便捷的方式传播高校的理念和行为，从而塑造高校的良好形象。

1. 语言模态

传统意义上的语言文本仅包括由各类出版社以及其他途径出版的正式或非正式文本，如今的语言文本还包括网站上以文字体现的各种外宣文本。由于语言文本具有一定的正式性、层次性与逻辑性，所以是高校形象的最好表现形式之一。语言文本主要包括校史校志、科研成果汇编、校庆专刊、招生简章等。"走进北大""走进清华""走进复旦""走进南大""走进武大""走进中大"等系列丛书的出版与发行将以上各高校的历史沿革、发展风貌、校园精神、教学成果和科研实力等展现在公众面前，在公众心目中留下了难以磨灭的印象。作为新媒体形式的微博和微信所开创的"关注"机制为高校形象的建构开辟了崭新的渠道，拓宽了传播主体的范围，发挥了重要的传播作用。各大高校纷纷开通官方微博和微信，重视校园重要信息和动态的发展状况，及时将校园里的重要或新鲜事件第一时间发布在微博和微信上，调动起广大师生对于校园新闻的关注，增强校园内部凝聚力和向心力，开展积极有效的对内形象传播，掌握舆论引导的主动权；在做好形象传播的同时也要做

---

① 孙瑗：《我国大学形象的重塑与传播》，《高教探索》2010年第5期，第76页。

好舆论监控,引导言论趋向健康的方向发展,建构正面的外部形象。

2. 非语言模态

克瑞斯和范利文（Kress, G. & Van Leeuwen T.）研究了模态与媒体的关系,从多视角系统性地探析了意义表达的多模态现象,包括视觉图像、颜色语法以及报纸的版面设计和不同媒介的作用等[1][2][3]。模态的"感官"说是指人具有五种感官,也即五种模态,分别是视觉模态（visual modality）、听觉模态（auditive modality）、触觉模态（tactile modality）、嗅觉模态（olfactory modality）和味觉模态（gustatory modality）[4]。多模态话语指运用听觉、视觉、触觉等多种感觉,通过语言、图像、声音、动作等多种手段和符号资源进行交际的现象[5]。在这一定义中除了语言其他的交际途径均为非语言模态。如今的高校都建立了自己的门户网站,通过声、文、图、形、数等多种媒体形式向公众展现学校的发展战略、办学理念、教学科研成果、校园文化、校园精神,以网络传播方式突出学校的个性特征。相对于传统的形象传播,大学门户网站的校园新闻网以其高时效、开放性迅速占据高校形象传播的主流地位,成为广大师生和社会各界了解高校发展动态的重要窗口,因此,校园新闻网能够全方位多层次地展现高校师生的精神风貌。

二 危机管理视野下的高校形象建构

一旦发生负面事件,对危机及时与有效的管理也是建构正面的高校形象其中一个关键因素。一般而言,危机管理涉及的是危机策略的设计、危机管理小组的建立、环境监测、应急性的对策以及与特定危机有关的管理措施,注重危机管理策略建构的过程,旨在解决危机,促使组

---

[1] Gunther Kress and Theo Van Leeuwen, *Reading Images: The Grammar of Visual Design*, London: Routledge, 1996.

[2] Gunther Kress and Theo Van Leeuwen, *Multimodal Discourse: The Modes and Media of Contemporary Communication*, London: Arnold, 2001.

[3] Gunther Kress, *Literacy in the New Media Age*, London: Routledge, 2003.

[4] 曾方本:《多模态符号整合后语篇意义的嬗变与调控——兼论从语言语篇分析到多模态语篇分析转向时期的若干问题》,《外语教学》2009 年第 6 期,第 29 页。

[5] 张德禄:《多模态话语分析综合理论框架探索》,《中国外语》2009 年第 1 期,第 24 页。

织回归正常状态，修补损害……①芬克（Fink）②基于病理学的视角率先提出危机生命周期理论，将危机划分为潜伏期、爆发期、善后期、解决期，提供了一个全面的危机解决过程。周榕③认为具有不同层面的危机：个人、企业或不同规模的组织均可能发生危机；若将危机界定为一个或多个事件，危机的治理是以事件应对和冲突调节为目标，若将危机理解为一种状态，其目标就是状态的修复和系统的重建。贝诺特（Benoit）④的"形象修复"理论注重组织在危机发生时的言论，提出五种形象修复策略：拒绝承认、规避责任、避重就轻、纠正错误和深表歉意。一旦发生负面事件，大学管理层希望尽量了解公众在危机爆发后的需求，采取一切必要措施予以补偿，同时希望新闻媒介的议程设置将正面信息的传递保持在恰当的比例，引导公众对危机的合理认识，努力协调社会各方面力量提供的危机救急资源，进一步促进危机的平息。

第三节　传播视野下的外宣翻译与高校形象建构

拉斯韦尔5W传播系统中的每一个环节都相辅相成、相互作用，而各种因素的变化也必然影响这个系统的建构，导致噪音的生成。拉斯韦尔传播学模式堪称传播学发展史上的经典模式，然而该模式未论及受众的反馈渠道，因此是一种直线模式。后来施拉姆和德弗勒提出了一个新的循环互动模式，包含信源、信道、信宿、讯息、编码者、解码者、反馈和噪音八个基本要素⑤。整个外宣翻译过程就是在一定目的和翻译理论的指导下，将传播中的八个基本要素纳入视野，正确处理原语作者、原语文本、译者、目的语文本和目的语读者的五元关系，克服噪音干

---

① Sally J. Ray, *Strategic Communication in Crisis Management: Lessons from the Airline Industry*, Westport, CT: Quorum Books, 1999, pp. 19–20.

② Steven Fink, *Crisis Management: Planning for the Inevitable*, Newark NJ: Amacom, 1986.

③ 周榕：《中国公共危机传播中的媒介角色研究》，华中科技大学出版社2014年版，第16页。

④ William L. Benoit, *Apologies, Excuse, and Accounts: A Theory of Image Restoration Discourse*, NY: State University of New York Press, 1996.

⑤ 郭庆光：《传播学教程》，中国人民大学出版社1999年版。

扰，尽量客观地传递信息，达到传播效果。由于传播过程中各种噪音的干扰，外宣翻译的可读性和传播效果深受影响。在整个传播过程中始终存在噪音，所涉及的噪音主要有物理噪音、语言噪音、语用噪音、文化噪音、心理噪音、审美噪音、修辞噪音，等等，这些噪音导致译文信息传输的不确定性并产生信息的冗余、流失、偏差和失真。物理噪音是指排版欠佳、网速缓慢、图像模糊等问题。词汇空缺、文化缺省、心理期待、审美差异等是导致后几种噪音的原因。功能翻译理论将翻译错误归结为四类：语用翻译错误、文化翻译错误、语言翻译错误、特定文本翻译错误①。从传播学的视角予以审视，无疑属于语用噪音、文化噪音、语言噪音和其他噪音。语用翻译错误源于缺乏以接受者为中心的意识，未能适当地解决语用问题；文化翻译错误是由于译者在再现或改写特定文化规约时决策不当引起的；语言翻译差错主要是语言结构的处理不当导致的；特定文本翻译错误都可以基于功能或语用学的角度进行评价。引起语用失误的原因主要可以归结为两种：一种通常是由于外语学习者运用的目的语不符合其语言表达习惯或套用母语的表达方式而引起的；另一种是由于不了解或忽略交际双方的社会、文化背景而引起的；违背西方受众接受习惯主要是忽视了西方受众的期待视野，即语言习惯、文化心理、审美情趣等诸多因素。

  作为传播主体的传播者肩负收集、分类、筛选、加工以及向目的语读者传递信息的任务。大学门户网站英文网页的译者肩负着双重身份的重任，既是原语文本（中文）的接受者（信宿），同时又是目的语文本（英语）的创造者，建构了新的信源。作为译者其首要任务就是了解大学管理层、原语文本作者以及网站编辑的传播意图，为潜在的英文网站浏览者创建新的信息。在这个传播过程中，传播者对信息的编码和目标受众对信息的解码必定会受到语言噪音、文化噪音以及其他噪音的影响。大学门户网站英文网页的潜在传播对象是以英语为传播途径的目的语读者，包括普通读者、外国学者以及有意来华继续深造的留学生，他们是信息传递的目标受众。他们所在国家的原语文化背景、对中国文化

---

① Christiane Nord, *Translating as a Purposeful Activity – Functionalist Approaches Explained*, Shanghai: Shanghai Foreign Language Education Press, 2002, pp. 75–76.

的了解以及个人教育程度等诸多因素都将影响到他们对英文网页所传递信息的理解和接受。讯息的传播过程乃是信息的成功传递与共享。大学门户网站中文网页主要针对以中文为传播途径的读者设计的,内容丰富,符合其语言与文化审美习惯。然而英文网页的编译不宜照搬中文网页的内容,主要有两个层面的原因:其一,潜在的目的读者只会关注他们感兴趣的内容,如果信息太繁杂,势必超出他们的期待视野;其二,很多富有中国特色的文化内容蕴含深刻的文化寓意,如果不对其阐释,可能导致文化误读,其传播效果将被削弱。最后基于传播渠道,网络传播往往以多模态和数字技术为载体,借助文本、图片、音频、视频等形式予以传递,因此具有动态性、容易保存等特点。英文网页的翻译还可以使用超链接技术阐释承载浓厚文化特色的文字,以弥补文化缺省。

伯克(Burke)的认同理论可以很好地阐释信息传播的效应。他认为,通过交际人们增加了认同感。随着认同感的"螺旋式"上升,人们认同更多的意义,因此改善了互相之间的理解。认同可以说是一种说服和有效交际的方法。换言之,在信息的传播过程中噪音越少,认同越多,往往能够取得满意的传播效应。在高校外宣翻译的活动中我们应该以各种不同的方式减少语言与文化等各种噪音,取得目的语读者的认同,从而赢得较好的传播效果。认同可以是有意或者无意的,事先安排好的或者偶然发生的。取得认同主要有三个基本方式:一种是共同的利益认同(identification by joint interests),即强调共同的利益以建构话语发出者与接收者的亲密联系,从而实现说服效果;第二种是对立认同(identifieation by antithesis),即几个对立的实体面对共同的敌人而求同存异,共同御敌,建构认同;第三种是无意识认同(identification at an unconscious level),即在潜意识的状态下实现认同[1][2]。由于最后一种认同是在无意识的情况下实现的,所以被认为是最强有力的认同。

---

[1] Sonja K. Foss et al, *Contemporary Perspectives on Rhetoric*, Long Grove, Illinois: Waverland Press, Inc., 2002, pp. 192–193.

[2] 陈小慰:《翻译研究的新修辞视角》,博士学位论文,福建师范大学,2011年,第72—73页。

第四节　语篇分析视域下高校简介对比与翻译

中国高校门户网站英文版的大学简介有助于外国读者、学者与留学生了解该校的有关情况，对促进不同高校之间的交流与合作发挥了举足轻重的作用。截至 2015 年 1 月 30 日，关键词"高校网页翻译"中国知网期刊模糊检索结果为 32 项。检索结果显示学者们主要从功能翻译理论（或称目的论）对该论题展开研究，占了 20 余篇，其余学者从错误调查、传播学、变译理论、跨文化交际、生态翻译学、文本类型理论、Google 辅助翻译流程设计、语料库方面探析该论题，论文各占 1 篇，在此不予赘述，亟待学者们继续拓宽其研究视野与理论深度。截至 2015 年 1 月 30 日，关键词"语篇分析与高校网页翻译"的中国知网期刊模糊检索未检索到任何结果。本节拟以中西各 10 个大学门户网站的大学英语简介作为语料，从其多模态与超文本语篇特征分析入手，基于语篇分析的视角对其语篇模式、情景语境和文化语境进行对比并探析其翻译策略。

一　高校英语简介的多模态与超文本语篇特征

中西大学门户网站的高校英语简介具有多模态与超文本语篇特征。其多模态主要包括诸如语言种类、字体、颜色等语言模态，也包括以图片、视频、音频等形式出现的非语言模态。作为意义载体的非语言模态与语言模态相辅相成，同样具有主题表现、信息传递、情感表述、意识形态体现等语篇建构功能。特德·纳尔逊（Ted Nelson）[1] 率先提出超文本（hypertext）的概念，认为以电子文本形式体现的超文本系统是指一种非连续性的文字信息呈现方式，它借助链接（Link）的作用致使非线性分布的结点（Node）上的信息相互贯通，形成相互关联的信息体系。超文本的结构宛如电子书，其互文性显而易见，即文本间的相互借鉴与关联，因此不存在文本的终极版本。它基于根目录结点，借助子目

---

[1] Ted Nelson, "A File Structure for the Complex, the Changing and the Indeterminate", *Proceedings of the ACM 20th National Conference*, New York: ACM Press, 1965, pp. 84 – 100.

录结点和页面结点以建立超文本的网络系统。目录层次乃是这一网络系统的关键，交叉链接为辅助功能，体现了内容布局的层次性，兼顾了文本的非线性特征。目录结点在这一网络系统中发挥了导航作用；页面结点的布局以时间和空间为导向，体现文本之间的相互联结。超文本的互文性使多个文本的联结得以实现，同时也使新文本的存在空间不断扩大，其存在形式也以多元化的形式呈现[1]。

二 语篇分析视角下中西高校英语简介的语篇对比与翻译

语篇基于明确的交际意向，围绕一个主题，借助某些约定俗成的规则构成一个结构完整、语义连贯、功能明确的信息载体。博格兰和德雷斯勒（Beaugrande & Dressler）[2] 认为语篇建构取决于七大要素：衔接性（cohesion）、连贯性（coherence）、意向性（intentionality）、可接受性（acceptability）、信息性（informativity）、情景性（situationality）和互文性（intertextuality）。中西大学门户网站的高校简介具有所有这些语篇特点。首先是它的信息性，为目的语读者提供该高校的历史、发展沿革、学校规模、专业设置、学科优势等有关信息。其意向性显而易见，旨在树立该大学的正面形象，构建其软实力，促使潜在的学生与访问学者前往该校学习与研究。因此具有感召力的语篇建构至关重要，往往依赖语篇的衔接性和连贯性。衔接就是借助词汇、语法手段致使语句互相连接，在语篇的表层得以体现。韩礼德和哈桑（Halliday & Hasan）[3] 将衔接手段归类为语法衔接和词汇衔接，前者涵盖连接、照应、替代和省略，后者包括同义、上义、下义、重复等因素。语篇的连贯是整个语段意义前后的一致，体现于贯穿始终的主题，由基本概念和次要概念构成[4]。连贯的语篇往往以贯通全篇的逻辑作为主线，使有关概念紧密相

---

[1] 王艳萍、贾德江：《超文本语篇与认知图式的耦合分析》，《湖南社会科学》2009年第4期，第152—155页。

[2] Robert de Beaugrande and Wolfgang U. Dressler, *Introduction to Text Linguistic*, London: Longman, 1981, p. 3.

[3] Michael A. K. Halliday and Ruqaiya Hasan, *Cohesion in English*, London: Longman, 1976.

[4] 胥瑾：《翻译与语篇分析》，《中国科技翻译》2004年第3期，第9—12页。

连以期建构时空顺序合乎逻辑、逻辑推理合乎情理的文本。语篇中句子间的逻辑关系往往借助连词予以表述，体现为不同的各种关系。高校简介的情景性指的是高校外宣文本的语境，通常指的是在大学门户网站使用的介绍某高校的宣传文本。其可接受性指的是高校外宣文本的语言表述习惯、文化传递方式、语言审美心理、语言风格与体裁等符合目的语读者的期待视野，从而实现情感共鸣。互文性是指每一个文本都不是孤立存在的语篇，都是基于对其他文本的吸收与借鉴，它们相互联结，彼此参照，形成一个开放的动态语篇。

与语言学翻译研究方法相比，语篇分析翻译研究方法迥然不同，其特点体现在三个层面。其一，前者主要关注词语与句子层面的翻译，而后者的着眼点则是整个语篇。其二，前者认为翻译对等仅仅局限于词、句层面上的对等，而后者关注语境、交际层面和语篇上的对等。交际层面指翻译过程中涉及的语场、语旨、语式等因素。其三，前者的研究对象仅涉及语言层面，而后者的研究对象除了涵盖语言的言内因素，还涉及情景语境、文化语境、社会语境和互文性等言外因素。

（一）语篇模式对比与翻译策略

中国高校的英文简介通常涵盖学校发展历史，大量统计数据的罗列大部分都安排在同一网页，致使该网页信息量严重过量，不仅拥挤不堪，不利于阅读，甚至会影响其美观性，并且，往往也无小标题标示，层次不够分明，从某种程度上容易造成视觉疲劳，可能失去潜在的读者。西方高校往往使用简洁的文字介绍该校的概况，设定了明显的标题，层次清晰，其余的信息经常以链接的方式予以设置。中国高校的英文简介与西方高校简介一样可以称为概括—具体的最常见的语篇模式，开头提出一个概括性的论点，然后以具体的论据对该论点予以论证，最后往往是总结性的语言。概括—具体的语篇模式符合人们从整体到部分的认知规律[①]。例1的剑桥大学简介仅有简短的152字，详细的校史包含在链接中，再细分为不同时期，每个时期的校史均有子目录链接，在History后有11个子目录链接Early records, The Medieval University,

---

① 赵小沛：《从语篇分析角度探析翻译》，《南京理工大学学报》（社会科学版）2007年第5期，第34—38页。

Moves to independence, The physical setting, Sixteenth century, The Georgian/Hanoverian University, Nineteenth and twentieth centuries, The University after 1945, 800th anniversary, The future, Timeline。虽然浙江大学的英语概况（about）也设置了 7 个子目录链接 Overview, A Message from the President, Facts & Statistics, ZJU's History, Administration, Visiting, Touring & Getting around Zhejiang University, Zhejiang University – Wide Publications（Journals）, Hangzhou, 总体设计较为合理，但 overview 的内容编排值得商榷。例 2 的浙江大学英语简介（overview）第一段落有 211 字，全篇 727 字，篇章第一段的主题为"浙江大学是一所历史悠久、久负盛名的高等院校"该段大部分篇幅用于介绍其历史沿革，虽然可以成为其历史悠久的佐证，而该段落的另一主题"久负盛名"仅在段落最后一个句子予以论述，似乎论据不足，有夸大其词之嫌，建议添加相关内容充实其内容。改译后的内容用一句话概述了其悠久的办学历史：It witnessed the change of its name several times in its history until it attained its present name in 1998（它在历史上多次更名，直到 1998 年改为浙江大学）。此外还添加了其两院院士和 973 首席科学家的人数，国家级研究中心和国家重点实验数量以及全校师生积极参与产业集群的跨学科研究等内容作为久负盛名的高等院校的证据。参照剑桥大学的平行文本，建议对篇章结构予以调整，将其历史沿革的有关信息移到 about 后的链接 ZJU's History，其详细内容以点击超链接的方式查看。

例 1　The University of Cambridge is rich in history – its famous Colleges and University buildings attract visitors from all over the world. But the University's museums and collections also hold many treasures which give an exciting insight into some of the scholarly activities, both past and present, of the University's academics and students.

The University of Cambridge is one of the world's oldest universities and leading academic centres, and a self – governed community of scholars. Its reputation for outstanding academic achievement is known world – wide and reflects the intellectual achievement of its students, as well as the world – class original research carried out by the staff of the University and the Colleges.

第六章　多维视域下大学形象建构与外宣翻译

Many of the University's customs and unusual terminology can be traced to roots in the early years of the University's long history, and this booklet looks to the past to find the origins of much that is distinctive in the University of today. (剑桥大学网站)

例2　Located in the historical and picturesque city of Hangzhou, Zhejiang University is a prestigious institution of higher education with a long history. Qiushi Academy, the predecessor of Zhejiang University, was founded in 1897 and was one of the earliest modern academies of higher learning established in China. In 1928, the academy was named National Zhejiang University. During the war time in 1940s, Zhejiang University moved to Zunyi, Meitan and other places in succession and stayed in West China for seven years. In 1946, Zhejiang University returned to Hangzhou. In 1952, due to a nationwide restructuring of universities, Zhejiang University underwent a reshuffling of disciplines. Some departments merged into other universities and Chinese Academy of Sciences. The remaining departments were divided and developed to become 4 specialized higher education institutions, namely former Zhejiang University, Hangzhou University, Zhejiang Agricultural University and Zhejiang Medical University. In 1998, the four universities sharing the same ancestor merged to form the new Zhejiang University and set a new goal – to develop into a world – class university. In its 116 – year history, Zhejiang University has always been committed to cultivating talent with excellence, advancing science and technology, serving for social development, and promoting culture, with the spirit best manifested in the university motto "Seeking the Truth and Pioneering New Trails". (浙江大学网站)

改译：Zhejiang University is a prestigious institution of higher education with a long history. Founded in 1897 it is one of the earliest institutions of higher learning established in China. It witnessed the change of its name several times in its history until it attained its present name in 1998. In its 116 – year history, Zhejiang University has always been committed to cultivating talent, advancing science and technology, serving for social development, and promoting culture, with the spirit best manifested in the university motto

"Seeking the Truth and Pioneering New Trails". Among its faculty, 15, 18 and 41 have been listed as academicians of the Chinese Academy of Sciences, academicians of the Chinese Academy of Engineering and chief scientists of national 973 projects. Various research centers and labs at national level are located in the campus, including 6 national engineering research centers, 10 national specialized key labs, 2 national engineering labs and 3 national key research centers of humanities and social sciences. Cluster research is one of the priorities for its sustainable development, which is a strong advocate of interdisciplinary research initiatives that involve faculty and students from many units on campus.

（二）情景语境对比与翻译策略

韩礼德将制约语言特征的情景因素归纳为三个变项：（1）语场，指言语活动发生的环境（涵盖话题、说话者和其他参与者的整个活动）；（2）语旨，指话语参与者之间的关系（包括参与者的社会地位和他们之间的角色关系以及心理情感）；（3）语式，指言语交际的途径，如以口语抑或书面语的形式呈现[①]。中国高校英文简介的语场是介绍该大学有关信息的外宣文本，其语旨不仅涉及话语参与者之间的关系，还体现了其心理情感，希冀通过外宣文本的传播建构该大学的正面形象从而走向世界。其语式是以正式的书面语言予以表述，语体庄重。每所大学都有其学术翘楚与知名校友，对其适度的介绍从某种程度上有助于提高该校的学术声望，显然也是其语旨其中一部分内容。中文版的中国高校简介倾向于连篇累牍地介绍该校的学术翘楚与知名校友，但往往只是名字的罗列并无其成就的介绍。其相应的英语版简介存在两种倾向：或一字不漏地再现原文，如西安交通大学和南京大学，或完全删除所有信息，如人民大学，造成情景缺省。纯粹的名字罗列而不作任何人物背景介绍同样导致情景缺省。情景缺省的其中一个解决方案就是补充有关信息；另一个解决办法就是设置子目录并附以链接。作为平行文本的多伦多大学的知名校友简介对个人背景进行了介绍。哥伦比亚大学设置了

[①] 朱永生、严世清、苗兴伟：《功能语言学导论》，上海外语教育出版社2004年版，第182页。

"诺贝尔获得者"的超链接（Columbia's Nobel Laureates），哈佛大学简介中在"大学教授"的目录中就有子目录"20个杰出的教授"（24 individuals of distinction）的链接。综上，建议在学校概况中就知名校友设置超链接以方便读者获取更多相关信息，使语篇的布局详略得当以期实现译文预期功能。

例3 University of Toronto has graduated five Nobel Prize winners, more than any other university in Canada, with a total of 10 Nobel Laureates having been based here during significant points in their careers. Among them, The Right Honourable Lester B. Pearson received his BA from the University of Toronto and was awarded the 1957 Nobel Peace Prize for his untiring efforts against world conflict. Pearson also went on to become Canada's 14th Prime Minister. Professor Walter Kohn, co-winner of the 1998 Nobel Prize in Chemistry, is an alumnus of the University of Toronto. And Professor James Orbinski, who received his master's degree in international relations from U of T, accepted the 1999 Nobel Peace Prize on behalf of Doctors Without Borders/Médecins Sans Frontières for pioneering humanitarian work around the world. （多伦多大学网站）

例4 Numbering among Jiaoda's outstanding alumni are Cai E, Huang Yanpei, Shao Lizi, Li Shutong, Ling Hongxun, Zou Taofen, Lu Dingyi, Hou Shaoqiu, Qian Xuesen, Wang An, Tian Binggeng, and Jiang Zemin. Over 200 XJTU alumni, including Mao Yisheng, Wu Youxun, Zhu Wuhua, Zhang Guangdou, Zhang Wei and Wu Wenjun have been honored with membership in the National Academy of Sciences and the National Academy of Engineering. （西安交通大学网站）

改译：Xian Jiaoda has been home to two vice premiers in different period and one top leader of central Chinese government such as Huang Yanpei, Lu Dingyi and Jiang Zemin. Among its outstanding alumni are Qian Xuesen, father of Chinese aviation, missile, automatic control and rocket; Wang An, founder of Wang Laboratories and tycoon of computer; Tian Binggeng, who was elected as a member of US National Academy of Engineering in 1975 and US National Academy of Sciences in 1978 respectively. Over 200 XJTU alumni, including Mao Yisheng, Wu Youxun, Zhu Wuhua, Zhang Guang-dou, Zhang Wei and Wu Wenjun have been honored with membership in China National Academy of Sciences and China National Academy of Engineering for their remarkable work in their fields.

（三）文化语境对比与翻译策略

有着迥然不同文化背景的中西高校，文化语境各不相同，体现了中西方不同的历史事实、文化理念和文化价值。西方高校简介的历史概述也涉及某些历史事实与文化词语，采取注释的方法予以解释。例5使用了圆括号，阐释town and gown两个词的意思，即市民与学生。该例是对13世纪剑桥镇的市民与剑桥大学学生曾经发生冲突与解决方案的历史背景的叙述。例6也使用了圆括号，对UCL和King's College London的历史背景进行阐释：分别创建于1826年和1829年的伦敦大学学院和伦敦国王学院。UCL是University College London（伦敦大学学院）的简称，通常被认为是继牛津、剑桥之后英格兰第三个最古老的大学。伦敦国王学院（King's College London），简称KCL，是英国金三角名校和罗素大学集团的知名学院，培养出许多诺贝尔奖得主。两所学院均为伦敦大学的创校学院之一。例7则应用了"which"所引导的非限制性定语从句，对其先行词进行解释：评判在科研、教学和知识转化方面世界400强大学的泰晤士高等教育世界大学2014年排名。[①] 这些解释性信息使读者进一步了解其相关历史与文化信息，消解了跨文化理解障碍。国内高校英文版"学校简介"中，普遍存在文化专有项过多且缺少必要注释的情况，削弱了其传递文化信息的功能。[②] 文化专有项是中国高校特有的文化现象，若不加注释将导致文化缺省，给目的语读者造成理解

[①] 世界大学学术排名、QS世界大学排名、泰晤士高等教育世界大学排名以及美国新闻世界大学排名是世界四大最具影响力的全球性大学排名。世界大学学术排名由上海交通大学研究发布，2003年首次发布。自2004年11月起，泰晤士高等教育每年与QS（Quacquarelli Symonds）合作，公布共同的世界大学排名，即泰晤士高等教育—QS世界大学排名，具有广泛的影响力。后来，在2009年的排名推出后，两者解散并开始发表各自的排名。《美国新闻与世界报道》原来只提供具有影响力的美国大学排名，2015年首次推出了全球前500所大学排行榜。

[②] 范勇：《跨文化交际视角下的国内高校英文网页中"文化性翻译失误"研究》，《北京第二外国语学院学报》2010年第8期，第14—19页。

困难,成为中西高校跨文化交流与传播的障碍。大部分作者只是指出其表述上的错误,未提出任何建设性的译文。例 8 将下划线部分释译为: Project 211 (national project to establish 116 leading universities in the 21th century), Project 985 (national project to develop 39 world – renown research universities in China)。将例 9 的下划线部分释译为 11th five year plan (2006—2010)。鉴于西方将研发表述为缩写的 R&D 已成共识,可将 973 和 863 项目分别释译为 973 project (national key sci – tech R&D program) 和 863 project (national high – tech R&D program)。将军工企业翻译为"defense industry enterprise"似乎更为恰当,表示对和平的爱好。例 10 建议将"辛亥革命"释译为 Republican Revolution which overthrew the Qing Dynasty (1616—1912)。例 11 将洋务运动改译为 Self-Strengthening Movement 更能体现其"中学为体,西学为用"的积极含义,westernization 显然包含全盘西化的消极意义,抹杀了洋务运动"奋发自强"的历史意义。

例 5　In the 13th century, rioting between town and gown (townspeople and students) hastened the establishment of primitive halls of residence. (剑桥大学网站)

例 6　The two founding Colleges of the University, UCL (founded 1826) and King's College London (founded 1829), both predate the University, as do many other of the University's constituent institutions. (伦敦大学网站)

例 7　The Times Higher Education World University Rankings 2014, which measure the institutional excellence of the world's top 400 universities in research, teaching and knowledge transfer, lists the University of Toronto as the top university in Canada and 20th in the world. (多伦多大学网站)

例 8　Founded in Shanghai in October 1951, East China Normal University (ECNU) is one of the most prestigious universities in China and is sponsored by the national programs "Project 211" and "Project 985". (华东师范大学网站)

改译: Founded in Shanghai in October 1951, East China Normal University (ECNU) is one of the most prestigious universities in China and is sponsored by the national programs "Project 211" (national project to establish 116 China's leading universities in the 21th century) and "Project 985" (national project to develop 39 world – renown research universities in China).

例9 Since the 11th "five year plan", NEU has taken on 5600 research projects of national natural fund, national <u>key fundamental research, develop and planning</u> (973 project), <u>national high – tech research develop planning</u> (863 project), national technology research, <u>war industry</u> and the cooperation research with enterprises. (东北大学网站)

改译：Since the 11th "five year plan" (2006 – 2010), NEU has taken on 5600 research projects from national natural science fund, 973 project (national key sci – tech R&D program), 863 project (national high – tech R&D program), defense industry enterprise and the cooperation research with enterprises.

例10 In 1911, <u>Xinhai Revolution</u> broke out. (西安交通大学网站)

改译：In 1911, Republican Revolution which overthrew the Qing Dynasty (1616 – 1912) broke out.

例11 After acquiring sanction from the Emperor, and with the assistance of Dr. Charles Danile Tenney, an American educator, Sheng founded the first new – type university in modern China-Peiyang Western Study School, i. e. Peiyang University (today's Tianjin University), in Tianjin, where <u>Westernization Movement</u> originated. (天津大学网站)

改译：After acquiring sanction from the Emperor, and with the assistance of Dr. Charles Danile Tenney, an American educator, Sheng founded the first new – type university in modern China-Peiyang Western Study School, i. e. Peiyang University (today's Tianjin University), in Tianjin, where Self – Strengthening Movement originated.

小　结

本章在多维视域下探析了高校形象的界定与分类。基于CI（Corporate Identity）理论，建构了高等学校形象设计理念的三个部分，即理念识别 MI（Mind Identity）系统，包括高校精神特征和校园文明系统；行为识别（BI，Behavior Identity）系统，涵盖高校所有规章制度及其运作系统；视觉识别（VI，Visual Identity）系统，指的是高校外观形象系统。从语言模态、非语言模态和危机管理三个层面探讨了高校形象传播策略。本章还基于拉斯韦尔的传播学经典模式以及施拉姆和德弗勒德的新循环互动模式探讨了外宣翻译与高校形象建构。

　　与语言学翻译研究方法相比，语篇分析翻译研究方法迥然不同，前者注重语言的言内因素，后者主要关注语境、交际层面和语篇上的对等，还涉及情景语境、文化语境、社会语境和互文性等言外因素。交际层面指翻译过程中涉及的语场、语旨、语式等因素。本章还以中西10个大学门户网站文本的高校简介作为语料，从其多模态与超文本语篇特征分析入手，运用语篇分析理论对大学简介的语篇模式、情景语境和文化语境进行对比并探析其翻译策略。

第七章 外宣翻译方法论系统与实证研究的多维审视

第一节 外宣翻译研究路径

纽曼（Neuman）[①]和布莱奇（Blaikie）[②]认为社会科学研究遵循了三种明显的研究范式：客观性（positivism or objectivism）、阐释性（interpretive）和批判性（critical）。我们认为外宣翻译研究也不例外。根据哲学家孔德（Comte）和穆勒（Mill）的观点，客观性研究范式是自然科学运用最广泛的研究范式；该研究范式亦是大众传媒研究中历史最悠久、使用最广泛的研究范式[②]。随着社会科学研究的不断发展，研究者们出于各种不同目的在某种程度上修正了该范式。该研究范式主要包括定量、假设和其他客观性措施。阐释性研究范式旨在研究如何理解处于日常自然环境的人们以何种方式创造意义并解释世界上发生的各种事件。这一研究范式在19世纪70年代和80年代广泛应用于大众传媒研究，在19世纪90年代其研究力度得以加强。批判性研究范式借鉴了人文科学的分析模式，关注权利和意识形态。维曼（Wimmer）和多米尼克（Dominick）主要探析客观性研究范式和阐释性研究范式，但对批判性研究范式并未展开讨论。实际上，由于新闻语篇具有强烈的话语倾向性，近年来学者们运用批评性话语分析理论、分析新闻语篇和外宣翻译文本的意识形态倾向。客观性研究范式和阐释性研究范式的区别在五个

[①] W. Lawrence Neuman, *Social Research Method*, Boston: Allyn and Bacon, 1997.
[②] Norman Blaikie, *Approaches to Social Enquiry*, Cambridge, MA: Polity Press, 1993.

方面得以体现①：(1) 研究者的角色。在前者的研究中研究者力求客观，游离于数据之外，在后者的研究中研究者是该数据不可分割的一部分；事实上没有研究者的积极参与就没有任何数据可言。(2) 设计。对前者而言，设计是在研究开始之前进行的，对后者而言，设计是在研究过程中进行的；随着研究的进展，可以调整或改变设计。(3) 场景。前者试图通过在控制的场景中开展调研从而限制混杂变量的出现，后者开展田野调查，在自然的环境中进行研究，试图追踪事件的自然发展而不控制其额外变量。(4) 测量工具。在前者的研究中测量工具已经存在，如果研究者不在，另一方可以利用各种仪器收集数据；在后者的研究中研究者就是仪器，没有人可以替代其工作。(5) 理论建构。前者利用研究测试、支持或者反对理论；后者提出各种理论，将其作为研究过程的一个部分——理论"受到数据的驱动"，乃是研究过程的一个部分，是由收集的数据发展而来的。一个研究者的研究范式将对他所采用的具体研究方法产生重大影响。客观性研究范式往往涉及定量内容分析、调查、实验、问卷调查和纵向研究；阐释性研究范式则包括田野调查、团体焦点访谈、深度访谈和个案研究。虽然定性研究和定量研究存在差别，然而为了全面理解所研究的问题，研究者们往往综合运用这两种研究方式。尽管定性研究是收集和分析数据的理想方式，然而由于其采用的样本数量较小，其解释能力受到影响。定量研究往往需要所有的数据才能开展，而在定性研究中在数据收集的早期阶段就可以进行数据分析。定量研究在数据分析时常采用演绎法（deductive method）：在研究前提出假设，然后收集有关数据并予以分析以确定这些假设是否得到证实或者无法证实。定性研究往往采用归纳法（inductive method）：收集与某论题相关的数据，将它们归类，凭借这些数据开展分析。

---

① Roger D. Wimmer and Joseph R. Dominick, *Mass Media Research: An Introduction*, sixth ed., Wadsworth Publishing Company, 2000, p. 103, pp. 104 – 105.

第二节 系统理论和实证研究视野下的外宣翻译方法论

外宣翻译方法论系统体现了系统理论在社会科学研究中的重要作用。外宣翻译方法论体系是由四个次系统构成的,即翻译理论研究方法、翻译作品实证研究方法、翻译过程实证研究方法以及外宣翻译管理,具有系统论的特征。系统理论至少可以追溯至19世纪乔治·黑格尔的理论。他将整个世界视为一个过程并受不同物体之间的矛盾所制约。一个系统由四个层面组成[①]:(1)物体,即系统内的组成部分、要素或变量。可以是具体的,也可以是抽象的,或者是两者兼而有之。(2)系统具有许多特征。(3)系统各部分之间存在内在的联系。(4)系统存在于一个环境中。因此,系统可以界定为在该环境中互相影响并形成各不相同的更大模式的组成部分。一个系统具有以下几个特点[②]:(1)整体性和互相依赖性。一个系统就是一个独特的整体,涉及有别于其他系统的关系网。(2)层级性。一个系统乃是一个更大系统的一个组成部分。(3)自我调节和制约。许多系统都是以目标为导向的,因此需要调节各自的行为以实现某种目标。(4)与环境联结在一起。开放的系统与环境有密切的关系。(5)平衡。平衡有时被称为自我维护,需要作出调整才能重回正轨。(6)变化与适应。由于系统存在于一个更大的环境中,它必须具有适应性。同时一个系统处于不断的变化之中。(7)目的性。系统的目的性表明可以通过不同途径和研究视角实现某一特定的目标。

克林格(Kerlinger)将科学研究定义为:它是对所观察现象之间的关系所提出假设的系统的、调控的、实证的和批判性的调查(A systematic, controlled, empirical, and critical investigation of hypothetical

---

[①] A. D. Hall and R. E. Fagen, "Definition of a System", In W. Buckley ed., *Modern System Research for the Behavorial Scientist*, Chicago: Aldine, 1968, pp. 81–92.

[②] Stephen W. Littlejohn, *Theories of Human Communication*, seventh ed., 清华大学出版社2003年版,第38—41页。

propositions about the presumed relations among observed phenomena)[1]。翻译学作为一门独立的学科，应该具备自己的理论支柱、自己的研究对象、自己的内在体系和自己的研究方法[2]。而衡量一门学科是否成熟的一个重要指标就是有没有确立适合本学科性质的研究方法[3]。许钧、穆雷在对翻译研究论著进行统计分析时发现：30年来，翻译研究方法论严重缺失，相关论著数量为零，仅在部分作品集中收录了少量与翻译研究方法论相关的研究论文，该领域研究亟待加强[4]。

除了系统性，实证研究在外宣翻译研究中所发挥的作用也同样重要。外宣翻译方法论体系中的翻译作品实证研究方法和翻译过程实证研究方法所论述的各种研究方法均是实证研究的具体体现，体现了实证研究的重要理论与实践意义。图里（Toury）[5] 阐述了实证研究对翻译的重要意义：在翻译研究中引入实证研究方法是翻译学学科发展的重大事件，标志着新学科的研究模式在翻译研究中的应用。将实证方法应用于翻译研究之所以具有重大意义其原因在于两个层面，其一它阐释了翻译研究的所有制约因素之间相辅相成的关系并体现了它对翻译过程、译作和目的语文化的影响；其二它加强了翻译研究的预见性。西方翻译研究知名学者阿尔伯雷特·纽伯特（Albrecht Neubert）[6] 建议在翻译研究中引入实证研究的方法，认为翻译学学科需要体现科学的严谨性，实证研究的方法可以为翻译研究提供坚实的理论基础。国内不少学者也对翻译实证开展了研究，表现了浓厚的学术兴趣，对实证研究方法进行了归纳、分析和总结。文军（2006）概述了近二十年来翻译实证研究的发

---

[1] Roger D. Wimmer and Joseph R. Dominick, *Mass Media Research: An Introduction*, sixth ed., Wadsworth Publishing Company, 2000, p. 9.

[2] 杨平：《对当前中国翻译研究的思考》，《中国翻译》2003年第1期，第3—5页。

[3] 曹佩升、刘绍龙：《翻译实证研究方法体系建构》，《甘肃社会科学》2011年第1期，第252—255页。

[4] 许钧、穆雷：《中国翻译学研究30年（1978—2007）》，《外国语》2009年第1期，第77—87页。

[5] Gideon Toury, *Descriptive Translation Studies—And Beyond*, Amsterdam and Philadelphia, PA: John Benjamins Publishing Co., 1995, pp. 221-222.

[6] Albrecht Neubert, "Postulates for a Theory of Translation", In J. H. Danks, G. M. Shreve, S. B. Fountain and, Mcbeath, eds, *Cognitive Process in Translation and Interpreting*, Thousand Oaks, London, and New Delhi: Sage Publications, 1997, p. 24.

展趋势，将其归结为调查研究、统计方法、TAPs、语料库、个案研究法等多种方法①。按照穆雷、王斌华的观点，实证研究的方法可以归纳为观察法、调查法和实验法，其核心涉及数据的收集、处理和分析。②语料库法、回顾法和内省法亦是常见的几种方法③。这些学者基于不同视角从理论上探讨翻译实证研究，在某种程度上促进了翻译学研究方法体系的建构。然而苗菊④认为翻译学实证研究目前亦存在不足之处，其主要表现是尚未建立一个系统的整体参照体系，需要在翻译实践中不断探索以期实现逐步建立该体系的目的。杨自俭⑤也持有类似的观点，认为尽早厘清这个系统的隶属关系将促进翻译方法论系统和整个翻译学科系统的建构。

第三节　哲学视域下的外宣翻译实证研究

近代经验主义认识论的倡导者包括培根、霍布斯、洛克和休谟。由于他们均是英国人，哲学史亦将他们的哲学称为英国经验主义，而将欧洲大陆盛行的哲学冠以理性主义。培根挣脱了经院哲学的束缚，认为人类的知识只能来源于感官体验，然而他也认识到感性经验的局限性，倡议将感性和理性结合，但他的经验主义缺乏系统性。培根所阐述的经验并非一般的感官体验，特指"实验"，即开展实验时总结的经验，因此具有客观性的特点。虽然霍布斯进一步发展了培根的经验主义，但是他将机械论引入认识论，因而具有某种形而上学的色彩，不能归为严格意义上的经验主义。洛克是近代经验主义认识论的开创者，其原因主要在于两个层面：其一，洛克反对先验论并彻底批判了理性主义的天赋观念；其二，洛克将经验归纳为"外部经验"和"内部经验"。前者是外

---

① 文军：《科学翻译批评导论》，中国对外翻译出版公司2006年版。
② 穆雷、王斌华：《国内口译研究的发展方向——基于30年期刊论文、著作和历届口译大会论文的分析》，《中国翻译》2009年第4期，第19—25页。
③ 高彬、柴明颎：《西方同声传译研究的新发展》，《中国翻译》2009年第2期，第17—21页。
④ 苗菊：《西方翻译实证研究二十年（1986—2006）》，《外语与外语教学》2006年第5期，第48页。
⑤ 杨自俭：《再谈方法论——翻译方法论序》，《上海翻译》2007年第3期，第1—4页。

界对象作用于感官所产生的结果,后者则指人们的思想反省活动。洛克阐述了两者之间的关系,认为内部经验源于外部经验,因此可以将外部经验视为内部经验的基础。经验主义认识论内在地包括了"经验+科学归纳",这是基于自然科学实验观察的方法论得出的结果。培根的科学归纳法由三个步骤构成:收集资料、整理和分析资料、归纳和总结。

詹姆斯·霍姆斯(James S. Holmes)[1] 在论文《翻译研究的名与实》中确定了翻译学的经验学科性质,将翻译研究定义为"所有研究翻译过程和结果所表现出的翻译现象的研究活动"。从这一论断似乎可以窥见西方近代经验主义认识论的影响。任何理论应该在某种程度上来源于实践的总结,如奈达的翻译理论就是在翻译《圣经》过程中的经验归纳、总结和升华。倘若毫无翻译实践的基础,翻译理论理性的完全自主性、优先性与超越性似乎很难达到。霍姆斯是描写翻译研究的倡导者之一。描写翻译研究将翻译学视为一门经验科学,以具体的翻译现象(包括翻译作品和翻译过程)作为研究对象。因此,经验学科的关注焦点是:描述翻译过程和译作所体现的各种现象;建构可以阐释翻译现象的理论原则。正如上文所述,翻译学当属经验学科,无疑描述的方法是学科理论体系发展的必要途径,其重要性显而易见。吉迪恩·图里(Gideon Toury)[2] 认为,唯有完整可以细分的描述项目,一门经验学科方可视为完善的、独立的学科。描述、解释、预测与之相关的种种现象是经验学科的研究目标。霍姆斯的翻译研究框架由译作描述、过程描述和功能描述三个层面的研究构成。

当代西方哲学的发展可以归纳为三条主线:人本主义思潮、科学主义思潮和马克思主义思潮[3]。现代科学主义起源于19世纪末期的实证主义哲学。20世纪的科学哲学主要涉及实证主义、逻辑实证主义、分析哲学、证伪主义、科学实在论与反实在论等。其主要特征在于注重一切思想观念的实证特征,基于经验的证实或逻辑证明来判断知识的科学

---

[1] James S. Holmes, "The Name and Nature of Translation Studies", in L. Venuti ed., *The Translation Studies Reader*, London and New York: Routledge, 2000, pp. 172–185.

[2] Gideon Toury, *Descriptive Translation Studies—And Beyond*, Amsterdam and Philadelphia, PA: John Benjamins Publishing Co., 1995, p. 1.

[3] 方环非、郑详福等:《当代西方哲学思潮》,浙江大学出版社2013年版,第1—3页。

性。实证主义创始人法国哲学家孔德将自然科学的方法视为唯一的哲学方法。实证主义的第二代代表人物马赫反对思辨，反对历史上无谓的哲学争辩，试图以经验或逻辑手段应对这些争论命题。到20世纪初期，实证主义哲学发展到了第三代——美国的实用主义。实用主义的第三代代表人物是实用主义之父皮尔士。实用主义以"pragmatism"命名自己的哲学，以此表明其哲学是一种崇尚经验、强调科学、注重实效的哲学。在哲学路径上它基本上主张主观经验主义，即认为经验是世界的基础。实用主义哲学又被称为实践哲学、行动哲学，在其长达百年的发展过程中还赢得了实效主义、工具主义和经验主义等诸多名称。皮尔士是一位才华出众的科学家，在数学、物理、化学、逻辑和符号学等方面取得了令人瞩目的成就。他认为哲学在方法上应该模仿科学研究的方法，摒弃笛卡尔单一的推论方式而采纳一系列相互关联的推论方式。在三代实证主义的基础上，当代科学主义又出现了以维也纳为中心的逻辑实证主义哲学。按照他们的观点，真正的哲学命题可以分为两类：其一是逻辑的命题；其二是经验的命题。两类命题均需要借助经验予以证实。只有经过实践检验的理论才是科学的，否则就是形而上学，毫无意义可言。

当代实证主义哲学与科学研究存在千丝万缕的关系，其影响在翻译研究中显而易见。翻译工作者借鉴了实证主义哲学的方法论开展翻译研究。翻译实证研究至今主要是指采用实验观察和数据收集的方法开展翻译研究，解释翻译过程的运作机制。基于翻译学的经验学科和跨学科的学科性质，翻译实证研究自20世纪80年代以来呈现出迅猛发展的态势，从实证的角度观察、描述、阐释各种翻译现象，生成结论，逐步积累和充实经验性知识，成为系统构建翻译学科理论的重要一环。翻译实证研究通过翻译个案观察和数据收集，并对其进行分析、归纳和总结，寻找共性以期实现某种翻译研究目的。因此翻译实证研究的关键首先在于研究方法的确立，即借助调研和开展实验获取数据，分析数据所体现的规律，阐释各种翻译现象，验证提出的各种假设，得出各种合乎情理的结论，力图提高研究结果的信度与效度。

第四节 外宣翻译研究设计

研究设计可能是定性的或者定量的，或者两者兼而有之。外宣翻译研究正是综合了定性研究和定量研究的方法。定性研究试图通过观察或进行描述性分析从深层次理解该论题，亦可以通过解释或者解构从深层次理解文本。有些方法可以归为定性研究，如内容分析，也可能是定量研究，如对词语模式的大量计算与统计分析。定量研究通常涉及更多的样本，更依赖抽样分析，更多地使用统计推论，较少应用案例分析。无论定性研究或者定量研究均可以归类为实证研究。卡尔森（Carson）[1]将其称为定性实证研究和定量实证研究。定性研究包括现场观察、行动研究、个案研究、开放式访谈、焦点团体访谈、故事叙述、描述性分析、现象学研究、民族志研究以及其他定性研究方法。定量研究包括调查研究、文献数据库的统计和内容分析[2]。定量研究通常可以分为两大类：实验性研究和半实验性研究[3]。其研究设计的目的是要控制可能影响因变量（dependent factors）的所有因素。在实验设计中经常将随机抽取的受试分为实验组与对照组。由于每组的构成人员是随机抽取的，研究者不必考虑未予以测定的变量影响，如政治倾向、宗教信仰等。在半实验性研究中研究者无法随机抽取受试，相反，研究者试图通过多变量的统计方法模拟实验场景。原则上，实验性研究往往比半实验性研究更好。正如上文所述，有许多收集数据的方法，然而多种方法的综合使用往往比单一手段的运用更为有效。维曼和多米尼克（Wimmer & Dominick）[4]认为定性研究包括田野调查、团体焦点访谈、深度访谈和个案研究。他们还认为定量研究包括内容分析方法、问卷调查法、纵向研究

---

[1] G. David Carson, *Guide to Writing Empirical Papers, Theses, and Dissertations*, New York: Marcel Dekker, Inc., 2002, pp. 138, 142.

[2] Ibid., p. 233.

[3] Ibid., p. 143.

[4] Roger D. Wimmer and Joseph R. Dominick, *Mass Media Research: An Introduction*, sixth ed., Wadsworth Publishing Company, 2000, pp. 111–129.

设计方法和实验研究法①。总体而言,定性研究的目的是以某种具有启发性的方式描述某物的性质;定量研究的目的在于试图描述某一具体现象的共性或特征、典型性或普遍性、规律、趋势、频率和分布②。

哲学家亨普尔(Hempel)③ 将实证研究的特点归纳为以下几点:(1)特殊性与整体性。任何科学都试图描述特殊的现象,同时为了理解全貌也试图概述其整体的情况。翻译界的某些学者探讨具体的翻译问题,而其他的学者则侧重研究翻译的宏观问题、模式与规律,甚至翻译的共性特征。(2)描述与阐释。任何科学描述研究对象,然而对其予以解释则是更为复杂的问题。学者们从不同视角解释问题,或侧重原因,或注重方式,或强调作用。所有这些阐释均有助于对研究对象的理解。(3)预测。在自然科学领域,如果我们知道原因,我们往往可以预测其发生的时间:当所有必需的条件存在时它必定发生。然而各种解释并不意味完全的可推测性。在社会科学领域,包括翻译研究,通常仅仅预测可能性。例如我们可以预测大多数译者都会对具体的翻译问题提出具体的解决方案。(4)假设。假设是未经确认的主张,试图建构某种模式。在社会科学领域,翻译也不例外,一些学者使用"规则"一词来提出更为宏观的假设,而其他一些学者认为太武断。实证研究具有两个主要目的:其一,描述我们经验世界的特殊现象;其二,通过可以解释和预测的方式建构各种普遍原则④。

许多实证研究开始或最后均提出假设。一开始就提出的假设需要予以验证,或者最终提出新的假设。或者你也可以利用别人提出的假设,运用你的语料予以证明或者通过逻辑推理予以验证。威廉和切斯特曼(Williams & Chesterman)⑤ 认为,因为假设是从特殊性归纳出普遍性的方法,

---

① Roger D. Wimmer and Joseph R. Dominick, *Mass Media Research: An Introduction*, sixth ed., Wadsworth Publishing Company, 2000, pp. 133 – 209.

② Jenny Williams and Andrew Chesterman A., *The Map— A Beginner's Guide to Doing Research in Translation Studies*, Shanghai: Shanghai Foreign Language Education Press, 2004, pp. 64 – 65.

③ Ibid., pp. 61 – 62.

④ Gideon Toury, *Descriptive Translation Studies—And Beyond*, Amsterdam and Philadelphia, PA: John Benjamins Publishing Co., 1995, p. 9.

⑤ Jenny Williams and Andrew Chesterman, *The Map— A Beginner's Guide to Doing Research in Translation Studies*, Shanghai: Shanghai Foreign Language Education Press, 2004, pp. 73 – 74.

也是将某一具体项目与同一领域的其他研究联系在一起的方法,所以假设的重要性不容忽视。他们将假设归纳为四种并予以阐释。这四种假设分别是阐释性假设、描述性假设、解释性假设和预测性假设①。好的假设不仅具有充足的理由,而且可以得以验证。验证假设的四大标准被称为 ACID②:A 指的是"附加价值"(Added value):新的理解;C 指的是"比较价值"(Comparative value):与其他假设的比较;I 指的是"内在价值"(Internal value):逻辑、清晰、文雅、简约;D 指的是"数据"(Data):实证证据。和其他实证学科一样,翻译研究中的实证研究也探讨变量之间的关系。威廉和切斯特曼将变量分为语篇变量和语境变量并作了阐释③。语篇变量包括任何风格与句法特征,如句子长度、俚语的使用、词汇密度、语篇类型、特殊结构的分布等。他们将语境变量归纳为六种:(1) 原语文本变量:风格、结构与语义特征、语篇类型、原语言等。所有这些形成了翻译的语言语境,影响翻译的形式。(2) 目的语语言变量:目的语语言中的语言结构和修辞制约因素,可作比较的原语文本。(3) 任务变量:生产因素,包括翻译的目的与种类、截止期、是否提供参考材料、电脑软件的应用、与客户的关系。(4) 译者变量:职业经验等级、对翻译任务的情感态度、性别、译成母语或外语。(5) 社会文化变量:规范、文化价值、意识形态、语言状态。(6) 接受变量:客户的反应、批评家的评论、读者反应,质量评价。探讨语篇变量与语境变量的关系是必要的,它们相辅相成,有时语篇变量对语境变量有制约作用,反过来,有时语境变量也会影响语篇变量,因此我们在外宣翻译研究中必须将这两种变量都纳入视野,运用灵活的翻译策略。

第五节 外宣翻译方法论体系的建构

威廉和切斯特曼(Williams & Chesterman)④ 将翻译研究分为概念

---

① Jenny Williams and Andrew Chesterman, *The Map—A Beginner's Guide to Doing Research in Translation Studies*, Shanghai: Shanghai Foreign Language Education Press, 2004, pp. 73 – 74.
② Ibid., p. 80.
③ Ibid., pp. 85 – 86.
④ Ibid., p. 58.

研究（或称理论研究）和实证研究两类并作了阐释。概念研究（或称理论研究）旨在界定和澄清概念，阐释或重新阐释理念，将概念融入更大的系统，引入新的概念或隐喻或框架从而更好地理解研究对象。翻译实证研究可以界定为通过对翻译作品及译者的观察和实验获取数据、信息作为证据的证明或推翻假设，是提出新假设的一种方法。他们将实证研究分为自然（或观测）研究和实验研究并作了解释[1]。所谓自然（或观测）研究就是调查在自然环境中发生的现象或过程。观察者尽量不干扰这一过程，只是观察它并作出记录以便理解全貌或仅仅调查某一具体问题。观察可以使用录像、录音或运用电脑记录下来。如汉森（Hasan）所描述的称为 Translog 的项目研究，记录所有案件的活动并使所有这些数据与有声思维法结合起来。这一研究使用了三角测量法（triangulation）：它使用了可以互相解释的三种不同来源的证据，即译文本身、案件的活动记录和有声思维记录。有些自然（或观测）研究是探索性的，它们试图在没有假设或预设的前提下分析某一情景或一篇译作，这些研究的其中一个结果就是提出研究建议和新的假设。有些自然（或观测）研究是通过强化的观测完成的，如问卷调查。有些研究则提出一个假设，要求研究者予以证实。为了提取某一特征用于研究并尽可能排除与该研究无关的特征，实验研究特意干扰事情的正常顺序[2]。研究者提出测试某物的控制条件并将其结果与在其他条件下产生的结果进行比较。实验研究既适合口译研究，也同样适合笔译研究，尤其是口译研究。学者们已经开展了许多实验研究以观察口译人员在口译活动的不同阶段大脑不同区域的运作情况，或者在某种制约的情况下如何记住原语文本，或者更大压力对口译人员工作或口译精确度的影响。学者们也使用了实验方法研究笔译的翻译过程，试图观测笔译人员如何修改译文、运用参考书、态度与情绪如何对笔译工作产生影响、如何做出决定并解决具体的翻译问题。为了提高研究的效度，实验研究往往尽量使实验条件显得更为自然一些。比如有声思维法要求笔译人员两人一

---

[1] Jenny Williams and Andrew Chesterman, *The Map— A Beginner's Guide to Doing Research in Translation Studies*, Shanghai: Shanghai Foreign Language Education Press, 2004, pp. 62 – 63.

[2] Ibid., p. 63.

起工作,这样大声交谈会显得更自然一些。除了上述的观测研究和实验研究,威廉和切斯特曼认为实证研究还包括个案研究和语料库研究。冯全功也将翻译研究分为理论研究方法和实证研究方法两大范畴,认为翻译学中的理论研究方法主要包括:怀疑方法、定性方法、系统方法、信息方法、评价方法、理解方法、预测方法;实证研究方法主要包括:观测方法、定量方法、统计方法、黑箱方法、个案研究、过程方法、实验方法并作了阐述。翻译活动中的实证研究是借助量化的方式来实现的,因此需要获得变量的量化数据[1]。曹佩升、刘绍龙认为可以通过各种不同方式获得变量数据,翻译研究总体上可以分为两个类型:描述性研究方法和实验性研究方法,并指出其区别与实现途径[2]。前者对各种翻译现象进行观察与分析,研究者不人为操控研究背景,不提出先前的预设条件,只是阐述和分析各种翻译现象和行为。后者则凭借操纵一个或多个自变量并通过对因变量相应变化的观察对各种变量之间的关系开展研究,并运用测量、评定、问卷等各种手段旨在获取变量的相关数据从而证明翻译规律。两者的主要区别在研究过程与方式上得以体现,描述性研究依靠客观观察发现问题、阐述规律,遵从一般到特殊的研究路径;实验性研究则系统观察问题,采用从特殊到一般的研究路径。描述性研究有助于研究翻译活动中无法量化的因素,实验研究则可能促使复杂的问题朝简单化的方向发展。描述性研究着眼于整体性研究,实验方法侧重局部分析。归纳法为描述性研究的方法,实验性研究采用演绎法,两者相辅相成,运用不同的结构形式充实翻译研究的方法论体系[3]。外宣翻译方法论体系包括四个层面的内容:翻译理论研究方法、翻译作品和翻译功能实证研究方法、翻译过程实证研究方法以及外宣翻译管理。

(1) 翻译理论研究方法。外宣翻译中的怀疑方法指的是人们在翻译实践活动中反思、批评和评价客观事物的真实性抑或具体认识、实践的科学性、合理性[3]。怀疑方法乃是反思、批判和超越先前的理论而建

---

[1] 冯全功:《试论翻译学方法论体系建设》,《外语学刊》2013 年第 5 期,第 92—98 页。
[2] 曹佩升、刘绍龙:《翻译实证研究方法体系建构》,《甘肃社会科学》2011 年第 1 期,第 253 页。
[3] 曹佩升、刘绍龙:《翻译实证研究方法体系建构》,《甘肃社会科学》2011 年第 1 期,第 253 页。

构的，基于质疑、探疑、解疑和析疑而进行运作的[1]。定性研究涉及对各种现象的属性确认、类别归类和价值判断等诸多层面[2]。定性研究主要基于典型抑或少量的翻译个案得出结论。例证法可以视为一种典型的定性研究。定性方法的范围较为宽泛，上述的怀疑方法、理解方法、评价方法、观测方法等均可归类为定性研究，当然其侧重点或范畴各不相同。在译学领域，从系统论观点研究翻译现象的当属埃文·左哈尔（I. Even-Zohar）的多元系统论，以辩证的观点论述文学翻译在整个文学系统中所发挥的作用。随后西奥·赫曼斯（Theo Hermans）在《系统中的翻译》（*Translation in Systems*）中阐述了翻译作为社会系统的合理性[3]。刘宓庆基于系统论将翻译学分为内部系统（翻译理论、翻译史、翻译信息工程）和外部系统（哲学思维系统、语言符号系统、社会文化系统）[4]。作为信息科学分支的传播学体现了翻译的传播学模式。翻译的传播模式主要涉及传播的信源（如作者与译者）、传播的信息（原语文本与目的语文本）、噪音（如审美噪音、心理噪音）、信道（笔译或口译）、信宿（原语文本读者与目的语文本读者）、反馈（如读者对文本的反应）等各种传播要素之间的相互关系。评价涉及对价值的反思和批判以期建构一个价值体系。许多职业翻译公司都设定了翻译质量检测流程并拥有诸如软件工具的知识产权，往往将翻译质量指标分解为诸如低级错误、术语差错率、语义差错率、语句通顺度等几个层面，其结果是翻译评价的客观性得以较充分的体现。预测翻译学的发展趋势亦是翻译理论研究的重要一环。目前翻译学领域职业转向的趋势十分明显，据此所作出的预测合乎情理：即翻译学的研究对象不再局限于传统意义的文本，将更为注重翻译产业、翻译公司、翻译职业、翻译流程、翻译技术、质量评估、译者培训、语言服务行业等诸多层面，翻译研究与翻译教育模式的产学研一体化趋势将更为紧密。

---

[1] 欧阳康、张明仓：《社会科学研究方法》，高等教育出版社2001年版，第165—172页。

[2] 欧阳康、张明仓：《社会科学研究方法》，高等教育出版社2001年版，第206页。

[3] Theo Hermans, *Translation in Systems: Descriptive and System-oriented Approaches Explained*, Shanghai: Shanghai Foreign Language Education Press, 2004, pp. 135-150.

[4] 刘宓庆：《当代翻译理论》，中国对外翻译出版公司2001年版，第17—21页。

（2）翻译作品和翻译功能实证研究方法。主要涉及对翻译作品及其功能的评述；运用语料库方法研究翻译遵循的某些规律；基于某一主题收集各种语料，试图建立语料库，从不同角度对文本予以分析；探讨业已形成的翻译标准并验证各类假设。凭借上述各种研究获取实证数据，通过数据分析阐释具体的翻译行为、翻译活动的特征，概述翻译的制约因素、翻译的特征从而对翻译活动和翻译本质有更深入的认识。曹佩升、刘绍龙[1]将描述性研究的方法主要归纳为语料库法、个案研究法、观察法、文献计量法、语篇分析法、访谈法、有声思维法（Think Aloud Protocols）等，认为这些方法可应用到描述翻译研究的三个层面，即翻译产品、翻译功能和翻译过程的研究。他们还认为语料库法、个案研究法、观察法和文献计量法较为适合翻译产品的研究，语篇分析法主要运用于翻译功能的研究，而访谈法和有声思维法乃是翻译过程研究的有效途径。贝克（Baker）是西方学界最早提出系统开展语料库研究的学者。他认为运用大型的原语文本并附加目的语文本的语料库，还有语料库研究方法的探讨，将使翻译研究者可以阐释翻译文本作为传播媒介的本质[2]。语料库翻译学打破了原文至上的传统做法，翻译研究由规定转向描写，更为注重文本外因素。大规模翻译文本的运用提高了翻译研究的信度与效度，其研究视角亦更为开阔。

（3）翻译过程实证研究方法。以往的翻译研究深受结构主义或语言中心主义的影响，体现出三种研究倾向，或是仅仅聚焦于翻译产品，或是对各种语言现象进行分类，或是以静态的视角描述翻译行为，忽视了人类心智活动在翻译活动中所发挥的重要作用。翻译的研究重心摒弃对译本主观评价式的研究和译者翻译经验的总结，转移到对翻译过程的系统研究，乃是未来翻译研究的发展趋势[3]。只有在翻译活动中将人类

---

[1] 曹佩升、刘绍龙：《翻译实证研究方法体系建构》，《甘肃社会科学》2011年第1期，第253页。

[2] Mona Baker, "Corpus Linguistics and Translation Studies: Implications and Applications", In M. Baker, G. Francis & E. Tognini‑Bonelli, eds., *Text and Technology: In Honour of John Sinclair*, Amsterdam: John Benjamins, 1993, p.243.

[3] 王怀贞：《翻译过程的认知心理描述——Bell翻译过程的信息加工模式评介》，《山东大学学报》2008年第1期，第71页。

心智活动纳入研究视野，才能扭转以往翻译研究中只注重翻译规则的做法，实现客观描述研究的转变，使翻译学研究逐渐摆脱主观随意性，逐步建构科学化的翻译方法论系统。翻译实证研究迄今主要应用于描述性研究中对翻译过程的动态描述，即观察、描述、分析译者在进行文本语言转换时心理认知活动的动态变化，即译者的认知状态、策略和决策以及解决问题的思维过程。曹佩升、刘绍龙将实验性研究的方法归纳为测量法、问卷法、评定法以及认知神经科学的 ERPs（事件相关电位技术）和 fMRI（功能性磁共振成像）方法①。测量法、问卷法、评定法被视为传统的实验研究方法，而 ERPs、fMRI 等乃是认知神经科学的最新技术，通过这些技术使人们了解大脑加工语言的机制成为可能。这些技术主要运用于双语认知研究、双语词汇研究以及加工语言的脑机制研究，其研究成果也有望应用于外宣翻译研究。采用认知科学、信息加工理论的研究方法，即内省方法的不同形式和技巧，如有声思维记录（TAPs），译者在翻译过程中的口述被录音之后转换为文字记录；由此引发内省数据，在数据所提供的可靠基础上探索现象的因果，提出假设，验证先前假设，揭示译者的思维活动、翻译程序、决策过程；认识翻译策略、翻译规律、翻译能力，从而积累经验知识。

（4）外宣翻译管理。当前我国从事外宣翻译的人员大体可以分为三类，即各企事业单位聘用的专职翻译、兼职翻译和自由职业者②。配备有专职翻译的企事业单位数量较少，而兼职人员和自由职业者则占了多数，其中有些人没有接受正规的翻译训练，其知识结构、专业水平和翻译态度等各不相同，并且有关部门也没有请专家审核把关，造成某些外宣翻译文本的翻译质量堪忧。目前的翻译公司主要存在两种情况，一部分具有较强的实力，有严格的翻译质量管理程序，对翻译文本进行质量管理；而相当一部分翻译公司规模很小，本身没有翻译人员，往往临时聘请兼职翻译。注册一家翻译公司程序较为简单，无须特殊的资质证明；承揽了翻译业务后，规模较小的翻译公司再以低廉的价格将翻译业

---

① 曹佩升、刘绍龙：《翻译实证研究方法体系建构》，《甘肃社会科学》2011 年第 1 期，第 253 页。

② 黄林林：《全球化背景下我国外宣翻译面临的挑战及应对的策略研究》，《华中师范大学学报》（人文社会科学版）2012 年第 4 期，第 209—212 页。

务转交某些兼职翻译，根本没有翻译质量管理。其结果是翻译质量难以保证，影响了外宣翻译的效果，也影响了翻译产业的健康发展。迄今为止我国还没有一部翻译行业的法律法规，对翻译行业的运作进行规范的管理。外宣翻译管理无疑是外宣翻译方法论极为重要的一个方面。外宣翻译管理主要包括以下几个方面：（1）实行翻译行业准入机制。各省建立翻译行业监管机构，隶属各省外事办公室，制定行业准入标准，要求翻译公司具有一定的资金和一定数量经过严格训练、获取相关翻译资格证书的翻译人才。（2）完善翻译人才培养机制和评价体系。翻译课采用以学生为中心的学习模式，强调学生对翻译的认知与实践过程，课堂训练所采用的语料侧重外宣翻译的各种文本，更有助于培养职业实践的参与意识。引入翻译技术的学习，包括 CAT 原理与技术的应用培训，充分利用翻译软件。经过在校强化训练后，可以安排学生到合作翻译公司实习，加强理论与实际相结合的能力。要求从业人员除接受正规的翻译课学习与训练，还要求参加翻译资格考试并获取翻译证书。（3）建设与管理翻译团队。充分利用各省翻译协会的人力资源，整合各种翻译人才，将外宣翻译专家、各高校的知名教授、行业一线的技术骨干，甚至是即将步出校门的高校优秀学生以及包括法律、金融、管理、信息技术等方面的人才整合在一起，形成翻译行业强大的人才库，规范行业的运作与管理。（4）加强翻译项目规划与管理。成立翻译项目管理团队、选择专业翻译员、制定翻译项目进度及进度管理、确立与客户之间的交流方式和频率。项目管理人需要了解各译员的翻译能力、按照项目管理的总体规划拟定项目进度表、做好翻译任务及时间的分配及协调，以及翻译活动有关人员（译员、客户、技术人员、审校等）之间的沟通协调，监督整个翻译活动的进程。（5）加强翻译行业与有关部门的协同创新。协同创新是当今科技创新的新范式和产业发展的新路子。语言服务企业、语言技术公司、高校和科研院所、译员，乃至于客户之间的合作，发挥各自的能力优势，整合互补性资源，协作开展技术创新和科技成果产业化活动是语言服务业的发展新潮流。加强行业互动交流，加强培训和咨询有助于语言服务企业继续壮大。（6）努力构建良好工作环境。目前翻译市场上存在为争夺翻译任务而竞相压价的情况或为在规定的时间内完成任务而偷工减料的情况，不利于翻译行业的良性竞争。因此,翻译行业监管部门需要制定不同文本的收费标准,形成具有约束力的法规,确保翻译行业合理的收入,激发翻译从业人员的工作积极性,从而保证翻译行业的健康与可持续发展。

小 结

外宣翻译方法论体系是由四个层面的内容组成的:翻译理论研究方法、翻译作品和翻译功能实证研究方法、翻译过程实证研究方法以及外宣翻译管理。

外宣翻译理论研究方法包括:翻译理论、翻译史、哲学思维系统、语言符号系统、社会文化系统和外宣翻译的发展趋势预测(涉及翻译产业、翻译公司、翻译职业、翻译流程、翻译技术、质量评估、译者培训、语言服务行业等诸多层面,以及翻译研究与翻译教育模式产学研一体化的趋势)。

翻译作品和翻译功能实证研究方法包括:语料库法、个案研究法、观察法、现象学研究法、民族志研究法、文献统计与分析法、语篇分析法、批评性话语分析法、访谈法(开放式访谈、焦点团体访谈、深度访谈)。有声思维法翻译过程实证研究方法包括:自然(或观测)研究、实验性研究、半实验性研究、测量法、问卷法、评定法以及认知神经科学的ERPs(事件相关电位技术)和fMRI(功能性磁共振成像)方法。

外宣翻译管理为外宣翻译方法论体系中一个极为重要的方面,有助于外宣翻译的规范化管理,确保外宣翻译的质量。它主要包括实行翻译行业准入机制,完善翻译人才培养机制和评价体系,建设与管理翻译团队,加强翻译项目规划与管理,加强翻译行业与有关部门的协同创新和努力构建良好工作环境六个方面。

第八章 多维视域下外宣翻译的实证研究

第一节 语境动态顺应与外宣翻译

一 多维视域下的语境界定

语境，即语言使用的环境，是语用学、社会语言学、语义学和修辞学等学科中的一个重要概念。国内外语言学家对语境有过许多论述。语境作为语言学概念最早是由德国语言学家威格纳（Wegener）于1885年提出，他认为语言的意义只有根据语境才能确定，然而其语境思想并未在语言学界引起很大反响。波兰语言学家马林诺夫斯基（Malinowski）于1923年提出了情景语境（context of situation），将其应用于不同语言之间的翻译和理解，并于1935年提出文化语境这一概念，将语境研究提升到了一个新高度。他认为语言研究必须同时考虑语言使用者的文化和生活环境。国内外许多学者都对语境进行了精辟的探讨和分类，从中我们可以得知语境主要分为语言语境和非语言语境。马林诺夫斯基的情景语境和文化语境都是非语言因素，前者指的是与语言交际活动直接相关的客观环境，后者指的是语言交际活动参与者所处的整个文化背景，从根本上改变了语境的原有含义①。他把语境的外延扩大到了句子层次，第一次拓展了其外延范围。英国语言学家弗斯（Firth）继承和发展了马林诺夫斯基的语境思想，提出了关于意义的语境理论（contextual theory of meaning）。弗斯的语境观把对语境的外延认知由马林诺夫斯基在语词、语句层次的认知，扩展到了语段层次的认知，同时提出了

---

① 朱永生：《语境动态研究》，北京大学出版社2005年版，第7页。

非语言因素。

　　随着语义学、语用学、哲学及认知科学等学科的发展，越来越多的学者开始关注对语义与语境的关系。不同的语言学家对语境的分类各不相同，基本上都是两分法，如情景语境与文化语境，强式语境（high context）与弱式语境（low context），静态语境（static context）与动态语境（dynamic context），显性语境（explicit context）与隐性语境（implicit context）等①。就研究方法而言，多采用社会文化的分析方法或者心理认知的分析方法，在语料分析方面有的采用定量分析的方法或定性分析的方法。学者们从多视角研究语境的理论主要有：以马林诺夫斯基为代表的早期文化交际学派理论；维特根斯坦（Wittgenstein）和奥斯汀（Austin）等为主的哲学派理论；以巴赫金（Bakhtin）和维果茨基（Vygotsky）为代表的社会符号学派理论；以甘柏兹（Gumperz）为代表的言语文化交际学派理论；斯珀伯（Sperber）和威尔逊（Wilson）的与交际、认知有关的关联理论等。这些理论从不同的角度和层面深化了语境定义，拓宽了语境特征的广度，如对语境的分类法"已从语言语境——即上下文，经由二元化——语言语境和非语言语境，三元化——语言语境、物理语境和共享知识，走向多元化（世界知识、集体知识、特定知识、参与者、正式程度及媒体等）"②。语境概念范畴得以不断延伸。

　　根据中外学者们的研究成果，语境通常可分为静态语境和动态语境。朱永生③对静态语境和动态语境的界定与奥唐奈（O'Donnel）的观点有相似之处④，认为静态语境即传统意义上的"语境"，指的是人们将语境视为预先确定的因素组合，按照韩礼德（Halliday）的观点，也就是话语范围、话语基调和话语方式等语境因素在言语活动的整个过程保持不变，从而保持语域的一致性；所谓动态语境，指的是话语范围、话语基调和话语方式中的某一个，某两个甚至所有这三个因素在语

---

① 朱永生：《语境动态研究》，北京大学出版社2005年版，第2页。
② 胡壮麟：《语境研究的多元化》，《外语教学与研究》2002年第3期，第161页。
③ 朱永生：《语境动态研究》，北京大学出版社2005年版，第28—29页。
④ 奥唐奈（O'Donnel）的静态语境和动态语境分别指话语范围、话语基调和话语方式这三个语境因素在语言交际过程中保持不变的情形与这些因素发生某些变化的情形。

言交际过程中发生变化从而影响语言使用的情况。因此我们认定语境是一个变量，因个体的认识能力和认知程度而异，英国语言学家莱昂斯（Lyons）在《语义学》中提到有六个语境变量。① 语境的双重性在两个方面得以体现：一方面客体静态的语境为话语或文本的意义生成提供可操作的"参数因子"；另一方面反映主体对客体语境的心理表征。两者相辅相成，体现了客体作用于主体，而主体又能动地反映客体的互动特征，同时有助于体现语境的意义生成功能、解释功能和制约功能。

二 顺应理论—动态语境的建构

维索尔伦（Verschueren）在《语用学新解》（Understanding Pragmatics）一书中率先提出了"顺应理论"（Theory of Adaptation），认为由于语言具有变异性（variability）、商讨性（negotiability）和顺应性（adaptability）的特征，语言的应用成为一个不断顺应和选择的过程②。因此"顺应理论"实际上是一种动态的语境观。语言的变异性指语言提供了众多可供选择的语言选项；语言的协同性指语言的各种不同选择可以灵活变通；语言的顺应性则指语言应用者可以灵活地运用不同的语言选项从而满足不同的交际目的。换言之，由于语言结构、文化背景、审美心理和社会因素等差异，译者需要不断地顺应语境，将目的语读者的期待纳入视野，对语篇、语言、文化、审美不断进行调整以符合目的语读者的语篇构建方式、语言习惯以及文化和审美心理从而成功实现语言和文化的解码和转换。

语言的应用涉及顺应的四个层面，即语境关系的顺应、语言结构的顺应、顺应的动态性和顺应过程的意识程度③。维索尔伦将语境分为交际语境和语言语境。交际语境涵盖社交世界、物理世界和心理世界。社交世界指各种社会文化因素、人际关系等，以及交际双方的依存关系、

---

① 莱昂斯（Lyons）的六个语境变量分别为：参与者扮演的角色（role）和地位（status）；参与者所处的时空位置；交际的正式程度；交际得以实现的口头的或书面的媒介（medium）；交谈的话题以及说话者对该话题所采取的态度；话题所涉及的范围（province）或领域（domain），有些语言学家建议用语域（register）取而代之。

② Jef Verschueren, *Understanding Pragmatics*, London: Arnold, 1999, pp. 59 – 61.

③ Ibid., p. 61.

权利关系和平等关系等;物理世界包含时间、空间、外貌和身势语等;心理世界涉及认知和情感等因素,如交际双方的个性、情感、信仰、欲望、希望、动机等心理状态。语言语境亦称信息通道(linguistic channel),主要包括篇内衔接(cohesion)、篇际制约(intertextuality)和线性序列(sequencing)三个主要层面。篇内衔接指利用各种语言手段如前指、自指、连词、逻辑关系、省略、对比、重复、代替等构建语篇;篇际制约指影响和制约语篇的其他因素,如主题、文本类型或是情景因素;线性序列指顺应性选择语言时需要关注语篇的逻辑—语义关系,适当安排话语的位置,同时还要将社会因素纳入视野,诸如政治立场、意识形态等因素,从而采用不同的翻译策略。

三 语境动态顺应与外宣翻译

维索尔伦认为语境动态顺应是语言使用的核心。语言内部与外部的各种因素是人们不断作出不同的语言选择以动态地顺应语境的动因。人们的认知心理差异以及交际双方的社会文化语境等多种因素均可影响顺应的动态性,因此意义的生成成为一个动态的建构过程。这一过程实际上体现话语与语境的相互作用,语境的差异决定语言的选择和话语的意义,不同的语言选择也会导致语境的变化。如果从顺应理论的视角予以考察,翻译是一个对原语的语篇、语言结构、文化语境和审美作出动态顺应的过程,从而顺应目的语读者的语篇构建方式、语言习惯、文化语境和审美心理。

本节所采用的中文语料主要摘自 CNKI 上研究福州"三坊七巷"的评介文本,笔者进行了尝试性翻译,并结合语境动态顺应探析其翻译策略。

(一) 语境动态顺应与语篇重构

语言语境主要包括篇内衔接、篇际制约和线性序列三个主要方面。由于英汉不同的思维方式,谋篇布局的方式迥然不同,因此翻译的过程首先是语境动态顺应和语篇重构的过程。英语思维模式呈直线型发展,注重主题句的明确设定,把话题置于段落的开头,然后层层深入,紧扣主题,这是以自我为中心的西方文化思维方式所决定的,强调个体的个人见解。中国古代社会强调国家、帝皇的权威;中国现代社会关注集体主义，因此个人在社会中的作用和意见一直是弱化的。这种差异在写作的谋篇布局得以体现，汉语段落的开头往往是主题句的缺失。"汉语的语义结构则是螺旋形的，与英语直线式的语义层次形成鲜明的对比。它没有明确的段落中心议题。它虽然对一个主题，有时可能是数个主题进行阐述，但这种阐述以螺旋形展开，即段落的语义呈自然流动型。这种段落其中一个明显的特点是思想随意性，一个段落包括的内容较多，只要和主题有关，但和段落中心思想不十分有关的内容，如作者突发的感想也可以包括进去，随意性很大，缺乏英语段落完整性和统一性的特点。"① 例 1 的中文内容就体现了这种随意性，对林则徐"字"和"号"的陈述似乎与主题没有太大的关联，在译文中予以删除。对其所担任的官职的罗列与主题也没有太大的关联，在译文中加入了"he took numerous measures that benefited local people wherever he worked as an official"这样的内容以体现林则徐深受国人尊敬的其他原因，同时省略了"顺应历史发展潮流"这一宣传性较强的字眼。这段汉语段落的语义呈自然流动型发展，几乎没有连接词的应用，语义松散，体现了汉语意合的特点。其英译文充分考虑了英语语篇的特点，设定了一个主题句，以主题为主线予以叙述并使用了几个连接词如 to begin with，in the second place，furthermore，consequently 等，体现了英语形合的特点，从而使整个段落体现了英语的完整性和连贯性。

例 1 林则徐："睁眼看世界的第一人"，1785 年 8 月 30 日（乾隆五十年）—1850 年 11 月 22 日（道光三十年），汉族，福建侯官人（今福建省福州），字元抚，又字少穆、石麟，晚号俟村老人、俟村退叟、七十二峰退叟、瓶泉居士、栎社散人等。清朝后期政治家、思想家和诗人，是中华民族抵御外辱过程中伟大的民族英雄，其主要功绩是虎门销烟。官至一品，曾任江苏巡抚、两广总督、湖广总督、陕甘总督和云贵总督，两次受命为钦差大臣；因其主张严禁鸦片、抵抗西方的侵略、坚持维护中国主权和民族利益深受全世界中国人的敬仰。他顺应历史发展潮流，对西方文明成果采取积极的了解和吸收并为我所用的态度，故能成为"睁眼看世界的第一人和向西方学习先进技术之开风气者"。三坊

---

① 蔡基刚：《汉写作修辞对比》，复旦大学出版社 2003 年版，第 74 页。

七巷旁的澳门路有林则徐祠堂。

译文：Lin Zexu (1785 – 1850), a statesman, thinker and poet in late 19th century, had many personal qualities that made him dear to the hearts of Chinese. A native of Houguan (today's Fuzhou), he was of Han ethnic group. To begin with, he was a great Chinese national hero in Chinese nation's resistance against foreign aggression. One of his greatest contributions was the launch of opium-banning campaign against British opium dealers by destroying their opium at Humen, Guandong in 1839. He advocated the ban of opium trafficking, the resistance of foreign aggression and the safeguarding of China's sovereignty and national interest, consequently he won the respect of Chinese all over the world. In the second place, he took numerous measures that benefited local people wherever he worked as an official. He became an official of the first rank, serving as high ranking official and governor in many provinces such as Jiansu, Guangdong, Guangxi, Hunan, Shangxi, Yunnan and Guizhou, and working as imperial commissioner two times. Furthermore, he took an active attitude to understand, learn and apply the achievements in western civilization, hence he was the first Chinese who advocated the learning of advanced western science and technology. LinZexu's Memorial Temple is located on Macau Road near three lanes and seven alleys.

（二）语境动态顺应与语言重构

对语言结构的顺应是顺应论的重要内容，由于两种语言结构的差异，在英汉互译中对语言结构的调整与顺应是翻译中的重要任务，如汉语"流水句"和主题句的翻译就是很好的例证。"'流水句'一连叙述几件事，一逗到底，直到说完为止，才有一个句号。一般都较长，属于汉语的长句，语意复杂，很难用一句表达清楚，往往需要拆译成两句或多句。"[①] 英语为一种形态语言，是以主谓语为语法框架的，可以用连接词和关系代词等构成复杂的逻辑关系，但不能像汉语的"流水句"一样无限制地扩展下去，需要在适当的地方断句。因此了解汉语与英语

---

① 韦忠生、胡奇勇：《汉语流水句汉译英探析》，《集美大学学报》2005 年第 2 期，第 83 页。

构句法的不同有助于理清汉语流水句的意义和关系,恰当地选择译文的表达方式。20 世纪 70 年代西方学者李纳(Charles N. Li)在其著作 *Subject and Topic* 中提出语言有四种基本类型,认为英语是属于注重主语的语言,句子的基本格局是主语+谓语,主谓之间有一致关系;而汉语则属于注重主题的语言,认为话题与主、宾语都是并列存在于句子中的句子成分,在句子结构中起重要作用的不是主语而是话题①。由于英汉句子结构的不同,在翻译中经常需要进行结构转换。

例 2 "三坊七巷"形成于唐王审知罗城,罗城南面以安泰河为界,政治中心与贵族居城北,平民居住区及商业区居城南,同时强调中轴对称,城南中轴两边,分段围墙,这些居民区成为坊、巷之始,也就是形成了今日的三坊七巷。

译文:Three lanes and seven alleys were formed on the basis of Luo City initiated by Wang Shenzhi (862 – 925), Lord of Ming Kingdom (909 – 945). Antai River divided the city into northern and southern section. The former was political center and aristocrat's residential area while the latter was common people's living quarters and commercial area. Importance was attached to the symmetry of the axis: both sides of southern city was enclosed by segmented walls. These residents first lived in lanes and alleys, known as today's three lanes and seven alleys.

该句为典型的"流水句",一共 98 个字符,有好几个主题:三坊七巷、罗城南面、政治中心与贵族、平民居住区及商业区、城南中轴两边、这些居民区。包括六层含义,少用连接词,主要以意统形,语义松散。译文将其翻译为五句,长句变成了短句,理清了语义。

例 3 在这个街区内,坊巷纵横,石板铺地;白墙瓦屋,曲线山墙,布局严谨,匠艺奇巧;不少还缀以亭、台、楼、阁、花草、假山,融人文、自然景观于一体。

译文:This block was dominated by lanes and alleys paved with slate and was dotted with tile-covered house of white walls and zigzaging fire walls. These houses and walls were featured by their well-designed layout and

---

① Charles N. Li ed., *Subject and Topic*, New York: Academic Press, 1976, p. 23.

exquisite workmanship. Many of those houses were decorated with pavilions, terraces, towers, chambers, flowers, grass and artificial rockeries, thus historical relics was integrated with natural scenery.

"在这个街区内"显然是方位词充当主题,"坊巷纵横,石板铺地"则为两个主谓结构的词组作谓语。"白墙瓦屋,曲线山墙"为分号后的第二个句子的两个主题,"布局严谨,匠艺奇巧"则为另两个主谓结构的词组作谓语。在译文中对语言表述进行了许多调整和转换,将方位词"在这个街区内"变成名词作为主语,将"在这个街区内,坊巷纵横,石板铺地;白墙瓦屋,曲线山墙"翻译为一个句子,只有一个主语,"坊巷""屋""山墙"则变为宾语,另外还有一个过去分词短语和介词短语作为定语。"不少"前省略了主语,为汉语的零主语现象,在译文中补充了主语。

(三) 语境动态顺应与文化重构

在交际语境中,社交世界是一个极为重要的因素。语用学研究的语言使用者是生活在具体社交世界真实的人们。翻译活动中我们要顺应的社交世界不仅仅指的是原语所描述的社交世界,即文化语境,而且也包括目的语读者的社交世界,这样的社交世界顺应了目的语读者的文化视野,实现文化的传真。"文化负载词"(culturally-loaded words)蕴含丰富的历史和文化含义,在目的语中找不到与之对应或对等的词语,导致文化缺省现象。由于文化缺省是一种具有鲜明文化特性的交际现象,因此不了解该文化的目的语读者在应对这样的文化缺省时常常会出现意义真空,无法将语篇内信息与语篇外的知识和经验联系起来,从而难以建立起话语理解所必需的语义连贯和情境连贯。因此需要以目的语读者为中心,除了正确传递文化信息,还要进行归化性和解释性翻译以符合目的语读者的文化心理,实现社交世界的顺应。

例4 洋务运动,又称自强运动,是指1861年(咸丰十年底开始)至1894年,清朝政府内的洋务派在全国各地掀起的"师夷之长技以自强"的改良运动。洋务派提倡"中学为体,西学为用",希望利用先进的技术维护封建统治,改革不触动封建制度。后来的甲午中日战争证明,洋务运动没有使中国走上富强的道路。但是,它引进了西方资本主义国家的一些近代科学生产技术,培养了一批科技人员和技术工人,在客观上刺激了中国资本主义的发展,对外国经济势力的扩张,也起到了一些抵制作用。

译文:The self-strengthening movement lasted from 1861 to 1894. Proposed by the self-strengthening advocators in the Qing Dynasty (1644 – 1911) the campaign of technology improvement was a national one to learn Western advanced technology in order to be ahead of the West. The advocators were protagonists of "Chinese learning as fundamental structure, western learning for practical use", hoping to take advantage of the advanced technology to safeguard the feudal ruling, consequently it would not have negative impact on feudal system. The subsequent Sino-Japanese war of 1894 – 1895 proved that the campaign did not enable China to embark on a prosperous path, nevertheless it introduced certain modern scientific technology from Western capitalist countries, trained a group of technicians and skillful workers, objectively stimulated the development of capitalism in China and resisted the expansion of foreign economic force to certain extent.

中外史论、文化研究等领域,涉及洋务运动时常翻译为 Westernization Movement。然而人们对西学为用主要是持肯定态度的,而英语中的 westernization 似乎具有贬义的色彩,含有不加分析盲目模仿之意。洋务运动涉及技术与实业,而 Westernization Movement 则侧重于观念的西化,二者基本没有语义重叠之处。Westernization Movement 之译名是对洋务运动的某种曲解,应为其正名。将洋务运动翻译为 the self-strengthening movement 顺应了原语读者的社交世界,向目的语读者准确传递了该运动的信息,弘扬了其积极意义。

例5 三坊七巷古民居中还有很多地方运用了梅、兰、桂等花卉图案,兰花清雅芳香,花质素洁,以兰喻君子高洁之品质;桂有及第折桂之意,喻子孙科举及第,仕途昌达。桂花与兰花组成"兰桂齐芳"的纹样,寓意子孙仕途昌达、尊荣显贵。如陈承裘故居二进大厅正门扇的格心就雕刻着梅花、菊花、莲花、牡丹四种具有吉祥喜庆意义的花卉。

译文:The patterns of flowers such as plum, orchid and osmanthus were applied as decoration in many places of three lanes and seven alleys. Orchid flowers are noted for their light fragrance, white and pure feature, symbolizing upright personality; osmanthus flowers mean winning laurel and enjoy an extended meaning of good wishes for success in the highest imperial examination for offspring and promising future political career. When the flowers of orchid and osmanthus are combined, they shape a lucky sign to represent successful political career and honor for descendants. For instance, the front door of the hall in the second bay of Chen Chengqiu's former residence was carved with auspicious flowers such as as plum, chrysanthemum, lotus and peony.

例5中的梅花、菊花、莲花、牡丹、兰花在中国文化中寓意深刻，传递着独特的文化意象，只有桂花的文化意象与英语有部分重叠之处，译文顺应了原文的内容，对其进行了解释性翻译，弥补了文化缺省现象，提供了足够的社交语境。原语的该文本对社交文化，即中国文化中寓意深刻的上述花卉详加解释，不仅顺应了原语读者的社交世界，也顺应了目的语读者的社交世界，成功实现了文化解码。

（四）语境动态顺应与审美重构

语言的应用过程也是交际一方顺应交际另一方心理世界的一个动态过程。我们在翻译过程中要把原语的每一句话都视为某一个交际过程的一部分，充分考虑目的语读者的审美心理，调整语言的表达方式，顺应交际双方的心理世界，这样才能使译文更好地实现目的语读者的审美需求。英语对外宣传文本大多语言朴实，表达通俗，风格简约，注重信息的准确性和语言的实用性，避免过度修饰。汉语对外宣传文本常采用华美的言语、四字结构、对偶排比结构，文采浓郁。宣传文本写作手法的不同体现了英汉两个民族不同的文化心理和审美情趣。因此，在汉语对外宣传文本的英译中应该将目的语读者的心理世界纳入视野，采用归化的翻译策略，将华丽的辞藻变为简洁的语言，以符合目的语读者的视野期待。反之，在英语对外宣传文本的汉译中应将朴实的语言变为文采华丽的语言，从而引起读者的强烈共鸣，达到预期的宣传效应。

例6 苍苍鼓山，泱泱闽水。依山傍水的福州马尾便是中国船政文化的发祥地和近代海军的摇篮。

译文：Fuzhou's Mawei is known as the cradle of Chinese culture of shipping administration and modern China's navy with green Drum Mountain located nearby and long Min River meandering through it.

例7 福建船政事业历时近百年，成效卓著、意义重大、影响深远。

译文：Fujian culture of shipping administration has witnessed nearly one hundred years, achieved remarkable achievement and enjoyed a far-reaching impact.

例8 船政文化所体现的自立自强、开放革新、学习进取等精神，世代传承，永放光芒。

译文：Culture of shipping administration has embodied the spirit such as self-reliance, open-up, innovation and initiative, which will be passed on from generation to generation.

例9 水上戏台不但因台面跨水而建，凌水若波，且亭台丽影，倒映水面，别有一种情趣；水面既限定了观赏者与戏台的视觉距离，又可以利用水面的回声使音乐更加清脆悦耳、婉转悠扬。

译文：The waterside performing stage was built over a rippling lake with the beautiful views of pavilion reflected in the lake, thus its charming scenery appeals to visitors. The water surface of the lake not only determines the visual space between appreciators and the stage but also the echo reflected by the water surface makes music sound pleasant and melodious to ear.

例10 曲线高翘的封火山墙、技艺高超的砖木雕刻、亲切宜人的空间尺度，至今令人叹为观止。

译文：Amazing even up to now is upturned winding fire wall, super workmanship of brick-carving, cordial and pleasant visual space.

从例6到例10我们可以看到大量的四字结构，有些是汉语成语，有些只是普通的四字结构，如苍苍鼓山、泱泱闽水、凌水若波、亭台丽影、清脆悦耳、婉转悠扬、亲切宜人、叹为观止。这些四字结构朗朗上口，韵律优美，给人美的感受。英译文则使用了简洁的语言以符合目的语读者的期待视野，即英语的简约之美，顺应了目的语读者的心理世界。再者，汉语喜用虚空之词抒情，因为汉语深受儒家哲学和美学传统影响，遣词造句多虚幻，工于意境的营造。如例7的"意义重大、影响深远"，例8的"世代传承，永放光芒"就体现了这种特点，因此只要保留其中的一个内容即可表达其意。

第二节 言语行为理论视域下的外宣翻译策略

一 言语行为理论概述

言语行为理论（speech act theory）的创始人是英国哲学家奥斯汀（Austin）。这一理论在20世纪50年代末在哲学领域首先提出，在此后的二三十年间，在语言学界产生了巨大的影响。奥斯汀提出言语行为理论目的在于表明这样一种思想："说话就是做事"，说话就是在具体场合下完成的一种类似身体活动的行为，即"言语行为"。

根据奥斯汀的新模式，一个人在说话的时候，在大多情况下同时实施了三种行为：言内行为（locutionary act）、言外行为（illocutionary act）和言后行为（perlocutionary act）[1]。这就是言语行为三分说。

塞尔（Searle）认为第一和第二两个层次的划分没有多大价值。他认为言语行为就是言外行为，都指说话人通过话语传达意图和目的，因而他只注重对言外行为的分析。在奥斯汀言语行为三分说的基础上塞尔将言外行为分成了五类，即断言类（assertive）或表述类（representatives）、指令类（directive）、承诺类（commisives）、表情类（expressives）和宣告类（declaration）[2]。

文献检索结果表明，大部分作者在运用行为理论探讨翻译时其侧重点都在于言后行为。诚然，由于认知环境及语言文化的不同，译者难以完全转换原语的文化语境并在目的语中再现，但通过体会原作的言后行为，也就是原语作者的意图，译者能够在目的语文化中充分再现原语的文化语境。然而笔者认为言内行为和言外行为对翻译同样具有一定的指导意义，本节将利用言语行为理论的三分说探析对外宣传翻译。

何自然和陈新仁先生[3]在《当代语用学》中将言语行为三分说翻译为以言指事行为、以言行事行为或施为行为、以言成事行为。笔者认为

---

[1] Jacob L. Mey, *Pragmatics: An Introduction*, Beijing: Foreign Language Teaching and Research Press, 2003, pp. 95-96.
[2] Ibid., pp. 119-122.
[3] 何自然、陈新仁：《当代语用学》，外语教学与研究出版社2004年版，第62—63页。

何兆熊先生的译法"言内行为、言外行为和言后行为"更为简洁，许多其他学者沿用了他的译法，在学术刊物看到的大多数为这种译法。

本人有幸承担了福建寿山石国家地质公园、福建宁德国家地质公园和福建土楼申报世界文化遗产汇报纲要的翻译，本节将以这些对外宣传文本作为语料并应用言语行为理论开展对外宣传翻译策略实证研究。

二 对外宣传语篇功能之分析：功能翻译理论的文本功能理论视角

翻译所涉及的不是孤立的词句，而是由相互关联的词语和句子，为一定的交际目的并按照一定的格式组合在一起的语篇，需要考虑谋篇布局的各个层面。因此建立明确的语篇意识对翻译理论和翻译实践的研究都具有重要的意义。

《译有所为——功能翻译理论阐释》概述了德国功能翻译理论的代表人物及具有重大意义的功能翻译理论。基于布勒（Buhler）的研究模式，功能翻译理论将文本功能模式分为四类：指称功能（referential function）、表情功能（expressive function）、诉求功能（appellative function）和寒暄功能（phatic function）①。功能翻译理论率先增加了寒暄功能。指称功能包括世界上或是虚拟的特定社会中的物体和现象，其功能之一就是传递信息。按照莱斯（Reiss）的文本类型，表情功能特指文学作品和诗歌的美学层面，而在诺德（Nord）的模式中，表情功能包括发话者对世界物体和现象的态度。根据接受者对行为的感知，诉求功能是用来引导接受者按特定的方式作出回应，往往使用祈使句或反问句，褒义的形容词或名词。诉求功能应用于诗歌中，旨在加强读者的审美感受。寒暄功能有助于在话语发出者和接受者之间建立联系、维持联系或终结联系。寒暄功能有赖于种种特定情况下的语言的、非语言的或副语言的手段，譬如有关天气的小对话，或将谚语用作旅游信息文本的开场白。诺德修正并完善了功能翻译理论，提出了功能加忠诚的原则，并提出了"纪实翻译"（documentary translation）② 和"工具翻译"（in-

---

① Christiane Nord, *Translating as a Purposeful Activity – Functionalist Approaches Explained*, Shanghai: Shanghai Foreign Language Education Press, 2002, pp. 40–45.

② Christiane Nord, *Translating as a Purposeful Activity – Functionalist Approaches Explained*, Shanghai: Shanghai Foreign Language Education Press, 2002, pp. 47–50.

strumental translation）[1] 两种翻译方法，前者强调原语文化，后者以目的语文化为视点。

作为一种应用性文体，外宣文本有其显著的特点和规律。指称功能和诉求功能是其两大主要功能，其中指称功能是前提和基础，诉求功能是目的，换言之，外宣的首要任务是客观地向国外受众提供有关中国的各种信息，介绍中国社会和文化的方方面面，促进了解、增进友谊，赢得理解与支持，建构良好的国际形象。沟通、传播是外宣文本的特性。为了使宣传达到预期效果，需要关注传播者主体和受众主体之间的对话和互动，因此外宣翻译需要把外宣文本的特性与翻译理论结合起来研究，将受众主体的认同纳入视野。本节所采用的语料取自对外宣传文本，起主导作用的显然是诉求功能，使用了大量评论性的语言（形容词）和祈使句，甚至告诉读者该做什么，该看什么：语篇发出指令性或诱导性信息，并产生明显的"言后效果"，即直接刺激目的语读者了解更多信息的欲望。

三　言语行为理论在对外宣传翻译中的应用

（一）言内行为视域下的对外宣传翻译

言内行为是指"说话"这一行为本身，它大体与传统意义上的"意指"相同，即指发出语音、音节、说出单词、短语和句子等。这一行为本身不能构成语言交际，但在实施这一行为之中，我们通常实施了一个言外行为，有时还同时实施了言后行为[2]。

言内行为就是话语的表达和话语本身，即话语的字面意思，必须遵循一定的语言规则，其结果是生成符合某种语言句法、语义规则的句子，因此在翻译中译者必须注重原语的言内行为，忠实于原语的文本内容，在目的语中使用符合习惯或语境的表达方式。翻译的过程涉及语言符号的转换，这是翻译的前提。翻译的实质是双语间意义的对应转换。意义指的是利奇（Leech）所阐述的七种意义，即概念意义、隐含意义、社会意义、情感意

---

[1] Christiane Nord, *Translating as a Purposeful Activity – Functionalist Approaches Explained*, Shanghai: Shanghai Foreign Language Education Press, 2002, pp. 50 – 52.

[2] 何兆熊：《新编语用学概论》，上海外语教育出版社2002年版，第92—93页。

义、反映意义、搭配意义和主题意义①。请看下面的译例：

例 11 土楼人家崇文重教，楼楼都有体现耕读为本、忠孝仁义、礼义廉耻等意味深长、对仗工整的楹联，规模较大的土楼还设有学堂；岁时节庆、婚丧喜事、民间文艺、伦理道德、宗法观念、宗教信仰、穿着饮食等也都传承了中原一带古代汉文化的遗风，语言较完整地保留着上古中原的方言。

译文：They attach great importance to arts and education, which can be seen from the rhythmic decorating couplets with profound implication. All the couplets show the importance of farming and education. Other content of the couplets are Zhong (faithfulness), Xiao (filial piety), Renyi (benevolence), Liyi (ritual) and Lianci (integrity) etc. A private school is usually attached to an earth building of relatively large scale. The remnants of ancient Han culture in central China are still visible from festival celebration at the end of year, marriage and funeral ceremonies, folk art, moral principles, clan rules, religious belief, dress and food etc. Their language preserves the element of dialect in ancient central China rather well.

仔细阅读原文与译文，你会发现原文有很多的四字结构，韵律优美，文采浓重，朗朗上口，如"崇文重教""耕读为本""忠孝仁义""礼义廉耻""意味深长""对仗工整""岁时节庆""婚丧喜事""穿着饮食"等，而英译文则朴实无华，如在译文中将"对仗工整"翻译为"rhythmic"，然而由于语言表达方式的差异英译文无法再现原文的韵律美。对"忠孝仁义、礼义廉耻"这样包含丰富文化含义的中国特色文化词汇添加圆括号作了解释性翻译，将其翻译为 Zhong (faithfulness), Xiao (filial piety), Renyi (benevolence), Liyi (ritual) and Lianci (integrity)，关照了目标受众的期待视野和文化心理。相应的英语译文具有明显的非修辞性，风格简约，行文用字简洁明了，语言朴实，表达直观通俗。对外宣传文本写作手法的不同体现了英汉两个民族不同的语义规则。因此，在对外宣传文本的英译中应该关注言语行为理论的言内行为，采用归化的翻译策略，将华丽的文采变为朴实的语言，以符

---

① 王寅：《语义理论与语言教学》，上海外语教学出版社 2014 年版，第 152—153 页。

合目的语读者的语言习惯。反之，在英语对外宣传文本的汉译中应将朴实的语句变为文采华丽的语言。

例12　又如每座土楼都有鲜明的中轴线，厅堂、大门、主楼等均建在中轴线上，横楼（屋）和附属建筑则分别建在左右两侧，两边对称，整体严谨，这与公元前16世纪至公元前11世纪（商代）和公元前一世纪（汉代）中原的生土民居建筑、殿堂等风格一脉相承；楼楼都有厅堂，并以主厅为核心组织院落，以院落为中心进行群体组合，楼内上下房间大小一律均等，内通廊四通八达，突出体现了土楼客家人敬祖睦宗、团结互助的传统美德。

译文：Another example is that every earth building enjoys remarkable axis, along which its halls, gates and main buildings etc are constructed. Horizontal and subordinate buildings are arranged on both sides, which show its symmetry and strict arrangement. It matches the style of earth residential buildings, palaces and halls etc in central China in 16th century BC, 11th century BC (Shan Dynasty) and 1st century BC (Han Dynasty). Every building has hall, and main hall is a center, along which yard is built. The yard is applied as a center to arrange building complex. Rooms on different floors in the building are equally sized and interior corridors lead to all directions. The architectural layout of earth building displays the traditional virtue of Hakka's paying respect to their ancestors and helping each other.

例12显然是一个典型的汉语流水句，全句190个字符，只有一个句号。汉语也有长句，"流水句"是其中一种句式，它是指一口气说几件事，中间似断似连，一逗到底，直到说完才有一个句号，参与一个事件过程的不是一个人，可能有几个甚至多个人，因此有几个主语或话题[①]。这里有几个主语或话题：土楼、厅堂、大门、主楼、横楼、附属建筑、楼楼、楼内上下、内通廊。"这"为汉语的外位结构，指代前面叙述的内容。原句语义较为松散，体现了汉语意合的特点，被翻译为七个句子，使用了一个关系代词"that"引导的表语从句，两个介词加关

[①] 韦忠生、胡奇勇：《汉语流水句汉译英探析》，《集美大学学报》2005年第2期，第83页。

系代词"along which"引导的定语从句,一个以关系代词"which"引导的非限制性定语从句,从而更好地体现了符合目的语的句法、语义规则的言内行为。

(二)言外行为视域下的对外宣传翻译

言外行为是通过"说话"这一动作所实施的一种行为,表示言外之力,人们通过说话可以做许多事情,达到各种目的,指说话人通过话语实施某个交际目的或者执行某个特定功能的行为,如传递信息、发出命令、问候致意、解雇下属、宣布开会等[①]。

言外行为的完成有赖于交际语境。言外行为寓于言内行为中,然而言外行为具有其自身的传播效果。在对外宣传文本的翻译中,译者除了注重原语的语言规则和语义规则,还要注重其内容的交际功能,这样才能在目的语中有效传达信息,实现言语交际的功效。只有提供了准确和足够的信息才能实现言外之力,达到宣传促销的目的。传递信息是对外宣传文本的主要特征之一。言外之力是语言使用者希望言语行为所实现的交际价值或这个行为意欲产生的功能。既然意图是意义的一部分,对意义的理解必须将意图纳入视野。在翻译中仅仅停留在命题层面上,即语言规则和语义规则是不够的,因为说话人不但要施行表意行为,而且常常还要传递其施事行为的目的。

例13 寿山石兼备"细、洁、润、腻、温、凝"六德,得天然造化,素有"天遣瑰宝"之美誉。寿山石雕素以选料珍稀、构图严谨、雕工精湛、色彩绚丽而著称,雕刻家因材施艺,创作了无数巧夺天工、美轮美奂的稀世珍品。

原译:Shoushan stone is featured by its fine texture and is awarded a title of "nature's present". Shoushan stone carving has enjoyed a long history of meticulous selection of materials, excellent design, unique workmanship and rich colors. Shoushan stone carving artists have created numerous masterpieces through their creativeness and imagination.

改译:Being a unique gift from nature, Shoushan stone is featured by its fineness, cleanliness, moisture, exquisiteness, mildness and transpar-

---

① 何兆熊:《新编语用学概论》,上海外语教育出版社2002年版,第92—93页。

ency. It is awarded a title of "heavenly present". Shoushan stone carving has enjoyed a long history of meticulous selection of materials, rigorous composition, unique workmanship and rich colors. Shoushan stone carving artists have created numerous masterpieces through their creativeness and imagination.

例 13 的原译不尊重原语语言内容的完整性，省译了兼备"细、洁、润、腻、温、凝"六德，"得天然造化"这样的内容，忽略了言外行为，即不能准确而有效地传递原文的信息，导致信息缺省，因此影响了言外之力的传递，也就是目的语读者对寿山石特点的更详尽内容的了解，不能实现言外之力，即达到介绍其色彩绚丽的其中一个目的。改译后的译文弥补了原语的言外行为，为目的语读者提供了更多的背景知识，使得缺省的背景知识得以充实，较好地将原语的言内行为转化为言外行为。

例 14　寿山石雕素以选料珍稀、构图严谨、雕工精湛、色彩绚丽而著称，经过千百年的积累和创新，寿山石雕已形成圆雕、薄意、浮雕、高浮雕、镂空雕、透雕、链雕、微雕、镶嵌、钮雕、篆刻等工艺。

原译：Shoushan stone carving is noted for its meticulous selection of materials, excellent design, super workmanship and rich color. With thousands of years' development and innovation, it has shaped numerous carving techniques such as solid, sketch, relief, super relief, penetrating, chain, micro, embedding and engraving etc.

改译：Shoushan stone carving is noted for its strict selection of materials, exquisite design, super workmanship and rich color. With thousands of years' development and innovation, it has developed numerous carving techniques such as round object carving, carving in unrestrained style, relief, high relief, hollow interior carving, penetrating interior carving, chain carving, miniature carving, embedding, seal carving and engraving etc.

例 14 的原文对寿山石雕的不同雕刻风格作了详尽的描述，原译将圆雕、薄意译为 solid, sketch，显然没有把握其含义，违背了准确而完整地传递信息的规则，漏译了镂空雕，影响了信息的完整性，无法体现寿山石雕雕刻风格千姿百态的目的。改译后的译文将圆雕、薄意译为

round object carving，carving in unrestrained style，补译了镂空雕 hollow interior carving，为目的语读者提供了寿山石雕不同雕刻风格的背景知识，弥补了缺省的信息。改译后的译文显然更好地体现了言外之力，因而更准确地传递了原语的信息，成功实现了从言内行为转化为言外行为。

例15　宁德国家地质公园自然条件优越，生态环境优良，白云山、白水洋、太姥山三个园区森林覆盖率为72%—90%。

原译：Ninde National Geological Park boasts superior natural conditions and sound ecological environment. Forest coverage in three gardens known as Baiyun Mountain, Baishuiyang and Taimu Mountain amounts to 72% and 90% respectively.

改译：Ninde National Geopark boasts superior natural conditions and sound ecological environment. Forest coverage in three subparks known as Baiyun Mountain, Baishuiyang and Taimu Mountain amounts to 72% and 90% respectively.

原译将地质公园翻译为geological park，更为确切的译法应为geopark，更符合目的语的表达方式。几个"园区"不能翻成"garden"，大的公园既然称"park"，次一级的应该称"subpark"，用"garden"就会造成从属关系不清楚，也无法准确体现具体语境，会误以为是另外的国家地质公园，同时也违反了原文的语义和信息完整规则，影响了其言外行为的实现。因此将"garden"翻译成"subpark"，这样目的语读者就了解该国家地质公园是由三个subpark组成，可以更好地体现原作者区分三个不同园区的目的，即言外行为。

（三）言后行为视域下的对外宣传翻译

言后行为是指说话带来的后果，例如，通过言语活动，我们使听话人受到了警告，或者使听话人接受规劝，不去做某件事，或者使听话人去做了我们想让他去做的事，等等。指的是某句话说出之后在听话人身上产生的效果或结果。言后行为通过字面意义表达说话人的意图，说话人的意图一旦被听话人领会，便可能带来后果或变化。[①]

---

① 何兆熊：《新编语用学概论》，上海外语教育出版社2002年版，第92—93页。

对外宣传文本起主导作用的应是诉求功能：语篇发出指令性或诱导性信息，并产生明显的"言后行为"，即直接刺激目的语读者了解其内容的欲望。因此在翻译的过程中，译者一定要以作者的意图、读者的预期效果，即言后行为，作为翻译的根本依据，正确体会原作者的主观意图以及在接受者身上产生的客观效果并采用有效的语言手段将原语的精神正确地传递给目的语读者，使译作像原作一样产生预期的效果。在这种情况下，过度关注原语的表意功能，即拘泥于其字面意义，是不妥的，更重要的是其语用等效。

例16 特别是改革开放以来，寿山石名闻海外，石价跃升，高过了以前的数十、数百倍，开采规模超过了历史上任何一次的采石热潮，出口产品种已达百来种，给村民带来了很好的经济效益，正如金石家潘主兰先生所言："往时尚见竹篱茅舍，今已高楼广厦，美轮美奂遍一村。玉宇风清，石得时愈显。"

原译：Shoushan stone became famous especially after Chinese policy of reform and opening up to the outside world was initiated. Not only its prices rocketed, but also its excavation volume surpassed any excavation craze in its history. It has brought villagers very good economic benefits and its export amounts to over 100 varieties.

改译：Shoushan stone became famous especially after Chinese policy of reform and opening to the outside world was initiated. Not only its prices rocketed, but also its excavation volume surpassed any excavation craze in its history. It has brought villagers very good economic benefits and its export amounts to over 100 varieties. The achievement was highly commented by Pan Zhulan, a celebrated Chinese epigrapher: "Bamboo cottages scattered everywhere in the village in old days are replaced by high buildings. Shoushan stone's popularity is attributed to good policy."

例16原译中漏译了金石家潘主兰以诗歌形式表达的对寿山石的溢美之词。该段内容起主导作用的应是诉求功能，并产生明显的"言后行为"，即寿山石为当地村民带来了很好的经济效益，一幢幢拔地而起的建筑物即是明证，这都是由于有关政府部门大力弘扬寿山石文化的结果。改译后的译文概述了该诗歌的内容，更好地体现言后行为的效果，实现了语用等效。

例17 以上表明，福建永定（土楼）从历史、科学和文化的角度看，具有突出、普遍价值，不仅能为特定的历史进程、文化传统、民族民俗的发展与演变提供丰富的实物证据，而且与地质地理学、建筑学、生态学、人类学、民族学、民俗学、社会学、景观学、军事学、伦理学、教育学、宗教学、风水学、文学、美学等有着直接的、实质性的联系，符合世界文化遗产第1、3、4、5、6条标准。

译文：All this shows that Fujian (Yongding) earth building enjoys remarkable and universal value from historical, scientific and cultural perspective. It not only can provide rich tangible evidence for particular historical process, the development and evolution of cultural tradition and folk – custom but also it bears direct and substantial connection with geology, geography, architecture, ecology, anthropology, ethnology, folklore, sociology, landscape science, military science, ethics, education, religious study, geomancy, literature and aesthetics etc. Consequently it is in conformity with no1, 3, 4, 5 and 6 standards of world cultural heritage.

汉语对外宣传文本的特色之一是引经据典，加深读者印象并使其从中得到艺术享受和美的熏陶。全篇报告和上述这段总结性的概括着重事实的陈述，试图让事实说话以期实现目的语对外宣传的呼唤功能，即言后行为。改译后的译文在原文后添加"Seeing is believing. Come and visit Fujian earth buildings."从而给联合国教科文组织的评委留下更深的印象。

例18 寿山石以其特有的优异品质，通过石雕这个载体，"上伴帝王将相，中及文人雅士，下亲庶民百姓"，深受中外人士的青睐。

原译：Shoushan stone enjoys long history and unique features, and Shoushan stone carving is popular among Chinese and foreigners.

改译：Shoushan stone enjoys long history and unique features, and Shoushan stone carving is popular among Chinese and foreigners. A quotation says that "Shoushan stone not only was treasured by emperor, high ranking officials, men of letters and scholars, but also was highly valued by ordinary citizen in ancient times".

仔细阅读原译文，省略了"上伴帝王将相，中及文人雅士，下亲庶民百姓"的翻译无疑对其言后行为的传递产生了消极的影响，无法达到预期的传播效应。在改译的译文中将其补译，在目的语中予以再现。这个句子的言后行为非常明显，寿山石不但在古代中国深受各阶层的喜爱，如今也深受中外人士的青睐。来到福州如果不去参观福建寿山石国家地质公园将是一大遗憾。

第三节　修辞视域下的受众解读与外宣翻译策略

修辞手段的恰当应用有助于外宣翻译文本的构建，外宣文本的传播效果某种程度上是由目的语受众对外宣文本修辞手段的认同程度决定的。截至2015年5月10日，关键词"修辞与外宣翻译"的中国知网期刊模糊检索结果显示为10项，其中3项与该论题无任何关联。张雯、卢志宏提出了择语、调音、设格、谋篇和言语创新等外宣翻译手段的运用以体现合适的修辞意识[①]。袁卓喜认为外宣文本的译文能否赢得目的语受众的认同，取决于外宣译文的内容与形式是否能够达到相应的劝说效果[②]。陈小慰基于语言、文化和美学三个层面，在语用修辞的视域下探析了外宣标语口号的翻译策略[③]。关键词"修辞中的受众与外宣翻译"的中国知网期刊模糊检索结果显示为3项，涉及修辞中的受众研究的仅为2项，表明学界较少涉及该论题的研究。本节拟在修辞视角下讨论受众的界定，以介绍中国茶文化的外宣翻译文本作为语料，从修辞动机、修辞情境和修辞中的文化认同三个层面探析外宣翻译的受众意识与翻译策略。

一　修辞视角下的受众研究

亚里士多德（Aristotle）认为修辞学是一种以劝说方式体现并说服

---

① 张雯、卢志宏：《中西方修辞传统与外宣翻译的传播效果》，《上海翻译》2012年第3期，第38—40页。
② 袁卓喜：《现代修辞视角下的外宣翻译——基于西方劝说机制理论的思考》，《解放军外国语学院学报》2013年第1期，第91—95页。
③ 陈小慰：《外宣标语口号译文建构的语用修辞分析》，《福州大学学报》2007年第1期，第94—99页。

他人的艺术。他认为任何话语都是由言说者、话题和受众这三个基本要素构成的，修辞的目的乃是劝说并说服受众。演说是否能赢得受众取决于修辞者是否有效运用说服手段，即：诉诸修辞者人格，诉诸受众情感，以及诉诸以理服人的修辞论证。[1]

西方修辞学家西塞罗（Cicero）认为受众是言语的最终判决者。西方修辞学的发展见证了受众重要性的变化过程：早期学者们对受众倍加重视，但受众的重要性也一度遭到冷落，后期又重新受到关注。古典修辞将受众作为其重点研究的对象。早期的受众往往被称为听众，指在公众场合倾听口头演讲的群体，内容涉及政治辩论、法庭辩护、牧师布道等。书面语的普及致使受众的对象发生了蜕变，从听众一跃成为读者，因此作品必须将读者的语言使用习惯、认知能力、审美心理等诸多因素纳入视野。20世纪五六十年代随着西方"新修辞学"的崛起，各种修辞学理论应运而生。诚然各种修辞学理论见解不一，然而许多理论将受众视为修辞话语至关重要的要素，如巴赫金（Bakhtin）的对话理论、伯克（Burke）的动机修辞学、帕尔曼（Perelman）的论辩修辞学、哈贝马斯（Habermas）的交往行动理论都将受众置于至高无上的地位，予以高度的关注。美国修辞学家伯克认为"认同"（identification）乃是当代修辞学的核心内容。他认为修辞的本质即"认同"：修辞者首先必须"认同"受众的思维、情感和见解，借助合适的修辞才能最终促使受众认同修辞者的观点[2]。

二 修辞学视角下的外宣翻译策略

（一）修辞动机与外宣翻译策略

译者必须立足于原作，分析其修辞动机和修辞策略，确定翻译行为的修辞动机，借助译文的修辞运作，使原作转化为能够对目的语受众具有传播效应的修辞文本[3]。以下的宣传文本为中英对照的某中华礼茶的开篇介绍，其文本以文言文撰写，由两个段落构成，文笔优美，措辞正

---

[1] Aristotle, *On Rhetoric: A Theory of Civil Discourse*, trans. George A. Kennedy, New York: Oxford University Press, 1991, p. 28.
[2] Kenneth Burke, *A Rhetoric of Motives*, Berkeley: University of California Press, 1969, p. 55.
[3] 陈小慰：《翻译研究的新修辞视角》，博士学位论文，福建师范大学，2011年，第118页。

式,包含了大量修辞手段的运用,体现了其修辞动机与策略。建茶是腊茶(春茶),江茶是草茶(一是指烘烤而成的茶叶,二是指由植物草制作而成的保健茶)。朱子作为大理学家,他的思想境界就不一样,同样是建茶、江茶之比,却将其升华到"中庸之为德",体现了儒家理的高度,草茶则颇有气节,反映了自然本色。朱子将儒家最高之道德——中庸之为德,赋之于建茶,提高了其知名度。文本以语言与非语言模态予以体现,第二段运用了两个概念隐喻:人品即茶品,品茶即品人。在文本上方配以古色古香、飞檐翘角的中国古代建筑,是非语言模态的隐喻。众所周知文言文为中国古代的语言,中国古代建筑也可以追溯到久远的年代,其修辞动机与策略显而易见,该品牌历史悠久,源远流长,建筑上冠以"中华老字号"的字样既是明证。原译文对第2个概念隐喻的处理似乎不妥,此外还存在多处语言错误,使用语言也趋于口语化,致使该文本的修辞动机无法得以体现,建议改译。原文将第二段"人品即茶品,品茶即品人"翻译为 Character of a person just like the quality of tea, to drink tea just like to know a person, 此处存在表述错误,在 just 之前均需要添加 is, 第二个 like 后的 to know 应该改为 knowing。改译的译文将其翻译为 A person's personality is like the quality of tea; to drink tea is to know a person, 第一句仍然采用明喻,第二句则采用 A is B 的概念隐喻表述方式。文中所有的改译均为笔者提供的建设性译文。

例19 茶可喻理,茶汤咬盏可喻敬守诚实,茶色尚清可喻志气清白,茶可喻人,建茶如中庸之为德,江茶如伯夷叔齐,故君子当如茶,其骨清傲,其气太和,其性贤良方正,其品森然不可慢,君子之为茶,亲而不乱,嗜而敬之,是以明伦理、博谦虚、轻虚华、尚俭朴。

人品即茶品,品茶即品人。今之国朝,茶为盛世之清尚,天下之士,励志清白,敬志清白,敬为闲暇修索之玩,客至而设茶,徐徐烹来,以理穷茶,以礼致和,清雅隽永,香高韵长,飘飘然而物我合一,何可胜道也哉!

原译: The tea including reason, tea appress the cup means honest, the light green colour of tea mean ambition innocence. The tea can mean a person, the former such as the meaning The Golden Mean, the latter such as uncles. So a gentleman mean tea, his bone is proud, his virtues kidly, his spirit is awe-inspiring can not be ignore. A gentleman like tea without chaos, addicted while admire, this is know ceremony, modest, without vanity, yet frugal.

Character of a person just like the quality of tea, to drink tea just like to know a person. Tea can for leisure, all people in the world, inspirational innocence, want relax and have fun. When customer comes, a cup of tea is very good, its simple but mean a lot, it mean ceremony. How fun it is!

改译: Tea implies reason; tea's clinging to cup symbolizes honesty; the light color of tea means a person's noble ambition. A person's temperament can be compared to the quality of tea: the doctrine of mean in Confucianism is reflected in spring tea, while the natural quality of a person is demonstrated in baking tea. Consequently, junzi (a perfect gentleman) displays tea's feature. He is characterized by his unyielding will, kind disposition, upright personality and awe-inspiring spirit. Like the quality of tea, the gentleman impresses you with the feeling of being intimate, harmonious, self-disciplined, ethical, modest and frugal.

A person's personality is like the quality of tea; to drink tea is to know a person. Currently tea is regarded as a popular soft drink and people's tea-drinking is deemed as an approach to cultivate the integrity of their personality. People drink tea in leisure and make tea to entertain guests. The harmony of human relation is acquired by the etiquette of tea drinking. What a great fun of savoring fragrant tea in a graceful environment!

(二) 修辞情境与外宣翻译策略

布斯 (Booth) 认为伯克 (Burke) 的修辞情境取决于三大要素: 针对主题的有益争论、观众的兴趣与特点、修辞者的态度和隐含性格, 三者之间的平衡称之为"修辞立场"; 评判作品优劣的标准之一在于实现三要素的微妙平衡[1]。此处的"观众的兴趣与特点"指的是受众的修辞心理与对修辞的接受程度。布斯将修辞立场归纳为三类: 学究式立场 (the pedant's stance), 全然不顾特定的观众而展开主题; 广告者立场

---

[1] Wayne C. Booth, *The Rhetoric of Rhetoric: The Quest for Effective Communication*, Blackwell Publishing, 2004, pp. 41-42.

(the advertiser's stance），文本劝说的意图过于明显；表演者立场（the entertainer's stance），文本表述内容往往让步于个性和魅力[1]。例20 对中国读者来说是司空见惯的修辞立场，在介绍某一产品时经常罗列各种奖项与荣誉，不愧为产品推介的有效途径，而潜在的西方顾客崇尚个人主义，有挑战权威的倾向，况且西方顾客不熟悉中国产品的各种奖项与荣誉，某些奖项的知名度在国际上不是特别高，因此所有奖项的罗列大可不必，列举最为重要的个别奖项即可。如果忽视西方受众的需求与具体的修辞情境，完全照译，这种学究式立场很难得到西方受众的认同。例20属于中国文化语境下的广告者立场和修辞心理，使用了许多华美的语言，四字结构，语言正式，还使用一些虚空之词，如"在云水暖雾之间纳苍茫广阔之灵气，吸连天碧峦之精粹"，笔者将其翻译为misty green mountains，将华美的语言转变为简朴的语言。若在目的语中照原语的字面予以翻译，势必使译文臃肿不堪，不可卒读，不符合目的语读者的语言审美习惯和修辞心理，亦不符合西方文化语境下的广告者立场所体现的修辞途径，因此语言修辞方式的转换成为必然的选择。例21无原译文，为笔者所译。

例20 公司拥有多种自主专利，并先后获得"全国农产品加工示范企业"、中华人民共和国内贸部[2]颁发"中华老字号"、"金桥奖"、"福建百年老铺"、"厦门老字号"、"中华海峡两岸交流促进会唯一指定礼品"、"海峡两岸产业交流指定品牌"、"世界华人联合会（总会）/全球中国人联合总会指定礼品"、"中国茶产业"、"十强连锁"等20多种荣誉称号。

原译：The company has a variety of their own patents and has won the national agro-processing model enterprise, the Ministry of Domestic Trade of the People's Republic of China issued the old Chinese shop, Golden Bridge Award, Fujian century old shop, Fujian old shop, China Strait Society for the promotion of cross-strait exchanges only designated gift, cross strait in-

---

[1] Wayne C. Booth, *The Rhetoric of Rhetoric: The Quest for Effective Communication*, Blackwell Publishing, 2004, pp. 42, 44, 46.
[2] 国内贸易部，原为国务院组成部门，1998年3月撤销，并入国家经济贸易委员会管理。

dustrial exchange specified brand, world Chinese association / global Chinese federation of designated gifts, China's tea industry top ten chain more than 20 kinds of honorary titles.

改译：The company has enjoyed a variety of its own patents and has won more than 20 honorary titles, such as China's time-honored brand, century – old shop etc. issued by the Ministry of Domestic Trade, thus known as one of best tea brands in China.

例 21　有机茶系列：精选农业部颁证确认无公害茶园中数量稀少的顶级铁观音，在云水暖雾之间纳苍茫广阔之灵气，吸连天碧峦之精粹，以国家级品茶师以精心挑选掌控，秉承庄氏百年秘传制茶工艺，结合现代科技，乃成鬼斧神工般天然精粹茗品。

译文：Its organic tea series utilizes top quality tea leaves grown in tea plantation surrounded by misty green mountains and are certified pollution-free by the Ministry of Agriculture. Through meticulous selection of national tea taster, the tea's processing combines the Zhuang's secret 100-years-old tea-making technique with modern technique, thus it becomes super natural tea.

（三）修辞中的文化认同与外宣翻译策略

按照伯克的观点，认同是要达到劝说目的的必经之路。劝说的目的能否实现取决于受众在某种意义上对不同文化的认同。说服是传统修辞学的核心内容，乃是一种单向度的行为。换言之，传统修辞学的修辞者往往以居高临下的态势将个人主张强加于受众之上，而新修辞理论的"认同"传递了修辞者与受众之间互动的意愿，当然这种互动亦体现了不动声色的修辞施压以实现修辞者的修辞目的。修辞活动是一定的话语"权威"的体现，因此修辞者的权威对潜在的读者会产生一定的制约。修辞者若具有较高的修辞权威，即其所言具备较高的可信度，那么其修辞人格便容易彰显；修辞权威往往与压制（coercion）有关。假若说话者具有一定的修辞权威，那么其言论将会"压制"受众，促使受众作出积极的反应，从而有助于实现成功的说服[1]。修辞权威在取得良好的

---

[1] 李克、刘新芳：《修辞权威、修辞人格与修辞劝说的互动关系研究——基于一则汽车广告的分析》，《中南大学学报》（社会科学版）2011 年第 4 期，第 202 页。

修辞劝说效果的过程中发挥着举足轻重的作用，甚至在某种程度上可以左右受众的反应，取得认同。例22就是修辞权威的具体体现。一方面该产品的名字就取名于中国古代外交礼仪的最隆重礼节——九宾礼，另一方面，该例的另一修辞者为孔子和孟子，他们的许多著作被翻译为英语介绍给西方读者，儒家学说的一些价值观念在西方备受关注，广为流传。虽然该例原文语言优美，措辞正式，对原语读者而言不失为优秀的中国茶文化推介文本，然而原译文存在较多的语言表达错误，无法传递"礼让谦和、智勇双全""忠孝之气节"等文化内涵，更无从取得目的语读者的认同，因此无法实施一定程度的修辞施压。改译后的译文更好地体现了这种茶所体现的儒家文化，实现了修辞者的修辞目的，体现了一种不露痕迹的修辞施压，旨在促使潜在的西方消费者对该产品的认同：既然这种茶叶所体现的礼节规格如此之高，体现了公认的儒家学说的价值观念，现在不买更待何时？九宾礼茶乃是您上乘的礼品选择。

例22 "九宾礼"为外交礼仪上最隆重的礼节，有九个迎宾赞礼的官员司仪施礼，并延引上殿。九宾礼系列是清雅源对其高贵客群的一种借喻，以儒家"礼仪"文化中的精髓来体现客群德隆望尊。

"礼让谦和、智勇双全"为君子忍让之心的态度，又包含大家之智慧，不惧淫威之勇猛；"忠孝之气节"如同沉淀在君子骨血中的铮铮傲骨，意寓深远，以最隆重的九礼之势，赠送心中德高望重之人，茶礼之中尽显君子本质，体现了九宾礼的高贵之气，是商务及节日送礼首选。

原译文：The Nine Guest Etiquette is the most solemn ceremony of diplomatic protocol. It has nine welcome paean officials emcee salute and go to stage. The nine guests officiating series mean Confucian "etiquette" cultural essence of its noble segments a metaphor to reflect of respect customers of the tea. Comity and humble wise and brave for gentleman patience of heart, attitude, and bear with all the wisdom, the fear of despotic power of the brave: integrity of loyalty and filial whole manifest as precipitation gentleman genetically proud, far-reaching, the most solemn Nine Guest Etiquette of potential, highly respected person donated hearts, filling gentleman essence of the tea ceremony. The Nine Guest Etiquette is the best choice of business and holiday.

改译：In ancient China the nine‑guests etiquette was the most solemn ceremony of diplomatic protocol in which nine welcome officials worked as master of ceremonies prior to guests' entry into the palace. Nine guests etiquette is a metonymy for distinguished guests and demonstrates great respect to them through the cultural essence of Confucian "etiquette".

"Be courteous, modest, brave and resourceful" not only involves tolerant attitude of junzi (a perfect gentleman), but also the wisdom of the public and the courage of defying despotic power. The integrity of loyalty and filial piety is the display of junzi's lofty and indomitable personality with a far‑reaching implication. As a result, the tea is regarded as a great gift to venerable persons. Likewise, the gift tea best reveals junzi's personality and the nobility of the nine‑guests etiquette, thus it is the first choice for business and holiday gifts.

第四节　叙事视角下的外宣翻译策略

一　叙事学与翻译

叙事学（Narratology）发端于20世纪60年代，学者们通常将其分为"经典"与"后经典"两个时期。深受法国结构主义影响的经典叙事学（Classical Narratology）认为文本高于一切，力求探索叙事的一般规律以建构叙事诗学。后经典叙事学（Post-classical Narratology）与政治批评和文化研究有着深刻的渊源，在社会历史文化语境的大视角下审视作品，在跨学科的视域下开展叙事研究，注重探析作者、文本、读者与社会历史语境之间的关系。

基于研究对象经典叙事学可以归纳为三种类型。第一类叙事研究的代表学者为俄国形式主义学者弗拉迪米尔·普洛普（Vladimir Propp），其研究重点为故事结构，事件的功能、结构规律和逻辑。第二类叙事研究的领军人物为热拉尔·热奈特（Gerard Genette），从时间、语式、语态等视角探析叙事作品，着重研究叙述故事的方式。第三类叙事研究为首的是热拉尔·普林斯（Gerald Prince）和西摩·查特曼（Seymour Chatman）等人，兼顾了故事结构和话语表述方式。

20世纪80年代以来，经典叙事学成为后结构主义和政治文化批评不断抨击的对象，后经典叙事学随之诞生，其特点可以归纳为[①]：其一，关注读者的能动作用，将社会历史语境和意识形态的影响纳入视野，认知叙事学、修辞叙事学和女性主义叙事学应运而生；其二，它更加关注文学与文本之外的叙事，将其他学科的理论和分析方法引入研究之中，叙事学的研究范畴得以拓展，形成了所谓的"泛叙事观"（pan-narrativity）。叙事学研究其表述形式也从单数形式的"Narratology"变为复数形式的"Narratologies"[②]，体现了其跨学科的视野。英国学者莫纳·贝克（Mona Baker）基于后经典叙事学的泛叙事视角不仅将翻译学、政治学、传播学等融入叙事学的研究，探析作为叙事的翻译对社会的建构作用，而且还关注形式各异的叙事，特别是非文学的新闻叙事。

截至2015年2月26日，关键词"叙事与翻译"的中国知网期刊模糊检索结果为253项，中国学者们对叙事学的研究可以归纳为四类。第一类为理论研究。申丹[③]探析了经典叙事学产生的背景和三种研究类型以及后经典叙事学的基本特征。程锡麟[④]概述了现代叙事理论的起源和发展，重点讨论了法国的结构主义叙事理论，包括巴尔特、托多罗夫、布雷蒙和热奈特等人的学说，简要评述了西方学者叙事学研究的成就与不足。第二类为文学翻译，占了最大的比例，主要涉及小说、诗歌等翻译。曲涛[⑤]从叙述视角对《老人与海》的四个中文译本中的某些译文进行对比分析，指出小说译者在翻译过程中关注原著叙述视角的必要性，译文应与原著叙述视角保持一致，从而使译作更加贴近原著，更好地再现原著作者的风格。黄海军[⑥]在阐述了英国学者Mona Baker如何采用叙

[①] 胡兴文：《叙事学视域下的外宣翻译研究》，博士学位论文，上海外国语大学，2014年，第3—4页。
[②] David Herman, "Introduction: Narratologies", in David Herman ed., *Narratologies: New Perspectives on Narrative Analysis*, Columbus: Ohio State University Press, 1999, p. 1.
[③] 申丹：《叙事学》，《外国文学》2003年第3期，第60—65页。
[④] 程锡麟：《叙事理论概述》，《外语研究》2002年第3期，第10—15页。
[⑤] 曲涛：《经典叙事学视阈下〈老人与海〉中译本与源语本叙述视角对等研究》，《英语研究》2012年第1期，第56—63页。
[⑥] 黄海军：《叙事视角下的翻译研究》，《外语与外语教学》2008年第7期，第56—59页。

事理论，通过框架设定的手段探讨翻译在参与和促进叙事和话语传播过程中的作用后，也尝试在中国语境下将叙事理论用于诗歌翻译的可行性和有效性。第三类为文学批评。周晓梅、吕俊[1]将叙事学理论引入翻译批评，试图在进行文本分析的过程中构建出相对稳定的隐含作者和隐含读者，以确立相对客观的文本规范与价值标准。第四类研究为特定学者的研究介绍，所占比例最少。孙建成等[2]概述了赫尔曼社会叙事学及其对翻译研究的启示，认为赫尔曼是基于语言、认知、语境和对话理论之上的语境化话语协商、互动和推断。截至2015年2月26日，关键词"叙事与外宣翻译"的中国知网模糊检索结果为1项，结果显示将叙事学与外宣翻译结合的研究成果较为少见。本节以政府网站的外宣文本作为语料，应用叙事学的有关理论从多维视角探析其翻译策略。

二 叙事学视域下的外宣翻译策略

"叙事乃是我们赖以生存的平凡故事。"[3] 莫纳·贝克（Mona Baker）借助框架理论在叙事的视角下研究翻译。她阐述了翻译过程中的四种主要叙事策略，即：建构时空框架（temporal and spatial framing）、借助对文本的选择建构框架（framing through selective appropriation）、基于标示建构框架（framing by labeling）、重新定位参与者（repositioning of participants）[4]。按照这样的划分，以叙事接受者认同的方式向世界叙述中国故事的外宣文本本质上也是一种叙事，是一种跨越语言与文化藩篱的语篇叙事重构。胡兴文[5]从叙事学角度对外宣翻译开展研究，认为需要关注译前的叙事选材、译中的叙事建构以及译后的叙事接受。在译前

---

[1] 周晓梅、吕俊：《翻译批评的叙事学视角》，《外语与外语教学》2009年第2期，第53—56页。

[2] 孙建成、温秀颖等：《赫尔曼社会叙事学与翻译研究》，《国外理论动态》2009年第6期，第77—80页。

[3] Mona Baker, *Translation and Conflict: A Narrative Account*, New York and London: Routledge, 2006, p. 3.

[4] Mona Baker, *Translation and Conflict: A Narrative Account*, New York and London: Routledge, 2006, pp. 112 – 139.

[5] 胡兴文：《叙事学视域下的外宣翻译研究》，博士学位论文，上海外国语大学，2014年，第4页。

的叙事选材中需要考虑叙事赞助人的意识形态、叙事接受者的认同和对外传播规律；在译中的翻译建构中，译者应该将叙事时间、叙事视角、叙事结构等微观的文本层面纳入视野，在宏观的意识形态层面需要考虑的因素包括时空建构、文本素材的选择性采用、标示式建构、参与人的再定位。

（一）叙事结构整合与语篇叙事重构

我们认为中西语篇叙事结构的差异与文化背景息息相关。在中国古代社会，帝皇具有至高无上的权威；在中国现代社会，集体主义则是关注的焦点。因此个人在社会中的地位和意见一直是弱化的，导致语篇段落中前置主题句的缺失。西方社会始终强调个人和个人的作用，重视个人观点的表述，语篇中的段落往往具有前置的主题句。按照美国著名语言学学者罗伯特·卡普兰（Robert Kaplan）的观点[①]，西方语言与东方语言的语篇结构截然不同，英语语篇结构呈线性发展，而东方语言的语篇结构呈螺旋形。他认为，中国留学生的思维方式为曲线式（indirection）的，与涡轮线（gyre）极为相似。许多学者将其称为螺旋式的思维方式。卡普兰还认为这种语篇结构可以追溯到八股文的结构，严格的封建君臣等级制度与严酷的文字狱致使作者往往不敢直抒己见，只能以间接的方式予以叙述，往往不是直截了当地谈及主题，而是以迂回曲折的方式展开。胡胜高[②]基于论点在语篇的不同位置将汉语语篇模式归纳为四类：文首型、文中型、文尾型和隐含型等。文首型的汉语语篇模式与其他语篇模式相比显然较少，相反，文首型的英语语篇叙事模式占据最大比例。汉语语篇的叙事结构往往不是直入主题，而是论及相关其他问题，因此观点的阐述手法委婉曲折，常常避开叙事主题，由远及近，往往把要表述的主要内容留到最后或含而不露。例23 就是一个很好的例证，"Qin Shi Huang was a controversial king" 可以视为这一段的叙事主题句，直到中部才出现，可以归为文中型的语篇叙事模式，然而该段的内容主要围绕秦始皇的贡献展开，对其消极一面的论述缺乏相关的论

[①] Robert B. Kaplan, "Cultural Thought Patterns in Intercultural Education", *Language Learning*, Vol. 16, No. 1–2, 1966, pp. 1–20.

[②] 胡胜高：《思维模式差异对语篇的影响》，《辽宁大学学报》（哲学社会版）2007 年第4 期，第64—67 页。

据，削弱了该语篇的叙事功能，需要予以补充以增强其叙事的展开。为了更好地得到叙事接受者的认同，建议将文中的叙事主题句调到句首。

例 23 Qin Shi Huang was Statecraft with great vision and great talents. He fought through a lot of opposition to abolish the feudal system, to implement the system of prefectures and counties, and to create a Chinese feudal autocracy which was followed for more than two thousand years. He also unified the character, currency, law, tracks and weight measure. Qin Shi Huang was a controversial king. Those who praised him called him ambitious and history-creating while those who criticized him called him severely cool and tyrannically cruel. All of these have become history and it is unnecessary to argue them. Let us pay more attention to the Emperor Qinshihuang's Mausoleum which has paramount cultural value even today.①

改译：Qin Shi Huang（259BC—210BC）was a controversial emperor. Those who praised him regarded him ambitious and history-creating while those who criticized him described him severely cold and tyrannically cruel. On the one hand, he was a great king with great vision and great talents. He fought through a lot of opposition to abolish the feudal system, to implement the system of prefectures and counties, and to create a Chinese feudal autocracy which was followed for more than two thousand years. He also unified Chinese character, currency, law, weights and measures. On the other hand he was a tyrannically cruel king. To silence criticism of imperial rule, in 213BC he decided to burn all the books in the empire and to execute those scholars and their families who opposed his rule. To reinforce his rule, he practiced autocracy, imposing harsh laws, severe punishments and heavy levies upon his people. Moreover, helaunched endless wars and thus caused endless sufferings to the people. He spent massive amount of expense to build extravagant palaces and his tomb. After five big travels across the country and

---

① 本节所采用语料摘自某些政府网站英语版的相关内容，例 23、24、25 来自陕西省某人民政府网站，例 27、29—32 来自湖北省某人民政府网站，例 26、28 来自厦门市某人民政府网站，文中其出处恕不再逐项列出。改译为笔者提出的建设性译文。

the construction of the Great Wall, China was in debt and people lived in poverty. All this strengthened people's hatred towards the emperor and sped the fall of the Qin (221BC – 207BC).

（二）叙事视角调整与语篇叙事重构

语篇的时空视点与叙述视点是井然有序的[1]。简言之，在连贯的描述性与叙述性语篇中，时空视点与叙述视点的推进遵循一定的顺序与规则，层次分明和逻辑清晰的语篇是其具体的体现，否则连贯的语篇无法生成。视点的关联性与一致性在连贯的外宣文本的建构中显然是不可或缺的要素。蒙娜·贝克（Mona Baker）认为，尽管在某种程度上难以客观地观察叙事参与建构现实的过程，然而仍然可以将连贯性（coherence）和忠实性（fidelity）视为叙事的评判标准[2]。全知视角、外视角、多元视角和第三人称视角为四类比较常用的外宣叙事视角。显然例24主要是以第三人称视角 Xi'an city wall 进行叙事的，而其他第三人称视角 the bottom, the top, the total perimeter, this policy 的应用似乎破坏了语篇叙事的连贯，改译的译文首先将位于该段落末尾的主题句调整至句首，从而把 Xi'an city wall 设定为叙事的主题，同时对第三人称视角进行调整，使得两个段落主要围绕 Xi'an city wall 展开。例25 也是以第三人称视角 the government 展开叙事的，including 后包括几个并列的动名词短语 strengthening…, replacing…, adding…, 而 renovation 名词短语的应用，尤其是 painted…installed…过去分词的应用破坏了这种句子的平衡与对称，造成语篇叙事的连贯无法形成。建议改译为…renovating all the doors and windows, painting the building inside and outside, and installing the original golden top as well as the lightning protection facilities.

例24 Xi'an city wall is located in the downtown area of Xi'an city, seeing from the air, it is a rectangle and the wall is 15 meters high, the bottom is 18 meters wide, the top 15 meters wide, the east wall is 2590 meters long, the western wall is 2631.2 meters long, the south wall is 3441.6 me-

---

[1] 王爱军:《叙事诗词翻译中的视角转换与语篇连贯》,《武汉理工大学学报》（社会科学版）2007 年第4期,第548—551页.

[2] Mona Baker, *Translation and Conflict: A Narrative Account*, New York and London: Routledge, 2006, pp. 141 – 163.

ters long, the north is wall 3241 meters long, the total perimeter is 11.9 km long. Xi'an city wall has four city gates and there are Changle East Gate, Anding west gate, Yongning south gate and Anyuan north gate, each city gate consists of two parts, watchtower and gate tower. The wall exists today was built during the Hongwu 7th year to eleventh year (1374 – 1378) and it has 600 years of history, is the most complete ancient city wall construction of China.

The Xi'an city wall was built under the guidance of Zhu Yuanzhang's policy in the early Ming dynasty and this policy is "Building the high wall, storing more grains and claiming the throne slowly", thus, the building was built on the basis of Tang imperial city. The building of the wall is completely focused on the defense strategic system. The thickness of the wall is greater than the height, solid as a mountain.

改译：With a history of 600 years, Xi'an city wall is the most complete ancient city wall construction of China which was built during 1374 – 1378. Seen from the sky, it is a rectangle. Located in the downtown area of Xi'an city the wall measures 15 meters in height, 18 meters in its bottom width and 15 meters in its top level's width. With a total perimeter of 11.9 km, the east wall, the western wall, the south wall and the north wall present themselves in the length of 2590 meters, 2631.2 meters, 3441.6 meters and 3241 meters respectively. Xi'an city wall has four city gatesknown as Changle East Gate, Anding west gate, Yongning south gate and Anyuan north gate, among them each city gate consists of two parts, watchtower and gate tower.

The Xi'an city wall was built under the guidance of Zhu Yuanzhang's (1328 – 1398) policy known as "building high wall, storing more grains and claiming the throne slowly" in the early Ming dynasty, thus, the wall was built on the basis of Tang imperial city. The building of the wall is completely focused on the defense strategic system with greater thickness of the wall than the height, solid as a mountain.

例25　From 1953 to 1958, the government performed a large scale comprehensive maintenance to the bell tower, including strengthening the pedestal of the building, replacing the staircase, floor board and part of the pillars, adding railings, <u>renovation</u> of all the doors and windows. <u>Painted the building inside and outside and installed the golden top originally and the lightning protection facilities.</u>

改译：From 1953 to 1958, the government performed a large scale comprehensive maintenance to the bell tower, including strengthening the pedestal of the building, replacing the staircase, floor board and part of the pillars, adding railings, renovating all the doors and windows, painting the building inside and outside, and installing the original golden top as well as the lightning protection facilities.

（三）文本素材选择与语篇叙事重构

文本素材的选择性采用主要借助省略和添加予以实现，以淡化、强调或阐释原文中的叙事或更高一个层面叙事的某些方面[1]。学者们对影响文本素材选择的因素持不同的观点。波尔金霍内（Polkinghorne）认为叙事事件的选择是由其称之为"主题线索"的情节决定的[2]。蒙娜·贝克认为文本素材的最终选择与有关的因素涉及个人或机构的价值观，取决于其是否有助于叙事的展开或者有损于这些价值观的建构[3]。我们认为文本素材的选择性采用往往涉及对语言、文化、审美、意识形态等因素的认知能力影响。例26对史实年代的详细叙事显然超出了目的语读者的叙事认知能力，需要予以删除，仅仅留下具体的年代即可满足其对叙事语篇的求知欲望，将圆括号删除。晋太康三年、唐贞元十九年、五代后唐长兴四年、洪武二十年、清顺治七年、雍正五年、光绪二十九年对他们而言显然是多余的叙事信息。例27是位于湖北省钟祥的明代皇陵显陵的介绍，对以中文命名的景点的详细叙事也超出了目的语读者的期待视野，建议改译为…built along the landmass of the hill are all those

---

[1] Mona Baker, *Translation and Conflict: A Narrative Account*, New York and London: Routledge, 2006, p. 129.
[2] Ibid., p. 72.
[3] Ibid., p. 76.

scenic spots arrayed in certain sequence in the park。例 28 城市规划的高调叙事（以下划线标示）与西方城市外宣文本的简洁朴实的叙事风格迥然不同，无法赢得目的语读者的认同，不符合西方城市规划的客观叙事方式，建议予以删除，只留下具体的城建规划叙事细节，从而以更客观的叙事方式予以叙述。

例 26　The history of Xiamen dates back to the ancient times. It was part of Tong'an County, which was established in <u>the 3rd year of Emperor Taikang's reign in the Jin Dynasty</u> (282 A. D.) ···In <u>the 19th year of Emperor Zhengyuan's reign in the Tang Dynasty</u> (803 A. D), Datong Square was set up in Southwest Nan'an County and later became Tong'an County under Quanzhou in <u>the 4th year of Emperor Changxing's reign in the Late Tang Dynasty</u> (933 A. D). ···It was not until <u>the 20th year of Emperor Hongwu's reign in the Ming Dynasty</u> (1387) that Xiamen Town was built.

Later in the Qing Dynasty in <u>the 7th year of Emperor Sunzhi's reign</u> (1650), Xiamen was the place Yongzheng's reign (1727) the Xingquan Region, (which was changed into Xingquanyong Region). was established in Xiamen to instead of in Quanzhou, its original settlement. In <u>the 29th year of Emperor Guangxu's reign in the Qing Dynasty</u> (1903), Gulangyu Islet fell into the hands of foreign invaders and became an International Settlement. ···

改译：The history of Xiamen dates back to the ancient times. It was part of Tong'an County, which was established 282 A. D. ···In 803 A. D, Datong Square was set up in Southwest Nan'an County and later became Tong'an County under Quanzhou in 933 A. D. ···It was not until 1387 that Xiamen Town was built. Later in 1650, Xiamen was the place where Zheng Chenggong (1624 – 1662), the national hero, stationed his troops. ···In 1727 the Xingquan Region, (which was changed into Xingquanyong Region) was established in Xiamen instead of in Quanzhou, its original settlement. In 1903, Gulangyu Islet fell into the hands of foreign invaders and became an International Settlement. ···

例 27　The tomb park is marvelous and magnificent for red walls and yellow bricks, and it winds among the hills, partly hidden and partly visible, and built along the landmass of the hill are <u>Chundeshan Tablet, Chiyu Tablet, Waiming Pool, Xiama Tablet, Xinhong Gate, Jiuhong Gate, Yubei Mansion, Wang Pillar, Shixiangsheng, Lengxing Gate, Jiuqu Imperial River, Neiming Pool, Ling'en Gate, Lingqin Gate, Shuangzhu Gate, Fang Fortress, Ming Mansion, The Front and Back Treasury Fortress and other sites.</u> The buildings are well plotted with a great layout, to make a "god-made" effect among the hills and waters. This is no doubt a masterpiece that combines the art of architecture and the environmental aesthetics.

改译: The tomb is marvelous and magnificent for red walls and yellow bricks, and it winds among the hills, partly hidden and partly visible, and built along the landmass of the hill are all those scenic spots arrayed in certain sequence in the park. The buildings are well plotted with a great layout, to make a "god-made" effect among the hills and waters. This is no doubt a masterpiece that combines the art of architecture and the environmental aesthetics.

例28 First, <u>the plans try to reach a high starting point and high standard. With reference to the standard of advanced cities in China and abroad and</u> in view of Xiamen's concrete conditions, Xiamen has set the planning targets. The immediate objective in 2000 is as follows: the afforestation rate in finished urban areas is 40%, greenbelt rate is 35%, and public greenbelt per capita is 10 square meters. The long term objective in 2010 is as follows: the afforestation rate in finished urban areas is 45%, greenbelt rate is 40% and public greenbelt per capita is 13 to 15 square meters.

改译: First, in view of Xiamen's specific conditions, Xiamen has set the planning targets. The immediate objective in 2000 is as follows: the afforestation rate in finished urban areas is 40%, greenbelt rate is 35%, and public greenbelt per capita is 10 square meters. The long term objective in 2010 is as follows: the afforestation rate in finished urban areas is 45%, greenbelt rate is 40% and public greenbelt per capita is 13 to 15 square meters.

(四) 标示框架设定与语篇叙事重构

借助言语标示构建语篇乃是一种话语建构过程 (discursive process),

第八章 多维视域下外宣翻译的实证研究

指基于形态各异的义项、用语和短语以识别叙事中的人物、地点、群体、事件以及其他一些要素,为读者提供阐释叙事语篇的框架①。这一框架可以指导并制约我们对当下的叙事语篇作出反应。因此这一框架可以阐释许多不同语境中运用委婉语的动机,如美国孟三都公司的转基因广告将转基因称为"食品生物技术",而非"GM"。添加标记往往运用于名称翻译,译者经常通过这种方式来干涉原文,重写故事。我们认为释译也是添加标记的一种方式,是对文化重新叙事的过程,有助于弥合跨文化交流的障碍。可以通过添加圆括号,或充当同位语的名词词组和定语从句对文化负载词语予以释译,从而重新构建语篇的叙事。下文的下划线部分均为文化负载词语,蕴含丰富的文化内涵,对处于中国文化语境下的读者,理解上并无难度。若不加标记予以阐释必定对目的语读者造成理解上的困难。为魏、蜀、吴三国添加了起止时间:Wei, Shu and Wu (also Three Kingdoms, 220 - 280)。赤壁之战是指孙权、刘备联军于建安十三年(208)在长江赤壁(今湖北省赤壁市西北)一带大破曹操大军,奠定三国鼎立基础的以少胜多、以弱胜强的著名战役,将其释译为 Red Cliff (Wei lost to allied forces of Shu and Wu in 208)。古隆中为诸葛亮"躬耕陇亩",刘备"三顾茅庐"引发《隆中对策》,被世人称为智者摇篮,三分天下的策源地,因此将其释译为 the ancient Longzhong (a place where Liu Bei, the ruler of Shu Kingdom, visited the thatched cottage three times and finally succeeded in inviting Zhuge Liang to be his military adviser)。旧时中国民间奉钟馗为门神,常挂其像辟邪除灾,原文的释译为 Zhong Kui (a ghost that can exorcise),致使钟馗成为一个负面的形象,有违作者的意图,笔者将其释译改为 Zhong Kui (God of Door who wards off evil spirits in Taoism)。长坂坡之战发生于东汉建安十三年(208),地点在今宜昌当阳附近的长坂坡,刘备被曹操击溃,携民众逃走,此处将其释译为 the Changban Slope (a place where Shu lost the battle to Wei in 208)。真武又称玄天上帝、玄武大帝,是汉族神话传说中的北方之神,为道教神仙中赫赫有名的玉京尊神,此处将其释译为 Zhenwu (God of north in Taoism)。Sautéed preserved pork

---

① Mona Baker, *Translation and Conflict: A Narrative Account*, New York and London: Routledge, 2006, pp. 122 - 123.

with artemisia selengensis turcz 为荆州蒌蒿炒腊肉，为湖北的一道名菜。当春风送暖之时，生活在水乡泽园的人们会结伴到湖畔采摘蒌蒿。老中医有"正月仙草，二月蒿"的说法，意思是正月间的蒌蒿采摘吃后，有祛湿、除毒功效。到阴历五月时，人们用蒿草挂在门口可驱蚊蝇和避邪。将蒌蒿翻译为 artemisia selengensis turcz 太过专业，不利于人们了解这道名菜，建议翻译为 Sautéed preserved pork with lí hāo（a kind of organic plant），将 the artemisia selengensis turcz 直接翻译为 lí hāo。

例29　Four fierce wars were taken place in Hubei among Wei, Shu and Wu to contend for hegemony. Stories of more than 80 chapters of The Romance of the Three Kingdoms occurred in Hubei province. The ancient Longzhong, Red Cliff, Jingzhou city, the Dark Wood and the Changban Slope are all important relics of the Three Kingdoms culture.

改译：Four fierce wars were fought in Hubei among Wei, Shu and Wu（also Three Kingdoms, 220 – 280）to contend for hegemony. Stories of more than 80 chapters of The Romance of the Three Kingdoms occurred in Hubei province. The ancient Longzhong（a place where Liu Bei, the ruler of Shu Kingdom, visited the thatched cottage three times and finally succeeded in inviting Zhuge Liang to be his military adviser）, Red Cliff（Wei lost to allied forces of Shu and Wu in 208）, Jingzhou city, the Dark Wood and the Changban Slope（a place where Shu lost the battle to Wei in 208）are all important relics of the Three Kingdoms culture.

例30　Mount Wudang is deemed World Cultural Heritage, Famous Place of Taoism, and National Key Scenic Spot. It is located within Shiyan City, Hubei Province. The ancient buildings of Mount Wudang are aligned in accordance with the legend of the immortal practice of Zhenwu and were built in accordance with the royal standards of Ming Dynasty. Effects of the buildings are so mysterious and supernatural that people might think that the buildings are made by the gods themselves.

改译：Located within Shiyan City, Hubei Province, Mount Wudang is deemed world cultural heritage, famous place of Taoism, and national key scenic spot. The ancient buildings of Mount Wudang are aligned in accordance with the legend of the immortal practice of Zhenwu (God of north in Taoism) and were built in accordance with the royal standards of Ming Dynasty (1368 – 1644). Effects of the buildings are so mysterious and supernatural that people might think that the buildings are made by the gods themselves.

例 31 The customs vary a lot in different areas of the country, but most families hang a picture of Zhong Kui (a ghost that can exorcise), calamus and moxa in their houses. People have Dragon Boat Races, eat zongzi (a dumpling made of glutinous rice wrapped in bamboo or reed leaves) and carry a spice bag around with them.

改译：The customs vary a lot in different areas of the country, but most families hang a picture of Zhong Kui (God of Door who wards off evil spirits in Taoism), calamus and moxa in their houses. People hold Dragon Boat Races, eat zongzi (a dumpling made of glutinous rice wrapped in bamboo or reed leaves) and carry a spice bag around with them to drive away evil spirits and to bring good luck.

例 32 Sautéed preserved pork with artemisia selengensis turcz is a traditional dish in Hubei. Usually, the artemisia selengensis turcz is chopped into 6-centimeter long chunks, and the sautéed preserved pork is cut into slices. This dish is often cooked with pimiento or chili pepper.

改译：Sautéed preserved pork with lí hāo (a kind of organic plant) is a traditional dish in Hubei. Usually, lí hāo is chopped into 6-centimeter long chunks, and the sautéed preserved pork is cut into slices. This dish is often cooked with chili or pepper.

第五节　接受美学视野下的外宣翻译策略[①]

一　接受美学理论概述

接受美学（Aesthetics of Reception）又称"接受理论"，它起始于

---

①　该节内容已发表。具体参看韦忠生《接受美学视野下的商务文本翻译策略探析》，《哈尔滨学院学报》（社会科学版）2012 年第 8 期，第 77—82 页。

20世纪60年代，其代表人物是德国康斯坦茨学派的姚斯（Hans Robert Jauss）和伊瑟尔（Wolfgang Iser）。姚斯（Jauss）[1]认为，任何读者在阅读任何具体的作品之前，都已处在具备一种先在理解结构和先在知识框架的状态，这种先在理解就是文学的"期待视野"（horizon of expectation）。"期待视野"是接受美学中的核心概念，它指的是在阅读文学作品之前以及阅读过程中，接受主体基于自己的审美条件、阅读经验和接受动机，在心理上形成的关于未来作品的既成图式。"期待视野"同接受者自身的思维习惯、道德观念、行为准则、审美情趣等社会文化因素有直接关系，是读者对文学文本接受的出发点和基础。

期待视野实际上是指读者在接受作品时表现出来的内在审美尺度和标准。它潜移默化地影响着、制约着读者的审美接受活动。读者并非是机械地阅读、被动地接受，而是积极、主动地对作品进行再创造，正因为如此，不同读者对同一作品的阐释各不相同。与评论家不同，读者一般不对照原文，他们只根据译文的审美标准如文字是否通顺优美，语言是否生动流畅等来评价，很少顾及其内容和审美品质是否和原文一致。

这一过程涉及两个方面，一是读者的既定期待视野，二是读者对文本不确定性和空白的具体化。即在既定的期待视野下的具体化过程。读者依据自己的前理解条件及能力所展开的视野，以及从该视野出发对文本产生预期，进入文本的世界。也正是从这一视野出发，读者对文本中的不确定因素和空白进行具体化，他的理解注定要与文本世界的某些意义领域错位，或者与作者的意图错位或发生偏差，正是这种不一致性赋予了译者创造性的空间。这至少表现在三个方面：文体层次、形象层次和意蕴层次[2]。根据接受美学的另一条重要原则——视野融合，译文一旦形成，只有在译语读者能动的参与中文本才有意义。因此译者要充分考虑译语读者的实际接受情况。

接受美学认为读者对作品的阅读不是消极被动的接受，是积极的创造。作品的意义是通过读者来体现的，而读者又是通过自己既往的

---

[1] Hans Robert Jauss, *Toward an Aesthetic of Reception*, trans. by Timothy Bahti, Minnneapolis: Universtiy of Minnesta Press, 1982, pp. 124 – 126.

[2] 童庆炳:《文学理论教程》，高等教育出版社1998年版，第289、291页。

"期待视野"来对作品进行解读的。在阅读过程中,目的语读者的"期待视野"部分会被证实,部分会被否决或全盘否定,这就要求译者必须以读者为中心,充分考虑他们的期待视野、接受能力、情感需求、语言和文化审美习惯等,满足他们的期待视野,引起情感的共鸣。接受美学的创立促使文学研究的中心从以文本为中心转移到以读者为中心,从而使文学和翻译研究的趋向发生了根本性的转变;使得翻译研究的重心从完全集中在译文上转移到目的语读者的接受上,促使译者关注接受者的地位和作用,采取适当的翻译策略实现文化的转化。

二 接受美学视野下的商务文本翻译策略

韩礼德把"语域"分为三个变项:话语范围、话语方式和话语基调。商务英语语境的三个变项——话语范围、话语方式和话语基调有其特点。商务英语的话语范围或语场涵盖商务活动的方方面面,如金融、保险、运输、法律、信函、传真、电子邮件等。十几年前还流行的电报、电传已经被方便快捷的电子邮件、电子传真所取代。撰写商务英语应用文旨在应对商务活动中的业务往来、运输、保险等功能。最终目的是使商务活动正常运作并赢利。

接受美学在转变传统的文学翻译观的同时,也为商务文本翻译的研究提供了崭新的研究视角。接受美学将促使译者转换思维模式,以目的语读者为中心,在翻译的活动中将他们的语言习惯、文化心理和审美心理等诸多因素纳入视野。翻译过程中应该以目的语读者为中心,充分调动他们的审美体验,使目的语读者的审美体验与原作者的审美体验融为一体,满足他们的期待视野。因而,接受美学理论对商务文本翻译具有重要的启示意义。

(一)注重商务语言独特表达方式:"视野融合"的审视

商务英语是专门用途英语,具有固定的篇章结构和言语,即在遣词造句、布局谋篇等方面有着与普通英语不同的言语修辞特征,有常用的专业术语,还有从普通英语引申而来的专业词汇,常用介词、分词和名词化短语等,长短句交替使用,以并列句和复合句较常见,常用套语、被动语态、虚拟语气、无主句等。其语篇的特征主要为:完整、简洁、具体、正确、明晰、礼貌和体谅。在商务英语的英汉互译中需要注意这些特点才符合商务文本的特定表达方式和读者的期待视野。

例 33 Royalties are the payment for using assets from abroad, such as for trade marks, patents, copyrights, or other expertise under contracts known as licensing agreements. Royalties are also paid for franchising, a way of doing business in which one party (the franchisor) sells an independent party (the franchisee) the use of a trademark that is an essential asset for the franchisee's business. In addition, the franchisor assists on a continuous basis in the operation of a business, such as by providing components, managerial services, or technology.

译文：特许使用费是使用国外资产所支付的费用，例如商标、专利、版权或其他类似许可证协定那样的合同项目下的专业技术。特许使用费也可用于特许经营。在这种经营方式中，一方当事人（给予特许者）将其商标的使用权出售给另一方独立的当事人（特许权持有人），该使用权即成为特许权持有人的基本资产，此外，特许者还要给予特许权持有人业务上的资助，诸如：提供零配件，提供管理服务或技术等。

据《朗文当代高级英语辞典》（Longman Dictionary of Contemporary English），royalty 的意思是 payment made to the writer of a book, piece of music, etc., out of the money made from selling that book（版税），商务英语中译为"特许使用费"，franchisor 译为"给予特许者"，franchisee 译为"特许权持有人"。

例 34 Skimming strategy is designed to gain a premium from those buyers who want to take advantage of the readiness of a market. After a time, when the premium segment is saturated, the firm gradually reduces prices to draw in the more price sensitive segment of the market. Typically, a price skimming strategy works well where there are significant entry barriers such as patents, high development cost, raw material advantages sometimes accure to the firm setting a high initial price; this strategy leaves room for a price reduction if a miscalculation has been made; it is always easier to reduce price rather to raise it once a product has been established on the market. A high price may also create an impression of a superior product in the minds of consumers.

译文：撇取定价法目的在于从这类买主身上赚取高额利润。经过一段时间，当高价市场部分趋于饱和时，公司逐渐降价以吸引价格弹性较大的部分市场。特别是在有重要市场堡垒，如专利权、耗费巨大的开发成本、原材料控制或促销成本长期偏高的情况下，撇取定价策略才能充分发挥效应。初定高价的公司有时还有另外两方面的优势：若有定价失误，这种策略还有降价的余地；一旦某产品打开了市场，降价总比涨价容易。高价也可以在消费者和用户心中留下优质产品的印象。

skimming strategy 这里被翻译为撇取定价法，premium 被翻译为高额利润，entry barriers 被翻译为市场堡垒，都充分体现了商务英语的专业性，能为从事商务工作的专业人士所接受，换句话说，也就是与他们的视野融合。

例35 A bill of exchange (draft) is an order to pay. It is made out by an exporter and presented to an importer, usually through a bank. It may be payable immediately on presentation (a sight or demand draft), or so many days after presentation (a time draft). In the latter case, the drawee writes "Accepted" across it and signs his name. The exporter can then get immediate payment by discounting the draft and supplying a letter of hypothecation. If a time draft is not honored at maturity, it will be noted and protested by a Notary Public, and represented the drawee. Such a draft and the corresponding payment terms, "Documents against Acceptance", obviously involve risk to the exporter or his bank.

译文：汇票是索款的票据，一般通过银行，由出口商开出，提示给进口商。可以是见票即付（即期汇票），也可以是提示多少天后再付款（远期汇票）。在第二种情况下，受票人在汇票上写上"承兑"并签上自己的名字。这样出口商便可以将汇票贴现，填送押汇质押书后，立即取款。如果远期汇票到期不付款，公证人就要在汇票附注受票人拒付字样，并出具拒绝证书，然后再次提交给受票人。这种汇票以及相应的"承兑交单"付款条款显然对出口商或银行有一定的风险。

该例也是典型的商务英语，present 被翻译为提示，sight or demand draft 和 a time draft 分别被翻译为即期汇票和远期汇票，drawee, discounting the draft, letter of hypothecation, is not honored at maturity 和 protest 的译文分别为：受票人、将汇票贴现、押汇质押书、到期不付款、拒付。译文充分体现了商务英语特有词汇的翻译特点，符合目的语读者的期待视野。

使用成对的同义词是商务英语的一大特点。这些成对的同义词可以是名词、动词、连词、介词、形容词等，强调某方面的含义和语气，从而引起读者的注意。我们要以"视野融合"为原则，注重商务语言独特的表达方式，在译文中予以再现。以下例句中用黑体标示的就是这类同义词，充分关照了目的语读者在商务英语语言使用上的期待视野。

例 36　双方可以在必要时通过协商修改本合同。

译文：The parties may, through consultations, make **amendments to and revisions** of this contract as and when the need arises.

例 37　买卖双方同意按下列条款购买、出售下列商品，并签定本合同。

译文：This contract is made **by and between** the Buyers and the Sellers, whereby the Buyers agree to buy and the Sellers agree to sell the undermentioned commodity according to the **terms and conditions** stipulated below.

例 38　本协定双方应履行协议规定的义务。

译文：Each party to this Agreement shall **fulfil or perform** any of the obligations under this Agreement.

例 39　本协议以及本协议所规定的权利或义务不经另一方同意不得擅自转让。

译文：This Agreement and any **rights or obligation** hereunder are not **transferable or assignable** by one party to this agreement without the consent of the other party hereto.

（二）实现目的语读者的期待视野：文化心理的透视

商务语篇的特征主要为：完整、简洁、具体、正确、明晰、礼貌和体谅。体谅，即多从对方角度出发，理解并体谅对方的需求、愿望、感情，正面、肯定地谈论问题。因此，我们在写商务书信时需要以"对方为主"，以代词 you 或 your 作为句子的主语。"以对方为主"就是要让对方感受到你很想帮助他们,表达你的谦恭和真诚,给收信人留下"体贴周到"的印象,实现目的语读者的期待视野。请比较下面的例子。

例 40 原文:Since the goods are in urgent need of our local customers, we expect your delivery within three weeks upon the receipt of our order.

改译:Your delivery within three weeks after receiving our order is important because your customers here are in urgent need of the goods.

例 41 原文:We wish to have a check to meet your overdue account so that we can bring our books into balance for our annual audit.

改译:Your check here before June 30 will maintain the sound credit rating of your business, but now your account is three months past due.

"以对方为主"有时并不需要以代词 you 或 your 作为句子的主语,但我们仍然可以感觉到是站在对方的立场说话的。

例 42 原文:Write to us and tell us how much you enjoy the goods.

改译:Enclosed is a questionnarie. Please feel free to show us your comments on using the products.

在商务英语谈判中由于谈判内容、谈判对象、谈判场合等不同,有些话不宜直说,需要采取委婉、含蓄的表达方式以缓和紧张的谈判气氛,采用较为温和的言辞,如:我们是否可建议(May we suggest…)、恐怕(I am afraid)、在我看来(It seems to me that…)等,这种温和的言辞符合谈判对方的期待视野。

例 43 I am afraid we can't fill such a big order at present. Article NO. 36 is currently out of stock.

例 44 I'm afraid I'm not in a position to do so. We always require L/C for our exports and we pay by L/C for our imports.

例 45 A:Could I suggest that you add another 0.3% discount for each additional 1000 kilos ordered?

B:You drive a hard bargain. Ok, we'll accept that.

模糊限制语也是商务谈判常采用的话语策略。模糊限制语是指"把事物模模糊糊的词语"。模糊限制语可以就话语的真实程度或涉及范围对话语的内容进行修正。它可以分为两类:变动型模糊限制语——

可以避免说话武断，使说话更具客观性，包括程度变动语和范围变动语；缓和型模糊限制语——不改变话语结构的意愿，指出话语是说话人本人或第三者，使原来话语的肯定语气趋向缓和，包括直接缓和语（Plausibility Shields）和间接缓和语（Attribution Shields）。直接缓和语是指表达说话人对话题的猜测或怀疑态度的词和短语。具体有：I think, as far as I know, as far as I can, seem, probably, wonder, hard to say, I believe, I assume, I suppose, I'm afraid, I guess, I suspect, 等等。当说话人对话语的真实性信心不足或没有把握给予肯定时，就可以使用这些表示说话人猜测或怀疑的词，以缓和话语的肯定语气。间接缓和语也是为了表达说话人对话语的不肯定，但它是通过引用第三者的看法来间接表达自己的态度。具体有：according to one's estimates, as is well known, presumably, someone says that, it is said that, the possibility, would be⋯, the probability is⋯, it is assumed that⋯, 等等。间接缓和语与直接缓和语的区别在于：直接缓和语直接表达说话人本人的怀疑态度，而间接缓和语则通过引用他人的观点来支持自己的观点，这就使话语显得更客观，也巧妙地避免了说话不准确应承担的责任。在商务谈判中，当人们遇到一些不易作出正确估计或判断的场合或因身份和自己的面子要勉强发表见解的场合，谈判人员常常使用模糊限制语，不至于使对方难堪，将谈判对方的期待纳入视野。缓和型模糊限制语不改变话语结构的原意，话语中加上这类限制语相当于增加了一个说明，使原来话语的肯定语气趋向缓和。下文的 I'm afraid not, at least for the time being 就是模糊限制语，缓和了说话的语气。

例46　A：Could you possibly effect shipment more promptly?

B：Well, getting the goods ready, making out the documents and booking shipping space – all this takes time.

A：So could you accept D/P instead of L/C?

B：I'm afraid not. Since the international market is unstable, we find it necessary to handle our business on an L/C basis, at least for the time being.

礼貌是商务语篇的主要特征之一。美国语言学家布朗提出言语交际的"礼貌原则"，美国哲学家格赖斯提出言语交际的合作原则，实际上也是礼貌问题。礼貌的信函有利于建立商誉，与商务伙伴建立长期的关系。商务语境中的礼貌包括多方面的内涵，如及时答复、避免使用带有偏见或不可接受的词语、客套语等。诚然，你的礼貌和真诚实现了你商务伙伴的期待视野，任何人都期待礼貌的语言和服务。

例 47　Could you give us more favorable terms of payment as a gesture encouraging more future business?

例 48　Please make sure that L/C will reach us a month before the delivery day.

例 49　We should be much obliged if you could make us a firm offer.

例 50　If you will kindly inform us as to his financial standing, reliability and reputation for paying bills, we shall greatly appreciate the favor.

在商务英语文本中，为了表示礼貌，除了使用 please，还经常使用 oblige，appreciate 等词。较之 please 一词，这两个词更为正规和客气。另外商务英语也采用虚拟语气，使句子显得委婉、庄重、客气。

（三）构建目的语读者视野的融合：审美情趣的关照

英语重形合，从构词、构句到语段的连接都偏重于形式或形态的使用，句型结构严谨、界限分明，表达要求简洁流畅和准确严谨；而汉语则重意合，句子疏于结构，重在达意，多用"四言""八句"，且多对仗。在修辞手法形式美方面主要体现为：英语中有对照均衡美，比喻形象美，简洁美，排比气势美，诗歌的韵律美等；而汉语中的对偶、排比等，比英文更显突出。平行结构的使用，既有韵律美，又有形式美。英汉语言中都有丰富的修辞手段，尽管用法有异有同，但均可增强语言的表达效果。译者应善于感受，发掘原语中的修辞美，在目的语中最大限度地实现审美等值。对外宣传的翻译不是语言间的简单转换，还包含了美的识别和再现，译者应依照不同的题材和风格，从翻译美学的角度分析、识别其美学价值，运用不同的表现方法在译文中最大限度地再现其审美效果。[①]

例 51　The home of your dreams awaits you behind this door. Whether

---

① 韦忠生：《对外宣传翻译策略的"接受美学"阐释——基于福建土楼世遗申报报告》，《长春大学学报》2011 年第 11 期，第 54 页。

your taste be a country manor estate or a penthouse in the sky, you will find the following pages filled with the world's most elegant residences.

译文：打开门，恭候您的就是您梦寐以求的家。无论您企盼的是一座乡间宅第，抑或是一间摩天大楼的顶屋，翻开下面几页就可以看到世界上最高雅的住宅供您选择。①

该例为一则广告，语体和用词正式、高雅，如 await, be, manor, estate, elegant, residence。广告的主要目的就是打动读者。这些字眼烘托出该商品的高贵品质，满足了这类商品消费者讲求身份、追求上乘的审美心理。若将其换成 wait for, is, house 之类的通俗词汇，其语体修辞效果势必大减，韵味顿失。

例 52 We regret to inform you that after inspection of the above shipment we found 15 boxes missing. In view of the small quantity of involved we hope you will have no difficulty in settling this matter and bring the case to a satisfactory close.

译文：遗憾地通知你方，对上述运来的货物检查后发现少了15盒。鉴于数量甚少，谅你方不难解决，盼圆满解决此事。

上例为索赔信件，措辞得体，语体正式，用词地道，语气平和。在译文中也使用了正式的和文雅的表达方式："鉴于""谅你方""盼"，不但很好地再现了原语的文体，也符合目的语读者的审美情趣：意外事件既然发生了，希望友好协商解决。

汉语中有大量的四字结构及文言句式，这些词句言语简洁，寓意深刻，音律优美，颇具文采。在汉语译文中运用这些词句或结构可以充分显示经贸英语简洁、凝练的风格，体现经贸英语的特点。

例 53 We should be much obliged for any information as to the standing of the firm, and you may rest assured that anything thus communicated will go no further.

译文：如蒙惠告该公司的信用状况，我方将不胜感激。对任何有关的资料，我们将予以保密，敬请放心。

例 54 I venture to invite you to have a look at our stand, and you may

---

① 李太志：《商务英语言语修辞艺术》，国防工业出版社2006年版。

rest assured that you will not be pressed to buy.

译文：本人冒昧地邀请贵方光顾我方展台，购买与否，悉听尊便。

例55　You'll notice how kind new Sarana is to your hair. See it. Feel it. Sarana's naturally derived formulations bring out the shine and smoothness in your hair, leaving it manageable and healthy. You won't actually see how kind Sarana is to the environment, but it's nice to know that the whole range is biodegradable, so it doesn't pollute water or soil. And naturally, the packaging is recyclable.

以上是莎拉娜的广告，按照其不同的传播方式可以有以下不同的译文[1]。

译文1：莎拉娜是由天然配方精制而成，能使头发健康，光泽柔顺，易于梳理。莎拉娜系列都具有生物降解特性，包装可回收利用，对水土、环境不会造成污染。

译文2：柔情四季，莎拉娜，呵护您的秀发，爱护您的健康。天然配方，令秀发光泽柔顺。情有独钟，莎拉娜。生物降解，不伤水土，爱护自然，数她第一。

译文3：我想要一头健康柔顺的秀发，我想要一头光泽乖巧的秀发。莎拉娜，您终于实现了我的梦想，你给我、给大自然带来百般的呵护，款款深情尽显其中。

比较以上三种译文，我们发现译文1为书面体的包装说明书。虽然使用了汉语中的四字结构，但语言较为朴实。译文2和译文3显然为口语体，在译文2中有大量的四字结构，如柔情四季、情有独钟、生物降解、不伤水土、爱护自然、数她第一，语句朗朗上口，韵律优美，具有更强的语言感染力，关照了目的语读者的审美情趣。译文3使用了两个排比结构"我想要……我想要……""您终于实现了……你给我、给大自然带来……"，排比的气势美一览无余，因而也具有更强的语言感染力，符合中国文化语境下观众的期待视野。

---

[1] 方梦之、毛忠明：《应用翻译教程》，上海外语教育出版社2004年版，第48—49页。

第六节 主体间性视域下译者的主体性与外宣翻译策略①

一 译者主体性的多维度审视

传统的翻译理论强调对原文的忠实，改译、编译不是翻译，因此从根本上说是文本中心论。从严复的"信、达、雅"，到奈达（Nida）的"功能对等"（functional equivalence）和纽马克（Newmark）的"语义翻译"（semantic translation）都体现了对原语文本的重视。文本中心论在某种程度上削弱了译者的主体性作用。传统的翻译理论主要有两种范式：结构主义语言学翻译研究范式与语文学翻译研究范式。前者以作者和文本为中心，忽视译者的主体性；后者的语义观为等值论，将作者视为意义的中心，将作者和译者的关系视为主人和奴仆的关系，译者必须忠实地传达作者的目的。由于对原作者和文本的过度关注导致译者的隐形。勒菲弗尔（Lefevere）的翻译三要素理论认为由于受到三种因素的操纵——诗学观（poetics）、当代的政治意识形态（ideology）和赞助人（patronage），译者的隐形是不争的事实。而当代的翻译研究范式体现的则是译者主体性的过度张扬，走向了另一个极端。翻译研究的文化转向彰显了译者的主体地位，然而，解构主义翻译理论（deconstructionist approach to translation）、女性主义翻译理论（feminist approach to translation）、后殖民翻译理论（post-colonialist approach to translation）等对译者主体性的过度张扬却使得翻译的主体偏离翻译客体之一的原文文本和原语文化，导致对原文文本过多的操控及任意的改写，从而过多地偏向目的语的文化语境和目的语文本。它们的共同特点是以解构主义思想为核心，或否定原文文本中心论；或拆解作者与译者，造成原文与译文的对立；或打破文本限制将翻译活动与文化因素结合；或把权力与话语结合起来。勒菲弗尔提出"翻译就是改写"的主张，持类似观点的还有操控学派（Manipulation School）的赫曼斯（Hermans）等人。翻译就是

---

① 该节内容已发表。具体参看韦忠生《主体间性视域下译者的主体性与外宣翻译策略》，《重庆理工大学学报》（社会科学版）2012 年第 10 期，第 88—93 页。

改写的主张可能导致翻译根据目的语文化和翻译目的的需要任意改写原文文本，甚至会出现没有原文文本的译本。

二 译者主体性到译者主体间性的嬗变

翻译是一项涉及众多因素的人类交往活动，是不同民族、不同文化之间传递语言和文化信息的桥梁。作为一项实践活动，翻译活动一直广泛在人类文化交往中进行着。作为翻译活动主体的译者一直是翻译研究的重要对象。

蔡例利、申连云[①]立足于翻译主体——译者，探讨了译者主体性经历的三个阶段：高扬、远离、返回，论述了高扬时期译者主体性与返回时期译者主体性之间的根本区别，并对各个时期的译者主体性做了相应评述。在《交往行动理论》(The Theory of Communicative Action) 一书中，哈贝马斯 (Habermas)[②] 指出，交往行动就是指参与者能毫无保留地在交往后意见一致的基础上，使个人行动计划合作化的一切内在活动。交往参与者遵循有效性规范并以语言符号为中介而发生相互作用。交往行为强调一种交互主体性，即主体间性，而不是独白式的个人行为，也区别于要求在行为目的、行为手段的选择和行为结果之间保持内在一致性的工具行为。哈贝马斯认为，个体必须走入生活世界，即主体间参与共享的生存活动范围，通过主体间性才能成为主体，也就是说，主体性是在主客体的相互作用中通过主体间的相互交往构建起来的。

换言之，翻译的主体间性是指作者、译者、译文读者主体之间的相互交往，是作者、译者、译文读者主体性之间在翻译活动中的互动。因此，翻译的主体间性不仅是作者、文本、译者的关系，也不仅是作者、译者、读者的关系，而是一种多元主体关系。哲学的主体间性理论无疑给翻译的主体性研究提供了全新的视角，因为它使翻译从原作者独白、文本独白以及无限度的读者阐释走向了多元主体之间跨越时空的积极对话。翻译既不是纯粹、客观的语言转换，也不是一种文化对另一种文化

---

① 蔡例利、申连云：《翻译主体的命运》，《重庆理工大学学报》2010 年第 3 期，第 111—114 页。

② [德] 哈贝马斯：《交往行动理论》，洪佩郁译，重庆出版社 1993 年版，第 386 页。

的征服，而是两种文化之间对话、交流与协商的过程。在这种对话、交流与协商的过程中，翻译发起人、赞助商、原文作者、原文、译者、译文、译文读者、出版商、翻译批评者等都会参与到翻译活动中来。①

三 译者主体间性视域下的个案分析——洋务运动的翻译

译者和作者进行对话的必要性是不言而喻的，因为从主体角度看，翻译问题就是理解问题，翻译是以对原作和原作者的理解为出发点的，理解的程度越深，翻译的过程就越顺利。而理解不可能是单纯的复制过程，人在理解中是具有主体性的，所以译者要去主动认识自身和作者这两个不同主体历史的、地域的主体间性，并反思这些差异②。洋务运动常被翻译为 Westernization Movement，其英译名的偏差证明了译者主体间性的缺失，没有深入了解和把握作品所属时代的社会、文化乃至风尚习俗，也没有对作者的生活观念、意识形态倾向、审美特色和语言风格等进行比较全面、透彻的了解和研究，从而实现对原文的真正理解。

从洋务运动一开始，朝野之间就纷纷对"西化"持否定态度，在整个中国的现代化过程中一直保持这种对"西化"的反对态度③。在反对"西化"的过程中，反"西方化"的系统理论，即各种各样的"中化"理论逐渐形成。1898年张之洞提出了"中学为体，西学为用"的观点，试图对当时的"西化"对"中化"之争做出调解和裁决。张之洞的这一态度很快就为清朝当局所接受，并且成为官方现代化的基本政策。"洋务运动"也随之转变为"中体西用"运动。"中学为体，西学为用"为洋务运动的口号，历史学界一般比较认可其后半部，即西学为用，认为在客观上是进步的。

除了上述中国学者对"西化"的评述，这里还引用了朗文辞典对 westernization 的界定以及利奇（Leech）对词语情感意义的论述。Long-

---

① 李明：《从主体间性理论看文学作品的复译》，《外国语》2006年第4期，第66—72页。
② 宋晓春：《主体间性与译者》，《山东外语教学》2005年第4期，第88—91页。
③ 俞可平：《回顾与思考："西化"与"中化"的百年论争》，《北京日报》2011年11月28日。

man Dictionary of Contemporary English 对 westernization 的解释为 causing or influencing (esp. Africans or Asian people and countries) to have or copy the customs and behavior typical of America and Europe.

利奇提出意义七分法，将词义分为七种不同的类型，其中主要有概念意义（conceptual meaning）、搭配意义（collocative meaning）、内涵意义（connotative meaning）和情感意义（affective meaning）。词语的情感意义和表现功能密切相关。利奇认为，当词语的情感意义处于支配地位，而概念意义居其次时，读者或听众进行理性思考的可能性微乎其微，进而会"上当"（taken in），不自觉地站到作者的立场上[①]。他认为，消极词汇（snarl words）和积极词汇（purr words）是利用情感意义的典型。像 fascist, communist, reds, nigger 等词，在西方具有消极的情感意义，被称为消极词汇（snarl words）；而 democratic, freedom, human rights, equality 等具有积极的情感意义，是积极词汇（purr words）。利奇强调，积极词汇并没有实质性的内容，只是说明使用者对某事或某人持赞同态度。

从以上对洋务运动的了解，我们可以认定人们对西学为用主要是持肯定态度的，而英语中的 westernization 似乎具有贬义的色彩，含有不加分析盲目模仿之意。孟祥春认为洋务运动与其英译名 Westernization Movement 的内涵与外延并不相同；洋务运动关乎技术与实业，而 Westernization Movement 则关乎观念的西化，二者基本没有语义重叠之处；Westernization Movement 之译名是对洋务运动的曲解，应为其正名。[②] New Policies Movement 和 National Self Strengthening Movement 两译名与洋务运动之实更为相符。孟祥春还指出，在中外媒体、辞书、史论、文化研究等领域，但凡涉及洋务运动时，皆以 Westernization Movement 应对，几乎没有表达洋务运动的其他英语表述方式。这一译名的权威性也没有受到任何学理上的质疑和颠覆。孟祥春的这种质疑是有一定道理的，因为我们在史论、报刊看到的洋务运动大多翻译为 Westernization Move-

---

① Geoffrey Leech, *Semantics*, Richard Clay Ltd., 1983, pp. 43–45.
② 孟祥春：《为历史正名：洋务运动英译名剖析》，《解放军外国语学院学报》2009 年第 1 期，第 70—72 页。

ment。然而该论断似乎也有值得商榷的地方,"皆以"表示毫无例外,与"几乎没有"似乎有矛盾之处。下面的译例说明有使用 self strengthening 的文献,美国著名汉学家费正清(John King Fairbank)就是使用 self strengthening 来表述这一概念的。

例 56 Under the slogan of self-strengthening Chinese leaders therefore began the adoption of Western arms and machines, only to find themselves sucked into an inexorable process in which one Western borrowing led to another, from machinery to technology, from science to all learning, from acceptance of new ideas to change of institutions, eventually from constitutional reform to republican revolution①。

例 57 Despite its leaders' accomplishments, the Self-Strengthening Movement did not recognize the significance of the political institutions and social theories that had fostered Western advances and innovations. ②

四 译者主体间性视域下的外宣翻译策略

哈贝马斯的主体间性理论将译者带入了一个互动、平等交往的世界。在翻译活动中译者和其他主体应在对话的基础上通过有效手段加强互动,不断进行语用调整,再现原语文本。而翻译研究者则必须充分尊重各主体及客体的存在价值,避免研究中的极端倾向,充分发挥各翻译理论的优势,从而为翻译研究注入新的活力。

国内外研究者从多个视角进行翻译主体间性的研究,翻译主体间性研究呈现出多元化发展的局面,其中最有影响力的为功能主义翻译理论(functionalist approach to translation)、关联理论(relevance theory)和接受美学(aesthetics of reception)。功能主义翻译理论代表人物诺德(Nord)提出了"功能+忠诚"(functionality plus loyalty)的翻译理论,认为忠诚是译者在翻译交互活动中作为参与者的一种责任;在强调译文在目的语中功能的理论前提下,忠诚就意味着目的语文本的目的必须与

---

① John King Fairbank, *The United States and China*, Cambridge, Massachusetts: Harvard University, 1983, pp. 196 – 197.
② 韦忠生:《中国文化遗产的多视角审视》,厦门大学出版社 2010 年版,第 106—107 页。

原文作者的意图相符。实际上，这就既照顾了原文、原文作者，又照顾了译文功能、译文读者、译文使用者等诸多因素。虽然"忠诚"这个范畴更侧重于客观层面，但它却体现了翻译的主体间性。翻译活动是一个包含深刻理解和主体间动态交往的过程。

（一）译者主体与原文作者主体

尽管译者通常在对原语文本的理解和阐释中竭尽全力，力求把握领会原文作者的意旨，但难免受到自身文化传统、社会阅历等因素的限制，从而使译文在语言、风格、含义，甚至在内容方面都会与原文产生某种偏差。这样，译者主体与原文作者主体之间的对话，以及译文主体与原文主体之间的对话便是不平等的，译者体现的只是译者的主体性，不能实现交互主体性即主体间性，只是独白式的个人行为。以下的译例摘自 CNKI 上某论文的英语摘要。

例58　作为特定条件下的历史产物，中体西用教育模式为近代中西学提供了一个会接点，对近代中国教育的变迁具有至关重要的影响，但该模式以重用轻体为典型特征，并因此蕴含着自身无法调和的内在悖论，中体西用模式所强调的中体本身是求用的产物，也靠用来支撑，中体缺乏一种体的支撑。中国传统的天人合一的整体性思维方式是导致中体西用模式存在内在悖论的文化根据所在。

原译：The educational mode of Chinese Body and western Function, which is an outcome under specific historical conditions, has offered meeting points for modern Chinese learning and western learning. Nevertheless, this mode of Chinese Body and Western Function is characterized by its preference for values usefulness above thing-in-itself, which implies a inherent paradox; in this mode, the thought of taking Chinese as the body is formed on the basis of seeking usefulness; hence the Chinese body, the supposed main central part of this model is supported by its funtion instead of its noumenon. The traditional Chinese whole thinking mode of nature and man as a whole shows cultural factors which have resulted in the self-contradictory assertion in this mode.

"中学为体，西学为用"是近代洋务派提出的一个著名口号。"中学为体"即以本土固有的人文思想文化为根本，包括对圣贤之教、礼法制度的维护等，概括来讲即坚持"分封建制、宗法礼俗"的封建制度。"西学为用"即学习西方先进的自然科学文化，以达到"师夷长技以制夷"的目的。"中体西用"是"中学为体，西学为用"的缩略，译者直接将其翻译为 Chinese Body and western Function 是没有真正理解"体"和"用"的含义，"体"是根本的意思，"用"是作为参考、起辅助作用的意思，建议改译为 making Chinese culture a foundation and Western culture a reference。"重用轻体"也存在类似的问题，原文将其翻译为 values usefulness above thing-in-itself，这里的 value 是哪种文化的没有言明，接下来的 seeking usefulness 也存在相似的问题，指代不明。"funtion"和"noumenon"显然为拼写错误，此外还有漏译等问题，译者仅仅体现了译者的主体性，由于理解上的错误，无法与原文互动，因而不能实现译者的主体间性，只是独白式的个人行为。试改译如下：

改译：The educational mode of making Chinese culture a foundation and Western culture a reference, which is an outcome of specific historical conditions, has offered a good chance for the exchange of modern Chinese learning and western learning and exerted a profound impact on the role of modern Chinese education. Nevertheless, this mode is characterized by its emphasis on Western culture instead of Chinese culture, thus it results in an inherent paradox for in this mode western culture outweighs Chinese culture and Chinese culture only enjoys a subordinate status. The traditional Chinese holistic thinking mode of nature and man as a whole leads to the contradictory assertion in this mode.

（二）译者主体与目的语读者主体

译者应以读者为中心，充分考虑受众的语言习惯、文化心理、审美心理等诸多因素。翻译过程中应该以目的语读者为中心，充分调动读者的审美体验，使目的语读者的审美体验与原作者和译者的审美体验融为一体，满足他们的期待视野，实现译者主体与读者主体的良性互动。众所周知，对原文本的读者而言，存在着至少两种不同的期待视野，即文本问世时原语读者的期待视野和翻译成另一种语言时目的语读者的期待视野。这种视界的语言、文化、历史和空间间距是客观存在的，译者需要调和这种原语和目的语读者差异，最终完成沟通与交流之重任。以下的译例选自某政府英语网站,此例虽为作者直接用英文书写,但其中涉及诸多文化负载词语的翻译,因而亦可用之说明翻译中的问题。

例59 Folk Houses in Three Lanes and Seven Alleys, were built along Nanhou Street from south to north. As one of the best preserved ancient architectural compounds in South China, they were listed among "China's ten famous historical and cultural compounds" in 2009. Eight houses are designated as the key cultural relics under the state-level protection: the Waterside Pavilion & Performing Stage, Chen Chengqiu's Residence, Lin Juemin's Residence, Yan Fu's Residence, Double Plum Study, Home of Shen Baozhen, Lin's House, and the Small Yellow Building.

译文:三坊七巷的民居沿南后街由北向南依次而建。作为中国南方保留最完整的古代建筑群之一,该建筑群于2009年入选中国十大古代著名历史和文化名街。其中有8栋建筑被列为国家级文化保护古迹:水榭戏台、陈承裘故居、林觉民故居、严复故居、二梅书屋、沈葆桢故居、林则徐故居和小黄楼。(此处汉译文为方便读者理解由笔者所加)

该英文表达没有充分考虑受众的文化缺省等诸多因素,造成作者主体与目的语读者主体的交流失败。将林则徐故居翻译为 Lin's House,导致受众理解上的困难,建议改译为 Lin Zexu's Former Residence,同时增加该人物的文化背景知识。其他人物故居和建筑的翻译也存在同样的问题,也需要添加 Former 一词,还需要补充有关文化背景知识,使目的语读者和作者两者的主体作用融为一体,实现作者主体与目的语读者主体的良性互动。笔者提议增加一段内容,补充有关文化背景,使缺省的文化信息得以补偿。如补充文化背景后的"水榭戏台""二梅书屋"和"小黄楼"的介绍文字为:The Waterside Pavilion & Performing Stage which was first built in 1573 to 1620 is noted for its acoustic principle and aesthetic value, and is known as the only ancient architecture of its kind well preserved in Fuzhou. Double Plum Study, built in the 19th century, is well-known for its unusual and ingenious design of architecture where artificial rockeries, pavilion, terrace and old lychee trees so on can still be found. The Small Yellow Building is the best-preserved-19th-century classical private garden in Fuzhou up to now. It is featured by its small bridges, flowing water and serene environment, which reflects the typical characteristics of private gardens in south Yangze River areas. 其相应的译文为：水榭戏台创建于1573至1620年，具有声学原理和美学价值，是福州市目前唯一现存的古代水榭戏台。二梅书屋为19世纪建筑，构思奇巧，保留有假山、亭、阁、古荔等。黄楼是福州市目前保存最完好的19世纪古典私家园林，园内小桥流水，清悠雅静，颇能体现江南园林的特色。

（三）译者主体和翻译发起者主体

发起者是实际译文的需要人，他提供原文并给出翻译指令，限定译文的目的、功能、接受者以及使用译文的时间、场合等。根据德国功能翻译理论，翻译发起者（translation initiator）可能是个人、群体或机构；这一角色所起的作用就是发起翻译活动，确定译文的目的，从而影响整个具体的文本翻译过程[①]。外宣翻译活动的翻译发起者主体通常是某些政府机构，翻译内容常常涉及某些有关政治和社会现象的言辞。有一些政治词语高度敏感，若处理不当不仅影响对外传播效果，还可能会犯原则立场错误。对此，译者必须进行一定的言辞修正，其中一个原则是必须符合我国政府的立场和主张。这种言辞修正实际上将译者主体和翻译发起者主体都纳入了视野，强调他们之间的互动关系。以下的译例选自某政府英语网站。

例60 Nanpin is planned to be a frontier platform for north Fujian's cooperation and communication to Taiwan, developing its location and resources' advantages, furthering "Shanghai collaborative" projects serve as a deep cooperation platform for the industries across Taiwan Strait. To Connect Yangtze River Delta, speed up industrial park construction, optimize investment environment and gather production factors to make Nanpin itself a frontier platform for industries transfering from developed areas with "flat" effect.

过去我们说的"前沿"多与知识、学科领域结合使用，所以一直以来就多以 frontier 来表达。现在新提法"前沿平台"用 frontier plat-

---

① Christiane Nord, *Translating as a Purposeful Activity-Functionalist Approaches Explained*, Shanghai: Shanghai Foreign Language Education Press, 2002, p. 20.

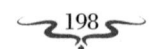

form 表述对目标受众有两个不妥之处。一是不能准确表达原语含义，"前沿平台"寓含福建将发挥对台特色优势、在推动两岸交流合作上先行先试之意。显然，用 frontier 不能达意。二是容易被人误读，因为 frontier 最常用的词义是"国与国之间的边界地带"，使用该词违背了翻译发起者主体的本意，导致译者主体和翻译发起者主体互动的失败。建议改为 pioneering 一词对该敏感性词语进行言辞修正。该段译文在其他方面也存在一些问题：在"serve"之前需要加上一个并列连词"and"；"deep"应该改为"further"；"gather…factors"显然搭配不当，建议改为"strengthen…factors"；第二个句子是一个不完整的句子，虽然有三个并列的不定式短语作主语，但没有谓语，因此需要将"to make"改为"will make"；"企业的扁平效应"意为"减少企业的管理层级、压缩职能部门和裁减冗员"，这里不宜直译，建议改为解释性翻译"with reduced management level, compressed departments' functions and downsizing employees"。

改译：Nanpin is planned to be a pioneering platform for north Fujian's cooperation and communication to Taiwan, developing its location and resources' advantages, furthering "Shanghai collaborative" projects and serving as a further cooperation platform for the industries across Taiwan Strait. To connect Yangtze River Delta, speed up industrial park construction, optimize investment environment and strengthen production forces will make Nanpin itself a pioneering platform for industries transferred from developed areas with "flat" effect, namely with reduced management level, compressed departments' functions and downsizing employees.

译文：计划将南平建成闽北与台湾合作与交流的前沿平台，发挥其区位与资源优势，继续推进与上海的协作项目，加强海峡两岸工业合作平台的构建。连线长江三角洲，加速工业园区建设，优化投资环境和提高生产力也将会使其成为发达地区迁移企业的前沿平台，强化企业的扁平效应。（译文由笔者所加）

小 结

　　变异性、商讨性和顺应性这三种语言特性相辅相成，构成了语言运用的基本要素，其中，可变性和协同性是前提条件，顺应性是目的；变异性和商讨性为语言的各种选择提供了可能性，顺应性则是在这样的基础之上以恰当的方式，在可能的范围内作出符合具体语境的语言选择，从而成功实现语言交际。由于语言结构、文化背景、审美心理和社会因素等差异，译者需要不断地顺应语境，将目的语读者的期待纳入视野，对语篇、语言、文化、审美不断进行调整以符合目的语读者的语篇构建方式、语言习惯以及文化和审美心理，从而成功实现语言和文化的解码和转换。

　　大部分学者在探析言语行为理论时其侧重点都在于言后行为，认为作者的意图、读者的预期效果为翻译的根本依据。笔者认为言语行为的言内行为、言外行为在对外宣传文本翻译中也具有一定的指导意义。诚然，译者要以作者的意图、读者的预期效果，即言后行为作为翻译的根本依据，最大限度地直接刺激目的语读者了解其内容的欲望，达到宣传促销的目的。然而在翻译中还需要兼顾言内行为和言外行为。言内行为要求译者忠实于原语，在目的语中需要对原语的语言规则加以转换；言外行为寓于言内行为中，只有基于言内行为才能准确传递信息，准确和完整的信息是实现言外之力的关键。

　　修辞学是一种以劝说方式体现并说服他人的艺术。外宣翻译文本修辞手段的应用旨在借助得体的修辞手段赢得目的语受众的认同，增强外宣文本的传播效果。在修辞视角下梳理了修辞学家对受众的界定，以中国茶文化的外宣文本作为语料，基于修辞动机、修辞情景和修辞中的文化认同三个不同视角探析外宣文本的翻译策略。对修辞动机和修辞策略的分析有助于确定翻译行为的修辞动机。译者借助译文适宜的修辞手段使原作在目的语中转化为能够对目的语受众具有传播效应的修辞文本。

　　叙事乃是我们赖以生存的平凡故事，外宣文本本质上也是一种叙事，以叙事接受者认同的方式向世界叙述中国的故事。文献检索表明，中国学者们对叙事学的研究可以归纳为四类：理论研究、文学翻译、文学批评和特定学者的研究介绍。四类研究中比例最大的为运用叙事学的理论研究文学翻译，涉及小说、诗歌等翻译。经典叙事学与后经典叙事学的分野对外宣翻译的研究具有重要的启示，译者在外宣文本的翻译中不仅需要关注文本语言层面的翻译，还需将文化、意识形态等因素纳入视野。本章以政府网站英语外宣文本作为语料，运用叙事学从叙事结构整合、叙事视角调整、文本素材选择和标示框架设定四个层面探析外宣文本的翻译策略以期对同类研究提供参考框架。

接受美学理论为商务文本翻译提供了全新的理论视角和研究方法。译者应以读者为中心，揭示出其信息和价值，充分考虑目的语读者的审美情趣、语言习惯、文化心理等诸多因素，译者才能实现译文和目的语读者之间的视野融合，实现该文本的审美追求。这就要求译者具有足够的审美素养和语言文化的驾驭能力。在迎合读者口味的同时，译者还应构建适当高于读者期待视野的文本，提高大众的品位，推动文化进步。

传统的翻译理论强调对原文的忠实，改译、编译不是翻译，因此从根本上说是文本中心论。文本中心论在某种程度上削弱了译者的主体性作用。翻译研究中的另一个极端则是对译者主体性的过度张扬。翻译的主体间性强调作者、译者、译文读者主体之间的相互交往，是作者、译者、译文读者主体性之间在翻译活动中的互动。因此，翻译的主体间性不仅是作者、文本、译者的关系，也不仅是作者、译者、读者的关系，而是一种多元主体关系。哲学的主体间性理论无疑给翻译的主体性研究提供了全新的视角，因为它使翻译从原作者独白、文本独白以及无限度的读者阐释走向了多元主体之间跨越时空的积极对话。

第九章　西方对外传播话语与修辞的批评性分析与翻译

第一节　新闻语篇的对话性[①]

一　对话性：批评性话语分析的新视角

对话性是 20 世纪初苏联巴赫金学派（the Bakhtin School）语言学理论和文学批评理论中的一个核心概念。60 年代，克里斯蒂娃（Kristeva）在把巴赫金（Bakhtin）的理论介绍给欧美时，将其称为"互文性"（intertextuality）。话语是语言的存在现实，话语是对话的交际，话语一经说出就参与了对话。巴赫金把对话看作相互作用（interaction），对话关系渗透在人类生活的各个领域。"语言只能存在于使用者之间的对话关系之中。对话交际才是语言生命的真正所在。语言的整个生命，无论是在哪个领域，无不渗透着对话关系。"[②] 巴赫金指出，对话双方或多方必须具有不同的、异质的声音（heteroglossic）才能构成真正的对话关系，如果对话的各方都保持一种声音，那么这样的对话究其本质不过是一种"独白"。对话性（dialogism）指话语或语篇中存在两个以上相互作用的声音，它们形成同意和反对、肯定和补充、问和答等关系[③]。由于结构主义长期处于支配地位，语言和语篇的对话性和互文性始终未引起足够的重视，只是最近几年这方面的一些理论和成果才被话

[①] 该节内容已发表。具体参看韦忠生《新闻语篇的对话性——基于对人民币汇率报道的批评性话语分析》，《长沙大学学报》（哲学社会版）2012 年第 4 期，第 112—114 页。

[②] Mikhail Bakhtin, *Problems of Dostoevsky' Poetics*, ed. and trans., Caryls Emerson, Minneapolis: University of Minnesota Press, 1984, p. 244.

[③] 辛斌、陈腾澜：《语篇的对话性分析初探》，《外国语》1999 年第 5 期，第 8 页。

语分析学家运用于批评性的语篇分析中,并取得了很好的效果。

二 对人民币汇率报道的新闻语篇的对话性解读

尚智慧[①]认为国内关于新闻语篇对话性的研究大多集中转述言语,从转述言语的视角探讨对话性,不能全面揭示语篇中各种意识形态协商或斗争关系,因为转述言语是以我(报道者)为核心探讨报道者与被转述者的关系,却忽略了报道者与读者之间、被转述者之间、转述者与读者之间的关系,认为声音是一种语义概念,通过语法和词汇来传递话语权和意识形态。声音可以分为:1. 我(报道者的声音);2. 他者声音。他者又可以分为(1)明确的他者声音;(2)话语群体的声音,如家喻户晓的谚语、成语等,即某些特定群体共有的知识;(3)未明确的他者声音,报道者有意将声音来源隐匿,或者认为读者可以根据语境判断而无须交代。

本节内容基于自建语料库,将范围限定在对同一话题的新闻报道语篇中,排除其他因素的干扰和影响,笔者作了严格的语料选取工作,将其控制在相同的情景语境和文化语境之中。以 2010—2011 年美国主流媒体《纽约时报》中 13 篇对人民币汇率的有关报道进行分析,以总字数为 11814 字的新闻报道为语料,运用批判性话语分析的方法,从对话性进行定性和定量分析和研究,通过识别和分析声音背后的交际主体,我们发现报道者如何巧妙利用对话传递话语权。文献检索显示对新闻语篇的批判性话语分析主要从标题、分类、转述进行分析,鲜有从对话性作为切入点进行分析的。

西方主流媒体擅长设定议题吸引读者关注某一时段的热点话题,直接或间接地塑造被报道者的形象,从而传递话语权和意识形态。现在我们就对所选 13 篇有关人民币汇率报道的声音来源分布作一分析。

(一)我(西方报道者)的声音:新闻语篇话语的主体

NRSA(narrative report of speech acts,言语行为的叙述性转述)是间接引语的变体。在这种形式中,转述言语只被简化为个别词汇而完全

---

① 尚智慧:《新闻语篇的对话性及其对意识形态的构建》,《外语与外语教学》2011 年第 4 期,第 43—44 页。

融入转述者的言语中,它是转述者介入程度最高的一种转述形式①。这种情况在新闻报道中表现为被转述者的声音几乎完全消失,我们听到的只是报道者的声音。在这里报道者的声音主要通过叙述性转述得以体现,因此这种叙述对话性程度最低,体现了意识形态潜移默化的影响。在2010—2011年《纽约时报》的13篇对人民币汇率的有关报道中我(西方报道者)的声音出现了149次。下面就对我(西方报道者)的一些声音进行分析。

例1 The relatively small rise in the renminbi has not been enough to end occasionally vocal criticism by some U.S. policy makers and business executives, who continue to argue that the renminbi's valuation gives Chinese exporters an unfair advantage over their U.S. counterparts by making Chinese goods inexpensive overseas.②

例1显然代表了报道者的声音,认为人民币汇率的小幅度提升不足以消解一些美国的政策制定者和商业总裁的口头批评。

例2 China is undeniably manipulating its currency. Countries around the world, including the United States, are losing jobs because their manufacturing industries cannot compete with artificially cheap Chinese goods. For the good of the world economy, and its own long-term economic development, China should stop.③

例2使用了"显然在操纵","人为的低廉",也传递了报道者的声音,报道者显然是在指责中国。

例3 The dire state of the world economy reflects destructive actions on the part of many players. Still, the fact that so many have behaved badly shouldn't stop us from holding individual bad actors to account.④

例3又是报道者声音的映现,"许多国家的毁灭性行为","行为不端","并不会阻止我们"体现了报道者的态度,报道的第二段显然将

---

① 李金凤:《也谈转述言语与新闻语篇的对话性》,《第二外国语学院学报》2009年第2期,第11—12页。
② *New York Times*, October 11, 2011.
③ Ibid., October 4, 2011.
④ Ibid., October 2, 2011.

第九章 西方对外传播话语与修辞的批评性分析与翻译

中国归于对汇率的操纵国之列。

例4 The United States should be able to round up some allies on these issues, just as it has with recent military matters relating to China. BASF and Siemens, two big German companies, have already complained about Chinese protectionism, as have some European leaders. Other countries also have reason to be frustrated with the exchange rate: relative to many currencies other than the dollar, the renminbi has actually lost value in recent months.①

这里我们又听到报道者的声音，认为美国能够找到干涉中国汇率制度的盟友，称其他国家对人民币汇率感到失望是事出有因的，因为人民币对其他货币的汇率在最近几个月又降低了。

（二）直接引语：新闻语篇话语的共谋

明确的他者声音通常是由直接引语来体现。直接引语具有以下语用功能②：（1）表明报道的语言真实性，显示报道者的客观态度；（2）具有强调作用，引起读者的注意；（3）增强报道的对话性与戏剧性。李金凤③认为置于引号内的直接引语除了是表明报道语言的客观性和真实性，在很多情况下往往表示报道者声音与他者声音之间存在距离，作者以此表明引语的看法是别人的，自己只不过对之进行如实报道。报道者力求隐藏自己对他者声音的态度，这时对他者声音的判断可以由读者自己去决定，因此这时对话性程度就最高。对此笔者认为有待商榷，虽然这种对话也涉及读者对他者声音的判断，但对《纽约时报》的13篇对人民币汇率的有关报道的分析表明这种对话主要限于报道者的声音与通过直接引语和间接引语体现的他者声音的对话，而报道者的声音是新闻话语的主体，透过直接引语和间接引语得以进一步加强。

在2010—2011年《纽约时报》的13篇对人民币汇率的有关报道中他者声音中的直接引语出现了17次，直接引用美国总统、美国财政部

---

① *New York Times*, January 11, 2011.
② 辛斌：《〈中国日报〉和〈纽约时报〉中转述方式和消息来源的比较分析》，《外语与外语教学》2006年第3期，第2页。
③ 李金凤：《也谈转述言语与新闻语篇的对话性》，《第二外国语学院学报》2009年第2期，第11—12页。

长和多位参议员的话语以引起读者的关注,向读者传递一个信息——我(报道者)的报道立场是公正的,只是在客观引用他者的观点。这里的直接引用除了政府官员,还有一些研究者,直接引用政府官员的话语数量显然超过了研究者,显示西方主流媒体对华新闻报道渗透着意识形态的操控。

例5 "I don't believe you have a middle class in America without a vibrant manufacturing base," said Senator Jeff Sessions, Republican of Alabama. "We'll stand up and take our lumps and take our gains in a fair competition." (ditto)

在例5中参议员Jeff Sessions也是在指摘人民币与美元的汇率偏低对美国意味着不公平的竞争。

例6 Senator Charles Schumer, a Democrat of New York, declared that the legislation "is a clear, unwavering message from both parties to China's leaders — the jig is up; it's time to stop gaming the system or face severe consequences."[1]

在例6中参议员Charles Schumer则将参议院通过人民币汇率的议案称为美国两个政党的"明确信息",如果中国不让人民币升值会面临"严重后果"。

例7 Mr. Geithner went before Congress to urge China to allow "significant, sustained appreciation" of its undervalued currency; senators of both parties called for tougher measures. (ditto)

美国财政部长盖特纳则公开要求让人民币升值,提高人民币与美元的兑换率。

(三)间接引语:新闻语篇话语的介入

明确的他者声音通常也可以由间接引语来体现,间接引语(IS)也有直接引语的语用功能,即表明报道的语言真实性,显示报道者的客观态度。间接引语虽然不是直接叙述,但仍然言明消息的出处,因此增强了报道的对话性。间接引语具有模糊转述者(报道者)和被转述者的面孔发表个人的观点而不被读者观察,因此间接引语更具有操作性;

---

[1] *New York Times*, October 4, 2011.

间接引语是新闻报道中最常见的转述言语形式,它允许报道者在更大程度上介入他人话语,有时用这种方式对他人话语的转述使我们完全无法判断正确与否或有无误解和歪曲,除非可以对照原文①。在 2010—2011 年《纽约时报》的 13 篇对人民币汇率的有关报道中,他者声音中的间接引语出现了 69 次,显然少于我(西方报道者)的声音,却明显高于他者声音中的直接引语。

例 8　The relatively small rise in the renminbi has not been enough to end criticism by some U. S. policy makers and business executives, who continue to argue that the renminbi's valuation gives Chinese exporters an unfair advantage over their U. S. counterparts by making Chinese goods inexpensive overseas. ②

这里有两处明确的他者声音:一些美国的政策制定者和商业总裁。他们也宣称由于人民币的低汇率使"中国商品在海外价格低廉因此中国的出口商比美国的出口商具有不公平的优势"。

例 9　Economists agree with that assessment. They said at the time that the Chinese currency was undervalued by 25 to 40 percent compared with the dollar and other currencies, and that the imbalance was hurting not only the United States but economies around the world, including the European Union, Brazil and India. (ditto)

例 9 中报道者间接引用西方国家的一些经济学家的观点,称"人民币与美元以及其他货币的兑换率被压低了 25% 到 40%,对美国经济和世界上包括欧盟、巴西和印度的其他经济带来负面影响"。

例 10　Some observers question whether we really know that China's currency is undervalued. But they're kidding, right? The flip side of the manipulation that keeps China's currency undervalued is the accumulation of dollar reserves — and those reserves now amount to a cool \$3.2 trillion. ③

这里明确的他者声音是一些西方的观察家,他们质疑许多人并不了

---

① 李金凤:《也谈转述言语与新闻语篇的对话性》,《第二外国语学院学报》2009 年第 2 期,第 11—12 页。
② *New York Times*, October 11, 2011.
③ Ibid., October 2, 2011.

解人民币的价值被低估，将其称为"操纵"，结果中国积累大量的美元储备。

例 11　But critics have pointed out that a narrowing of China's broadly measured trade surplus mainly reflects surging imports of commodities like oil and iron ore, and that the renminbi has been rising gradually over the last year against the dollar but actually weakening against other currencies, including the euro.①

该例间接引用了批评家们的评述，称中国贸易顺差的缩小主要由于对石油和铁矿石进口的日益增加，去年人民币对美元的汇率在稳步升高，而实际上降低了与其他货币，包括欧元的汇率。

三　新闻语篇对话性的批评性话语分析

巴赫金辨析对话和对话关系，无疑是从其初始本义出发，在对话交际中研究对话双方或多方的相互作用，但其用意却是要揭示对话的种种潜在意义。按照巴赫金的对话观，话语无论采取对话语形式（对话双方或多方交替）或独白形式（对话各方都保持一种声音），本质上都具有对话性，都反映着对话关系。因此，对话性具有普遍意义。这正是巴赫金话语理论的核心，即话语的对话本质。

然而真正的对话关系的构成在于对话双方或多方必须具有不同的、异质的声音，如果对话的各方只有一种声音，这样的对话充其量只是一种"独白"。对话是在语篇中存在的两个以上的声音相互作用，它们形成同意和反对、肯定和补充、问和答等关系。通过对所选语料的分析，在 2010—2011 年美国主流媒体《纽约时报》的 13 篇对人民币汇率的有关报道中，声音的具体分布情况如下：我（西方报道者）的声音出现了 149 次；他者声音中的直接引语出现了 17 次（其中美国总统 3 次，美财政部长 1 次，美参议员 4 次，西方经济学家 3 次，美学者 2 次，法国研究员 1 次，在华西方专家 1 次，美官方报告 1 次，中国人民银行 1 次）；他者声音中的间接引语出现了 69 次（其中美国官方和机构 26 次，西方领导人 2 次，美国经济学家和学者 15 次，德国研究员 1 次，

---

① *New York Times*, October 11, 2011.

韩国经济学家1次,在华西方专家1次,西方观察家和评论家3次,美国企业界5次,中国官方和机构11次,中国经济学家和学者4次)。对所选《纽约时报》的13篇对人民币汇率的有关报道的观察、分析和统计显示,大部分语篇都有不同的、异质的声音,都有一定的对话性,然而代表美方立场的声音数量显然超过中方的声音,体现了西方主流媒体对新闻话语权的操控。

福柯认为话语(discourse)就是权力。话语是权力的表现形式,所有权力都是通过话语来实现的。话语不仅是施展权力的工具,同时也是掌握权力的关键。任何一个社会中的各个层面都具有特定的话语,掌握话语也就意味着掌握了说话的权力。

第二节 批评视域下欧洲主权债务报道的概念隐喻评析[①]

对经济领域中的隐喻开展研究的早期西方学者主要有经济学家和语言学家。经济学家亨德森(Henderson)于1982年率先对经济语篇的隐喻进行研究,还有经济学家麦克洛斯基(McCloskey)和约翰·J.克兰西(John J. Clancy)。此后西方语言学家们积极开展该方面的研究,如杜德利·埃文斯(Dudley Evans)和波尔(Boers)等,成果斐然,在此不予赘述。这些学者们的研究主要关注隐喻的语言层面,没有将隐喻与社会中的诸多因素结合进行剖析。经济语篇中的概念隐喻体现了莱可夫(Lakoff)等人提出的概念隐喻运行机制:通过映射将人们比较熟悉的源域如物质、建筑、健康等概念投射到复杂的经济概念上去,这对认识并理解复杂的经济概念和规律大有裨益。关键词"经济语篇的概念隐喻研究"的中国知网模糊检索结果显示为23篇期刊论文(截止到2015年1月18日),表明中国作者也主要从语言学角度对经济语篇的隐喻展开研究,分析隐喻的语言机制,仅有2篇论文从批评的视角对隐喻予以分析。本节拟从批评性话语分析的角度出发,试图通过分析经济类语篇

[①] 该节内容已发表。具体参看韦忠生《批评视域下欧洲主权债务报道的概念隐喻评析》,《大连海事大学学报》(社会科学版)2015年第2期,第118—124页。

中隐喻的语言机制揭示概念隐喻的话语功能与话语的倾向性。

一　批评性隐喻分析概述

批评性话语分析主要有四种方法：批评语言学分析法、社会文化分析法，社会认知分析法和语篇历史分析方法[1]。费尔克拉夫（Fairclough）[2] 从批评语言学视角，福勒（Fowler）[3] 和梵迪克（van Dijk）[4] 分别运用社会文化分析法和社会认知分析法将语篇纳入批评性话语分析研究的视角。批评性话语分析关注的并非话语表层的意义，乃是话语生成的深层原因；它旨在透过语言的表面形式揭示意识形态对话语的影响，话语对意识形态的反作用，以及两者如何源于社会语境和意识形态并为之服务。查特里斯·布莱克（Charteris Black）率先提出隐喻的批评性话语分析，将隐喻研究与批评性话语分析结合，开展较为系统的研究，关注话语中折射出的社会关系、意识形态等问题。隐喻的认知学研究隐喻的语言表征，却忽略了隐喻的话语倾向以及意识形态，也未将隐喻的话语功能纳入研究视野。按照布莱克（Black）的观点，隐喻研究者不仅应该关注隐喻语言层面的分析，还应该注重研究隐喻与意识形态的关系。他在2004年率先提出的批评性隐喻分析（Critical Metaphor Analysis）方法，将隐喻的语言分析与其话语分析相结合，是旨在识别语言使用的意图和意识形态的一种隐喻的分析方法。布莱克隐喻批评性分析的基本框架由三大步骤构成[5]：第一，隐喻的识别（metaphor identification），要求收集语料，研读文本，并确定其源域和目的域之间是否存在语义张力；确定隐喻关键词，根据其语境详加分析并统计其在语料库中的词频。第二，隐喻的阐释（metaphor interpretation），基于对语料库

---

[1] 魏欣欣：《批评性话语的理论基础与分析方法》，《东南学术》2010年第1期，第165—167页。

[2] Norman Fairclough, *Language and Power*, London: Longman, 1989.

[3] Roger Fowler, *Language in the News: Discourse & Ideology in the Press*, London: Routledge, 1991.

[4] Van Dijk, "Principles of Critical Discourse Analysis", *Discourse & Society*, No. 2, 1993, pp. 249–283.

[5] Jonathan Charteris-Black, *Cropus Approaches to Critical Metaphor Analysis*, Basingstoke: Palgrave Macmillian, 2004, pp. 32, 35-41.

中隐喻实例的分析概括出其所代表的概念隐喻,解析概念隐喻对解释隐喻的意义并更深刻地理解这些概念层面在意识形态中的作用。第三,隐喻的解读(metaphor explanation),将隐喻置于其生成和接受的社会语境中考察,探析隐喻的语篇建构功能从而判断人们在特定语境中选用特定隐喻在意识形态和修辞方面的理据。

二 欧洲主权债务危机报道中概念隐喻的批评性分析

基于语料库的批评性话语分析突破了传统研究文本量小的局限,实行定量和定性分析相结合,成为当前话语分析的一种新动向[①]。我们基于批评性隐喻分析的分析模式,借助软件工具WordSmith,以2012年和2013年英美主流媒体《卫报》和《美国新闻和世界报道》对欧债危机的有关报道作为语料进行分析,建立了一个拥有30篇报道共计29349字的小型语料库,对金融危机的概念隐喻机制中三种频率最高的概念隐喻进行批评性分析,探析经济语篇隐喻的话语功能与话语倾向性。为简洁起见,前者用G表示,后者以US表示,不再列出媒体全称。我们将隐喻语料进行分析,标示了金融危机的隐喻关键词共计66个词例(token);然后基于深层概念隐喻的分类,得到主导型的概念隐喻3个,分别为物体隐喻(18%)、建筑隐喻(27.2%)和健康隐喻(54.5%),具体见下表:

语料库中与金融危机有关的概念隐喻

Metaphors	Tokens	Incidence
1. FINANCIAL CRISIS IS SUBSTANCE		18%
(a) groundhog	4	
(b) abyss	2	
(c) rubble	2	
(d) bad apples	2	
(e) lever	2	

[①] 陈乾峰:《基于语料库的话语与意识形态分析——以中美例行记者会为例》,《长春理工大学学报》(社会科学版)2011年第4期,第56页。

2. FINANCIAL BASIS IS BUILDING   27.2%

（a） collapse/collapsed   13

（b） house   1

（c） firewall   1

（d） flat   1

（e） structure   1

（f） architecture   1

3. FINANCIAL SITUATION IS HEALTH   54.5%

（a） weak/weaker/weakness/weakening   14

（b） pain/painful   5

（c） recovery   4

（d） health/healthy   4

（e） antidote   3

Metaphors	Tokens	Incidence
（f） immune system/ immune from	2	
（g） dies/dead	2	
（h） mania	2	

（一）财政危机是物体（FINANCIAL CRISIS IS SUBSTANCE）

欧债危机报道中的第一类概念隐喻，就是财政危机是物体。例12和例13将财政危机和紧缩政策概念化为"深渊"，将欧洲描述为"站在深渊的边缘"（stands on the edge of an abyss），该形象生动的隐喻揭示了欧洲财政将面临的危急情况。希腊、西班牙和意大利即将"跌入深渊"（tumbling over），表明这些国家所面临的财政困境。例12还将这种危急情况比喻为欧元区的其他国家"就像阿尔彼斯山的登山者拴在同一根线上，一人失足，可能致使其他人坠入深渊"，表明希腊主权债务危机对欧元区其他国家的巨大负面影响。欧洲财政所面临的窘境跃然纸上：这种紧急状况就是万丈深渊，跌入深渊将万劫不复。例14的"经济停滞不前的陷阱"（no-growth trap），例15的"衰退波浪"（recessionary waves）和"波及"（spill over），例16的"紧急资助游戏"（bailout game）和"压力测试"均为"财政危机是物体"这一概念隐喻的具体体现，表明希腊债务危机的严重后果：不仅促使英国经济低迷，还可能严重影响包括美国在内的全球经济。监管者所采取的用于检测银行运转状况的技术就是"压力测试"（stress test），可以检验欧盟应对欧债危机这一压力的抗压能力。以下画线部分均为隐喻的用法。

例12　Europe <u>stands on the edge of an abyss</u>, its most dangerous financial crisis since the 1930s. Greece, Spain, and Italy are the closest to <u>tumbling over</u>, but all the others in the eurozone <u>are roped together like Alpine climbers</u>, <u>the fall of one threatening to bring down the rest</u>. And the <u>drag</u> on the rest of the world, very much including the United States, would be calamitous.（US，June 4，2012）（下划线为笔者所加，下同）

例13　But over the weekend, European Union economic commissioner Olli Rehn finally signaled support for stepping back from <u>austerity's abyss</u>.（US，April 23，2013）

例14　But this time is, well, different. It's not "just" that southern Europe is stuck in a depression and Britain is stuck in a <u>no-growth trap</u>.（ditto）

例15　Europe's problems could create "<u>recessionary waves</u>" that would <u>spill over</u> into the rest of the global economy, including the United States, but also the rest of the OECD（US，November 27，2012）

例16　The European press has been having a field day with the story. The <u>game</u> is being called "the <u>bailout game</u>" and "a <u>stress test</u>," in reference to a technique regulators use to measure the soundness of big banks.（US，June 22，2012）

（二）财政基础是建筑（FINANCIAL BASIS IS BUILDING）

在人类认知活动中表示经济基础的建筑概念隐喻在经济语篇中随处可见。有史以来建筑就伴随着人类，人们对建筑物的重要性有着深刻的认识，因此经济语篇不乏建筑概念隐喻，将熟悉的建筑源域投射到一个不熟悉的、抽象的经济领域来描述财政危机和经济衰退所导致的严重后果，有时甚至是致命的打击。因此建筑概念域被投射到经济语篇中就不足为奇了。无论在英语文化还是汉语文化中，人们对建筑物的体验和认知是相同的。在英汉两种语言中都有把经济和经济发展视为建筑物的隐喻运用，而且它们的隐喻表达方式几乎完全相同①。以下的这些有关欧洲债务危机报道的语言实例均为建筑概念隐喻，如例 17 中银行的倒闭（collapse）和例 20 中欧盟的崩溃（collapse），例 18 的加入欧盟就是"围困在一栋没有消防通道的正在燃烧的建筑物中"（trapped in a burning building with no fire exit，引申为"无法提供紧急救助措施"），还将活动概念化为建筑物，因此与之密切相关的就有"正在坍塌"（is collapsing，引申为"消失"），"正在动摇"（is weakening，引申为"削弱"）和"摇摆不定"（falter，引申为"不稳定"）。例 19 中 1999 年启动的欧元就像是"建筑了一座华丽但没有屋顶足以抵御狂风暴雨的宅第"，因为欧盟的错误在于建立了统一的货币而未同时建构统一的财政、经济和政治制度。例 21 中欧洲和美国承担着支撑全球经济的"经济大厦"（architecture，引申为经济大厦）的安全，因此欧美经济的运转状况左右着世界经济的健康发展。

例 17　Equally wide of the mark have been those who stress the importance of an overarching state in charge of fiscal policy, or of a banking union to lessen the risks of banking collapse in the eurozone. (G, 26 December 2012)

例 18　When he was leader of the Conservative party, William Hague once likened membership of the euro to being trapped in a burning building with no fire exit.

Activity is collapsing in Italy, is weakening fast in France, and has started to falter in Germany. (G, 7 October 2012)

例 19　The structure erected in 1999 stopped short of a fiscal union; it was rather like building a fine house but neglecting to add a roof for stormy weather. The fundamental flaw of the EU was to pursue a monetary union without a fiscal, economic, or political one. (US, June 4, 2012)

例 20　The primary threat to the U.S. economy is the collapse of the EU. If that occurs, some—if not all—EU member nations would revert to their own currency. (US, November 29, 2012)

---

① 钟曲莉：《英汉经济语篇中概念隐喻运用的对比研究》，《湖南商学院学报》2009 年第 5 期，第 122 页。

例 21 After all, the United States and Europe account for nearly half of the entire world's GDP, 40 percent of the world's trade, and together are still responsible for the security architecture that keeps the global economy moving. (US, Dec. 6, 2012)

(三) 财政状况是健康 (FINANCIAL SITUATION IS HEALTH)

将人的生命状态特征映射到经济运行中有助于基于对自身健康状况的体验来理解经济运行中出现的类似问题。人们所追求的良好经济运行状态和健康的生命状态概念遥相呼应，反之经济所出现的问题和不正常现象可以从疾病的概念域映射中得到很直观的理解[①]。诸多不良经济状况往往被概念化为各种疾病，如经济状况欠佳则是疲软、虚弱。此外被映射到经济概念中去的还涉及心理疾患。健康概念隐喻激活了医疗图式：医生行使了经济学家的职责，诊断不良经济状况，开出治疗良方，注射疫苗，调理病情，最后经济重现活力。健康概念隐喻是报道的其中一个主要的概念隐喻系统，将人们熟悉的身体状况映射到一个不熟悉的、抽象的经济领域来描述经济运转情况，从而加深人们对经济概念的认识。其中有多次重复映射形成的常规隐喻表达方式如疲软 (weak)、流行病 (pandemic)、药方 (medicine)、病人 (sick man)、痛苦的 (painful)、恢复 (recovery)、维持经济的健康 (keep our economy healthy)；也不乏新奇隐喻表达方式，如狂躁症 (mania, 引申为狂热)、经济的免疫系统 (immune systems of economies, 引申为经济的抗压能力)、不消化 (indigestion, 引申为不适应)、难以下咽的药丸 (bitter pill to swallow, 引申为无法接受的举措)。

例 22 In practice, austerity is transforming the periphery into a vast East Germany: a zone of weak growth, low wages, poverty and no economic dynamism. (G, 26 December 2012)

例 23 Austerity mania is sweeping Europe. Franois Hollande's socialist government in France will become the latest to tighten its belt when it announces 30bn (£25bn) of spending cuts and tax increases on Friday. (G,

---

① 狄艳华、杨忠：《经济危机报道中概念隐喻的认知分析》，《东北师大学报》2010 年第 6 期，第 113 页。

28 September 2012）

例24 It becomes more like a pandemic, affecting the immune systems of economies and spreading from one country to another. That is the situation in the eurozone today. （G, 7 October 2012）

例25 Some say that modern Europeans in the north and south are now used to a more cushioned life, and the austerity medicine is too much of a bitter pill to swallow. （US, May 6, 2013）

例26 Greece has been depicted as the sick man of the continent, living well beyond its means and now unable to pay its debts. （US, June 22, 2012）

例27 As long as they can continue to do that, they'll probably continue to cause indigestion to some of our companies. （US, November 29, 2012）

三 多维视角下欧债危机报道的概念隐喻语篇功能评析

（一）语篇连贯功能视域下的概念隐喻探析

作者选定一个隐喻，以这个隐喻作为语篇主题，以此支配整个语篇的脉络，语篇按照隐喻主题这一线索发展下去，从而决定了整个语篇的模式，形成了语篇的信息流[1]。张玮、张德禄[2]从认知、语义以及语用三个维度对语篇中的隐喻性特征进行综合分析，认为在认知上语篇的部分之间通过映射和互动组成连贯的语篇；在语义上隐喻中的语义蕴含和延伸扩展了语篇，使语篇的各部分之间相互连贯；在语用上隐喻通常在主体间达成一致的磋商时结束，使前后呼应，形成连贯的语篇。廖美珍、周晓萍[3]在研究中发现，语篇的衔接与语篇隐喻的出现频率紧密关联。简而言之，隐喻的语篇跳跃频率越低，即隐喻使用的语篇一致性程

---

[1] 魏在江：《隐喻的语篇功能——兼论语篇分析与认知语言学的界面研究》，《外语教学》2006年第5期，第14页。

[2] 张玮、张德禄：《隐喻性特征与语篇连贯研究》，《外语学刊》2008年第1期，第99—103页。

[3] 廖美珍、周晓萍：《我们赖以建构和组织语篇的隐喻——隐喻变化与语篇组织程度》，《外国语文》2010年第4期，第52页。

度越高,则语篇的衔接程度越高。换言之,隐喻变化越小,则语篇表层衔接的显性度越大,因此语篇衔接性越强。此时,读者理解这种语篇时付出的认知努力是最低的;认知成本越低则表层组织程度越高。2012年6月4日的题为"欧元区可以安然无恙吗?"的《美国新闻与世界报道》将经济的有关领域比喻为建筑,构建了财政基础是建筑(FINANCIAL BASIS IS BUILDING)的概念隐喻。整篇报道2669字,虽然也有深渊隐喻和健康隐喻,但建筑隐喻为主要的概念隐喻,collapse这一隐喻关键词出现了7次,频率最高,体现了语篇的紧密衔接程度,欧债危机对许多经济领域的负面影响跃然纸上。

例28 Banks are collapsing, and over-indebted governments are running out of both money and credit.

The European dream is literally on the verge of collapsing.

If Germany and France say they won't agree, the Greek government will have to be defaulted, raising the risk of financial contagion spreading to other countries. That is why everybody fears a banking collapse. The key for Greece to stay in the ECM is bank liquidity, and the Greeks say it is up to the Germans to provide it, or otherwise a Greek collapse will ensue and damage Germany too.

The public equity markets are not open to the Spanish banks, since they are faced with a huge collapse of residential real estate on which they have hundreds of millions in loans.

If there was a full breakup of the eurozone, you could have the imposition of (illegal) exchange controls, runs on the banks, legal uncertainties, asset price collapses, unpredictable shifts on balance sheets, freezing up of the financial system, the collapse of spending and trade, and dramatic shifts in the exchange rate of the new currencies that may emerge. (US, June 4, 2012)

(二)情感功能视域下的概念隐喻探析

李艳芳[1]认为隐喻具有激起情感的潜势,包含内在的观点和评价,

---

[1] 李艳芳:《批评视角下的隐喻研究》,《东北大学学报》(社会科学版)2010年第4期,第365页。

它导引对某一特定事物的态度，并为特定行为方式提供动机。在言语交际中，人们往往借助具体的语言方式表达自己对现实世界中各种事件的态度从而建构社会现实或价值关系，即评价。隐喻体现听众/观众的特定情感反应：既包含积极的价值评判，也不乏否定的评判结果。例29显然对德国将欧元区作为其重商主义的工具颇有微词，不仅将德国人变成"穷人"（are beggared），其目的是致使其他欧洲人也变为"穷人"（beggar others）。例30 将欧洲的银行比喻为"僵尸银行"（zombie banks，引申为毫无活力的银行），其借贷的急速紧缩将削弱银行活力。例31认为为数众多的欧元区国家长期过着舒适的生活（feather-bedded），需要"警醒"（chill blast），面对严酷的现实。紧缩开支，解除管制，私有化和更灵活多样的劳务市场将促使这些国家"经济更为健康"（leaner and fitter）。例32 的"紧缩政策疲劳症"（austerity fatigue，引申为抵制紧缩政策）体现了某些如法国一样的欧洲富裕国家和选民的心态。脆弱（fragile）的协议隐喻和"干爸爸"（sugar daddy）隐喻则体现了德、法两国不愿为某些欧洲养尊处优的国家无条件慷慨解囊，要求他们首先裁减开支，然后提供贷款帮助。所有这些隐喻都体现了一定的话语倾向性，传递了某种情感态度。

例29　The eurozone is becoming a vehicle for German mercantilism, whereby the German people are first beggared in order subsequently to beggar others. （G, December 26, 2012）

例30　Europe now has a network of zombie banks kept afloat only thanks to the efforts of the European Central Bank and the network of individual national banks. A sharp contraction in bank lending has led to weaker activity, putting pressure on public finances and leading to higher debt levels. （G, 31 October, 2012）

例31　The austerity programmes come with pledges of economic reforms. Put simply, the idea is that too many eurozone countries have been feather-bedded for too long and now need a chill blast of reality to wake them up. Budget retrenchment will ensure that countries live within their means while deregulation, privatisation and more flexible labour markets will make them leaner and fitter. （G, September 28, 2012）

例 32 "Austerity fatigue" is beginning to afflict Europe's more prosperous nations as well. French voters seem poised to boot President Nicholas Sarkozy in favor of a socialist candidate who favors more government spending, not less, and might upend the entire fragile agreement with Germany to backstop bailouts for poorer southern neighbors.

But absent tough reforms in troubled nations, those two lenders of last resort are reluctant to be the sugar daddy for Europe's extravagant spenders. Sustained cutbacks first. Bailouts second. (US, April 25, 2012)

（三）意识形态功能视域下的概念隐喻探析

布莱克（Black）分析了语料库中的隐喻，认为隐喻的运用是评价性的，而且具有意识形态意义，认为识别语言所蕴含的意图与意识形态是隐喻批评分析的基本要求。朱炜[1]认为隐喻反映意识形态，隐喻意识形态性为语篇的批评性分析提供了一个全新的视角，并可以推动批评语言学的跨学科研究。韦忠生[2]以 2012 年《美国新闻和世界报道》中有关财政悬崖的报道作为语料，主要利用框架理论探析了概念隐喻的话语建构功能，通过预设、凸显和构造政治故事三种方式来建构意识形态。例 33 讨论了对紧缩政策所持的两种截然不同的态度，体现了隐喻话语所隐含的意识形态倾向。将增长比喻为"苹果派"（apple pie），是美国的模式，也是世界上其他国家所期盼的，把紧缩政策比喻为"生活在一栋没有暖气，只有冷水的公寓"（life in an unheated, cold-water flat），甚至将坚持紧缩政策对付欧债危机的德国总理默克尔比喻为对奥巴马的增长措施视而不见的"顽固不化的恶棍"（the unenlightened villain）。然而作者认为一旦我们"剥离政策的……洋葱"（peel the policy onion，引申为对政策予以分析），就会看到"宣传的影子"（propaganda exercise）。奥巴马的增长措施是新凯恩斯主义的财政赤字和通货膨胀的综合，旨在刺激国内消费。2009 年奥巴马的财政刺激计划未能创造预期的就业机会，美国债务与国民生产总值的比值居高不下，联邦储备新发行的 2 兆

---

[1] 朱炜：《试论隐喻的意识形态性》，《南京社会科学》2010 年第 7 期，第 141 页。
[2] 韦忠生：《框架视域下隐喻的话语功能建构与翻译策略——基于美国财政悬崖报道的批评性分析》，《当代外语研究》2014 年第 4 期，第 53—57 页。

亿美元货币带来的是有史以来最缓慢的经济复苏。所有这些失败未能阻止美国的政策制定者将乏味并导致自我毁灭的一揽子措施强加于德国。默克尔拒绝接受"凯恩斯的灵丹妙药"（Keynesian snake oil）不失为明智之举。在这篇报道中作者虽然列举了对德国总理默克尔紧缩政策的批评，然而通过具体事实和隐喻表明这些批评具有意识形态的色彩，默克尔的紧缩政策无疑是审时度势的明智选择，她不愧为一位睿智的政治领袖。

例33 Once you frame the issue as growth versus austerity, the debate is over before it begins. Growth is as American as apple pie and is desired by every country in the world. Austerity suggests life in an unheated, cold-water flat. One half-expects Angela Merkel to show up at the G20 summit in a sackcloth and ashes. She is framed as the unenlightened villain in a policy set piece stubbornly refusing to see the wisdom of Obama's progrowth agenda.

Yet, once we peel the policy onion we see a propaganda exercise no less audacious than Lenin's original masterpiece. When Obama says "growth" he refers to a standard neo-Keynesian mix of fiscal deficits and money printing designed to stimulate domestic consumption by revving up the lending and spending machine one more time. Never mind that Obama's fiscal stimulus plan in 2009 failed to produce the promised jobs or that the U.S. debt-to-GDP ratio is at an all time high or that the Federal Reserve's $2 trillion in money printing has produced the weakest economic recovery on record. These failures in the United States have not dissuaded U.S. policymakers from trying to foist the same dreary and self-destructive package on Germany. Angela Merkel is wise to reject this Keynesian snake oil. (US, May 21, 2012)

经济语篇中的隐喻以其独特的视角，通过映射把复杂的经济概念与较易理解的事物联结在一起，有助于人们认识复杂的经济概念和规律。本节主要运用查特里斯·布莱克的批评性隐喻分析理论与框架，对《卫报》和《美国新闻和世界报道》（2012—2013年）中30篇有关欧债危机报道的三种频率最高的概念隐喻表现模式——财政危机是物体（Financial crisis is substance）、财政基础是建筑（Financial basis is building）以及财政状况是健康（Financial situation is health）进行批评性分析，最后对概念隐喻的语篇连贯功能、情感功能和意识形态功能进行了探析，认为有关报道的概念隐喻体现了欧美政府的不同立场与态度。

第三节 英语新闻语篇冲突隐喻的批评性解读[①]

一 语义张力下的修辞话语建构

莱可夫和约翰逊（Lakoff & Johnson）在《我们赖以生存的隐喻》（Metaphors We Live By）一书中率先提出了隐喻概念体系[②]。从源域向目标域映射的概念隐喻借助一个人们熟悉的概念域去理解另一个不同的概念域，涉及的两个概念域分别称为源域（source domain）和目标域（target domain）。这种映射促成源域和目标域两个概念域之间形成一定的对应关系。

查特里斯·布莱克[③]认为隐喻是一种语言表征，在这种语言表征下词语或词组从一个人们比较熟悉的语境或源域转移到一个不熟悉的语境或目标域，因此产生语义张力（semantic tension）。这一定义具有几个重要的特征，首先隐喻是一种语言现象，当然不排除其语用和认知的特征，其次隐喻是语言使用的一个方面，如果具有适当的语境任何词语可以成为隐喻，最后这种转移表明在词语使用上产生了变化，因此存在两个域：词语正常的源域和不正常的目标域。

隐喻的批评性话语分析是旨在识别语言使用的意图和意识形态的一种隐喻的分析方法。它包括三个步骤：隐喻的识别、理解和阐释[④]。隐喻的识别标准在于话语是否由于在异乎寻常的语境中应用而产生了语义张力（semantic tension）。隐喻的语言特征是它通过抽象化或非人格化而产生语义张力。抽象化是指在某种语境下应用具体的词语或短语来指

[①] 该节内容已发表，个别小标题有变动。具体参看韦忠生《英语新闻语篇冲突隐喻的批评性解读》，《哈尔滨学院学报》（社会科学版）2014年第11期，第94—99页。

[②] George Lakoff and Mark Johnson, *Metaphors We Live By*, Chicago: University of Chicago Press, 1980, pp. 4–6.

[③] Jonathan Charteris Black, *Cropus Approaches to Critical Metaphor Analysis*, Basingstoke: Palgrave Macmillian, 2004, p. 21.

[④] Jonathan Charteris-Black, *Cropus Approaches to Critical Metaphor Analysis*, Basingstoke: Palgrave Macmillian, 2004, p. 34.

代抽象的事物：比如一个政治领导人说"正义之路"或"通往胜利之路"。非人格化，即拟人化，是指在某种语境下使用描述有生命的物体的词语来描述无生命的物体，如 motherland，fatherland。另一种非人格化称为去人格化，即在某种语境下使用描述无生命物体的词语来描述有生命的物体①。与语义张力紧密关联的是词语的情感联想意义。

  隐喻的理据在于其潜在的劝说功能，这是隐喻的语用特征。政治演讲或新闻语篇中的这种劝说功能尤为明显，体现了演说者或报道者在特定语境下的各种意图。隐喻的认知特征是在于它引起或可能导致概念系统的变化。概念变化的本质在于隐喻源域的特征和目标域的特征的关联或心理联想。这种关联或心理联想基于源域和目标域的某些事先未察觉的相似，往往受到各种文化价值的制约。

  西方学者对新闻语篇中的隐喻开展了大量研究。如果对语料加以分类，主要有新闻记者或者新闻界其他从业人员所撰写的政治新闻报道，还有政界官员以及他们的政治顾问所撰写的演讲、政策说明、记者招待会发言稿和政治辩论。穆索夫（Musolff）② 对英国和德国媒体中政治问题报道的隐喻进行了一系列有趣的探讨；桑塔·安娜（Santa Ana）③ 对《洛杉矶时报》中移民问题报道所隐含的概念隐喻"移民是动物"（Immigrants are animals）的负面观点开展了研究；赫雷拉（Herrera）通过对新闻报道中企业兼并的分析发现概念隐喻"垄断是恐龙"（Monopolies are dinosaurs）所包含的贬义④。

  近年来中国学者从不同视角对新闻话语中的隐喻开展了研究，表现了较强的学术兴趣，如蔡宇学⑤、张蕾等⑥从认知策略、语篇表征和说

---

  ① Ibid., p. 21.
  ② A. Musolff, *Metaphor Scenarios in Political Discourse in Britain and Germany*, S. Geideck and L. W. Liebert, eds., Berlin and New York: Walter de Gruyter, 2003, pp. 259–282.
  ③ Otto Santa Ana, "Like an animal I was treated: Anti-immigrant Metaphor in US Public Discourse", *Discourse and Society*, No. 2, 1999, pp. 191–224.
  ④ Jonathan Charteris Black, *Cropus Approaches to Critical Metaphor Analysis*, Basingstoke: Palgrave Macmillian, 2004, p. 15.
  ⑤ 蔡宇学：《战争隐喻在英汉新闻中的认知构建》，《太原师范学院学报》2009 年第 4 期，第 110—112 页。
  ⑥ 张蕾、苗兴伟：《英汉新闻语篇隐喻表征的比较研究——以奥运经济隐喻表征为例》，《外语与外语教学》2012 年第 4 期，第 20—24 页。

服功能等视角进行探讨，体现了研究语料与研究视角的不断多样化，在此不予以赘述。

本节内容旨在通过语言表象的分析，揭示语言表象所蕴含的话语倾向性，提高读者对英语新闻语篇隐喻的批判性阅读能力和语篇鉴赏能力。

二 钓鱼岛事件报道中冲突隐喻的批评性分析

（一）语料选取与研究方法

本研究基于自建语料库，将范围限定在对同一话题的新闻报道语篇中，排除其他因素的干扰，笔者作了严格的语料选取工作，将之控制在相同的文化语境和情景语境之中，涉及面广，语料翔实，具有持续性和可靠性特征。以2012年美国主流媒体《纽约时报》的14篇对钓鱼岛冲突的有关报道进行分析，以总字数为15483字的新闻报道为语料，运用批判性话语分析的方法对新闻语篇的隐喻进行分析和研究。文献检索显示对新闻语篇的隐喻分析主要以个案分析为主，较少采用定量和定性分析相结合的方法。

本研究借鉴了查特里斯·布莱克（Charteris Black）所提出的隐喻识别标准以及吴丹苹、庞继贤[①]的研究，主要采取以下步骤开展研究：（1）通读所有新闻文本并选择部分文本，确定能引起语义张力的隐喻，往往寻找具有隐喻意义的隐喻关键词；（2）在自建语料库中搜索这些隐喻关键词，借助具体语境确定该关键词所表述的是字面意义抑或隐喻性的意义。该研究基于自建语料库的具体语境判断概念隐喻，继而统计词频，采用定量和定性分析相结合的方法。该研究还借鉴了查特里斯·布莱克（Charteris Black）所提出的"源域共鸣值"的概念和吴丹苹、庞继贤的研究以确定自建语料库中源域的词频，即源域的普遍性。其具体公式为 resonance = $\sum$ type × $\sum$ token[②]。源域共鸣值可以提供实证数

---

① 吴丹苹、庞继贤：《政治语篇中隐喻的说服功能与话语策略——一项基于语料库的研究》，《外语与外语教学》2011年第4期，第38—42页。

② resonance代表共鸣值，$\sum$ type代表某一源域的隐喻关键词类型之和，$\sum$ token指隐喻关键词出现的总次数，两者相乘等于该源域的共鸣值。假如conflict这一源域有4个关键词struggle，challenge，block，fight，其中struggle出现7次，challenge出现9次，block出现5次，fight出现6次，那么conflict的源域共鸣值 =（1+1+1+1）×（7+9+5+6）=108。

据，帮助我们确定钓鱼岛冲突的有关报道中具体概念隐喻的词频，从而利用该数据对文本开展批评性话语分析。通过分析我们发现虽然选取语料中有疾病的隐喻，但冲突隐喻数量最多，作为源域的 conflict 出现了 11 次，以下是冲突隐喻关键词和出现次数的统计数字。

冲突隐喻关键词和出现次数　　　　　　　　（次）

隐喻关键词	次数	隐喻关键词	次数
dispute	37	attack	4
challenge	4	threaten	6
tension	6	confrontation	2
escalate	3	claim	12
defence	4	aggressive	4
protect	3	war	3
源域共鸣值：12 × 88 = 1056			

从上表的统计可以看出冲突隐喻的关键词为 dispute，challenge，escalate，threaten，tension，aggressive，confrontation 等。对钓鱼岛冲突有关报道的冲突隐喻的关键词进行比较，我们发现词频最高的冲突隐喻关键词是 dispute，从语义韵来看，西方报道者显然是站在美国和日本政府的立场上进行报道。在涉及钓鱼岛的新闻报道中，美国主流媒体《纽约时报》往往将其称为 disputed nearby islands，disputed waters。从批评性话语分析角度来看，这些称谓语义模棱两可，没有明确指出钓鱼岛的主权是归属于中国还是日本，而只是说它是有争议的岛屿甚至海域。《纽约时报》的这些报道暗示了美国政府在钓鱼岛归属问题上的态度是：不承认中国拥有钓鱼岛的主权。2012 年 8 月 21 日的《纽约时报》报道甚至直接称其为日本的尖阁群岛，在 2012 年 9 月 3 日的《纽约时报》报道中美国国务院发言人纽兰将其称为尖阁群岛，公然否定中国对钓鱼岛的主权。虽然美国政府多次申明在钓鱼岛问题上不持态度，可又在多个场合重申钓鱼岛适用于《美日安保条约》范围。美国通过多种途径加强美日同盟关系，旨在牵制中国的发展。这些报道中大

量使用的 dispute 和 conflict 两词貌似中立，目的在于向读者传递这样的话语信息：既然钓鱼岛的主权归属存在争端，美国愿意充当调停人的角色。这在一定程度上掩盖了美国政府意欲干涉中国内政以及牵制中国的企图，美国政府高调介入钓鱼岛事件还反映了美国政府希望中日双方在钓鱼岛冲突中两败俱伤，削弱中日的竞争力从而让美国世界第一经济强国的地位更加稳固。

（二）钓鱼岛事件冲突隐喻实例的批评性分析

基于钓鱼岛事件的历史和社会背景，冲突隐喻在钓鱼岛事件的有关报道中频频出现就不足为奇了。这些报道的隐喻表达式都是基于"冲突就是战争"（Conflict is War）这一概念隐喻而产生的。通过映射，战争这一概念域的相关概念被系统地转移到了冲突这一概念域，所以有领土主权冲突、情感冲突、冲突升级等，用于谈论战争概念的词语被用于谈论冲突，从而人们更深刻地认识和理解冲突这一概念以及隐喻所体现的意识形态。隐喻的评判在于判断话语是否在异乎寻常的语境中应用而产生了语义张力。钓鱼岛冲突的报道大量使用非人格化的隐喻方式以建构这种语义张力。下面就对钓鱼岛事件报道中冲突隐喻及其所体现的话语倾向性进行分析。

例 34　But the activists are also tapping into a widespread anxiety over China, which intensified two years ago during the last major flare-up over the Senkakus. China retaliated then for Japan's arrest of a fishing captain by starving Japan of the rare earths needed for its already struggling electronics industry. That anxiety became more pronounced in recent months as China expanded its claims in the nearby South China Sea, challenging Vietnam, the Philippines and others over more than 40 islands in a vast area, and backing its statements with aggressive moves that included sending larger patrol boats to disputed waters. （August 21, 2012）

例 34 中围绕冲突隐喻的战争隐喻比比皆是，如冲突的突然爆发（flare-up）、报复（retaliated）、挑衅（challenging）、挑衅性的举动（aggressive moves），甚至用于描述日本电子行业的困境也与战争有关：步履艰难（struggling）。该例虽然将有争议的海域称为 disputed waters，然而直接将钓鱼岛称为尖阁群岛（the Senkakus），公然挑战了中国对钓鱼岛的主权。"challenging"和"aggressive"两词是贬义词，显然是在指责中国对南海诸岛的主权诉求，其报道的倾向性暴露无遗。

例35　In the fishing harbor here, Japan has increased the number of sleek, white Coast Guard cutters to <u>fend off</u> the Chinese patrol boats that have <u>stepped up</u> their <u>challenge</u> of Japan's control of <u>disputed</u> nearby islands, one sign of a <u>smoldering conflict</u> that has <u>threatened</u> relations between Asia's two giants. […] The <u>conflicted feelings</u> are emblematic of the quandary both nations face as they once again <u>clash over</u> sovereignty of the uninhabited islands in the East China Sea known as Senkaku in Japan and Diaoyu in China. (September 20, 2012)

从例35中我们可以看出下划线部分均为冲突隐喻，冲突概念域与战争概念域之间存在共同属性，有"阻拦""挑衅""争议""冲突""威胁"，从而conflict隐喻构建了中日冲突双方的对立形势。challenge of Japan's control of disputed nearby islands 的语义显然表示日本拥有钓鱼岛的主权，中国海监船只在钓鱼岛海域的正常巡航被认为是对日方的"挑衅"，其话语倾向性一览无余。

例36　The <u>dispute</u> keeps <u>escalating</u>. On July 31, the 85th anniversary of the founding of the People's Liberation Army, the Chinese Defense Ministry heralded the occasion by announcing "a regular <u>combat-readiness</u> patrol system" for the waters in the sea under China's jurisdiction. (Oct. 12, 2012)

例36中我们又看到了更多战争领域的词语，如dispute, escalating（升级）和combat-readiness（做好作战准备）体现了冲突强烈的对抗性和排他性。因此冲突就是战争这一概念隐喻具有跨文化的共性和普遍性，存在于人们共同的体验中。combat-readiness一词的使用意欲向读者表明中国海监船随时做好作战准备，似乎中国变成了好战分子，表现了强烈的意识形态，而事实是二战后日本窃取了钓鱼岛，此次日本政府购买钓鱼岛挑衅了中国对钓鱼岛拥有的主权，实际上当时日方巡逻船的吨位和武器配备都超过中方，因此中国海监船明显处于弱势地位。

例37　As <u>tensions mount</u> with its neighbors over islands in nearby <u>strategic waterways</u>, China has <u>scored some subtle victories</u>, making the United States and its allies increasingly uneasy about the potential for <u>violent confron-</u>

tations.

China's <u>dispute</u> with Japan over potentially energy – rich islands in the East China Sea, and with the Philippines over an island that China has effectively <u>blocked</u> to Filipino vessels, will be central in talks between Secretary of State Hillary Rodham Clinton and Chinese leaders in Beijing on Tuesday evening and Wednesday, American and Chinese officials said.

We will need the nations of the region to work collaboratively together to resolve <u>disputes</u> — without <u>coercion</u>, without <u>intimidating</u>, without <u>threats</u> and, certainly, without <u>the use of force</u>, Mrs. Clinton said on Monday evening after arriving in Indonesia's capital, Jakarta. In a public display of displeasure with Washington over the East China Sea <u>disputes</u>, China reacted quickly to a comment last week by the State Department's spokeswoman, Victoria Nuland, that the United States refers to the islands as the Senkakus, as the Japanese do.

She said the islands were under the administrative control of the government of Japan since they were "part of the reversion of Okinawa" in 1972, and thus <u>fell under</u> the United States – Japan <u>defense treaty</u>. (September 3, 2012)

例37中出现了更多与dispute概念隐喻有关的战争词汇，如紧张局势不断升级（tensions mount）、战略性水道（strategic waterway）、取得微妙的胜利（scored some subtle victories）、封锁（blocked）、强制（coercion）、恐吓（intimidating）、威胁（threats）、使用武力（the use of force）、适合安保条约的保护（fell under…defense treaty），形成了冲突的隐喻链。奇尔顿（Chilton）[1] 提出合法化（legitimatization）和非法化（delegitimatization）的概念。合法化可以解释为在政治语篇中为政治演讲者在其话语中使用证据、权威和事实证明其话语的正确，其中就包括隐喻的使用。政治活动者往往利用隐喻等语言手段美化自己的正面形象，另一方面通过非法化的途径如对他者的否定（negative other-presen-

---

[1] Paul Chilton, *Analysing Political Discourse*, London and New York: Routledge, 2004, p. 47.

tation)、谴责，让对方充当替罪羊（scape-goating）以及边缘化（marginalising)，甚至谴责对方的不人道来诋毁对手的形象①。新闻报道也不例外，上述的新闻报道中使用了强制（coercion）、恐吓（intimidating)、威胁（threats)、使用武力（the use of force）等词，实际上在影射中国，就是非法化手段的应用，让人们相信似乎中国在恃强凌弱，因此将钓鱼岛置于《美日安保条约》的保护之下顺理成章。

例38 The United States, which had been mostly a bystander in such disputes, has taken a more active role under the Obama administration. Though it has no position on the sovereignty claims, Mrs. Clinton said the United States viewed the islands as protected under the terms of its defense treaty with Japan, which means it will defend them from any foreign attack. (October 30, 2010)

例38中与dispute概念隐喻有关的战争词汇包括sovereignty claims, protect, defend them from any foreign attack。"美国在这场冲突中主要是个旁观者"这一概念隐喻的应用意欲向世人表明美国在这场冲突中不偏不倚，试图掩盖美国政府在钓鱼岛冲突中偏袒日本政府的态度。报道者从语用功能上通过隐喻的运用力图帮助美国政府说服民众，钓鱼岛处于外国入侵的危险之中，有必要利用《美日安保条约》保护其主权。"defend"一词的运用显然想表明日本是处于防御的一方，歪曲了事实真相。

例39 But experts say the increasingly shrill war of words over disputed islands between Japan and its East Asian neighbors, including China and South Korea, is potentially more explosive. Unlike in the South China Sea, where the frictions center on competition for natural resources, the East Asian island disputes are more about history, rooted in lingering — and easily ignited — anger over Japan's brutal dominance decades ago. (August 21, 2012)

例40 With tensions between China and Japan spilling out at an East Asian summit meeting here, the United States is trying to defuse an escala-

---

① Jonathan Charteris Black, *Cropus Approaches to Critical Metaphor Analysis*, Basingstoke: Palgrave Macmillian, 2004, p. 21.

ting diplomatic row over their competing claims to a cluster of small islands in the East China Sea. (October 30, 2010)

在例39和例40中报道者使用了与 dispute 概念隐喻有关的战争词汇，如 war, explosive（爆炸）, friction（摩擦）, ignited（点燃）, tension（紧张局势）, escalating（升级）, diplomatic row（外交争吵），而这些词语与其他词语的搭配更显示了其语义张力：shrill war of words…is explosive, tensions…spilling out, defuse an escalating diplomatic row，其语义韵显而易见。这些战争词汇的搭配构建了中日双方围绕钓鱼岛冲突一触即发的紧张局势。报道者表明美国政府正在努力平息这场不断升级的外交争斗，似乎成为亚太地区和平的使者。实际上钓鱼岛冲突愈演愈烈与美国政府高调重返亚太，偏袒日本政府在钓鱼岛事件上的态度是紧密相关的。洛夫（Louw）[1] 率先提出了语义韵的概念，认为语义韵是指前后一致的意义氛围，受搭配词浸染的某个词与该语义氛围相一致会产生意义迁移或语义传染。换言之，某些词语由于与不同的词语搭配，其语义也会随之转变。而语料库语言学家们如霍伊（Hoey）[2] 和休斯顿（Hunston）[3] 认为"中立"意义的词语并不存在，采用二分法对词语的意义进行归类，即好歹，正面与反面，褒义与贬义，可取与不可取。他们将民主选举出来的政府称为 government，否则就是政权 regime，公开合法的交易是 transaction，秘密非法的则为勾当（dealings），宣扬好的思想是倡导（advocate），宣扬不当的思想则为兜售（peddle）。

对上述钓鱼岛事件冲突隐喻实例的批评性分析显示，它主要通过非人格化，即拟人化，使用描述有生命的物体的词语来描述无生命的物体而产生语义张力，建构隐喻话语。报道中的美国、日本和中国无一例

---

[1] Bill E. Louw, "Irony in the Text or Insincerity in the Writer?: The Diagnostic Potential of Semantic Prosodies", in Mona Baker, Gill Francis & Elena Tognini - Bonelli, eds., *Text and Technology*, Amsterdam: John Benjamins, 1993, pp. 157–176.

[2] Michael Hoey, *Lexical Printing: A New Theory of Words and Language*, London and New York: Routledge, 2005, p. 23.

[3] Susan Hunston, "Semantic prosody revisited", *International Journal of Corpus Linguistics*, Vol. 2, 2007, pp. 249–268.

外,均予以非人格化的处置,运用了大量用于描绘有生命的物体的动语加以描述。文中所讨论的所有表示冲突的隐喻话语的具体隐喻实例都体现了"冲突就是战争"(Conflict Is War)的概念隐喻。与语义张力紧密关联的是词语的情感联想意义。这些报道通过操纵语义韵构建负面的概念意义,似乎中国在钓鱼岛事件冲突中欺凌日本,试图颠覆日本窃取中国钓鱼岛的历史事实,体现了强烈的意识形态倾向性。

隐喻就是源域向目标域的映射,这种映射使得源域和目标域两个概念域之间构建系统而形成稳定的对应关系。2012年美国主流媒体《纽约时报》的14篇对钓鱼岛冲突的新闻报道的批评性话语分析表明冲突隐喻在钓鱼岛事件的有关报道中屡见不鲜。通过映射,战争这一概念域的相关概念被系统地投射到了冲突这一概念域,所以有领土主权冲突、情感冲突、冲突升级等,用于谈论战争概念的词语被用于谈论钓鱼岛事件的冲突。隐喻的理据在于其潜在的劝说功能,这是隐喻的语用特征。英语新闻语篇中的这种劝说功能显而易见,体现了报道者在特定语境下的各种意图,反映了西方新闻媒体中明显的政治倾向,因此在阅读西方新闻媒体对华报道时需要以批判的视角加以审视,洞悉西方主流媒体对新闻话语权的操控。

第四节 批评性话语分析视域下的新闻报道与翻译

一 翻译中意识形态和权利话语的多视角解读

福柯认为话语就是权力的映现。换言之,权力凭借话语予以体现并通过话语得以实现。话语作为施展权力的工具乃是掌控权力的关键因素。任何一个社会中的各个阶层都具有特定的话语体系,话语权的掌握等同于掌握了在某一领域制定规则的权力。因此,国际社会的权力争夺往往就是争夺政治、经济、军事、金融等诸多领域的话语权。

文化学派的典型代表安德烈·勒菲弗尔(André Lefevere)在《翻译、重写以及对文学名声的操纵》(Translation, Rewriting and the Manipulation of Literary Fame)一书中阐述了翻译的"三要素"理论。勒菲弗尔认为翻译扭曲了原作的面貌,主要因为它始终都受到三种因素的操

第九章　西方对外传播话语与修辞的批评性分析与翻译

纵：诗学观（poetics）、译者或当代的政治意识形态（ideology）和赞助人（patronage），所以改写是翻译中必然的选择。翻译文学作品涉及的形象，译者的观点和翻译策略都与意识形态和当时占主流地位的诗学观紧密相关。而赞助人包括政党、阶级、宗教组织、出版社和大众传播机构等的影响在西方主流媒体的报道中无处不在，都无时无刻潜移默化地影响着翻译活动的全过程。勒菲弗尔认为意识形态指的是社会的、政治的思想观念或世界观，它可以是社会的、上层的，也可以是个人的。

后殖民主义理论也对翻译中的意识形态作了深刻的阐述，主要研究殖民文化如何歪曲并压制被征服者的文化，被征服者的文化如何回应、适应、抵抗殖民文化的强权统治，它反映了 20 世纪末期对政治和文化权利的看法。基于后殖民主义理论的开展，翻译研究的学者们特别关注翻译所涉及的一系列意识形态问题以及意识形态对翻译策略的影响。

二　新闻报道的批评性话语分析

批评性话语分析（critical discourse analysis）诞生于 20 世纪 70 年代，已成为语篇分析一个重要的研究方法。英国语言学家福勒（Fowler）等人在《语言与控制》（*Language and Control*）一书中率先提出这一概念[1]。它关注的不仅局限于话语本身，而是试图揭示意识形态对话语的影响以及话语对意识形态的反作用。批评性话语分析认为，语言超越了客观传播媒介的范畴，往往通过再现意识形态体现其话语倾向性。批评性话语分析主要研究语言、权力和意识形态之间的关系。批评性话语分析主要有四种方法：批评语言学分析法、社会文化分析法、社会认知分析法和语篇历史分析方法[2]。下文以美国主流媒体《时代》周刊 2011 年 5 月 16 日的一篇题为 "China's Revamped National Museum is a Temple to One-party Rule" 的新闻报道作为语料，采用批评语言学分析法和社会文化分析法解析外宣报道中的意识形态和权利话语并探析新闻编译的策略。

---

[1] Roger Fowler et al., *Language and Control*, London: Routledge & Kegan Paul, 1979.
[2] 魏欣欣：《批评性话语的理论基础与分析方法》，《东南学术》2010 年第 1 期，第 165—167 页。

（一）批评性语言分析法

批评语言学的理论基础是爱德华·萨丕尔（Edward Sapir）和本杰明·李·沃夫（Benjamin Lee Whorf）的"语言相关论"和"语言决定论"以及韩礼德（Halliday）的系统功能语法理论[①]。运用适当的语言学理论分析新闻语篇以揭示语言和意识形态的关系是批评语言学的主要任务之一。韩礼德认为意念功能（亦称概念功能，ideational function）是语言的元功能（metafunction）之一。语言意念功能的其中一个实现途径就是分类，即借助语言对外部世界的认知与归类。在新闻语篇中，报道者基于某一特定的立场对某一事件进行报道是意识形态和权利话语的体现。

功能语言学借助语言的社会功能，从一个封闭的语言系统转变为一个与社会密切相关的语言系统，其分析对象为日常语言，然而对其分析方式的考察结果表明它主要是语言学意义上的形式分析；批评性话语分析则不仅仅局限于语言的形式分析，它更关注的是语言之外的话语倾向性的建构问题，涉及意识形态对话语的影响。

语篇的分类通常是指语篇对事件的命名和描述，其实现的主要途径为词汇的选择，而词汇往往体现了情感与态度。新闻报道的客观性要求报道的视角客观公正，但由于它某种程度上体现了其所代表的阶级和党派的利益，因此潜移默化地受到意识形态的制约。

按照福勒（Fowler）的分析方法，在研究词语分类时主要关注词汇的褒贬色彩，我们认为从语义学的视角对分类作进一步的分析会使分类更具有应用价值。杰弗里·利奇（Geoffery Leech）提出意义七分法，将词义分为七种不同的类型，其中主要有概念意义（Conceptual meaning）、搭配意义（Collocative meaning）、内涵意义（Connotative meaning）和情感意义（Affective meaning）。词语的情感意义和表现功能密切相关。

利奇认为，当词语的情感意义比概念意义更重要时，读者或听众进

[①] 张延续：《批评语言学与大众语篇——对美国新闻周刊的批评性分析》，《解放军外语学院学报》1998年第6期，第24—25页。

第九章　西方对外传播话语与修辞的批评性分析与翻译

行理性思考的可能性微乎其微，往往容易"上当"（taken in）[①]，认同作者的立场。他认为，消极词汇（snarl words）和积极词汇（purr words）是体现情感意义的典型。像 fascist，communist，reds，nigger 等词，在西方具有消极的情感意义，被称为消极词汇（snarl words），而 democratic，freedom，human rights，equality 等具有积极的情感意义，是积极词汇（purr words）。

许多词汇的情感意义褒贬鲜明。我们对所选语料情感意义的分类显示该新闻语篇就像其他西方主流媒体新闻报道一样受到意识形态的操控。现在就对我们所选语料的情感意义进行分析。

情感意义为褒义的词：promise，highlight，satisfied，glorious，ambitious，triumphs，world-class，cutting-edge，impress，greatest-hits；情感意义为中性的词：permanent，massive，refurnishment，renovated，reopened，so-called；情感意义为贬性的词：obsessed with，disappoints，sanitized，pro-government，undermine，official propaganda，political，illusions，utopia，political message，suppressed，ideological，dank，bewildering，old-style，detained，crack-down。从以上不同概念词语的分类来考察，可以看出该新闻语篇中情感意义为贬义的词显然大大超过了情感意义为褒义的词，作者的评价是负面的。对整篇新闻稿的结构进行观察也发现中性词和褒义词主要集中在第一和第二段落，其余段落充斥着大量的贬义词，而整篇新闻稿总共八段，只有两段有貌似客观的报道，报道的重点在后面的六个段落。显然在这篇新闻报道中《时代》周刊利用词汇的情感意义操纵新闻报道中的话语权。

（二）社会文化分析法

费尔克拉夫（Fairclough）是批评话语分析领域兰卡斯特学派（Lancaster School）的代表。他的社会文化分析法（social-cultural analysis）继承和发展了批评语言学的成果，秉承了系统功能语法的理论精髓，又在分析框架中融入了巴赫金（M. Bakhtin）的对话论、克利斯蒂娃（Kriestiva）的互文性、格兰斯（Gramsci）的意识形态"霸权"以及福柯（Foucault）的话语与权力的思想，将话语分析和社会理论结合

---

① Geoffrey Leech, *Semantics*, Richard Clay Ltd., 1983, p.43.

起来，既研究语言变化又研究社会和文化的变化①。互文性是批评中话语分析中社会文化分析法的一种重要的方法。下面的讨论将通过翻译互文来源，即直接引语和间接引语以揭示新闻报道中意识形态对话语权的操控。

根据报道需要，翻译互文来源可归为三类②：（1）具体确切的来源：报道者指名道姓地交代话语的发出者；（2）含而不露的来源：报道者不直接点明话语的发出者，只用一些不具体的词语来暗示；（3）似真非真的来源：报道者对消息来源不清楚或认为不重要或故意隐瞒，却又要故作姿态，显示其报道的客观性和准确性，因而使用一些含糊不清的惯用语来交代话语来源，如 It is reported/estimated。这里描述的翻译互文来源即直接引语和间接引语。作为语料的该篇新闻报道的互文来源主要来自在香港高等院校就职的某些西方人士，乍看一眼似乎是来自香港的声音，实际上这些西方人士由于受西方意识形态的影响，体现了西方的观点。现在我们就所选语料的翻译互文来源进行分析。

在第一段和第二段直接引语有两处，交代话语的发出者。一处是"展览会的英语介绍：这是改革开放后所采用的 20 多种交际工具"（"This is dozens of communications equipment since reform and opening up," read the accompanying English panel.），另一处为对"中国文物协会名誉会长罗哲文"（honorary president of the China Society of Cultural Heritage）的评述。显然这里代表的是中方的声音。

现在我们再来考查一下第三段到第八段直接引语来源的情况。在第四段有两个直接引语，引述香港大学美术系的外籍系主任格雷杰弗里·托马斯（Greg Thomas, chair of the fine-arts department at the University of Hong Kong）对该博物馆的评论。下面两个直接引语显然是持否定态度的，使用了"communist state"和"propaganda"。

例 41 "The fact that it's even called a national museum means that it's a very conscious attempt to define national identity and provide a national sym-

---

① 魏欣欣：《批评性话语的理论基础与分析方法》，《东南学术》2010 年第 1 期，第 165—167 页。

② 柳鑫淼：《翻译互文中的意识形态操控——基于网络间谍事件新闻转述话语语料》，《福建师范大学学报》2011 年第 1 期，第 104 页。

bol for the rise of the communist state", says Greg Thomas, chair of the fine-arts department at the University of Hong Kong. "Many countries' state-sponsored museums do this to a certain extent, but not with anywhere near the same level of official propaganda."

第五段也有两个直接引语,引自位于美国华盛顿特区的史密森集团属下的弗雷尔艺术博物馆和阿瑟·M.萨克勒艺术博物馆前馆长珍妮·弗·索尔的话语,其评述的话语"heavy political message"也传递了意识形态下他者的声音。

例42 "Museum hardware, like state-of-the art lighting, is easy to import", says Jenny F. So, a former curator of ancient Chinese art at the Smithsonian's Freer and Arthur M. Sackler galleries in Washington, D. C. "But what you don't often have in China is the intellectual input and academic background needed to make displays accessible and interesting to the audience without weighing things down with a heavy political message."

第五段的直接引语来自香港大学另一位外籍艺术专家大卫·克拉克,也是站在西方价值观念的基础上来评说的,"ideological"和"crushing"两词具有强烈的意识形态的倾向性,也体现了话语和意识形态的关系。

例43 "The ideological weight of this museum is crushing", says David Clarke, another art expert at the University of Hong Kong.

第七段有一个非直接引语,没有具体言明话语的发出者,只用一些不具体的词语来暗示话语的发出者——一家国家新闻媒体(A state-media),显然是含而不露的来源,违反了新闻报道的客观公正性原则。掩饰(glossed over)显然是个贬义词。

例44 A state-media write-up of the exhibit even glossed over the word *Enlightenment* in favor of the term "the illuminative arts".

从以上对该新闻语篇的互文来源即直接引语和非直接引语的统计和分析,我们可以看出负面评述的直接引语显然超过了正面评述的直接引语,体现了强烈的意识形态色彩。西方主流媒体许多涉华报道看似客观公正,实则公开或含而不露地丑化中国形象、损害中国利益,对读者产生了潜移默化的影响。这就要求我们在阅读英语新闻时要用批判性的思维进行思考。

三 斯图亚特·霍尔翻译理论视域下的新闻编译

斯图亚特·霍尔（Stuart Hall）[①] 针对电视信息的解读，提出三种假定的翻译策略，分别是：占主导统治地位的立场（dominant hegemonic position）、协商式的立场（negotiated position）、抵抗式的立场（oppositional position）。在英汉新闻编译中，霍尔的三种翻译策略的后两者——协商式立场、抵抗式立场得到广泛运用，主要出于两个因素[②]。首先，中西文化意识形态的差异使新闻文本中存在不同，甚至是相抵触的话语逻辑。译者基于目的语文化将新闻文本视为意识形态的载体，因此不可能完全接受原语新闻文本所体现的话语倾向。其次，新闻文本的编译活动本身亦要求对原语篇内容适度"编辑"与改写，因而不要求译者完全遵从原语的语言与文化符号。本节以《时代》周刊2011年5月16日的一篇题为"China's Revamped National Museum is a Temple to One-party Rule"的新闻报道作为语料，基于斯图亚特·霍尔的翻译理论探析其翻译策略。

（一）协商式立场——对权利话语的解构

分类是指语篇对人和事物的命名和描述，主要通过词汇的选择来实现。因为在许多情况下词汇的选择深受报道者个人的认知水平和思想情感的影响，它对某一事件的描述不一定能反映其特性，往往在某种程度上体现了报道者的话语倾向，因而具有意识形态意义。

所采用语料的标题"China's Revamped National Museum is a Temple to One-party Rule"中的 One-party Rule 是名词，显然具有明显的话语倾向性，这里采用了一个 A is B 的概念隐喻，意在指摘中国的政治制度是不民主的一党统治。

在新闻语篇的翻译中译者在多数场合倾向于采用协商式的立场，基于目的语的语言与文化"重现"原语的信息，一方面在某种程度上忠

[①] Stuart Hall, "News from Now Here: Televisual News Discourse and the Construction of Hegemony", in Allan Bell and Peter Garrett, eds., *Approaches to Media Discourse*, Oxford: Blackwell Publishers, 1998, pp. 114–116.

[②] 马景秀：《协商与抵抗：文化身份视角的新闻编译策略》，《上海理工大学学报》（社会科学版）2006年第1期，第48—49页。

实于原文，另一方面又基于目的语的主流意识形态协商式地解读原新闻语篇。具体而言，在编译过程中因为意识形态差异而采取协商式翻译策略时，通常会使用元话语的（metadiscursive）标志——诸如"所谓的X""你称之为 X 的东西"来使自身脱离一个话语结构①。

例 45　China's Revamped National Museum is a Temple to One-party Rule.

编译：美报称中国国家博物馆是"一党统治"的缩影。

笔者没有将原文的标题直接译为中文编译稿的标题，而是以中国的意识形态为导向，综括全文，另拟了一个标题。这种翻译策略表明，在翻译西方主流新闻的观点时，译者并没有全盘接受原语的新闻语篇，而是通过协商式的立场将其变译为"美报称"，只是变译个别内容使其融入目的语的主流意识形态，从而解构了原语中的话语倾向性。

例 46　After a long, \$380 million refurbishment, China's National Museum fully reopened in April. It is now the biggest in the world, with 1.05 million cultural relics spread over 192,000 sq m of floor space-about 27 soccer fields. In a country obsessed with superlatives, this institution has big ambitions: to present China's 5,000-year civilization-not to mention its more recent communist triumphs-in a sprawling structure that rivals St. Petersburg's Hermitage Museum or Paris' Louvre (which it has now supplanted as the planet's largest museum). Befitting the cultural expression of a rising superpower, the museum boasts cutting-edge imported technology and was rebuilt with direction from a leading German architectural firm. "The renovated museum is a world-class museum", says Luo Zhewen, honorary president of the China Society of Cultural Heritage, who has been involved with the National Museum since it opened its doors in 1959. "I'm very satisfied."

编译：在经过漫长的耗资 3 亿 8 千万美元的修整后，中国国家博物馆于 4 月完全重新对外开放。目前它是世界上规模最大的博物馆，面积192000 多平方米，拥有 105 万件文物——大约相当于 27 个足球场。这

---

① 马景秀：《协商与抵抗：文化身份视角的新闻编译策略》，《上海理工大学学报》（社会科学版）2006 年第 1 期，第 48—49 页。

个博物馆不仅肩负着弘扬 5000 年历史的重大使命,还肩负着宣扬近年来中国共产党所取得的成就的重任。整个规模恢宏的建筑群可以与圣彼得堡的冬宫博物馆或者巴黎的卢浮宫媲美。卢浮宫是目前世界上规模最大的博物馆。这个博物馆引进了先进的技术,由一家德国主要的建筑公司指导重建。这与一个正在崛起的大国的文化地位相符。"这个整修一新的博物馆是世界一流的",自 1959 年开放后就一直在这里工作的中国文物协会名誉会长罗哲文说,"我感到心满意足"。

比较原文和经过编译的译文,你会发现经过编译的译文省略了原文中的 In a country obsessed with superlatives (在一个追求第一的国度),"superpower" 编译为大国,而不是"超级大国"。在原语中我们似乎看到了权利话语以及"中国威胁论"的影子。编译的译文保留了原语的主要内容,只是删除或变译极为个别的词语,是一种协商式的立场。

(二) 抵抗式立场——对权利话语的颠覆

在新闻语篇的翻译中,译者特定的文化身份使其具有意识形态的敏感意识,对强势话语往往采取某种程度的抵制态度。当原语文本所体现的价值观念与目的语不吻合时,原文本的话语倾向与通过译者再现的目的语互相抵触,因此新闻文本翻译过程中的话语转换实际上就是话语权的争夺,即霍尔所表述的抵抗式立场。目的语对原作意义的抵抗式解构主要借助改写、删减和省略等策略。但改写并非是指译者可以随意篡改原文内容,仅仅局限于某些具有强烈意识形态的内容,对其进行改写、删减和省略,从某种程度上颠覆了该新闻语篇的话语权。

例 47 But if the National Museum impresses in terms of size and hardware, it disappoints where it counts most — in its narrative. Every museum reflects what its overseers want the public to see. American museums, for instance, can be accused of glossing over the horrors of slavery or the massacre of native populations. But the myopia of Western galleries can't compare with the blinders worn by the Chinese National Museum's organizers, whose sanitized, pro-government displays undermine the institution's stated goal of ranking among the world's premier cultural institutions. "The fact that it's even called a national museum means that it's a very conscious attempt to define national identity and provide a national symbol for the rise of the communist

第九章 西方对外传播话语与修辞的批评性分析与翻译

state," says Greg Thomas, chair of the fine-arts department at the University of Hong Kong. "Many countries' state-sponsored museums do this to a certain extent, but not with anywhere near the same level of official propaganda."

编译：然而一些西方人士也提出一些无端非议与指责，宣称虽然中国国家博物馆规模宏伟，具有一流的硬件，然而其叙述方式令人失望，具有强烈的官方宣传的色彩。他们认为各国政府都从某种程度上监督博物馆展示的内容。例如，有人指责许多美国博物馆掩饰奴隶制的恐怖之处和对印第安人杀戮的事实，但是他们妄议中国博物馆的展示内容具有最强烈的意识形态色彩，使其组织者无法实现将其列入世界一流文化机构的目标。

比较原文和经过编译的译文，你会发现经过编译的译文省略了一些内容，只是概括性地描述其主要内容，而不是逐句翻译，对原语进行了改写，添加了"无端非议与指责""宣称"与"妄议"等表述方式，此外还删减和省略了某些具有强烈意识形态色彩的话语。原语使用了许多贬义词，权利话语和意识形态一览无余，如 disappoint, blinders, sanitized and pro-government displays, undermine, official propaganda。

例 48　China's new National Museum houses two so-called core displays. "The Road of Rejuvenation" is one; the other is "Ancient China", a greatest-hits collection of bronzes, pottery, jade, calligraphy and porcelain, among other treasures. But some of the exhibit's explanatory material is blatantly political, presenting the illusion of a peasant utopia in which different ethnic groups banded together in productive harmony. "Museum hardware, like state-of-the art lighting, is easy to import," says Jenny F. So, a former curator of ancient Chinese art at the Smithsonian's Freer and Arthur M. Sackler galleries in Washington, D. C. "But what you don't often have in China is the intellectual input and academic background needed to make displays accessible and interesting to the audience without weighing things down with a heavy political message."

编译：这个整修一新的博物馆有两个核心展馆："复兴之路"和"古代中国"。"古代中国"展馆展出大量的铜器、陶器、玉器、书法、陶瓷，还有许多其他文物。然而该新闻的报道者称一些展品的介绍包含强烈的政治色彩，竟然认为不同民族在生产中和谐相处是"乌托邦"式的"幻想"，其观点有悖常理。此外史密森集团属下的弗雷尔艺术博物馆和阿瑟·M. 萨克勒艺术博物馆前馆长珍妮·弗·索尔宣称在某些地方其知识性和学术性内容不足，趣味性也有待提高，政治色彩也需要淡化。

观察原文和译文，读者会发觉译文也是概括性的叙述，改写了"the illusion of a peasant utopia in which different ethnic groups banded together in productive harmony"，"heavy political message"等这样的内容，添加了"称""竟然认为"和"其观点有悖常理"。报道者认为不同民族在生产中和谐相处是"乌托邦"式（utopia）的"幻想"（illusion）显然有失公允，是对种族和谐相处的公然漠视，实际上否认了文化的多样性。这段也同样有不少贬义词，如 blatantly political, illusion, utopia, heavy political message。

在编译的内容中虽然译者保留了个别西方人士对中国国家博物馆的评述，表明在博物馆建设方面中方愿意倾听各方的声音，今后不断改善博物馆的硬件和软件设施，构建源远流长的中国文化的浓厚气息，感受博大精深的中国文化，但也添加了"无端指责与非议""妄议""竟然认为""其观点有悖常理"这样的字眼，删除一些具有强烈意识形态色彩的内容，从而重构该新闻语篇的话语权。

整篇新闻报道的后面四个段落（352 字）对中国的指责不断升级，妄议中国博物馆没有介绍"文化大革命"，1958 年的"大跃进"，1989 年的政治风波，许多装修风格理念落后，批评其对德国组织的"启蒙运动艺术展"宣传不力，没有提及启蒙运动重视个性和挑战权威的精神，最后还无端指责中国压制民主运动。到处充斥着贬义的词语：amnesia, old-style, politics, glossed over, crackdown on liberal thinkers, czars 等，所有这些都违反了新闻报道的公正客观性原则，因此编译者完全有理由删除这些内容，从而颠覆西方媒体在这篇新闻报道中对话语的控制权。删除有关政治方面的内容是基于充分考虑中国文化的意识形态，博物馆本是传播文明之所，处处都从政治的角度对其进行评说是别有用心，具有强烈的意识形态色彩。

第九章　西方对外传播话语与修辞的批评性分析与翻译

第五节　框架视域下新闻语篇隐喻的话语建构与翻译策略[①]

政治诉求的目的是赢得权力，而获得权力的途径主要有两种：或通过暴力手段，或借助言论控制话语权。莱可夫（Lakoff）在《道德政治：保守派和自由派的思维方式》（1996/2002）中对政治语篇中的隐喻开展了系统研究，试图透过概念隐喻来阐释民主党和共和党不同的政治立场和政策理念[②]。西方某些学者对新闻语篇和政治语篇中的隐喻所反映的社会问题开展了研究。查特里斯·布莱克（Charteris Black）率先提出隐喻的批评性话语分析，将隐喻研究与批评性话语分析结合，开展较为系统的研究，关注话语中折射出的社会关系、意识形态等问题，是旨在识别语言使用的意图和意识形态的一种隐喻的分析方法。本节所选取的语料来自2012年《美国新闻与世界报道》有关美国"财政悬崖"（总字数为18654字）的报道，主要利用框架理论探析了概念隐喻的话语建构功能，通过预设、凸显和构造政治故事三种方式来建构意识形态，最后讨论了隐喻的翻译策略，提出了隐喻意象的移植、转换和省略的翻译策略。

隐喻的话语构建功能是通过"框架"的功能得以实现的。在阅读过程中，读者将话语的理解置于互相关联的一个或多个框架之中，利用已知的知识背景和概念结构去推断和理解。

一　框架理论下概念隐喻的批评性分析

构建框架（framing）为人们理解事物提供了语境，重构框架（eframing）则为人们对事物的感知、解读及反应提供了新的角度[③]。菲

[①] 该节内容已发表。具体参看韦忠生《框架视域下隐喻的话语功能建构与翻译策略——基于美国财政悬崖报道的批评性分析》，《当代外语研究》2014年第4期，第53—57页。

[②] George Lakoff, *Moral Politics – How Liberals and Conservatives Think*, Chicago and London：The University of Chicago Press, 1996/2002.

[③] 李耸：《政治讲话中框架的构建与重构——以文化指示语、隐喻、否定式为例》，《海南大学学报》2011年第5期，第112页。

尔莫（Fillmore）阐述了框架语义学理论，他认为框架"是一种'与某些经常重复发生的情景相关的知识和观念'，是'某个物体或事件的典型'，是'纯语言知识和概念知识之间的一个接面'"[①]。简言之，通过框架，人脑将已具有的背景知识和特定情景中的新信息联结起来，形成新的认知，因此一个概念的框架主要是在人们逐渐熟悉它的过程中建立起来的。有些框架是固有的，而有些则需要后天通过经验或是训练建构起来。人们对美国财政悬崖的认识框架则是随着对其加深了解而建立的。菲尔莫认为框架主要基于各种各样的程序或认知操作，诸如填充、比较、匹配等予以建构，其中最主要的两种方式便是图式情景的填充以及当前现实知识与典型性知识的比较。从源域向目标域映射的概念隐喻主要通过映射把新信息投射到目标域当中去，将事先与某个场景关联的框架应用到一个新的场景中去，即采用了填充的方式[②③]。为了使民众更好地了解美国财政悬崖，有关该议题的新闻报道采用了大量的概念隐喻。健康概念隐喻是财政悬崖报道其中一个主要的概念隐喻系统，将人们熟悉的身体状况映射到一个不熟悉的、抽象的经济领域来描述财政运转情况以及坠入财政悬崖的严重后果，从而加深了人们对经济概念的认识。其中有多次重复映射形成的常规隐喻表达方式，如疲软（weak）、瘫痪（paralysis），使消费者焦躁不安（unnerve consumers）、痛苦的后果（painful effects）、恢复（recovery）、维持经济的健康（keep our economy healthy）、财政健康（fiscal health）；也不乏新奇的隐喻表达方式，如注射狂犬病疫苗（rabies shot）、昏厥，引申为低迷状态（swoon）。这种理解是借助身体去感知的。通过概念隐喻建构民众的财政悬崖认识框架，从而提高民众对财政悬崖的认知意识，构建奥巴马政府所期望的话语倾向：既然坠入财政悬崖的后果如此严重，美国国会的参众两院应该以国家和民众的利益为重，尽快通过财政悬崖的妥协方案，避免跌入万劫不复的万丈悬崖。

从框架理论的视角予以审视，概念隐喻主要通过预设、凸显和构造

[①] 朱永生：《语境动态研究》，北京大学出版社2005年版，第130页。
[②] Charles J. Fillmore, "Scenes and frames Semantics", In A. Zampolli (ed.), *Linguistic Structures Processing*, Amsterdam: North Holland Publishing Company, 1977, p. 70.
[③] 贺梦依：《概念隐喻与政治的关系识解》，《外国语文》2011年第3期，第49页。

政治故事三种方式来建构意识形态①。与框架或图式化相关联的任何单个词均有激活整个框架的功能。框架分为两个不同层次：或是给某类事件的各个层面提供整体表征，或从特定的视角看待框架中的某个事件，前者为预设，后者为凸显②。概念隐喻涉及两个不同域之间的映射，借助映射，框架中只有特定的部分得到彰显，未被凸显的部分则变成了背景。当我们选择不同的源域或目标域的时候，同一个隐喻突出的信息各不相同。冲突隐喻是美国财政悬崖新闻报道中一个主要的概念隐喻，许多语言实例均为战争词汇，如国会两党的争论（bickering）、政治战争（political war）、威胁（threaten）、破坏（torpedo）、阻挠（block）、战斗（fight）、保护（protect）、打击（hit）和惨败（fiasco）。这些隐喻预设了美国两党经济政策及理念的差异难以调和，也预设了这是一场攸关政党利益和选民基础的政治博弈。通过财政议案并非诉诸暴力，但目的与战争相同，体现了白宫和共和党在财政议案上争斗的激烈程度。"指望共和党的立法者解决难题就是痴心妄想（relic）"是个典型的概念隐喻，还有其他隐喻，如共和党人"党派意识浓厚"（ideological straight jackets），相信利用这种"僵局"（paralysis）他们将赢得各种选举，责问他们是否有"勇气"（backbone, the spine）达成解决"财政悬崖"的妥协议案，帮助国家渡过难关，这些隐喻预设了共和党以党派利益为重，不顾国家和民众的利益。共和党的立场来源于美国保守派对增税和大政府的怀疑。这些预设凸显了奥巴马是低收入者和中产阶级代言人（the voice of low income family and middle class）的概念隐喻的建构。2012年12月14日一篇题为"Obama's Bottom-Up Fiscal Cliff Campaign"的新闻报道了奥巴马此前接受了好几家地方电视台的采访，希望这些地方的选民给议员施加压力。他说问题的症结在于国会的共和党人反对给富人增加税收，表示已经削减了1万亿美元的开支，也愿意继续削减，并许诺要延长占美国人口98%的年收入25万美元以下的家庭的减税，批评华盛顿的政治家将自己的工作置于美国人民的工作之前，只考虑下

---

① 贺梦依：《概念隐喻与政治的关系识解》，《外国语文》2011年第3期，第49页。
② Charles J. Fillmore, "Scenes and frames Semantics", in A. Zampolli ed., *Linguistic Structures Processing*, Amsterdam: North Holland Publishing Company, 1977, p59.

外宣翻译与国家形象建构

一次选举而不是下一代。他还表态若是无法达成任何协议，国会的共和党人应该受到责备。

创造政治故事的叙事方式是概念隐喻构建意识形态的第三种方式。在某种程度上一个框架即一个复杂的系统，包括认知范畴、范畴之间的关系以及诸多次框架。在概念隐喻框架中，由于各种隐喻存在互文性的关系，以及由预设和凸显建构的话语倾向性之间的相互渗透，很多次框架因此得以构建，这些次框架反过来构成整个框架系统。在 12 月 7 日一篇题为"Obama Doesn't Have Leverage in Fiscal Cliff Negotiations"的新闻中，报道者通过创造政治故事彰显了在对最富有的富人增税这一点上奥巴马是"只保持一个调子的男人"（Johnny One-Note）的概念隐喻的建构：该周奥巴马总统连续几天开微博对"财政悬崖"这一议题展开讨论，接二连三地会晤州长和企业总裁们，还拜访了一个中产阶级家庭，试图赢得基层对最富有的富人增税的支持。该新闻还报道奥巴马处境艰难，未能施展他的影响力，似乎也得不到参议院民主党人的支持：当他宣布将来税收的增加目标为 1.6 万亿美元而开支缩减，然而未提及授权的改革，他听不到参议院民主党核心成员的喝彩声。该新闻还称《纽约时报》此前报道白宫宣布"财政悬崖"的谈判只在身为民主党人的奥巴马和身为共和党人的众议院院长博纳之间进行。这则新闻显然是站在白宫的立场进行报道，建构了这是在民主党和共和党之间的一场平等的政治博弈的认知框架。该新闻的标题预设了在财政议案谈判中奥巴马处境艰难，然而他义无反顾，始终坚持给富人加税，凸显了他低收入者代言人的形象。在财政困境是悬崖的隐喻大框架中，"只保持一个调子的男人"隐喻显然是一个隐喻的次框架，促成了大框架的构建。

二 框架理论视域下隐喻的翻译策略

斯内尔·霍恩比（Snell Hornby）于 1988 年率先提出框架语义学对翻译研究的重要意义，然而，二十年后框架视角在翻译研究中仍处于边缘位置，应用框架理论研究翻译的论文并不多见[①]。西方学者们主要从

---

① 邓静：《翻译研究的框架语义学视角评析》，《外语教学与研究》2010 年第 1 期，第 66 页。

四个层面运用框架视角进行翻译研究。第一层面的研究重在理论探讨，如斯内尔·霍恩比（Snell Hornby）[1]应用场景、框架语义学的观点重新阐释了翻译过程，认为它基于既定的框架，因此译者必须从目的语中寻找合适的表达框架。第二层面的研究将框架概念与其他理论结合起来，试图更全面地解释翻译现象。安曼（Ammann）[2]的翻译批评模型结合目的论，认为应该以功能为原则，通过比较原文和目的语读者的阅读策略来评价译文。安曼的翻译批评模型基于框架语义理论，摒弃了传统分析意义的方法，注重分析框架、场景间的相互关联，将意义生成过程中的文化因素和读者因素纳入视野，重视文本层面和超文本层面（metatextual level）的考察，力图从内容和风格上把握文本的特征。第三层面的研究重视结合交叉学科，基于认知心理学对涉及文化因素的框架进行分类并考察翻译现象。罗霍（Rojo）[3][4]分析了涉及文化因素的翻译和幽默翻译，将框架分为五种：形象框架、情景框架、文本类型框架、社会框架和类属框架，其中社会框架又包括地理来源框架、社会地位框架、人际框架以及体制框架。第四层面的研究运用框架理论探讨具体翻译问题。其中斯内尔·霍恩比讨论了隐喻的翻译。与前三组相比，这一层面的研究注重翻译实践，但在例证分析中也不乏理论上的独到之处，如库斯莫（Kussmaul）[5]探讨了创造性翻译，提出了五种翻译策略：范畴链接法，将不同的概念范畴即框架定格于同一场景；场景元素选择法，译者的任务是选择适当场景元素用以翻译抽象概念；场景扩大法，在译文中适度扩大原场景，增译某些内容；场景标注法，即用简练的语言概括原文的具体描述；框架创新法，译者自创框架以表达原文场

---

[1] Mary Snell Hornby, *Translation Studies: An Integrated Approach*, Amsterdam: John Benjamins, 1988, p. 81.

[2] 邓静：《翻译研究的框架语义学视角评析》，《外语教学与研究》2010 年第 1 期，第 67 页。

[3] Ana Rojo, "Applying Frame Semantics to Translation: A practical example", *Meta*, Vol. 47, No. 3, 2002a, pp. 311–350.

[4] Ana Rojo, "Frame Semantics and the translation of humor", *Babel*, Vol. 48, No. 1, 2002, pp. 34–77.

[5] Paul Kussmaul, "Translation through visualization", *Meta*, Vol. 50, No. 2, 2005, pp. 378–391.

景。库斯莫的研究彰显了框架语义理论是一种动态的意义建构过程。当文化因素介入概念范畴时,译者必须根据文化语境决定如何取舍语义特征并在译文中予以再现。中国学者对框架理论的研究主要涉及理论层面,话语分析和翻译实践,而对理论层面和话语分析的探讨显然超过该理论在翻译实践中应用的探析。王玲宁[1]对框架研究现状进行了理论述评,李耸[2]以文化指示语、隐喻、否定式为例探析了政治讲话中框架的构建与重构,徐万治、徐保华[3]从理论上梳理了框架理论在翻译研究中的变化发展,以期加深对该术语的认识和研究,周颖[4]则以文学作品作为研究对象论及隐喻的翻译,姚琴[5]以《红楼梦》两个不同翻译版本的译例作为语料,从框架对等下的形式对等,框架近似下的功能对等,框架差异下的形式对等三个层面探讨了翻译策略,在此不予赘述。关键词"框架理论与隐喻翻译"的知网模糊检索结果显示为 8 项,而应用框架理论探讨隐喻翻译的只有 1 项,关键词"框架语义学与翻译"的知网模糊检索结果显示为 16 项,未发现利用该理论探讨隐喻翻译的论文,因此运用框架理论开展新闻语篇隐喻的翻译研究可以从某种程度上拓宽框架理论的话语空间。下文所选取的语料仍然是有关美国"财政悬崖"的报道,反映了新闻语篇的对话性,各种声音互相交织,然而白宫的声音显然超过其他声音,因此白宫的声音构成了话语的主要框架。以下例句的下划线为笔者所加,均为隐喻的应用,现对这些语料中隐喻的翻译进行探讨并对其话语倾向性予以简要分析。

(一)隐喻意象的框架移植

根据框架理论的观点,语言的理解就是根据具体的语境激起大脑储存库中相关的记忆,即从我们的知识体系中选择恰当的框架;框架等同于一种心理画面(mental picture),理解一个词语就是我们在唤起恰当

---

[1] 王玲宁:《国内新闻框架研究现状述评》,《中州学刊》2009 年第 6 期。
[2] 李耸:《政治讲话中框架的构建与重构——以文化指示语、隐喻、否定式为例》,《海南大学学报》2011 年第 5 期。
[3] 徐万治、徐保华:《框架(Frame)探源及其在翻译研究中的应用探讨》,《中国石油大学学报》(社会科学版)2009 年第 5 期。
[4] 周颖:《框架理论下的隐喻翻译》,《外国语言文学》2008 年第 2 期。
[5] 姚琴:《框架理论与等值翻译——认知语言学视角下的翻译》,《重庆交通大学学报》(社会科学版)2007 年第 5 期。

第九章 西方对外传播话语与修辞的批评性分析与翻译

的心理画面后,将焦点对准词语的意义所指。因为不同文化的体验认知相同或相异,隐喻也被分为普遍隐喻、文化重叠隐喻和文化限定性隐喻[①]。前两种隐喻意味着某些隐喻意象在原语中映现的心理画面与目的语中的心理画面基本吻合,因此隐喻移植或直译是可行的。隐喻翻译中常见"隐喻移植"这一术语,它形象地反映了人们把隐喻翻译看作生物体的移植,其间牵涉到神经(一般生物)、概念(思维,人类;高级智能体)以及情感心理因素。此外,它还需要适当的语言和文化条件。隐喻移植一般是指隐喻意象框架的移植。例 49 至例 52 中下划线标示的隐喻分别被翻译为"跛脚鸭""午夜闹剧""牺牲品""政治战争""政治破产""桥梁的修理""深渊"和"僵局",从而将原语中的隐喻意象框架移植到目的语中,再现了这些隐喻意象。例 49、例 50、例 51 和例 52 的"跛脚鸭""午夜闹剧""修桥""政治战争"和"政治破产"等隐喻显然体现了报道者以及民众对美国参众两院迟迟无法通过财政议案愤懑不已,也质疑政府处理财政僵局的能力。

例 49 The famous "do-nothing Congress" of 1947 – 1948? It passed 906 laws—710 more than the current group had passed entering its <u>lame-duck</u> session. (December 12, 2012)

译文:臭名昭著的美国 1947—1948 年那一届"一事无成的国会"?它通过了 906 条法案,比这届国会进入"跛脚鸭"时刻之前通过的法案还多 710 条。

例 50 To me, it's the Senate "<u>midnight caper</u>". If the marble and bronze statues of statesmen could speak, they would agree with me. Actually, they did say they've never seen anything like this spectacle—the stakes so high, the time so short. Millions of Americans are watching with the caper with high anxiety, because their tax codes could change overnight. (December 31, 2012)

译文:对我而言,这是发生在参议院的一场"午夜闹剧"。如果政

[①] Christina Schäffner, "Metaphor and translation: Some implications of a cognitive approach", *Journal of Pragmatics*, Vol. 36, No. 7, 2004, pp. 1253 – 1269. (www.elsevier.com/locate/pragma)

治家们的大理石雕像和铜像能开口说话，他们会同意我的观点。实际上，他们说过他们从未见过如此场景——局势严峻，时间紧迫。几百万美国人在忐忑不安地注视着这场闹剧因为他们一夜之间可能需要增加税收。

例 51 Three million Americans may become unwitting <u>casualties</u> of the <u>political war</u> in Washington over the <u>fiscal cliff</u>. （December 13, 2012）

译文：三百万美国人可能成为这场发生在华盛顿的围绕财政悬崖的政治战争的牺牲品。

例 52 Nothing more clearly illustrates the <u>political bankruptcy</u> of our national leadership than its failure to deal with the key issue facing America—how to cope with our debt and our deficit…

Procrastination here is like putting off <u>repairing a bridge</u> (another thing we are good at postponing until the bridge falls down), dooming us to fall into an <u>abyss</u> created by two parties in a <u>gridlock</u> the American people have protested year after year. We need short-term pain for long-term gain. （December 5, 2012）

译文：美国领导人无力应付美国所面临的主要问题——如何处理美国的债务和赤字——宣告了他们的政治破产……

拖延不决就像是推迟桥梁的修理，直至坍塌，最后我们注定跌入共和党和民主党挖掘的深渊。美国人民始终对这种僵局避而远之。为了长远的利益我们需要忍受短期的痛苦。

（二）隐喻意象的框架转换

不同框架所激活的情景各不相同。如果目的语读者的经验及所具备的知识与原语读者相比大相径庭，换言之，二者身处不同框架，那么所激活的情景就毫无二致，甚至相反。意义建构实际上是心理空间的构建和空间内成分的动态连接过程。意义的生成基于特定的语境，没有具体的语境无法生成心理画面从而构建意义。隐喻移植无疑是一种隐喻翻译策略的理想目标。然而隐喻意象框架是否可以转移到目的语中往往会受到文化框架的制约。由于文化语境迥然不同，目的语中无法找到与原语的隐喻意象相同的隐喻，就会导致文化缺省现象，文化缺省的内容则往往在语篇内找不到答案。由于文化缺省是一种具有鲜明文化特性的交际现象，不具有原语文化语境知识的目的语读者面对这样的文化缺省时经常出现意义真空。莎弗纳（Schäffner）将这类隐喻称为文化限定性隐喻，换言之，也就是某种文化所特有的隐喻，在另一种文化中具有不同的隐喻意象，因此在翻译中需要转换喻体，创造一个崭新的隐喻意象框架，从而弥补话语的缺损值。例53将"意识形态夹克"隐喻转换为"旗子"隐喻，将"遗迹"隐喻变为"捞月"隐喻，分别翻译为"为共和党摇旗呐喊"和"水中捞月"，指责国会的共和党人在财政议案上只顾该党派的利益，全然不顾民众的利益。例54和例55中的"神牛"隐喻和"蟋蟀"隐喻对中国读者是陌生的隐喻意象，因此在译文中转换为"神明"隐喻和"寒蝉"隐喻，例54的译文在"神明"前还添加了"神圣不可侵犯的"，例55在译文"噤若寒蝉"后还补充了"不予置评"，使其寓意十分清晰。

例53 And somehow Republicans still believe that paralysis will allow them to win elections. They are so caught up in the politics and strapped into their own ideological straight jackets that the word compromise does not leave their lips.

The notion of legislators taking on the tough problems and solving them is almost a relic with this crop of Republicans.（December 28，2012）

译文：在某种程度上共和党党人仍然相信这种僵局将有助于他们赢得各类选举。他们如此迷恋这场政治斗争，为共和党摇旗呐喊，从未表明妥协的态度。

期望身为共和党党员的立法者迎难而上，解决难题几乎是水中捞月。

例54 Too many conservatives regard defense spending as a kind of sacred cow, employing the "liberal" idea that the more money that is spent, the safer the country is, but this is not necessarily the case.（December 31，2012）

译文：太多的保守人士将国防开支认为是神圣不可侵犯的神明。他们"自由的理念"是：国防开支愈多，国家愈安全，然而并不一定如此。

例55 When he announced his "balanced" offer of a whopping $1.6

trillion in tax hikes in exchange for promises of future spending cuts, with no mention of entitlement reform, you could hear crickets chirping in the Senate Democratic caucus. (December 7, 2012)

译文：当他宣布他的"平衡"计划——将税收增加至1.6万亿美元之巨，允诺削减未来的开支，然而未提及授权的改革——民主党核心成员噤若寒蝉，不予置评。

（三）隐喻框架转换为寓意

隐喻中的另一种文化缺省现象并非目的语读者无法将语篇内信息与语篇外的知识和经验联系起来，从而需要建构理解话语所必需的语义连贯和情境连贯。其中一种主要原因是由于作者采用了创新性的隐喻意象，构建了全新的认知框架。如例57的"自动驾驶"隐喻，例58的"脊椎"隐喻，例59的"踢罐头"隐喻。在这种情况下无法将原语中的隐喻意象框架移植到目的语中，也无法替换隐喻意象，因此唯一的办法就是舍弃原来的隐喻意象框架，将其寓意加以体现。例56的"道路"隐喻、例57的"自动驾驶"隐喻、例58的"脊椎"隐喻、例59的"踢罐头"隐喻和例60的"炮火"隐喻分别翻译为"前程似锦""不予以调控""没有勇气""敷衍了事"和"遭到……的攻击"。例58显然是白宫指责共和党人阻碍通过财政妥协议案，而例59的隐喻又是民众声音的映现，体现了民众对美国政府和国会在处理财政议案问题上某种程度不作为的不满之情。从例60的隐喻可以看出共和党人作为富人代言人的形象跃然纸上：即使给年收入达到100万美元的美国人增加收入税也还有人提出异议。

例56 Beyond the cliff, the road flattens out. Many forecasters believe a modest compromise deal to avert the cliff would unleash a stronger recovery and push stocks higher… Others are far more bullish. Investing firm Piper Jaffray, for one, expects stocks to appreciate by nearly 19 percent over the next year, and by nearly 40 percent over two years. (December 21, 2012)

译文：在悬崖的另一端前程似锦。许多人预测为了避免跌入财政悬崖适度的妥协有助于推动复苏，促使股市价格上扬……其他人持更乐观的态度。派杰（Piper Jaffray）投资公司预测明年的股市价格将上升大约19%，在两年内增长大约40%。

第九章 西方对外传播话语与修辞的批评性分析与翻译

例 57 But that's just the tip of the iceberg. The burden of federal spending will climb to closer to 40 percent of economic output in coming decades if policy is left on <u>autopilot</u>.

译文：然而这仅仅是冰山的一角。如果对政策不予以调控，在随后的几十年联邦开支的负担将占经济产量的将近 40%。

例 58 But, really, you don't have the <u>backbone</u>, <u>the spine</u>, the courage to sign on to a compromise that helps the nation?

译文：然而你们没有勇气达成解决"财政悬崖"的妥协议案，帮助国家渡过难关？

例 59 Last year's deadlock over raising the debt ceiling, required to avoid default on our dollar debts, wasn't resolved by the president and Congressional leaders. They just <u>kicked the can down the road</u> by fudging together a concoction of government spending cuts and tax increases; it was not a policy review but more like a party "game of" think of a number. (December 5, 2012)

译文：去年美国总统和国会领导人未能解决为避免债务违约而提高债务上限的僵局。他们拼凑了政府开支削减和税收增加的数字敷衍了事；这不是检讨政策而更像是政党的"数字"游戏。

例 60 House Speaker John Boehner is under <u>fire</u> from conservatives, deservedly so, for proposing that income taxes be allowed to go up on Americans making more than \$1 million per year. (December 19, 2012)

译文：众议院议长约翰·博纳遭到保守人士的攻击。他咎由自取，因为他提议允许给年收入达到 100 万美元的美国人增加收入税。

小 结

本章以 13 篇《纽约时报》（2010—2011 年）有关人民币汇率报道的新闻语篇作为语料，从批评性话语分析的角度分析了新闻语篇的对话性，认为大部分新闻语篇都有不同的、异质的声音，都有一定的对话性，然而代表西方立场的声音数量显然超过中方的声音，体现了西方主流媒体对新闻话语权的操控。

本章基于自建语料库以及布莱克的批评性隐喻分析理论框架，对《卫报》和《美国新闻和世界报道》中2012年和2013年30篇欧洲主权债务危机报道的三种频率最高的概念隐喻表现模式进行识别、阐释和解读并予以批评性分析。关注概念隐喻的语言层面的分析，同时注重其语篇连贯功能、情感功能和意识形态功能的探析，探析其强烈的话语倾向，剖析了欧美政府的不同立场。

基于莱可夫和约翰逊对概念隐喻的界定，本章以2012年美国主流媒体《纽约时报》的14篇对钓鱼岛冲突的新闻报道作为语料，仍然运用隐喻批评性话语分析的理论框架，对英语新闻语篇的冲突隐喻进行分析和研究。分析表明冲突类英语新闻语篇的概念隐喻类型主要为冲突隐喻，其劝说功能显而易见，体现了报道者在特定语境下的政治倾向。

美国的主流媒体《华盛顿邮报》、《纽约时报》、《时代》周刊、《新闻周刊》、《国际先驱论坛报》等成为美国争夺新闻话语权的工具，体现了新闻报道与意识形态的关系。新闻媒体在进行报道时都存在为国家利益和党派利益进行倾向性报道的事实。以《时代》周刊上一篇对中国国家博物馆的报道作为语料，批评性地分析了其话语倾向性并探析其翻译策略。为了达到所需要的语篇效果，新闻报道总是在语言形式上进行有意识的选择，使语言表述功能最终服务于文本。在解读新闻时，读者必须对其进行批评性分析，把握媒体的政治意图。新闻编译的实践证明斯图亚特·霍尔的翻译理论对解构和颠覆西方主流媒体新闻报道的话语权具有较强的解释力，因而具有一定的理论价值和实践意义。

新闻语篇中隐喻的话语构建功能是通过"框架"的功能得以实现的。在阅读过程中，读者将话语的理解置于互相关联的一个或多个框架之中，利用已有的知识背景和概念结构去推断和理解话语与说话者的意图。概念隐喻主要通过预设、凸显和构造政治故事三种方式来建构话语倾向性。框架理论视角下的美国财政悬崖报道的隐喻分析充分证明了这一框架的建构方式。框架为人们理解事物提供了具体语境，重构框架则为人们对事物的感知、解读及反应提供了新的角度。由于两种文化的相同与相异，在隐喻的英汉互译中隐喻意象的移植、转换和删除成为翻译策略的必然选择。

第十章　外宣翻译文本批评的框架建构

　　截至 2016 年 6 月 3 日，关键词"翻译批评"的中国知网期刊模糊检索结果为 2219 项，表明学界对"翻译批评"表现了浓厚的学术兴趣，其研究视角呈现了多样化的倾向。中国学者们对翻译批评的研究可以归纳为三类。第一类研究为理论研究。司显柱[1]甄别了翻译批评、翻译评估与翻译评价三个概念的区别，概述了国内外研究状况，指出国内的翻译批评研究是直觉、印象式偏多，系统、理论性构建偏少，西方的研究虽然也存在不少问题，但一般有明确的理论依据，其阐述一般较为系统和全面。赵巍、薄振杰[2]探析了翻译批评的对象与性质，认为翻译批评的主要对象是包括原文和译文的文本，因此翻译批评的一般方法是文本对照；翻译过程是目的性与规律性的统一，所以翻译批评的性质表现为艺术批评，可以借鉴艺术批评的原则和方法。第二类研究为翻译质量评估理论介绍与评述。中国学界一些学者先后推介了豪斯（House）的翻译质量评估模式[3][4]。武光军讨论了翻译质量评估的性质及理论定位，概述了当代中西方翻译质量评估模式的进展，开展了元评估，指出

---

[1]　司显柱：《翻译批评：概念甄别与研究评述》，《外语与外语教学》2009 年第 11 期，第 46—49 页。

[2]　赵巍、薄振杰：《论翻译批评的对象和性质》，《西安外国语大学学报》2008 年第 1 期，第 75—77 页。

[3]　仲伟合：《霍斯论翻译质量之评估》，《语言与翻译》2001 年第 3 期。

[4]　司显柱：《朱莉安·豪斯的"翻译质量评估模式"批评》，《外语教学》2005 年第 3 期。

未来合理的翻译质量评估模式包括整体的模糊评估与局部的精确评估[1]。第三类研究为具体翻译作品的批评。刘云虹、许钧[2]以翻译批评史上三个有代表性的批评个案作为研究对象，试图通过对事件的形式、内容、对象、目标、价值的深入分析，揭示翻译批评对翻译理论与实践的建构力量。截至2016年6月3日，关键词"外宣翻译批评"的中国知网期刊模糊检索结果为2项，其内容与外宣翻译批评并无关联，表明学界对该论题的研究较为欠缺。本章将借鉴中西学界对翻译批评的研究成果，根据外宣翻译的性质与特点，建设性地提出外宣翻译批评的基本框架，希望对同类研究能够提供参考的框架。

第一节　外宣翻译批评概念与类型的界定

一　外宣翻译批评概念

杨晓荣[3]指出：依据一定的翻译标准，采用某种论证方法，对一部译作进行分析、评论、评价，或通过比较一部作品的不同译本对翻译中的某种现象做出评论。文军[4]指出：翻译批评即依据一定理论，对译者、翻译过程、译作质量与价值及其影响进行分析与评价。所谓翻译批评或翻译评论，是指根据有关理论和观点对翻译思想、翻译活动和翻译作品进行分析和评论，以提高翻译者的整体素质和翻译的整体质量，是翻译研究的组成部分。我们认为外宣翻译以翻译理论和外宣翻译文本为批评对象；翻译理论的批评着眼于对中西翻译理论的评述；外宣翻译文本的批评就是以外宣翻译文本的语篇为中心，运用中西译界的有关翻译理论对翻译过程、翻译实践、翻译效果和文本外的其他因素予以评述。

---

[1] 武光军：《当代中西翻译质量评估模式的进展、元评估及发展方向》，《外语研究》2007年第4期，第73—79页。

[2] 刘云虹、许钧：《从批评个案看翻译批评的建构力量》，《外国语》2011年第6期，第64—71页。

[3] 杨晓荣：《翻译批评导论》，中国对外翻译出版公司2005年版，第3页。

[4] 文军：《科学翻译批评导论》，中国对外翻译出版公司2006年版，第160页。

二 外宣翻译批评的类型

翻译批评是由理论批评与翻译实践批评两个层面构成的，外宣翻译批评也不例外。吕俊认为翻译理论批评是一种理论指向性很强的"元批评"，涵盖对翻译理论与翻译标准的合理性的反思①。我们认为外宣翻译理论批评的任务涉及对翻译理论、翻译原则与翻译标准对某一外宣翻译作品的适用性的检验。外宣翻译实践批评就是运用具体的翻译理论对目的语文本、文本的形成过程以及文本外的其他因素开展批评，包括权利话语批评、话语倾向性批评、文本目的性批评和文化批评等内容。外宣翻译实践批评可以分为微观批评和宏观批评。前者指的是对具体的外宣翻译文本和翻译活动的批评，后者则指的是在基于微观批评的基础上归纳并总结出具有一定规律性的原则与标准，从感性认识上升到理性认识，从而实现理论的升华用以指导翻译实践。

第二节 外宣翻译批评的框架建构

王宏印将翻译批评分为内部研究和外部研究两个层面②。内部研究包括翻译批评的评价标准、评价原则和具体的文本分析；外部研究则涉及文本外诸多因素的研究，如社会文化因素和语境因素。黄忠廉③认为翻译批评的六个观察视角构成了"两个三角评价体系"：小三角立足于语言学层面，从语表形式、语里意义和语用价值三方面批评，属微观批评；大三角基于文化学层面，从语际对比、思维转换和文化交流三方面开展批评，属宏观批评。

我们认为外宣翻译批评可以分为表层研究、中层研究和深层研究。外宣翻译批评的表层研究涉及处于表层的具体译作的语言层面、句法层面与语篇层面的对比研究，涉及以上三个方面的转换与重组；外宣翻译批评的中层研究主要探析外宣翻译批评的主体、客体、作用、过程、原

---

① 吕俊、侯向群：《翻译批评学引论》，上海外语教育出版社2009年版，前言与序言。
② 王宏印：《文学翻译批评概论》，中国人民大学出版社2009年版，第149页。
③ 黄忠廉：《两个三角的译评体系》，《外语学刊》2006年第5期。

则、标准、作品的文体、译者的主体性、翻译的目的等内容；外宣翻译批评的深层研究涵盖作品风格、文化语境、意识形态、话语倾向、文本的美学因素、读者的语言审美心理、译作的读者接受程度等。

一 外宣翻译批评的主体与客体

外宣翻译的主体是指外宣文本的组织者、管理者、传播者与编译者，狭义上的外宣翻译主体主要是指政府（可能是隐形的）及其聘用的外宣从业人员，如译者、审稿人与所管辖的媒体及其受聘人员，广义上的主体还包括其他组织、企业与个人等。外宣翻译主体在很大程度上组织并管理外宣文本的撰写、优化与翻译，引导外宣的文本选择、信息流向与价值判断，在整个对外宣传工作中处于传播者和主导者的位置。从完整的对外传播交际链来说，外宣翻译的主体似乎还应该包括接受主体，即受众。

杨晓荣[1]认为在翻译批评中批评者的位置是游移的，基于不同的视角审视批评对象，可以是读者或译者，置身局外或身兼两职，并将主要的批评类别归结为三类：双语专家式、读者反应式和读者互评式。我们认为外宣翻译批评的主体为政府外宣机构的审稿人、政府外宣机构的外语专家、翻译界专家、著述者和读者。政府外宣机构的审稿人审定外宣文本的选择、修改和录用。一些政府外宣机构如中央编译局、《中国日报》、《北京周报》等还聘用了一些来自英美等国的外语专家，他们/她们主要负责外宣文本的最终审定，从某种意义上也担负着外宣翻译批评的责任。诚然读者在某种程度上也是外宣文本的批评者，对外宣文本的优劣作出评判。外宣翻译批评的主体更多的为翻译界专家和著述者，他们/她们在发表著作和论文的过程中运用翻译理论对具体的外宣文本作出评述，体现了很强的专业性和多元的学术视野。

外宣翻译的客体对象涵盖政治文献、法律文献、新闻文本、多模态外宣作品、文化典籍、专业文献以及其他内容。法律文献和政治文献主要是指多层面的各级政府部门及其所属的相关机构所颁布的各类法律法规、官方文件、政府白皮书、领导人著作和演讲等语体正式、措辞严谨

---

[1] 杨晓荣：《翻译批评导论》，中国对外翻译出版公司2005年版，第43—45页。

的语篇。基于语场可以分为政治、经济、体育、文化、科技、天气等次语体;基于语旨可以分为消息报道、特写、社论等次语体,其中消息又包括简讯、新闻报道和深度报道;基于语式可以分为报刊、电视和广播新闻等次语体[1]。专业文献涉及各个具体行业、具体学科等专业领域的语篇,语体正式,表述严谨,具有很强的专业性。专业文献范围广泛,内容丰富,涵盖社会科学和科学技术的一切专业领域。中国文化典籍涵盖我国汉族及其他少数民族文化的文化典籍。文化典籍翻译主要是指"中国历代文学、哲学、史学、艺术等领域的经典之作的对外翻译及其翻译研究"[2]。多模态外宣作品的特点在于其言语与非言语的多模态性(multi-modality)表现,即借助语言模态以及视觉、听觉、味觉、触觉与嗅觉等多种非言语的多模态来报道身边发生的各种事件从而丰富外宣作品的表现方式。

二 外宣翻译批评和翻译质量评估的目的

外宣翻译批评的目的在于评论翻译理论对翻译实践的适用性、影响外宣翻译的语篇外部的各种因素和外宣翻译文本的传播效应,意在扬长避短,构建目的语读者乐于接受和有助于增强国家软实力的外宣翻译文本,实现向目标受众宣传中国、建构正面的国家形象的目的。它集理论研究、作品推介、鉴赏批判等多种功能于一身。翻译质量评估的目的与作用在于比较、分析原作与译作,测定译文与原文之间在宏观与微观等层面的信度与效度,评价译作的长处与短处,从而为将来的翻译活动提供可供参考的框架。广义上而言,翻译批评包括对原语文本的理解及其翻译文本的评介,就是基于多维视角从宏观的角度评价翻译作品的质量与影响,涉及对翻译的过程、手段、作用和影响的总体性评价;狭义上而言,翻译批评是在理性的视域下对翻译作品质量的一种反思性评价,它涉及对特定翻译文本的具体评价。总而言之,翻译批评都依赖具体的翻译批评理论和一定的参照标准。

---

[1] 杨雪燕:《社论英语的文体研究》,《外语教学与研究》2001年第5期,第367页。
[2] 王宏印:《探索典籍翻译及其翻译理论的教学与研究规律》,《中国翻译》2003年第3期,第48页。

三　外宣翻译批评原则

（一）国家利益至上原则

国家利益至上是外宣翻译批评的首要原则。在外宣翻译中，有一些政治词语高度敏感，体现了我国政府的立场和主张，若处理不当不仅影响对外传播效果，而且可能损害国家的利益。外宣翻译中的政治言辞修正是国家利益的体现，译者的主体作用也会得以充分发挥。"台独"这一高度敏感的词语翻译就是一个典型的例子，目前某些权威网站和图书将其翻译为"Taiwan independence"，虽然加上引号也不能改变其语义，因为我国官方对"台独"的定性是分裂国家的行为。我国主流媒体都将其翻译为 Taiwan secession attempt，Taiwan's attempt to split China。

（二）翻译伦理原则

翻译伦理原则至少包括三个层面的内容：传统翻译理论的"忠实"论，功能翻译理论的"忠诚"论以及注重翻译职业准则的"专业伦理"论。这三种模式立足于不同的视域，从不同的层面探析翻译伦理，突破了传统翻译伦理对"忠实"的狭隘界定，扭转了文化研究转向后忽视翻译伦理问题的学术倾向，拓宽了翻译伦理研究的学术视野。芬兰学者切斯特曼（Chesterman）[1] 总结了前人的研究成果，归纳出五种主要的翻译伦理研究模式：即再现、服务、交流、规范和职业承诺。其中"再现"指的是译者对原文文本的忠实再现；"服务"指译者需要在约定的时间内优质完成客户交付的任务；"交流"重视跨文化的交流，消除文化障碍；"规范"即符合规范，符合特定的文化规约；"职业承诺"要求译者遵守严格的职业道德，严禁损害客户的利益。

（三）客观性原则

学者们针对翻译批评客观性提出了不同观点。例如赖斯（Reiss）[2] 认为翻译批评的客观性指与任意性和不充分性形成鲜明对比的可证实性。换言之，必须阐述对翻译文本的任何正面或者负面的评论并举例予

---

[1] Andrew Chesterman, "Proposal for a Hieronymic Oath", in Anthoy Pym ed., *The Return to Ethics*, *Special Issue of The Translator*, Manchester: St. Jerome Publishing, 2001, pp. 139 – 154.

[2] Katharina Reiss, *Translation Criticism: The Potentials and Limitations*, Shanghai: Shanghai Foreign Languages Education Press, 2004, p. 4.

以证实。王宏印[①]对翻译批评的客观性作出如下评述：（1）避免个人情绪化因素的介入；（2）凭借科学手段和科学方法开展有序的研究并在此基础上得出较为可靠的客观结论；（3）合理运用评论者的个人价值判断尺度，但尽力将主观随意性降低到最低程度。常识表明如果科学知识在内容上是客观的，那正是因为它在探究方法上是客观的[②]。蓝红军主要从哲学的本体论、认识论和价值论三个层面探析了翻译批评的客观性，他认为在本体论层面，翻译批评的对象在没有成为批评者活动客体之前就已经独立存在，在认识论层面，翻译批评的客观性体现在运用具有较多客观性的实证方法和理性方法，价值论意义上的翻译批评客观性指翻译批评者愿意并努力坚持客观理性的态度，也指翻译批评者有意选择具有普遍意义的价值观作为批评的判断准则[③]。

（四）语篇中心论原则

翻译文本涉及的绝不是孤立的词句与段落，而是相互关联的词句与段落，基于一定的交际目的并按照清晰的逻辑和层次组合在一起的语篇。外宣翻译批评必须构建明确的语篇意识，就是强调语篇的完整性和一体性，将语篇的七大要素纳入批评视野，即衔接性（cohesion）、连贯性（coherence）、意向性（intentionality）、可接受性（acceptability）、信息性（informativity）、情景性（situationality）和互文性（intertextuality），旨在建构逻辑清晰、层次分明的外宣翻译文本。语篇研究可以分为语篇内部和语篇外部两个层面。前者侧重语篇的衔接、连贯、意向性与语篇结构，后者侧重语篇的语域、情景和功能等方面的研究。

（五）读者中心原则

奈达在其最初的著作《翻译的科学探索》（*Towards A Science of Translating*）中提出动态对等，阐述了翻译中"动态对等"的理念[④]，即注重读者的反应，运用自然流畅的语言使译文读起来一目了然，甚至

---

① 王宏印：《文学翻译批评论稿》，上海外语教育出版社2006年版，第120页。
② Helen E. Longino, *Science as Social Knowledge: Values and Objectivity in Scientific Inquiry*, Princeton, N. J.: Princeton University Press, 1990, p. 62.
③ 蓝红军：《论翻译批评客观性及其构建》，《外语研究》2011年第5期，第76—80页。
④ Eugene A. Nida, *Toward a Science of Translating*, Shanghai: Shanghai Foreign Language Education Press, 2004, p. 166.

可以根据不同层次的读者应用不同的译文翻译同一文本，使译文读者获得与原文读者相同的阅读效果。奈达的"读者反应论"以"功能对等"为前提，20世纪80年代中期，奈达以"功能对等"取代了"动态对等"。译文质量的优劣取决于目的语读者对译文的反应，同时要求将这种反应和原文可能产生的反应进行对比从而判断两种反应是否吻合。翻译的标准需要超越词汇意义、语法类别和修辞手段等层面的对比，注重接受者对译文的接受程度和欣赏译文文本的程度。翻译是一种语言与文化的交际活动，如果忽视了信息接受者对译本反应程度的剖析，那么对翻译活动、过程与结果的任何分析都是不完整的。

（六）多元互补原则

多元互补原则要求我们对学术批评本着宽容的态度，吸收各种观点的合理成分，扬长避短，开展翻译批评，为翻译批评构建一个建设性的多元交流平台。翻译学是一项系统工程，涉及哲学思维系统、语言符号系统和社会文化系统等许多学科的研究。翻译学的学科特点决定了外宣翻译批评的多元互补原则。西方翻译理论见证了许多不同翻译流派的发展，如结构主义语言学翻译研究范式、语文学翻译研究范式、翻译研究的文化转向、解构主义翻译理论和后殖民翻译理论。这些流派均体现了翻译主体与客体不同程度的割裂与对立。哲学的主体间性理论促使翻译活动过渡到多元主体之间的积极对话，生成了各种翻译方法论。中外翻译批评也涌现了许多持不同观点的著述者，促进了翻译批评的发展。正如翻译研究借用了多学科和理论视角及成果，翻译批评也可借鉴解构主义、后现代主义、后殖民主义、价值哲学、意识形态等理论和文化转向视域下的翻译批评研究以建构多元、开放和综合的外宣翻译批评理论体系。

（七）动态性原则

翻译活动既包括翻译发起人、赞助商、作者、原文、译者、译文、目的语读者、出版商，也包括语言、文化和社会等诸多方面因素，因此，翻译活动具有复杂性和多维性的特点，翻译批评也应当是多角度、多层次、多视域的理论研究。外宣翻译文本历时性与共时性的特点也决定了外宣翻译批评的动态性原则。历时性是某一特定文本在时间轴上所处的位置，涉及该文本与其他文本的关系；共时性是某一具体文本在特定时期内在横切面上的位置，指的是该文本与同一时期文本间的关系。历时性与共时性的交叉表明此文本在文本系统或文化系统中的位置，从而使该文本必须结合一定的文化背景予以解读。它们共同决定了此文本在文化体系中的位置并在这一体系中获得文本的动态意义。功能翻译理论认为基于"忠诚"的原则与翻译行为的目的，译者可以彰显、淡化、掩藏甚至改动原文本的某些方面，因此外宣翻译批评也必须以动态的观点评论译本，注重译本的功能对等而非语言对等。

第三节 中西方一些翻译批评模式评述

翻译质量评估依据一定的标准和参数，在语篇的各个层面对译文与原文进行对比与分析，衡量原文与译文"意义与功能对等"的程度，评判译文的传播效应，即译文的信度和效度。此处的意义包括概念意义、情感意义、内涵意义、风格意义、联想意义、搭配意义和主题意义。何三宁[1]将翻译质量评估模式大体分为原则参照模式和参数参照模式这两类并作了说明。他认为原则参照模式包括反应原则参照、语篇类型原则参照和功能原则参照等模式；参数参照模式要求评估人设定若干相关参数并给出一定权重，以参数为参照来对比、分析和评估原文与译文，然后给出评估值，该模式强调的是定量分析与研究。通过分析我们认为豪斯（House）的翻译质量评估模式是语篇类型原则参照和功能原则参照的综合，赖斯（Reiss）的翻译质量评估模式是以语篇类型原则为参照的，威廉姆斯（Williams）的翻译质量评估模式是以功能原则为参照的，强调读者的反应对等原则，即可读性和信息性原则；语篇类型原则参照模式以语言的信息型、表情型和操作型为基础，突出文本类型原则，从而把纯语言层面的意义拓宽到交际目的；功能原则参照坚持功能——语用对等，寻求译文的目的、功能和效果。

豪斯（House）[2]在实践和试验的基础上修订了原有的翻译质量评

---

[1] 何三宁：《并列还是从属：翻译质量评估与翻译批评之关系》，《南昌大学学报》（人文社会科学版）2009年第4期，第131页。

[2] Juliane House, *Translation Quality Assessment：A Model Revisited*, Naar：Tubingen, 1997.

估模式，运用系统功能语言学和语篇分析等理论分析了原文和译文的语言/文本、语域和体裁，旨在确定文本的功能。他还引入韩礼德的语域三要素（语场、语旨和语式）分析语篇。此外，豪斯把体裁纳入修订模式，加强了对文本深层结构的阐释。语言反映语域特征，语域特征反映文本的体裁，文本的功能最终得以体现。译文与原文在各个层面是否相符是译文质量的关键，二者匹配的程度越高，翻译质量越高。其运作模式由七个步骤组成：（1）确定原语文本的语域；（2）在语域分析的基础上确定原语文本的文本类型；（3）根据原语文本的语域和文本类型概括文本的功能，包括概念功能和人际功能（即文本所传达信息以及信息发送者与接受者之间的关系）；（4）对目标语文本开展相同过程的分析；（5）对比目标语文本与原语文本的语域，分析目标语文本中出现的误译和不匹配情况，根据文本类型和语域及文本类型的情景维度将译文误译和不匹配情况归为隐性错误或者显性错误；（6）对译文的质量作出评价；（7）将翻译归为显性翻译或者隐性翻译。

诺德（Nord）[1]基于布勒对语言功能的分类，将语篇归纳为三种类型：（1）侧重内容的信息型文本（informative），旨在交流、传递信息，注重语言的逻辑性与文本内容的准确性；（2）关注作者情感态度表达的表情型文本（expressive），文本语言的表达形式和美学功能尤其重要；（3）以诉求为主的感染型文本（operative），旨在呼吁读者采取某种行动，言后行为显而易见。赖斯[2]建议运用文本分类方法开展翻译实践和翻译批评，即鉴于文本类型不同，其翻译方法和评价标准需要相应予以调整。基于文本类型的翻译批评模式力求在思想内容、语言形式和交际功能等方面使目标语语篇和原语语篇实现对等。赖斯的翻译批评模式主要涵盖四个层面的内容：文学因素（即文本类型）、语言内因素（即语言范畴）、语言外因素（即语用范畴）以及功能因素（即功能范畴）。文学因素是译者选择合适的翻译策略最重要的依据。语言内因素主要涉及词汇、语义、语法以及文体。若从语言内因素角度评判翻译过

---

[1] Christiane Nord, *Translating as a Purposeful Activity – Functionalist Approaches Explained*, Shanghai: Shanghai Foreign Language Education Press, 2002, pp. 37 – 38.

[2] Katharina Reiss, *Translation Criticism: The Potentials and Limitations*, Shanghai: Shanghai Foreign Languages Education Press, 2004.

程，对目标语语篇的批评准则是词汇的匹配、语义的对等、语法的准确以及文体的对应。语言外因素范畴亦是翻译批评中不可或缺的因素，它主要包括题材、直接情景、接受者因素、发话人因素、时间因素、地域因素以及情感内涵等。至于功能因素，翻译批评者的首要任务是明确原文与译文之间的功能关系，继而采用与译文特殊功能相符合的评价体系。

  威廉姆斯（Williams）[①] 试图建立立足于语篇但又可以包容语篇微观成分的翻译质量评估模式。他研究的对象涉及论辩图式（Argument Schema）和修辞类型（Rhetorical Typology）。以下多个层面的内容建构了论辩图式的框架：主张（Claim）、基底（Ground）、保障（Warrant）、后盾（Backing）、修饰（Qualifier/Modifier）。语篇论辩图式体现了各个命题间的关联程度，并反映出语篇的信息流、推理过程和论辩发展的基本脉络。按照威廉姆斯的观点，翻译质量的优劣取决于目的语文本是否准确地再现原文的论辩图式。在语篇微观层面修辞类型的准确运用有助于论辩图式的推进从而建构连贯的语篇，故成为翻译质量判断的另一重要准则。连接词、推理指示词、命题功能、论辩类型、辞格和叙事策略均为连贯语篇建构的必要手段。威廉姆斯评估模式由核心参数与具体参数组成。前者涵盖论辩图式、命题功能、连接词、推理指示词、论辩类型和叙事策略；后者涉及术语、辞格、格式和目的语质量。为了统计对文本的评判结果，威廉姆斯对每个参数设定了评分标准，具体为：10 = 优秀；8 = 很满意；6 = 满意；4 = 一般；2 = 较差。具体参数的类型及具体数值的设定会因译文的用途而有所不同。

  司显柱[②]基于系统功能语言学、篇章语言学和言语行为框架提出了翻译语篇质量评估模式。在微观层面，借助系统功能语言学关于语言三大元功能（概念功能、人际功能、语篇功能）以及相应的语法系统（及物性系统、语气系统、主位系统等）分析原语和目的语语篇里的小句，寻找"偏离"（不对应现象）。在宏观层面，在语篇的视域下对各

[①] Malcolm Williams, *Translation Quality Assessment: An Argumentation – Centered Approach*, Ottawa: University of Ottawa Press, 2004.

[②] 司显柱：《功能语言学与翻译研究——翻译质量评估模式构建》，北京大学出版社2007年版。

种"偏离"予以归类，确定负偏离和正偏离的数目，评判其对译文质量的影响；统计修正第一步所发现的所有"偏离"现象；基于语篇类型（信息类语篇、表情类语篇、感染类语篇）判断不同类型的功能偏离（概念、人际）对语篇译文质量影响的权重。最后再在按以上步骤统计出的偏离值基础上判定译文的整体质量。

何三宁、张永宏[1]提出了层次分析法翻译质量评估模式，并设计了量化公式，对翻译质量的量化作出了有益的探索。该模式由目标层、准则层、指标层和方案层构成。目标层属译文评估的目标，即"意义的最大趋同"，指原文本与译语文本的"语用对应"和"功能得体"。准则层涉及评价译文的语言、实体和思维的准则参数。指标层涵盖九个参数，其中语言、实体和思维各有三个参数。语言参数的评价重点为词汇、句型结构和语篇。当译文为中文或英语时其侧重点有所不同。实体包括三个参数，分别为语域、文本类型和文本功能。语域需考察"语旨、语式、语场各变量"；文本类型需考察"文本体裁"；文本功能需考察"所指功能""表达功能""呼唤功能""寒暄功能"及其子功能等因素。在思维参数评价的重点中，思维方式因素侧重考察译文的"行文表达得体"的程度；思维特征侧重考察译文"修辞手法"的效度；思维风格侧重考察译文的"思想和艺术效果"情况。方案层指待评价的译文既可以是对单篇译文的评价，也可以是对不同译者对同一论著多篇译文质量的评价。

第四节　外宣翻译批评的评估模式与参数设定

曾利沙[2]认为多种译本"批评评析对象"为完整的语篇（或译本），应注重整体性和系统性，因而一个系统参数的确定乃是其方法论的一个重要原则。首先是宏观层次的参数，即基于原作题材、文体功能及其目的性而建构的翻译原则。其次需要建构一组可供描写、可供操作

---

[1] 何三宁、张永宏：《层次分析法在翻译质量评估中的应用》，《当代外语研究》2012年第11期，第57—60页。

[2] 曾利沙：《对"Altogether Autumn"两种译文的比较评析——兼论多种译本"批评"的方法论》，《中国翻译》2000年第5期，第57—61页。

和可供实证的微观层次的意义参数,并将其置于整个语篇的框架中予以考察,试图揭示译者在翻译过程中潜在的心理表征和理据。参数参照模式是评估人设定若干相关参数并给出一定权重,以参数为参照来对比、分析和评估原文与译文,然后给出评估值,该模式强调的是定量分析与研究。在其他作者研究的基础上,我们提出了外宣翻译中所涉及的参数并予以详细探讨。

(一)语篇类型参数因子

语篇类型可归纳为三类:信息型文本、表情型文本和感染型文本。第一类文本是以内容为主的信息型文本,旨在交流、传递信息,其焦点是文本内容的准确性;第二类文本是以形式为主的表情型文本,注重文本的语言表达形式和美学功能;第三类文本关注文本的言后行为,旨在呼吁读者采取某种行动。文本类型的不同是运用不同翻译策略的依据。语篇类型参数因子也涉及文本的功能。

(二)语篇意识参数因子

语篇是主题规约下的产物,一旦主题得以确立,就必然形成以主题为导向的语篇逻辑结构,在语篇中以层级性和明晰化的方式予以体现[①]。同时也将语篇的七大要素纳入批评视野,即衔接性、连贯性、意向性、可接受性、信息性、情景性和互文性。连贯语篇的建构取决于叙述视点的连贯与推进。视点的关联性与一致性在连贯的外宣文本的建构中显然是不可或缺的要素。蒙娜·贝克认为尽管在某种程度上难以客观地观察叙事参与建构现实的过程,但仍然可以将连贯性(coherence)和忠实性(fidelity)视为叙事的评判标准。全知视角、外视角、多元视角和第三人称视角为四类比较常用的外宣叙事视角。

(三)段落意识参数因子

语篇由若干段落构成,段落是语篇的次级单位。英语思维模式呈直线型发展,注重主题句的明确设定,往往将话题置于段落的开头,然后围绕主题逐渐展开段落,体现了以自我为中心的西方文化思维方式,强调个体的个人见解。中国古代社会将国家、帝皇的权威置于至

---

① 曾利沙:《主题与主题倾向关联下的概念语义生成机制——也谈语篇翻译意识与 TEM8 语段翻译教学》,《外语教学》2007 年第 3 期,第 83 页。

高无上的位置;中国现代社会重视团体的力量,因此个人在社会这个大团体中的作用一直是弱化的。这种差异在写作的谋篇布局上得以体现,汉语段落的开头往往是主题句缺失的。由于中英思维方式的差异,译者段落意识的转换是必然的选择。

(四)语域参数因子

20世纪80年代,学者韩礼德(Halliday)[①]构建了一个较为完整的语域理论框架,其三要素包括语场、语旨和语式。语场涉及社会行为性质,涵盖语境、话题以及参与者与讲话者的整个活动等因素。语旨即参与者的身份与角色:参与者之间的角色关系,包括各种永久性和暂时性关系,体现在对话中参与者的言语角色类型以及他们之间社会性的重要关系。语式主要包括交际途径以及修辞方式,即语篇要达到的诸如劝说、说明、说教之类的效果。

(五)言内意义参数因子

言内意义转换主要涉及结构转换和语义转换。由于英汉属于不同的语言系统,句子结构和表述方式存在诸多差异,语言结构转换和语义转换是必然的选择。结构转换着眼于句法结构、小句之间的衔接和连贯方式的转换,语义转换主要涉及语义的解码、表达方式的变通和调整、信息布局的变化。语言表述的规范与否是言内意义参数因子的一个关键。

(六)言外意义参数因子

英国著名语义学家利奇(Leech)把词义分为七种类型:概念意义、情感意义、内涵意义、风格意义、联想意义、搭配意义、主题意义。其中完全属于语言意义的只有概念意义。其他六种意义是对概念意义的运用结果,往往与交际环境有关,把它们看成言语意义更为恰当。言外意义包括利奇七种意义中的搭配意义、情感意义、内涵意义和联想意义。某些词语原意是中性的,然而与具有负面意义的贬义词语搭配使用后,其情感意义却发生了变化,由中性的意义变成了贬义的表达方式,其联想意义也发生了变化,从正面形象变为负面形象。情感意义代表了话语倾向性,体现了意识形态倾向和修辞的劝说功能。

---

① Michael A. K. Halliday, *An Introduction to Functional Grammar*, 2nd ed., London: Arnold/Beijing: Foreign Language Teaching and Research Press, 1994/2000.

(七) 历史语境参数因子

德国翻译理论家赖斯 (Reiss) 在其著作《翻译批评潜力与制约》中特别强调了译者主体性对翻译批评的制约,译者的个性、所处的历史时间和空间、对两种语言的熟悉程度和教育水平都构成了制约译者阐释的主观因素[①]。上述的历史时间和空间就是历史语境,决定了译者必须在具体的历史语境下评价某一外宣文本。人的理解具有无法消除的历史特殊性和历史局限性,这就会限制某一时期的读者对译本的理解与认识。

(八) 意识形态参数因子

在外宣翻译中,有一些政治词语高度敏感,体现了我国政府的立场和主张,若处理不当不仅影响对外传播效果,而且可能损害国家利益。外宣翻译中的政治言辞修正是国家利益的体现,译者的主体作用也得以充分发挥。由于西方主流媒体充斥着对意识形态的操纵,目的语中的译者必然会基于目的语的主流意识形态,通过各种语言手段进行语境重构,顺译、编译、改译甚至删除原语新闻报道的一些内容以顺应目的语的主流意识。功能翻译理论和顺应论为译者的这种语境重构提供了充分的理论依据和实践框架。

(九) 修辞意识参数因子

作为一种注重文本信息有效传递的修辞表现,外宣翻译要实现其劝说目的有赖于译者构建译文的适切性。译者要积极发挥其主体认知优势,从宏观修辞角度出发,在语言与文化的解码过程中充分考虑其受众群体文化预设和认知语境方面的期待视野,减少目的语读者理解译文的认知努力,提高外宣文本的可读性与传播效应。

(十) 风格意义参数因子

风格意义是指从宏观角度审视不同语言文化、思维、表现等特征(包括不同时期不同地域的语言变化和发展)以及形成话语使用者个性化的语言运用特征(包括不同的体裁或题材的语言特征)所传达的语篇整体层次上的特征意义。风格具有多方面的含义,是作品所具有的独

---

① Katharina Reiss, *Translation Criticism: The Potentials and Limitations*, Shanghai: Shanghai Foreign Languages Education Press, 2004, p.107.

特的艺术格调，是通过内容和形式的和谐统一所表现出来的思想倾向和艺术特征。

第五节　外宣翻译批评的步骤与方法

本研究在引论中提出的五种研究方法正是实现翻译批评客观性原则的具体途径，五种方法分别是：（1）文献分析法。大量阅读相关文献，进行分析和归纳总结。（2）案例研究法。本研究运用外宣翻译的语料为具体案例，进行批评性话语分析和研究。（3）语料库研究法。建立微型类比语料库，通过数据统计与分析，在定量研究的基础上做出定性结论，研究运用语料库语言学的方法分析外宣翻译的过程和策略。（4）逻辑推理法。本研究在回顾和分析外宣翻译研究的基础上，以具体语料为依托，构建多模态外宣翻译研究批评性分析的路径，通过反复的逻辑推演得出结论。（5）数据分析法。注重对比分析，对研究中的具体数据进行分析，加强研究的信度和效度。

杨晓荣将翻译批评方法归纳为三类：印象式批评方法、综合性批评方法和文本分析批评方法[1]。她认为综合性批评方法由全面分析和要点分析构成，其主要表现形式是提供了包括多种内容的程序。全面分析法的综合性体现在可以基于不同需要运用多种不同方法，包括翻译学和相关学科的各种不同方法。纽马克[2]的文学翻译批评模式，包括五个步骤，即分析原作、分析译作、比较分析原作和译作、评论译作质量和评论译作在目的语文化中的价值，正是全面分析法的体现。

外宣翻译翻译批评应包含四个步骤：（1）原作解码，即分析原作，批评者对原作的分析应包括确定原语文本类型、分析语篇和段落建构方式、语域三要素和作者意图；（2）译作阐释，批评者重点分析译者所采用翻译策略的理据，判断是否再现了原作作者意图，抑或由于翻译赞助人、文化语境、意识形态等因素的影响需要采用摘译、增译、变译、

---

[1] 杨晓荣：《翻译批评导论》，中国对外翻译出版公司2005年版，第86—89页。
[2] Peter Newmark, *A Textbook of Translation*, Shanghai: Shanghai Foreign Language Education Press, 2001, pp. 186–189.

编译和删译等翻译策略;(3)原作和译作的对比与分析,判断译作从宏观上是否保留了原语文本类型、体现了语篇和段落建构意识以及原语语篇的语言风格,微观上考察译作是否达到与原语语篇的语篇结构、语言结构、语义和语用的动态对等;(4)译作效果评价,根据以上列出的 12 项参数因子,根据不同文本的不同特点调整各项参数因子的权重,评价译作的总体效果,判断译作是否实现了预期的效果。

中外翻译质量评估的研究成果,存在的缺陷主要有①:(1)由于过分强调评估的技术性、可操作性、等级明细性而造成宏观层面评价的缺失;(2)评估参数的设定主观性倾向太强,缺乏评估目的和学科依据的宏观视野;(3)翻译质量评估注重语言层面的分析,不够重视其他因素的分析。翻译质量综合评估法包括评估规范、评估过程和评估结果;评估规范主要包括评估目的、学科依据、评估尺度和评估形式②。鉴于以上研究情况,我们所提出的外宣翻译质量评估模式既考虑到宏观层面的评价,亦将微观层面的评价纳入研究视野。我们借鉴了中外学者所提出的翻译质量评估模式,将外宣翻译质量评估模式分为翻译质量评估目标、评估原则、评估理论依据、评估参数指标、评估结果。

评估目标:外宣翻译质量评估人在评估之前确定评估目标至关重要,评估目标往往也就是某个论题所要达到的目的,或是译者翻译策略的选择、或是翻译作品的美学价值、或是意识形态对翻译策略选择的影响、或是翻译作品主体间性的体现。因此评估目标影响了不同评估原则、评估理论依据和评估参数指标的运用。

评估原则:外宣翻译质量评估所要遵循的原则依据评估目标的不同而有所取舍。主要原则包括,国家利益至上、翻译伦理原则、客观性原则、语篇中心论原则、读者中心原则、多元互补原则和动态性原则。在外宣翻译质量评估中,国家利益至上永远是最重要的一条原则。

评估理论依据:外宣翻译评估理论主要涉及中西翻译批评理论与翻译理论。此外,外宣翻译的外部系统涵盖哲学思维系统、语言符号系统和社会文化系统,因此评估理论可能还会涉及以下这些学科的理论。哲

---

① 高雷:《论翻译质量及其评估》,《译林》2012 年第 2 期。
② 高雷:《论翻译质量及其评估》,《译林》2012 年第 2 期。

学思维系统包括：哲学、美学、逻辑学；语言符号系统包括：语言学、语义学、句法学、语用学、修辞学；社会文化系统包括：政治学、传播学、文化学、心理学、宗教、民俗学。

评估参数指标：参数的选择根据评估目的而定，以上我们列举了12种参数指标，按照参数1、参数2、参数3……参数12进行排列，基于不同的评估目的，选择涉及的参数指标开展具体的评估，对未涉及的参数指标不予考虑。

评估结果：综合评估结果分为优、良、中和差四个等级。

优（≥90%）：综合评估结果与外宣翻译质量评估目的完全吻合，具有充分的理论依据与参数支持。

良（80%—89%）：综合评估结果与外宣翻译质量评估目的比较吻合，具有比较充分的理论依据与参数支持。

中（60%—79%）：综合评估结果与外宣翻译质量评估目的基本吻合，具有一定的理论依据与参数支持。

差（<60%）：综合评估结果偏离外宣翻译质量评估目的，缺乏理论依据与参数支持。

小 结

本章概述了翻译批评的研究情况，将其研究分为三类：理论研究、翻译质量评估理论介绍与评述以及翻译作品的批评。简要评述了中西方一些翻译批评模式，如豪斯、赖斯、威廉姆斯、司显柱、何三宁、张永宏的模式，指出其参照点的相同与不同之处。界定了外宣翻译批评的概念，并将外宣翻译实践批评分为微观批评和宏观批评。前者指的是对具体的外宣翻译文本和翻译活动的批评，后者则指的是在微观批评的基础上归纳并总结出具有一定规律性的原则与标准，从感性认识上升到理性认识，从而实现理论的升华用以指导翻译实践。我们将外宣翻译批评分为表层研究、中层研究和深层研究并阐述了其内容，探析了外宣翻译批评广义和狭义的主体与客体以及目的。此外还提出了包括国家利益至上原则、翻译伦理原则、客观性原则、语篇中心论原则、读者中心原则、多元互补原则、动态性原则的七大外宣翻译批评原则，建设性地提出语篇类型、语篇意识、段落意识、语域、言内意义、言外意义、历史语境、意识形态、修辞意识和风格意义十个参数因子。最后讨论了外宣翻译批评的步骤与方法。我们借鉴了中外学者所提出的翻译质量评估模式，将外宣翻译质量评估模式分为翻译质量评估目标、评估原则、评估理论依据、评估参数指标和评估结果。

参考文献

A. D. Hall and R. E. Fagen, "Definition of a System", in W. Buckley ed., *Modern System Research for the Behavorial Scientist*, Chicago: Aldine, 1968.

A. Musolff, "*Metaphor Scenarios in Political Discourse in Britain and Germany*", in S. Geideck and L. W. Liebert, eds., Berlin and New York: Walter de Gruyter, 2003.

Akira Nagashima, "A Comparison of Japanese and US Attitudes Toward Foreign Products", *Journal of Marketing*, Vol. 34, No. 1, 1970, pp. 68 – 74.

Albrecht Neubert, "Postulates for a Theory of Translation", in J. H. Danks, G. M. Shreve, S. B. Fountain and Mcbeath, eds., *Cognitive Process in Translation and Interpreting*, Thousand Oaks, London, and New Delhi: Sage Publications, 1997.

Alexander L. George ed., *Avoiding War: Problems of Crisis Management*, Boulder, CO: Westerview Press, 1991.

Ana Rojo, "Applying Frame Semantics to Translation: A Practical Example", *Meta*, Vol. 47, No. 3, 2002a, pp. 311 – 350.

Ana Rojo, Frame Semantics and the Translation of Humor, *Babel*, Vol. 48, No. 1, 2002b, pp. 34 – 77.

André Lefevere, *Translation, Rewriting and The Manipulation of Literary Fame*, Shanghai Foreign Language Education Press, 2010.

André Martinet, *A Functional View of Language*, Oxford: Oxford University Press, 1962.

Andrew Chesterman, "Proposal for a Hieronymic Oath", in Anthoy Pym ed., *The Return to Ethics, Special Issue of The Translator*, Manchester: St. Jerome Publishing, 2001.

Andrew J. Flanagin and Miriam J. Metzger, "Perceptions of internet information credibility", *Journalism & Mass Communication Quarterly*, Vol. 77, No. 3, 2000, pp. 515 – 540.

Aristotle, *On Rhetoric: A Theory of Civil Discourse*, trans. George A. Kennedy, New York: Oxford University Press, 1991.

Basil Hatim and Ian Mason, *Translator as Communicator*, London and New York: Routledge, 1997.

Basil Hatim and Ian Mason, *Discourse and the Translator*, Shanghai: Shanghai Foreign Language Education Press, 2002.

Bill E. Louw, "Irony in the Text or Insincerity in the Writer?: The Diagnostic Potential of Semantic Prosodies", in Mona Baker, Gill Francis & Elena Tognini – Bonelli, eds., *Text and Technology*, Amsterdam: John Benjamins, 1993.

Charles J. Fillmore, "Scenes and frames Semantics", in A. Zampolli ed., *Linguistic Structures Processing*, Amsterdam: North Holland Publishing Company, 1977.

Charles N. Li ed., *Subject and Topic*, New York: Academic Press, 1976.

Cheryl J. Gibbs and Tom Warhover, *Getting the Whole Story: Reporting and Writing the News*, New York: The Guilford Press, 2002.

Christiane Nord, *Translating as a Purposeful Activity – Functionalist Approaches Explained*, Shanghai: Shanghai Foreign Language Education Press, 2002.

C. 诺德:《Looking for Help in the Translation Process——The Role of Auxiliary Texts in Translator Training and Translation Practice》,《中国翻译》2007 年第 1 期。

Christina Schäffner, "Metaphor and translation: Some implications of a cognitive approach", *Journal of Pragmatics*, Vol. 36, No. 7, 2004, pp. 1253 – 1269.

David Herman, "Introduction: Narratologies", in David Herman ed., *Narratologies: New Perspectives on Narrative Analysis*, Columbus: Ohio State University Press, 1999.

Donald L. Shaw and Maxwell E. McCombs, *The Emergence of American Political Issues*, St Paul, MN: West, 1977.

Egon Werlich, *A Text Grammar of English*, Heodelberg: Quelle and Meyer, 1982.

Erving Goffman, *Frame Analysis: An Essay on the Organization of Experience*, New York: Harper & Row, 1974.

Esperança Bielsa and Susan Bassnett, *Translation in Global News*, London & New York: Routledge, 2009.

Eugene A. Nida, Toward a Science of Translating, Shanghai: Shanghai Foreign Language Education Press, 2004.

F. Dane, "Functional Sentence Perspective and the Organization of the Text", in F. Dane ed., *Papers in Functional Sentence Perspective*, Prague: Academia, 1974.

G. David Carson, *Guide to Writing Empirical Papers, Theses, and Dissertations*, New York: Marcel Dekker, Inc, 2002.

Geoffrey Leech, *Semantics*, Richard Clay Ltd, 1983.

George Lakoff and Mark Johnson, *Metaphors We Live By*, Chicago: University of Chicago Press, 1980.

George Lakoff, *Moral Politics – How Liberals and Conservatives Think*, Chicago and London: The University of Chicago Press, 1996 /2002.

George Steiner, *After Babel—Aspects of Language and Translation*, Shanghai: Shanghai Foreign Language Education Press, 2001.

Gideon Toury, *Descriptive Translation Studies-And Beyond*, Amsterdam and Philadelphia, PA: John Benjamins Publishing Co., 1995.

Gilbert R. Winhamed., *New Issues in International Crisis Management*, Boulder, CO: Westview Press, 1988.

Gunther Kress and Theo van Leeuwen, *Reading Images: The Grammar of Visual Design*, London: Routledge, 1996.

Gunther Kress and Theo van Leeuwen, *Multimodal Discourse: The Modes and Media of Contemporary Communication*, London: Arnold, 2001.

Gunther Kress, *Literacy in the New Media Age*, London: Routledge, 2003.

参考文献

Hans Robert Jauss, *Toward an Aesthetic of Reception*, trans. Timothy Bahti, Minnneapolis: Universtiy of Minnesta Press, 1982.

Harold D. Lasswell, *The Structure and Function of Communication and Society: The Communication of Ideas*, New York: Institute for Religious and Social Studies, 1948.

Helen E. Longino, *Science as Social Knowledge: Values and Objectivity in Scientific Inquiry*, Princeton, N. J.: Princeton University Press, 1990.

Ingrid M. Martin and Sevgin Eroglu, "Measuring a Multi-dimensional Construct: Country Image", *Journal of Business Research*, Vol. 28, No. 3, 1993, pp. 191 – 210.

Jacob L. Mey, *Pragmatics: An Introduction*, Beijing: Foreign Language Teaching and Research Press, 2003.

James A. Herrick, *The History of Theory of Rhetoric: An Introduction*, Boston: Allyn and Bacon, 2001.

James M. McCormick, *American Foreign Policy and Process*, Belmont, CA: Thomson Wadsworth, 2005.

James S. Holmes, "The Name and Nature of Translation Studies", in L. Venuti ed., *The Translation Studies Reader*, London and New York: Routledge, 2000.

Jaroslav Peregrin, "The Pragmatization of Semantics", in K. Turner ed., *The Semantics/pragmatics Interface from Different Point of View*, Amsterdam: Elsevier, 1999.

Jef Verschueren, *Understanding Pragmatics*, London: Arnold, 1999.

Jenny Williams and Andrew Chesterman, *The Map— A Beginner's Guide to Doing Research in Translation Studies*, Shanghai: Shanghai Foreign Language Education Press, 2004.

Jeremy Munday, *Introducing Translation Studies: Theories and Application*, London: Routledge, 2000.

Joan Pinkham, *The Translator's Guide to Chinglish*, Beijing: Foreign Language Teaching and Research Press, 2011.

John King Fairbank, *The United States and China*, Cambridge, Massachusetts: Harvard University, 1983.

Jonathan Charteris – Black, *Cropus Approaches to Critical Metaphor Analysis*, Basingstoke: Palgrave Macmillian, 2004.

Joseph N. Cappella and Kathleen Hall Jamieson, *Spiral of Cynicism: The Press and the Public Good*, New York: Oxford University Press, 1997.

Joseph Nye, Jr, *Bound To Lead: The Changing Nature Of American Power*, revised ed. , New York: Basic Books, 1991.

Juliane House, *Translation Quality Assessment: a Model revisited*, Naar: Tubingen, 1997.

Katharina Reiss, *Translation Criticism: The Potentials and Limitations*, Shanghai: Shanghai Foreign Languages Education Press, 2004.

Kenneth Burke, *A Rhetoric of Motives*, Berkeley: University of California Press, 1969.

Leonarda Jiménez and Susana Guillem, "Do Communication Studies have an Identity? Setting the Bases for Contemporary Research", *Catalan Journal of Communication & Cultural Studies*, No. 1, 2009, pp. 15 – 27.

Malcolm Williams, *Translation Quality Assessment: An Argumentation – Centered Approach*, Ottawa: University of Ottawa Press 2004.

Mary Snell – Hornby, *Translation Studies: An Integrated Approach*, Amsterdam: John Benjamins, 1988.

Mary Snell – Hornby, *Translation Studies: An Integrated Approach*, Shanghai: Shanghai Foreign Language Education Press, 2002.

Michael A. K. Halliday and Ruqaiya Hasan, *Cohesion in English*, London: Longman, 1976.

Michael Hoey, *Lexical Printing: A New Theory of Words and Language*, London and New York: Routledge, 2005.

Mikhail Bakhtin, *Problems of Dostoevsky' Poetics*, ed. and trans. , Caryls Emerson, Minneapolis: University of Minnesota Press, 1984.

Mona Baker, "Corpus linguistics and translation studies: Implications and applications", in M. Baker, G. Francis & E. Tognini – Bonelli, eds. , *Text and Technology: In Honour of John Sinclair*, Amsterdam: John Benjamins, 1993.

Mona Baker, *Translation and Conflict*: *A Narrative Account*, New York and London: Routledge, 2006.

Norman Blaikie, *Approaches to Social Enquiry*, Cambridge, MA: Polity Press, 1993.

Norman Fairclough, *Language and Power*, London: Longman, 1989.

Otto Santa Ana, "Like an animal I was treated': Anti – immigrant Metaphor in US Public Discourse", *Discourse and Society*, No. 2, 1999, pp. 191 – 224.

Pamela J. Shoemaker, "Media Gatekeeping in An Integrated Approach to Communication Theory and Research", Michael B. Salwen and Don W. Stacksa, eds., Mahwah, NJ: Erlbaum, 1996.

Paul Chilton, *Analysing Political Discourse*, London and New York: Routledge, 2004.

Paul Kussmaul, "Translation through visualization", *Meta*, Vol. 50, No. 2, 2005, pp. 378 – 391.

Peter Newmark, *A Textbook of Translation*, Shanghai: Shanghai Foreign Language Education Press, 2001.

Philip Meyer, "Defining and Measuring Credibility of Newspapers: Developing an Index", *Journalism Quarterly*, Vol. 1, 1988, pp. 567 – 574.

Reinhard R. K. Hartmann, *Contrastive Textology*, Heidelberg: Julius Groos Verlag Herdelberg, 1980.

Robert B. Kaplan, "Cultural Thought Patterns in Intercultural Education", *Language Learning*, Vol. 16, No. 1 – 2, 1966, pp. 1 – 20.

Robert de Beaugrande and Wolfgang U. Dressler. *Introduction to text linguistic*, London: Longman, 1981.

Robert D. Schooler, "Product Bias in Central American Common Market", *Journal of Research in Marketing*, No. 2, 1965, pp. 394 – 397.

Roger D. Wimmerand Joseph R. Dominick, *Mass Media Research*: *An Introduction*, sixth ed., Wadsworth Publishing Company, 2000.

Roger Fowler et al., *Language and control*, London: Routledge & Kegan Paul, 1979.

Roger Fowler, *Language in the News: Discourse& Ideology in the Press*, London: Routledge, 1991.

Robert Holland, "Language (s) in the Global News—Translation, Audience Design and Discourse (Mis) representation", *Target*, Vol. 18, No. 2, 2006, pp. 229 – 259.

Sally J. Ray, *Strategic Communication in Crisis Management: Lessons from the Airline Industry*, Westport, CT: Quorum Books, 1999.

Sonja K. Foss et al, *Contemporary Perspectives on Rhetoric*, Long Grove, Illinois: Waverland Press, Inc., 2002.

Stephen W. Littlejohn, *Theories of Human Communication*, seventh ed., 清华大学出版社2003年版。

Stella Sorby, "Translating News from English to Chinese—Complimentary and Derogatory Language Usage", *Babel*, No. 1, 2008, pp. 19 – 35.

Steven Fink, *Crisis Management: Planning for the Inevitable*, Newark NJ: Amacom, 1986.

Stuart Hall, "News from Now Here: Televisual News Discourse and the Construction of Hegemony", in Allan Bell and Peter Garrett, eds., *Approaches to Media Discourse*, Oxford: Blackwell Publishers, 1998.

Susan Bassnett and Andre Lefevere. Preface, In Susan Bassnett and Andre Lefevere, eds., *Translation, History and Culture*, London and New York: Printer Publishers, 1990, p. IX.

Susan Hunston, "Semantic Prosody Revisited", *International Journal of Corpus Linguistics*, Vol. 2, 2007, pp. 249 – 268.

Susan Jarratt, *Rhetoric Introduction to Scholarship in Modern Languages and Literature*, 3rd ed., David G. Nicholls ed., New York: Modern Language Association of America, 2007.

Ted Nelson, "A File Structure for the Complex, the Changing and the Indeterminate", *Proceedings of the ACM 20th National Conference*, New York: ACM Press, 1965.

Theo Hermans, *Translation in Systems: Descriptive and System – oriented Approaches Explained*, Shanghai: Shanghai Foreign Language Education

Press, 2004.

van Dijk, "Principles of Critical Discourse Analysis", *Discourse & Society*, No. 2, 1993, pp. 249 – 283.

Walt Harrington, *Intimate Journalism—The Art and Craft of Reporting Everyday Life*, Thousand Oaks, California: SAGE Publication, 1997.

Wayne C. Booth, *The Rhetoric of Rhetoric: The Quest for Effective Communication*, Blackwell Publishing, 2004.

William L. Benoit, *Apologies, Excuse, and Accounts: A Theory of Image Restoration Discourse*, NY: State University of New York Press, 1996.

W. Lawrence Neuman, *Social Research Method*, Boston: Allyn and Bacon, 1997.

Wolfram Wilss, *The Science of Translation*, Shanghai: Shanghai Foreign Language Education Press, 2001.

［英］爱德华·卡尔：《20年危机（1919—1939）》，秦亚青译，世界知识出版社2005年版。

白爱宏：《超越二元对立，走向多元共生——中国译学建设的一点思考》，《外语与外语教学》2002年第12期。

柏晓静、常宝宝：《babel汉英平行语料库》（http://icl.pku.edu.cn/icl_groups/parallel/download.htm）。

白忠兴、苏亮：《计算主义哲学与翻译认知过程研究》，《沈阳大学学报》2010年第1期。

蔡基刚：《汉写作修辞对比》，复旦大学出版社2003年版。

蔡例利、申连云：《翻译主体的命运》，《重庆理工大学学报》2010年第3期。

蔡新乐：《翻译的本体论研究》，上海译文出版社2005年版。

蔡宇学：《战争隐喻在英汉新闻中的认知构建》，《太原师范学院学报》2009年第4期。

曹佩升、刘绍龙：《翻译实证研究方法体系建构》，《甘肃社会科学》2011年第1期。

陈吉荣：《翻译研究中的语言哲学：共性、差异与影响》，《西安外国语大学学报》2014年第3期。

陈乾峰:《基于语料库的话语与意识形态分析——以中美例行记者会为例》,《长春理工大学学报》(社科版) 2011 年第 4 期。

陈世阳:《国家形象战略研究》,博士学位论文,中共中央党校,2010 年。

陈寿灿:《方法论导论》,东北财经大学出版社 2007 版。

陈婷:《报刊新闻的平民化倾向》,《湖北社会科学》2004 年第 8 期。

陈小慰:《福建外宣翻译的现状与对策》(http://www.fjfyxh.com/search.php,2006)。

陈小慰:《外宣标语口号译文建构的语用修辞分析》,《福州大学学报》2007 年第 1 期。

陈小慰:《翻译研究的新修辞视角》,博士学位论文,福建师范大学,2011 年。

陈映:《城市形象的媒体建构——概念分析与理论框架》,《新闻界》2009 年第 5 期。

陈紫薇:《"平行文本"比较模式与"文本分析"模式之对比分析》,《华中师范大学研究生学报》2011 年第 1 期。

程曼丽:《国家形象危机中的传播策略分析》,《国际新闻界》2006 年第 3 期。

程锡麟:《叙事理论概述》,《外语研究》2002 年第 3 期。

党伟:《反补贴调查:从贸易摩擦到体制性摩擦》,《大连海事大学学报》(社会科学版) 2009 年第 2 期。

邓静:《翻译研究的框架语义学视角评析》,《外语教学与研究》2010 年第 1 期。

邓志勇、崔淑珍:《基于意符的意识形态修辞批评:理论与操作》,《当代修辞学》2013 年第 6 期。

狄艳华、杨忠:《经济危机报道中概念隐喻的认知分析》,《东北师大学报》2010 年第 6 期。

段鹏:《国家形象建构中的传播策略》,中国传媒大学出版社 2007 年版。

范勇:《跨文化交际视角下的国内高校英文网页中"文化性翻译失误"研究》,《北京第二外国语学院学报》2010 年第 8 期。

方博:《新闻框架与社会图景建构——以〈人民日报〉与〈纽约时报〉对甲型 H1N1 流感的报道为例》,硕士学位论文,中国科技大学,

2011年。

方环非、郑详福等：《当代西方哲学思潮》，浙江大学出版社2013年版。

方梦之、毛忠明：《应用翻译教程》，上海外语教育出版社2004年版。

冯全功：《试论翻译学方法论体系建设》，《外语学刊》2013年第5期。

冯文坤、万江松：《由实践哲学转向理论哲学的翻译研究》，《四川师范大学学报》2007年第2期。

傅敬民：《布迪厄符号权力理论评介》，《上海大学学报》（社会科学版）2010年第6期。

高彬、柴明颎：《西方同声传译研究的新发展》，《中国翻译》2009年第2期。

高雷：《论翻译质量及其评估》，《译林》2012年第2期。

管文虎：《国家形象论》，电子科技大学出版社2000年版。

郭庆光：《传播学教程》，中国人民大学出版社1999年版。

顾静：《透视美国新闻期刊对中国特色词汇的翻译》，《上海翻译》2005年第1期。

［德］哈贝马斯：《交往行动理论》，洪佩郁译，重庆出版社1993年版。

［德］海德格尔：《存在与时间》，陈嘉映、王节庆译，生活·读书·新知三联书店1987年版。

韩源：《全球化背景下的中国国家形象战略框架》，《当代世界与社会主义》2006年第1期。

何刚强：《谈单位对外宣传材料英译之策略——以复旦大学百年校庆的几篇文字材料为例》，《上海翻译》2007年第1期。

何国平：《城市形象传播：框架与策略》，《现代传播》2010年第8期。

贺梦依：《概念隐喻与政治的关系识解》，《外国语文》2011年第3期。

何三宁：《并列还是从属：翻译质量评估与翻译批评之关系》，《南昌大学学报》（人文社会科学版）2009年第4期。

何三宁、张永宏：《层次分析法在翻译质量评估中的应用》，《当代外语研究》2012年第11期。

何旭明：《从辩证系统观论翻译之动与静》，《英语广场》2012年第2期。

何兆熊：《新编语用学概论》，上海外语教育出版社2002年版。

何自然、陈新仁：《当代语用学》，外语教学与研究出版社2004年版。

衡孝军：《对外宣传翻译理论与实践：北京市外宣用语现状调查与规范》，世界知识出版社2011年版。

洪明：《论接受美学与旅游外宣广告翻译中的读者关照》，《外语与外语教学》2006年第8期。

洪增流、朱玉彬：《安徽外宣翻译双语平行语料库建设的构想》，《合肥师范学院学报》2008年第2期。

黄海军：《叙事视角下的翻译研究》，《外语与外语教学》2008年第7期。

黄慧、贾卉：《建构主义翻译观下的外宣翻译——从"做可爱的上海人!"的英译谈起》，《上海翻译》2007年第4期。

黄林林：《全球化背景下我国外宣翻译面临的挑战及应对的策略研究》，《华中师范大学学报》（人文社会科学版）2012年第4期。

黄忠廉：《翻译哲学及其它》，《外语研究》1998年第1期。

黄忠廉：《两个三角的译评体系》，《外语学刊》2006年第5期。

胡芳毅、贾文波：《外宣翻译：意识形态操纵下的改写》，《上海翻译》2010年第1期。

胡芳毅：《操纵理论视角下的外宣翻译——政治文本翻译的改写》，《中国科技翻译》2014年第5期。

胡庚申：《生态翻译学——建构与诠释》，商务印书馆2013年版。

胡胜高：《思维模式差异对语篇的影响》，《辽宁大学学报》（哲社版）2007年第4期。

胡兴文：《叙事学视域下的外宣翻译研究》，博士学位论文，上海外国语大学，2014年。

胡壮麟：《语境研究的多元化》，《外语教学与研究》2002年第3期。

蒋荣耀：《美国新闻报道的平民化趋势——对亲近性新闻的解读》，《国际新闻界》2001年第1期。

姜望琪：《Zipf与省力原则》，《同济大学学报》（社科版）2005年第1期。

金艾裙：《高校形象的设计与传播》，《高等农业教育》2002年第6期。

金兼斌：《大众传媒中的大学形象》，《国际新闻界》2006年第2期。

[美]凯文·林奇:《城市意象》,方怡萍、何晓军译,华夏出版社2001年版。

蓝红军:《论翻译批评客观性及其构建》,《外语研究》2011年第5期。

靳一:《中国大众媒介公信力影响因素分析》,《国际新闻界》2006年第9期。

李德超、王克非:《平行文本比较模式与旅游文本的英译》,《中国翻译》2009年第4期。

李金凤:《也谈转述言语与新闻语篇的对话性》,《第二外国语学院学报》2009年第2期。

李克、刘新芳:《修辞权威、修辞人格与修辞劝说的互动关系研究——基于一则汽车广告的分析》,《中南大学学报》(社科版)2011年第4期。

李莉、张咏华:《框架构建、议程设置和启动效应研究新视野——基于对2007年3月美国传播学杂志特刊的探讨》,《国际新闻界》2008年第3期。

李明:《从主体间性理论看文学作品的复译》,《外国语》2006年第4期。

[美]李普曼:《公众舆论》,阎克文、江红译,上海人民出版社2002年版。

李寿源:《国际关系与中国外交——大众传播的独特风景线》,北京广播学院出版社2000年版。

李耸:《政治讲话中框架的构建与重构——以文化指示语、隐喻、否定式为例》,《海南大学学报》2011年第5期。

李太志:《商务英语言语修辞艺术》,国防工业出版社2006年版。

李艳芳:《批评视角下的隐喻研究》,《东北大学学报》(社会科学版)2010年第4期。

梁燕华:《促销语篇翻译论视角下的招商引资项目书英译》,《黑河学刊》2012年第8期。

廖美珍、周晓萍:《我们赖以建构和组织语篇的隐喻——隐喻变化与语篇组织程度》,《外国语文》2010年第4期。

刘邦凡:《试论翻译哲学》,《探索》1999年第6期。

刘潮临：《论大学形象》，《湖北社会科学》2003年第10期。

刘军平：《通过翻译而思：翻译研究的哲学途径》，《外语与外语教学》2010年第2期。

刘宓庆：《当代翻译理论》，中国对外翻译出版公司2001年版。

刘宓庆：《翻译与语言哲学》，中国对外翻译出版公司2007年版。

刘明东、陈圣白：《翻译与文化软实力探析》，《外国语文》2012年第4期。

柳鑫淼：《翻译互文中的意识形态操控——基于网络间谍事件新闻转述话语语料》，《福建师范大学学报》2011年第1期。

刘雅峰：《译者的适应与选择：外宣翻译过程研究》，人民出版社2010年版。

刘艳房、张骥：《国家形象及中国国家形象战略研究综述》，《探索》2008年第2期。

刘云虹、许钧：《从批评个案看翻译批评的建构力量》，《外国语》2011年第6期。

刘峥、张峰：《哲学视角下中西翻译标准的对比》，《长沙铁道学院学报》（社会科学版）2008年第2期。

卢小军：《外宣翻译译+释策略探析》，《上海翻译》2012年第2期。

吕和发、蒋璐、周剑波等：《公示语翻译语料库的研究与建设》，《当代外语研究》2015年第10期。

吕俊：《翻译学——传播学的一个特殊领域》，《外国语》1997年第2期。

吕俊、侯向群：《翻译学：一个建构主义的视角》，上海外语教育出版社2006年版。

吕俊：《价值哲学与翻译批评学》，《外国语》2006年第1期。

吕俊、侯向群：《翻译批评学引论》，上海外语教育出版社2009年版，前言与序言。

马景秀：《协商与抵抗：文化身份视角的新闻编译策略》，《上海理工大学学报》（社会科学版）2006年第1期。

毛荣贵：《翻译美学》，上海交通大学出版社2006年版。

孟祥春：《为历史正名：洋务运动英译名剖析》，《解放军外国语学院学报》2009 年第 1 期。

苗菊:《西方翻译实证研究二十年（1986—2006）》,《外语与外语教学》2006 年第 5 期。

苗菊、刘艳春:《翻译实证研究——理论、方法与发展》,《中国外语》2010 年第 6 期。

莫智勇:《创意新媒体文化背景下城市形象传播策略研究》,《暨南学报》（哲学社会科学版）2013 年第 7 期。

穆雷、王斌华:《国内口译研究的发展方向——基于 30 年期刊论文、著作和历届口译大会论文的分析》,《中国翻译》2009 年第 4 期。

欧阳康、张明仓:《社会科学研究方法》,高等教育出版社 2001 年版。

曲涛:《经典叙事学视阈下〈老人与海〉中译本与源语本叙述视角对等研究》,《英语研究》2012 年第 1 期。

尚智慧:《新闻语篇的对话性及其对意识形态的构建》,《外语与外语教学》2011 年第 4 期。

邵璐:《新视野 新研究——哲学转向对翻译学的建构性意义》,《山东外语教学》2004 年第 6 期。

申丹:《叙事学》,《外国文学》2003 年第 3 期。

沈荟、金璐:《西方传媒公信力的研究视域》,《上海大学学报》（社会科学版）2008 年第 4 期。

舒娜:《文化差异视域下的外宣翻译特点多维探析》,《江西师范大学学报》（哲学社会科学版）2015 年第 4 期。

司显柱:《朱莉安·豪斯的"翻译质量评估模式"批评》,《外语教学》2005 年第 3 期。

司显柱:《功能语言学与翻译研究——翻译质量评估模式构建》,北京大学出版社 2007 年版。

司显柱:《翻译批评：概念甄别与研究评述》,《外语与外语教学》2009 年第 11 期。

宋晓春:《主体间性与译者》,《山东外语教学》2005 年第 4 期。

孙建成、温秀颖等:《赫尔曼社会叙事学与翻译研究》,《国外理论动态》2009 年第 6 期。

孙宁宁:《实践哲学转向对翻译研究的影响》,《河海大学学报》2003

年第 3 期。

孙彧:《我国大学形象的重塑与传播》,《高教探索》2010 年第 5 期。

陶建杰:《城市软实力评价指标体系的构建与运用——基于中国大陆 50 个城市的实证研究》,《中州学刊》2010 年第 3 期。

陶建杰:《传媒与城市软实力关系的实证研究》,《新闻与传播研究》2010 年第 4 期。

[美] 唐·舒尔茨:《整合营销传播》,何西军译,中国财政经济出版社 2005 年版,第 50—68 页。

唐述宗:《语体、语域与翻译——英汉翻译风格纵横谈》,《外语与外语教学》2002 年第 6 期。

谭载喜:《试论翻译学》,《外国语》1988 年第 3 期。

谭载喜:《翻译本质的绝对与相对属性》,《广东外语外贸大学学报》2007 年第 1 期。

谭志云:《城市文化软实力的理论构架及其战略选择——以南京为例》,《学海》2009 年第 2 期。

童庆炳:《文学理论教程》,高等教育出版社 1998 年版。

万晓红:《奥运传播与国家形象建构——以柏林奥运会、东京奥运会和北京奥运会为样本》,华中科技大学出版社 2014 年版。

王爱军:《叙事诗词翻译中的视角转换与语篇连贯》,《武汉理工大学学报》(社会科学版) 2007 年第 4 期。

汪宝荣:《招商说明书英译原则、问题与方法》,《浙江工商大学学报》2005 年第 5 期。

王栋:《戴维森意义理论维度下的语言哲学观》,《求索》2011 年第 7 期。

王洪涛:《超越二元对立的致思模式——当代译学格局之批判与反思》,《外语学刊》2006 年第 3 期。

王宏印:《探索典籍翻译及其翻译理论的教学与研究规律》,《中国翻译》2003 年第 3 期。

王宏印:《文学翻译批评论稿》,上海外语教育出版社 2006 年版。

王宏印:《文学翻译批评概论》,中国人民大学出版社 2009 年版。

王怀贞:《翻译过程的认知心理描述——Bell 翻译过程的信息加工模式

评介》,《山东大学学报》2008 年第 1 期。

王玲宁:《国内新闻框架研究现状述评》,《中州学刊》2009 年第 6 期。

王鲁捷、高小泽、汤云刚:《高校形象评价指标体系研究》,《中国高教研究》2007 年第 3 期。

王朋进:《"媒介形象"研究的理论背景、历史脉络和发展趋势》,《国际新闻界》2010 年第 6 期。

王平兴:《对外传播符号转换与重要词语翻译》,《中国翻译》2010 年第 1 期。

王全林:《大学形象的实质及其建构原则》,《上海大学学报》(社会科学版) 2002 年第 1 期。

王啸:《国际话语权与中国国际形象的塑造》,《国际关系学院学报》2010 年第 6 期。

王雪、胡叶涵、婷婷:《施莱尔马赫翻译思想的哲学溯源》,《天津大学学报》(社会科学版) 2010 年第 3 期。

王艳萍、贾德江:《超文本语篇与认知图式的耦合分析》,《湖南社会科学》2009 年第 4 期。

王寅:《语义理论与语言教学》,上海外语教学出版社 2014 年版。

王银泉:《实用汉英电视新闻翻译》,武汉大学出版社 2009 年版。

魏欣欣:《批评性话语的理论基础与分析方法》,《东南学术》2010 年第 1 期。

魏在江:《隐喻的语篇功能——兼论语篇分析与认知语言学的界面研究》,《外语教学》2006 年第 5 期。

韦忠生、胡奇勇:《汉语流水句汉译英探析》,《集美大学学报》2005 年第 2 期。

韦忠生:《中国文化遗产的多视角审视》,厦门大学出版社 2010 年版。

韦忠生:《对外宣传翻译策略的"接受美学"阐释——基于福建土楼世遗申报报告》,《长春大学学报》2011 年第 11 期。

韦忠生:《新闻语篇的对话性——基于对人民币汇率报道的批评性话语分析》,《长沙大学学报》(哲社版) 2012 年第 4 期。

韦忠生:《接受美学视野下的商务文本翻译策略探析》,《哈尔滨学院学报》(社科版) 2012 年第 8 期。

韦忠生：《主体间性视域下译者的主体性与外宣翻译策略》，《重庆理工大学学报》（社科版）2012 年第 10 期。

韦忠生：《框架视域下隐喻的话语功能建构与翻译策略——基于美国财政悬崖报道的批评性分析》，《当代外语研究》2014 年第 4 期。

韦忠生：《英语新闻语篇冲突隐喻的批评性解读》，《哈尔滨学院学报》（社科版）2014 年第 11 期。

韦忠生：《批评视域下欧洲主权债务报道的概念隐喻评析》，《大连海事大学学报》（社科版）2015 年第 2 期。

韦忠生：《传播视域下国家软实力建构与外宣翻译原则》，《沈阳大学学报》（社科版）2015 年第 3 期。

韦忠生：《外宣翻译本体研究的多维思考》，《哈尔滨学院学报》（社科版）2015 年第 10 期。

韦忠生：《多维哲学视域下的翻译研究》，《重庆理工大学学报》（社科版）2015 年第 10 期。

韦忠生：《招商项目文本的语篇分析与翻译策略》，《集美大学学报》（哲社版）2016 年第 2 期。

文军：《科学翻译批评导论》，中国对外翻译出版公司 2006 年版。

温科学：《中西比较修辞论——全球化视野下的思考》，中国社会科学出版社 2009 年版。

吴丹苹、庞继贤：《政治语篇中隐喻的说服功能与话语策略——一项基于语料库的研究》，《外语与外语教学》2011 年第 4 期。

吴飞，卢艳：《"亲近性新闻"：公民化转型中的新闻理论与实践》，《新闻记者》2007 年第 11 期。

武光军：《翻译质量评估：论辩理论模式评介》，《外语研究》2006 年第 4 期。

武光军：《当代中西翻译质量评估模式的进展、元评估及发展方向》，《外语研究》2007 年第 4 期。

武光军：《2010 年政府工作报告英译本中的迁移性冗余：分析与对策》，《中国翻译》2010 年第 6 期。

吴立斌：《中国媒体的国际传播及影响力研究》，博士学位论文，中共中央党校，2011 年。

吴瑛：《文化对外传播：理论与战略》，上海交通大学出版社 2009 年版。

肖家燕、李恒威：《概念隐喻视角下的隐喻翻译研究》，《中国外语》2010 年第 5 期。

谢建平：《文化翻译与文化"传真"》，《中国翻译》2001 年第 5 期。

辛斌、陈腾澜：《语篇的对话性分析初探》，《外国语》1999 年第 5 期。

辛斌：《〈中国日报〉和〈纽约时报〉中转述方式和消息来源的比较分析》，《外语与外语教学》2006 年第 3 期。

熊兵娇：《实践哲学视角下的译者主体性探索》，博士学位论文，上海外国语大学，2009 年。

胥瑾：《翻译与语篇分析》，《中国科技翻译》2004 年第 3 期。

许钧、穆雷：《中国翻译学研究 30 年（1978—2007）》，《外国语》2009 年第 1 期。

徐万治、徐保华：《框架（Frame）探源及其在翻译研究中的应用探讨》，《中国石油大学学报》（社会科学版）2009 年第 5 期。

徐小鸽：《国际新闻传播中的国家形象问题》，《新闻与传播研究》1996 年第 2 期。

徐行言：《中西文化比较》，北京大学出版社 2004 年版。

杨凤：《中英高校网页学校简介平行文本分析》，《海外英语》（学术版）2012 年第 2 期。

杨家勤、张允：《句际关系视角下主位推进模式的语篇建构功能》，《北京第二外国语学院学报》2010 年第 6 期。

杨平：《对当前中国翻译研究的思考》，《中国翻译》2003 年第 1 期。

杨桥：《论高等学校形象设计》，《高教探索》2001 年第 1 期。

杨晓荣：《翻译批评导论》，中国对外翻译出版公司 2005 年版。

杨雪莲：《传播学视角下的外宣翻译——以〈今日中国〉的英译为个案》，博士学位论文，上海外国语大学，2010 年。

杨雪燕：《社论英语的文体研究》，《外语教学与研究》2001 年第 5 期。

杨伟芬：《渗透与互动——广播电视与国际关系》，北京广播学院出版社 1999 年版。

杨自俭：《再谈方法论——翻译方法论序》，《上海翻译》2007 年第 3 期。

杨自俭：《如何推动翻译学的建设与发展》，载胡庚申《翻译与跨文化交流：转向与拓展》，上海外语教育出版社 2007 年版。

杨自俭：《对几个译学理论问题的认识》，载胡庚申《翻译与跨文化交流：整合与创新》，上海外语教育出版社 2009 年版。

姚琴：《框架理论与等值翻译——认知语言学视角下的翻译》，《重庆交通大学学报》（社科版）2007 年第 5 期。

叶苗、朱植德：《论对外招商引资项目英译的语用策略》，《中国科技翻译》2007 年第 4 期。

叶晓滨：《大众传媒与城市形象传播研究》，博士学位论文，武汉大学，2010 年。

易经、谢楚：《翻译学从属于语言学吗？——析语言学派的翻译学定位》，《湖南人文科技学院学报》2012 年第 3 期。

袁丽梅：《意识形态视野下的译者主体性研究——以〈快乐王子〉的两个中译本为例》，《英语研究》2011 年第 4 期。

袁卓喜：《现代修辞视角下的外宣翻译——基于西方劝说机制理论的思考》，《解放军外国语学院学报》2013 年第 1 期。

袁卓喜：《修辞劝说视角下的外宣翻译研究》，博士学位论文，上海外国语大学，2014 年。

喻锋平：《翻译哲学：哲学的分支学科——从中西哲学和翻译研究史出发》，《江西社会科学》2011 年第 2 期。

喻国明、张洪忠：《中国大众传播渠道的公信力评测 [1]——中国大众媒介公信力调查评测报告系列》，《国际新闻界》2007 年第 5 期。

俞可平：《回顾与思考："西化"与"中化"的百年论争》，《北京日报》2011 年 11 月 28 日。

余晓曼：《城市文化软实力的内涵及构成要素》，《当代传播》2011 年第 2 期。

曾方本：《多模态符号整合后语篇意义的嬗变与调控——兼论从语言语篇分析到多模态语篇分析转向时期的若干问题》，《外语教学》2009 年第 6 期。

曾利沙：《对"Altogether Autumn"两种译文的比较评析——兼论多种译本"批评"的方法论》，《中国翻译》2000 年第 5 期。

曾利沙：《主题与主题倾向关联下的概念语义生成机制——也谈语篇翻译意识与 TEM8 语段翻译教学》，《外语教学》2007 年第 3 期。

张德禄：《衔接力与语篇连贯的程度》，《外语与外语教学》2001 年第 1 期。

张德禄：《多模态话语分析综合理论框架探索》，《中国外语》2009 年第 1 期。

张德让：《伽达默尔哲学解释学与翻译研究》，《中国翻译》2001 年第 4 期。

张国良：《20 世纪传播学经典文本》，复旦大学出版社 2003 年版。

张国祚：《关于"话语权"的几点思考》，《求是杂志》2009 年第 9 期。

张健：《外宣翻译导论》，国防工业出版社 2014 年版。

张敬：《语篇连贯与翻译》，《中国科技翻译》2010 年第 2 期。

张昆、徐琼：《国家形象刍议》，《国际新闻界》2007 年第 3 期。

张蕾、苗兴伟：《英汉新闻语篇隐喻表征的比较研究——以奥运经济隐喻表征为例》，《外语与外语教学》2012 年第 4 期。

张玮、张德禄：《隐喻性特征与语篇连贯研究》，《外语学刊》2008 年第 1 期。

张雯、卢志宏：《中西方修辞传统与外宣翻译的传播效果》，《上海翻译》2012 年第 3 期。

张晓莺：《论框架理论与媒介形象之建构》，博士学位论文，暨南大学，2008 年。

张延续：《批评语言学与大众语篇——对美国新闻周刊的批评性分析》，《解放军外语学院学报》1998 年第 6 期。

张泽乾：《现代系统科学与翻译学》，《外语研究》1987 年第 3 期。

张宗正：《修辞学语境与语用学语境的异同》，《修辞学习》2004 年第 5 期。

赵敦华：《现代西方哲学新编》，北京大学出版社 2006 年版。

赵静倩、吴帅、龙明慧：《平行文本在企业外宣翻译中的应用》，《海外英语》（学术版）2013 年第 5 期。

赵小沛：《从语篇分析角度探析翻译》，《南京理工大学学报》（社会科学版）2007 年第 5 期。

赵巍、薄振杰：《论翻译批评的对象和性质》，《西安外国语大学学报》2008 年第 1 期。

郑伟：《国际危机管理与信息沟通》，中央编译出版社 2009 年版。

钟曲莉：《英汉经济语篇中概念隐喻运用的对比研究》，《湖南商学院学报》2009 年第 5 期。

仲伟合：《霍斯论翻译质量之评估》，《语言与翻译》2001 年第 3 期。

周锰珍：《认知经济原则与投资指南翻译的信息量调控》，《广东外语外贸大学学报》2006 年第 4 期。

周榕：《中国公共危机传播中的媒介角色研究》，华中科技大学出版社 2014 年版。

周晓梅、吕俊：《翻译批评的叙事学视角》，《外语与外语教学》2009 年第 2 期。

周颖：《框架理论下的隐喻翻译》，《外国语言文学》2008 年第 2 期。

朱安博：《翻译中二元对立的思维模式的反思》，《外语教学》2010 年第 3 期。

朱炜：《试论隐喻的意识形态性》，《南京社会科学》2010 年第 7 期。

朱炜、贺宁杉：《隐喻与政治语篇的建构》，《南昌大学学报》2011 年第 3 期。

朱义华：《从"争议岛屿"来看外宣翻译工作中的政治意识》，《中国翻译》2012 年第 6 期。

朱义华：《外宣翻译研究体系建构探索——基于哲学视野的反思》，博士学位论文，上海外国语大学，2013 年。

朱永生、严世清、苗兴伟：《功能语言学导论》，上海外语教育出版社 2004 版。

朱永生：《语境动态研究》，北京大学出版社 2005 年版。

附录　对外宣传翻译策略的"接受美学"阐释

——基于福建土楼世遗申报报告[1]

摘　要　视野融合是接受美学的另一条重要原则。译文一旦形成，只有在目的语读者能动的参与中，文本才有意义。目的语读者接受文本，也就是译文和目的语读者之间的视野融合，同时也是一种文化价值实现、文化增殖的过程。在对外宣传文本翻译的活动中只有充分考虑目的语读者的语言习惯、文化心理、审美情趣等诸多因素，才能实现该文本的审美追求。

关键词　接受美学；对外宣传文本；翻译

一　对外宣传翻译：接受美学理论的阐释意义

接受美学（Aesthetics of Reception）又称"接受理论"，它始于20世纪60年代，其代表人物是德国康斯坦茨学派的姚斯（Hans Robert Jauss）和伊瑟尔（Wolfgang Iser）。姚斯认为，任何读者在阅读任何具体的作品之前，都已处在具备一种先在理解结构和先在知识框架的状态，这种先在理解就是文学的"期待视野"（horizon of expectation）[2]。

---

[1]　该论文已发表，此处内容有所调整。具体参看韦忠生《对外宣传翻译策略的"接受美学"阐释——基于福建土楼世遗申报报告》，《长春大学学报》2011年第11期，第50—55页。

[2]　Jauss Hans Robert, *Toward an Aesthetic of Reception*, Minneapolis: University of Minesoda Press, 1989, p.143.

这种"期待视野"即读者原先各种经验、趣味、素养、理想等综合形成的对文学作品的一种欣赏水平，在具体阅读中表现为一种潜在的审美期待。期待视野主要有两种形态：一是既往的审美经验，指读者以形式、主题、风格和语言的审美经验，对文学类型以及在此基础上形成的较为狭窄的文学期待视野；二是指以往的生活经验，在此基础上形成的对社会历史人生的生活经验，这是一种比第一种更为广阔的生活期待视野，这两大视野相互交融，就构成了具体的读者阅读的一种视野。

接受美学强调读者的能动作用，认为文本的意义是通过读者的阅读活动发掘出来的，而文本中隐藏着许多的"空白"，有待于读者去发现和阐析。所谓空白，是文本中作者有意或无意留下的、没有标明的预设编码。这些"空白"能够发挥读者的想象，激活读者的思维，吸引读者。文本的吸引力称作召唤性。召唤性存在于文本的各个层面，来自文本的整体结构系统，被称之为文本的召唤结构（calling structure）。召唤结构自身的"空白"使读者产生深入探究的期待和阅读动力[①]。读者在阅读过程中，依据自己的先在经验，不断积累和扩大与作者（文本）的共有知识，融合或改变期待视野，形成新的审美视野，实现对文本的创造性接受。

文本意义是动态生成的，是读者在解读文本过程中产生的。在翻译过程中，译者必须用另一种语言来阐释文本的语言。译者进入文本世界后便开始分析、判断、归纳和总结。译者与文本作者进行对话，实现两者之间的"视野融合"，在目的语中予以再现。这时的文本世界不再是原来的文本，也不是译者的想象，而是两种视野对话、交流、融合后的产物。通过对文本的解读，译者进入了一个新的文本世界——可以被目的语读者理解的文本世界。在这个过程中译者对整个原文本进行再创造，充分发挥其"创造性叛逆"。新文本必然会受到译者当时所处的文化范式、审美标准、文化价值取向、译者自身的审美情趣、文学气质、认知能力等各个方面的影响。根据接受美学的另一条重要原则——视野融合，译文一旦形成，只有在译语读者能动的参与中，文本才有意义。

---

① 屠克：《文本分析的接受美学视角》，《重庆科技学院学报》2010年第12期，第116—118页。

因此译者要充分考虑译语读者的实际接受情况。

接受美学认为,读者对作品的阅读不是消极被动的接受,而是积极的创造。作品的意义是通过读者来体现的,而读者又是通过自己既往的"期待视野"来对作品进行理解的。在阅读过程中,目的语读者的"期待视野"部分会被证实,部分会被打破或全盘否定,这就要求译者必须以读者为中心,充分考虑他们语言、文化和审美习惯等方面的期待视野,将读者导入特定的审美体验中,引起情感的共鸣。而接受美学把关注的焦点从文本中心转向读者中心,从而为翻译研究提供了一个全新的视角。传统的翻译研究局限于如何追求标准的译本和寻求原作与译作之间的完全对等。而接受美学强调译者的主体作用,认为译文应顾及目的语读者的期待视野,提出翻译乃是文本与译者的对话,也是译文和目的语读者之间的对话,因此译文和目的语读者之间的视野融合是译作成功的关键。

二 接受美学视野下的对外宣传翻译策略

接受美学启示我们,在对外宣传翻译中要尽量把握读者的能动性,使译文与读者在视野上相互融合。译者应以读者为中心,充分考虑受众的语言习惯、文化心理和审美心理等诸多因素。翻译过程中应该以目的语读者为中心,充分调动读者的审美体验,使目的语读者的审美体验与原作者和译者的审美体验融为一体,满足他们的期待视野。如何把握读者的期待视野、关照读者的审美情趣是对外宣传翻译实践中值得思考的问题。目的语读者的语言、文化和审美习惯千差万别,并随着自身素质的提高和文化价值观的发展而不断变化。这就要求译者具有很高的美学素养和敏锐的文化感知能力,采取适当的翻译策略灵活处理文化差异和冲突,不断拓展读者的期待视野,从而增强对外宣传效果,更好地实现其传递信息、弘扬文化的功能。本人有幸承担福建土楼世界文化遗产申报报告的翻译,本文将以该报告的翻译作为语料,应用接受美学的理论探析对外宣传翻译策略。

(一)语言表达方式的转换:"视野融合"原则的映现

英语对外宣传文本大多结构严谨,风格简约,语言朴实,表达直观通俗,注重信息的准确性和语言的实用性,忌用华而不实的语言。汉语

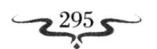

对外宣传文本常采用华丽的语言，对偶排比结构，四字结构，达到渲染气氛、打动读者的目的。宣传文本写作手法的不同体现了英汉两个民族不同的语言习惯、文化心理和审美情趣。因此，在汉语对外宣传文本的英译中应该以接受美学的视野融合为原则，采用归化的翻译策略将华丽的辞藻变为简洁的语言，以符合目的语读者的视野期待。反之，在英语对外宣传文本的汉译中应将朴实的语言变为文采华丽的词句，从而引起读者的强烈共鸣。

例1：千姿百态、质朴雄浑的福建（永定）土楼置于山回路转、流水潺潺、苍松翠竹的山间盆地，依山就势、沿溪落成，与起伏的群山、茂密的森林、层层的梯田、碧绿的庄稼、袅袅的炊烟、悠然的水牛交相辉映，情景相生，组成了适宜的人居环境以及人与自然和谐统一的景观。有些村落的溪、河从村中贯穿而过，溪、河中遍布形态各异、大小不一的鹅卵石，水流有急有缓，更使这些村庄生机盎然，增添了几分令人陶醉的诗情画意。

译文：Simple and magnificent Fujian (Yongding) earth buildings in different shapes are located in the basins with mountains, flowing streams, green pine and bamboo as their background, and are scattered over mountains and rivers. They match perfectly with undulating mountains, green forest, terraced fields, gradually-rising smoke and roaming buffalo, form a suitable habitat for human beings and a harmonious view of man and nature. Streams and rivers pass through some villages. Cobblestone of different shapes and sizes is scattered over streams and rivers, some with swift current and some with slow current. All this makes the villages full of life, somewhat enchanting and poetic.

汉语对外宣传文本采用了大量的对偶平行结构，四字结构，文采浓郁，给人以美的享受，例1的原文就采用了大量的四字结构，如"千姿百态""质朴雄浑""山回路转""流水潺潺""苍松翠竹""依山就势""形态各异""大小不一""有急有缓""生机盎然""令人陶醉"和"诗情画意"。英语对外宣传文本具有明显的非修辞性，行文用字简洁明了。因此例1的英语译文以接受美学的视野融合为原则，采用了简洁的语言予以表达，符合目的语读者的期待视野。英语译文中所采用的朴实语言，如：simple, magnificent, different shape, green pine and bamboo, full of life, enchanting and poetic。

例2：它的内部设计，处处彰显着以人为本的理念，不仅适应聚族而居、安全防卫、教化育人的要求，而且防风抗震、冬暖夏凉，生活设施、祭祀处所、议事场地、家畜粮草等一应俱全，遇到危急关头足不出楼坚守数月没有问题，这充分体现了福建（永定）土楼是中国历史变迁过程中人口大迁徙、民族大融合这一特定历史条件下的产物，从发展到成熟并一直使用到现在，正是中国聚族而居文化传统的历史见证。

译文：Its interior design clearly displays the notion of man first. It not only meets the requirement for clan living, safety and education, but also enjoys the feature of wind proof and earthquake proof. It is warm in winter and cool in summer and it provides all living facilities, sacrifice location, place for discussion and feed for poultry etc. You can even stay inside earth building for several months under urgent situation without any living difficulty. It shows that Fujian（Yongding） earth buildings are the special product of mass population migration and integration of different tribes in Chinese historical development process and under particular historical condition. The process from its development to maturity and continuity of application even today is the historical witness of Chinese cultural tradition of clan living.

例2显然是一个典型的汉语流水句，全句179个字符，只有一个句号。汉语也有长句，"流水句"是其中一种句式，它是指一口气说几件事，中间似断似连，一逗到底，直到说完才有一个句号，参与一个事件过程的不是一个人，可能有几个甚至多个人，因此有几个主语或话题[①]。这里有几个主语或话题：内部设计，生活设施、祭祀处所、议事场地、家畜粮草。在"遇到危急关头足不出楼坚守数月没有问题"前省略了其主语"你"，在译文中将其予以补充。原句被翻译为6个句子，更符合目的语的句法和语义规则，关照了目的语读者的期待视野。

---

① 韦忠生、胡奇勇：《汉语流水句汉译英探析》，《集美大学学报》2005年第2期，第83页。

（二）文化信息的归化处理：目的语读者文化心理的关照

对外宣传文本的主导功能为呼唤功能，这类语篇主要是以目的语读者为中心，向他们发出"呼唤"，为言后行为，旨在引起读者的共鸣，留下深刻的印象。根据接受美学的观点，对外宣传文本应该充分考虑目的语读者的期待视野和文化心理，在翻译的过程中，译者一定要以作者的意图、读者的预期效果，即言后行为，作为翻译的根本依据。对于缺省的文化信息需要予以补充，采取增译的翻译策略，从而消除跨文化交际的障碍。而对于多余的文化信息则需要适当予以删除以符合语言的经济原则，实现目的语读者的视野融合。

1. 对文化信息进行归化性省略

例3：福建（永定）土楼的发展可分为3个阶段：公元15世纪70年代（明代中叶）即永定置县以前，为初级阶段；公元15世纪70年代至公元17世纪50年代（明末清初），为成熟阶段；公元17世纪50年代以后至上世纪五六十年代，为全盛阶段。

译文：The development of Fujian (Yongding) earth buildings can be divided into three stages: The seventies of the 15th century, namely before Yongding was established as a county, is the first stage of development; the seventies of the 15th century to the fifties ofthe 17th century is mature stage of development; the period after the fifties of the 17th century to the the fifties and sixties of last century is stage of prosperity.

例4：县境内遍布着各式土楼，现存较有代表性的有2000多座，选择作为"福建土楼"申报项目的初溪土楼群、洪坑土楼群、高北土楼群、衍香楼和振福楼，是明清以来以生土夯筑、圆形围合、高大多层为主要形态的大型生土民居建筑，也是永定现有保存最完整、最具代表性的土楼。

译文：In Yongding County is scattered all kinds of earth buildings and intact typical ones amount to over 2000. Chuxi Earth Building Complex, Hongkeng Earth Buildings Complex, Gaobei Earth Buildings Complex, Yanxiang Building and Zhenfu Building, which were selected as the application projects of "Fujian earth buildings", are earth-rammed, enclosed, roundly-shaped and magnificent multi-storied earth residential buildings since

Ming (1368~1644) and Qing (1644~1911) dynasty.

例3的原文描述了福建（永定）土楼的三个发展阶段，对原语读者来说，交代详细的修建年代是必要的，如公元15世纪70年代（明代中叶）和公元15世纪70年代至公元17世纪50年代（明末清初），而对目的语读者而言，明代中叶和明末清初显然是多余的信息，超出他们的期待视野和审美水平，因为他们不具有中国历史那么详尽的知识，他们只要了解具体的世纪和年代就够了。例4的原文涉及朝代的介绍，没有任何具体时间的交代，对目的语读者的理解造成困难，在译文中增加了有关时间的信息从而实现目的语读者视野的融合。

2. 对文化信息进行归化性阐释

每一种语言都有其特定的成语、典故等"文化负载词"（culturally–loaded words），具有鲜明的民族性，蕴涵丰富的文化含义，在目的语中找不到与之对应或对等的词语就会导致文化缺省现象，引起文化局部交叉、碰撞和冲突，这就给语言的翻译带来种种障碍和困难。因此需要以目的语读者为中心，对文化信息进行归化性、解释性翻译以符合目的语读者的文化心理，实现目的语读者的视野融合。

例5：这些土楼以"天圆地方"作为建筑主体造型的设计理念，采用夯土墙与抬梁、穿斗混合式木构架共同承重，结构奇巧、中轴线鲜明、两边对称、整体严谨、主次分明，既继承了中原传统的生土民居建筑、殿堂等建筑整齐对称、严谨均衡的风格，又创造性地"因天材、就地利"，按照山川形势、地理环境、气候风向、日照雨量等自然条件和风俗习惯以及满足聚族而居的需要进行灵活布局，并将中国传统的"易经""八卦"理念充分运用到土楼的结构布局中，外形质朴内在精巧，大大超越了中国历代和其他地方的生土民居建筑。

译文：These earth buildings took "round sky and square earth" (an important idea in Chinese culture) as their designing notion of main architectural body. They are supported by ramming earth walls, beams and mixed wooden frame. They are featured by unique structure, remarkable axis, symmetric two-sides, strict whole layout and clear architectural pattern. They not only inherit the architectural symmetry, strict and harmonious style of traditional earth residential buildings and halls in central China, but also creatively and cleverly design their architectural pattern according to the natural conditions such as the location of mountains, geographic conditions, climate, wind direction, sunlight and rainfall etc. Factors such as custom and the requirement to live with the same clan are also taken into consideration. Chinese traditional notions expressed in "Classic of Changes" (also I Ching) and "The Eight Diagrams" (a set of symbolic signs created in ancient china) are fully applied in the architectural pattern of earth buildings with simple outer appearance and exquisite interior. Earth buildings surpass other similar buildings in other dynasties and places.

中国传统文化提倡"天人合一",讲究效法自然,风水术中推崇的"天圆地方"原则就是对这种宇宙观的一种特殊注解。中国传统的建筑更是讲究天圆地方。明清时期在北京修建的天坛和地坛就是遵循天圆地方原则修建的。天坛是圆形,圆丘的层数、台面的直径、四周的栏板都是单数,即阳数,以象征天为阳。地坛是方形,四面台阶各八级,都是偶数,即阴数,以象征地为阴。普通百姓,常常在方形小院中修一个圆形水池,或者在两院之间修一个圆形的月亮门,这些都是天圆地方的体现。而北方的"四合院"民宅则是天圆地方学说的典型代表。"天圆地方"是中国文化中的一个很重要的理念,超出了目的语读者的期待视野,这里加了括号予以解释,an important notion in Chinese culture。同样"易经"、"八卦"也是中国文化的重要内容,此处在 Classic of Changes 后也作了说明,也译为 I Ching,在国外很多介绍中国的书籍常将其翻译为 I Ching,也许某些读者已经习惯了这种译法。"八卦"在译文中也作了一个解释性翻译:a set of symbolic signs created in ancient china。由于文化缺省,这种解释性翻译是消除文化误读的很好的途径,符合目的语读者的期待视野。

(三) 期待视野的实现:目的语读者审美情趣的关注

英语重形合,从构词、构语、构句到语段的连接都倚重形式或形态,句型结构严谨,表达讲究简洁流畅和准确严谨;而汉语则重意合,句子疏于结构,重在达意,多用"四言""八句",多对仗。修辞手法形式美主要体现为:英语对照均衡美,比喻形象美,简洁美,排比气势美,诗歌的韵律美等;而汉语的对偶、排比等,比英文更显突出。多使用平行结构，既有韵律美，又有形式美，翻译时要兼顾。英汉语言中都有丰富的修辞手段，尽管用法有异有同，但均可增强语言的表达效果。译者应善于感受，发掘原语中的修辞美，在目的语中最大限度地实现审美等值。对外宣传的翻译不是语言间的简单转换，还包含了美的识别和再现，译者应依照不同的题材和风格，从翻译美学的角度分析、识别其美学价值，运用不同的表现方法，在译文中最大限度地再现其审美效果。

例6：福建（永定）土楼遵循了"天人合一"的东方哲学理念和"风水"建筑规划学说，在选址上综合考虑了地理和气候等自然条件，讲究依山傍水、避风向阳、坐势朝向、地质稳定、交通方便；在材料选用上，强调就地取材，以当地丰富的土、木、石为主要用材；在结构手法上，以厚重的夯土墙围合，用抬梁、穿斗混合式木构架与夯土墙共同承重，讲究建筑的牢固性和居住的舒适性；在布局上，体现传统礼教与秩序，满足聚族而居的使用功能要求，具有高超的工程技术，在建筑技术上达到很高的成就，是古老的中国生土建筑工艺和当地自然、社会环境相结合而产生的一种特殊的产物，是对古代生土建筑技术和艺术的继承、发展和创新。其设计奇巧、结构牢固、材料易取、建筑物理性能好、造价便宜、施工方便，对于世界其他地区的建筑、特别是生土建筑具有借鉴作用。

译文：Fujian (Yongding) earth buildings follow oriental philosophical idea of "harmony between man and nature", the architectural theory of "Fenshui" and fully considers the natural conditions such as geographical and climatic factors. In direction-orientation, it displays the importance of lying against mountain and water, wind avoidance and sun facing, southward orientation, stable geology and convenient transport; in material selection, it emphasizes the attainment of materials at the very spot, and application of rich local supply of earth, stone and wood as main building materials; in structure, it attaches importance to architectural solidity and residential comfort, therefore the enclosure of heavy and thick ramming-earth wall and joint support of beam, mixed wooden frame and ramming-earth wall; in arrangement, it shows traditional ritual and order, and meets the functional requirement of clan living. It displays unique engineering technology and advanced architectural art. It is a special mixture of Chinese earth architectural art and local natural and social environment, and the inheritance, development and creation of ancient earth architectural technology and art. It is featured by unique design, solid structure, material availability, good architectural and physical function, and convenience of construction. Therefore it has great impact on the architecture in other regions, especially earth buildings.

例6的原文有几个排比句"在选址上……在材料选用上……在结构手法上……在布局上……",中间用了几个分号将其连接起来,突出了所描写和论述的对象,增强语言的气势,同时由于句式整齐,节奏分明,还增强了语言的旋律美。英语对外宣传文本起主导作用的应是呼唤功能,使用大量评论性的语言(形容词)和祈使句,甚至告诉读者该做什么,该看什么;语篇发出指令性或诱导性信息,并产生明显的"言后效果",即直接刺激目的语的了解欲望,在这里应该是向联合国科教文组织的有关评委宣传福建土楼的独特之处,促使他们投它一票。为了实现这种呼唤功能,在译文中仍然采用排比句的句式"In direction – orientation…in material selection…in structure…in arrangement…",中间也用了几个分号将其连接起来,不但加强了语气,提高了表达效果,把论点阐述得更加严密和透彻,同时也增强了语言的气势美和均衡美,显得文脉清晰、论述深刻。原文的排比句省略了主语,在译文中补充了"it"作为主语。为了实现呼唤功能,英语中也有大量的排比句,此处仍然保留原文的排比句,使语言具有很强的渲染作用,满足目的语读者对福建土楼建筑文化产生的好奇心,符合目的语读者的期待视野。

三 结语

接受美学强调读者的主体性和创造性,强调接受者的需求和审美意识对艺术作品的调节机制,这就扬弃了"文本中心论"的主张。把这一理论思想应用于翻译之中,那么进行双语转换就必须认真考虑目的语读者这个审美主体。对外宣传文本翻译进行适度改译、增译或减译是不争的事实,唯有对中英文化、历史背景、风俗习惯等都有深入了解和探究,以目的语读者为中心,充分考虑其认知心理、审美情趣、语言习惯、文化心理等诸多因素，才能实现两者之间的视野融合，实现对外宣传文本翻译的审美追求。

模因理论视域下的流行词解读与翻译策略①
——以裸族词语为例

摘　要　异化翻译保留原文语言及文化的特色，把一种文化中的模因复制到另一种文化当中，满足目的语读者对译文陌生感的需求。归化翻译保留了为目的语读者所熟悉的核心模因，有助于读者理解和接受。文化体本身常常也有吸收异族模因的要求，对本族文化的模因来说，这些引进的异族模因构成了文化生命体进化所需的突变，使本族文化获得新的生命力，丰富了本国的文化模因。

关键词　模因翻译，异化翻译模因，归化翻译模因，突变

一　模因理论的成因解读

模因这一概念最早是牛津大学动物学家 Richard Dawkins 于 1976 年在其著作《自私的基因》(The Selfish Gene) 中提出来的。作者在描述基因作为复制因子特征的基础上，构想了存在人类社会文化传递的复制因子——模因。"模因"的原词 meme 在拼写上模仿了基因的原词 gene，词源上来自于希腊语词 mimeme（模仿）。在牛津英语词典中的解释是"文化的传播单位，通过非遗传的方式特别是模仿而得到传播"。该词一经出现就引起了国内外学者的关注，也出现了多种多样的译名，有"模因""觅母""拟子""密母""谜米""幂姆""文因""文化基因"等十几种译法。

---

① 该论文已发表，此处内容有个别变动。具体参看韦忠生《模因理论视域下的流行词解读与翻译策略——以裸族词语为例》，《洛阳师范学院学报》2010 年第 6 期，第 119—123 页。

一种新的语言现象一般都源于个人的创造，有时只是根据语境即兴而发，由于具有实用性而被大众认可，进而广为传播。随着使用范围的扩大和复制、传播次数的增加，它就成了语言模因。模因学者认为，一些模因的成功是由于它们对我们人类具有实用性，语言现象越是能充分满足人们的需要，就越能得到人们的模仿。陈琳霞、何自然对语言模因的形成原因进行了研究，认为主要有四个原因：实用性、合理性、时尚性和权威性并予以阐述，具体内容如下所述①。

　　语言现象表达出来的意义合乎情理，人们就会予以复制和传播，从而形成模因现象。语言模因被强化或保留的一个重要因素是该语言现象需要具有较强的表现力。在当今这样一个多元化的社会中，一些同义的语言信息因其能满足语言表达的需要被广泛复制和传播，被不同的人们用于不同的语境中。归根结底就是某一构成同义关系的新的语言信息更加生动形象，在某种意义上更具合理性。

　　人们都有标新立异的语言使用心理，如果某种语言现象非常时尚，人们就会不自觉地模仿起来，加以广泛复制和传播，形成语言模因。语言模因和模仿密切相关。人们倾向于复制那些最为时尚的语言现象。被模仿的语言信息越新潮，越是求新求异，人们就越会模仿它。

　　语言现象如果具有权威效应，就会得到人们的复制和传播，从而形成语言模因现象。一般来说，权威人士和其他有影响的人，往往是众人关注的焦点，人们愿意模仿他们使用的语言。权威人士对语言信息的运用在某种程度上影响着普通社会成员对语言信息做出相同或类似的反应。

二　裸族词语构成的认知分析

　　汉语"裸"的词义，《现代汉语词典》（2002）释为："露出"、"没有遮盖"，给出的所有语例为"裸露，裸麦，裸视，裸体，裸线，裸眼，裸子植物"。一般印象中"裸"可以用作动词，通常与"赤－"或"－露"组合。在很多情况下，"裸－"组合作为修饰语用在偏正结

---

① 陈琳霞、何自然：《语言模因现象探析》，《外语教学与研究》2006 年第 2 期，第 108—114 页。

构中。偶尔该词可用来修饰动词，如上引用的"裸视"，其一义为"用裸眼看"。

裸族词语构成可以分为下列几种：

（1）裸 + 单音节名词性词素：裸价、裸妆、裸钻、裸机、裸足、裸戏、裸片、裸照

（2）裸 + 双音节名词：裸工资、裸广告、裸设备、裸创意、裸芯片、裸文化

（3）裸 + 单音节动词性词素：裸睡、裸航、裸讨、裸运、裸诵、裸播、裸晒、裸写、裸寄、裸卖、裸考、裸奔

从语法上来看，"裸"字最近频繁地用来修饰动词，这在以前是不多见的。这种组合形成一种偏正复合型动词。其动因一是来自于语言的模因，在一句法形式中预先嵌入同一个字，再填入不同动词（裸 + X），形成同构类义词。动因二是汉语的双音化趋势。

由于"裸"的词义可以表示一种性状，因此可有程度高下之分，即是有层级性的，可为程度副词所修饰：真/假/全/半裸（标题）；你的婚姻几成"裸"？（隐喻引申为"忠实而对配偶无隐私残留"）

三 裸族词语的语义嬗变

（一）"裸"的对象由人及物的转变

裸族词语里最基本的意义是"赤身露体"，指的是人。裸族新词主要表示人或物的动作行为或状态。

例1：记者对此进行调查发现，如今平板电视"裸卖"成风，底座和挂架额外收费已经成为行业的潜规则。（人民网2009年8月24日）

例2：临近春节，沪上腌腊制品开始热销。但记者发现，很多腌腊制品还是采取不带任何包装的"裸售"方式，不仅卫生情况堪忧，重要的产品信息也不够完整。

无独有偶，大卖场里腌制食品也存在"裸售"的情况。在包装方面，只有一小部分腌腊制品使用了塑料薄膜或塑封袋，其他的腊肠、风鹅等都直接挂在柜台上，促销人员还表示，这样看起来热闹，有年味。（《解放日报》2010年2月4日）

例3：甩掉运营商，"裸售"单价529美元。苹果公司在新机销售

上也别出心裁。公司在网上开设网店，消费者可直接购买"裸机"，而不是像往常那样必须与运营商签订服务合同。"裸机"售价529美元。（人民网天津视窗2010年1月7日）

例4：在3·15到来之际，新东方花园特别启动了前所未有的超级优惠政策回馈广大消费者：推出了20套"裸售"房源，完全按照套内面积出售，户均赠送了30多平方，户均降低了10万元，有的甚至降低了14万。

"裸"从"赤身露体"引申出无生命事物的"露出，没有遮盖"，再到"没有"的意思。在超市里的"裸卖""裸售"指超市里食品没有包装、遮盖，直接摆放叫卖；手机的"裸售"指不需与运营商签订服务合同，只需购买裸机；而房子的"裸售"则是无公摊的房子销售。

（二）从源域"赤身露体"映射到"没附加他物的"靶域

下面两个例子中裸捐的含义完全不同。

例5：一个星期前，多年的全球首富比尔盖茨宣布退休，并将580亿美元的个人资产全部捐给自己和妻子名下的基金会。欧美媒体关注的是盖茨离任后微软的未来，对盖茨的捐款，往往一笔带过。而中国媒体再一次使用"裸捐"这个词汇来描述比尔盖茨的行为，媒体当然忘不了鄙视一下中国富人相比之下的"吝啬"。（腾讯财经特约2008年07月07日）

例6：联合国秘书长安南明确地拒绝"裸捐"，希望已经对印度洋海啸受灾国作出捐助承诺的40多个国家、地区和国际机构能谨守诺言，及时为救援活动和灾区重建提供资金。原因是，在以往联合国人道主义救援行动中，捐助国食言的情况时有发生。（《修辞学习》2005年第2期）

现就隐喻的视角对裸捐的含义进行分析。不同认知域的映射，如"裸捐"中的"裸"从源域的"没穿衣服的"映射到"彻底干净、毫无保留的捐赠"和"空头捐赠，言而无信的捐赠"的靶域。靶域均与捐赠物的数量有关；但前义表示"全额捐赠"，后义表示"零款捐赠"，两词义几乎相反。尽管如此，每个引申义都是有理据的。从整体上来说，由于转喻涉及邻近性，只形成同域微移，而隐喻涉及相似性，形成的是异域跨移，而异域是多种多样的，所以隐喻引申的能产性大得多①。如"裸退"与"裸官"中"裸"的概念域不同，复合后褒贬明晰，隐喻力度大。

"裸考"一词也不例外，看似毫无联系的事物，隐喻思维却将它们联系起来，从心理上赋予它们一定程度上的相似性，从而扩大了"裸考"的语义范围。从最初的"裸露着身体参加考试"到"不享受任何加分政策规定、全凭自己的能力参加考试"再到"没有充分准备参加考试"，"裸考"的语义发生了很大的变化，但是后来两个语义里隐藏了原义中"没有"等语义特征，"裸"的意义由本义向隐喻义、由具体向抽象发生了转化，使得无形的、难以定义的社会现象因此变得具体生动。

四 裸族词语动因的多维度审视：模因、隐喻、求简

刘云探析了裸族词语产生的动因，认为戏谑、含蓄的文化心态和新奇、模仿的语言使用心理是两大因素②，笔者在其基础上提出另外两大原因，即追求事物相似性的文化心理和崇尚语言经济原则的求简心理。

（一）含蓄、戏谑的文化心态

语言是社会文化的符号。中国传统文化具有含蓄的特点，崇尚深幽意境。在社交场合，人们普遍的心态是趋吉避凶，以免招致不必要的麻烦。由于"裸"在传统文化中被认为是不雅的，因此在语言运用上尽可能地回避"裸"字，并设法用委婉语来代替。当代社会由于竞争激烈，人们面对各种各样的压力，为了能让各种压力得到缓解，需要一种轻松、戏谑的心态。把轻松、戏谑的"裸"与严肃的语素结合组成"裸"族词会有意想不到的效果，例如"裸考"把低俗的"裸"与严肃的"考"结合，让人耳目一新。

（二）新奇、模仿的语言使用心理

人类普遍具有求新、求异、求奇的社会心理，特别是青少年时期，这种社会心理表现得尤为突出。年轻人在语言使用过程中不满足于已有

---

① 张建理：《说"裸"》，《杭州师范大学学报》2009年第5期，第57—60页。
② 刘云：《"裸"族新词探微》，《辞书研究》2009年第2期，第149—154页。

的表达，喜欢使用新奇的词语从而引起受众的关注。这与新奇心理相关，还与模拟仿效的社会心理紧密相连。在言语活动中，当某人发现某种语言现象富有感染力时，就会有意识地模仿。这样，由最初的新鲜感而产生模仿，继而又在模仿的基础上创造性地运用，而且使用范围由网络逐渐向其他媒体扩展并迅速传播。

（三）追求事物相似性的文化心理

人体器官是人类认知的基础和出发点，由此，借助于这些表示具体事物的词语表达抽象的概念便形成了不同概念之间相互关联的隐喻认知方式和隐喻语言。"裸考""裸官"的出现就是对这一认知方式很好的诠释。词义通过隐喻在从基本意义向比喻义、从具体事物向抽象事物转化的时候是以"相似""联想"为基础。相似性是隐喻赖以成立的基础。

（四）崇尚语言经济原则的求简心理

人类在认识世界的过程中，善于从已知世界去推断和感知未知世界。在语言中，当人们遇到一种新事物、新现象、新观念、新方法时，有一种崇尚语言经济原则的求简心理，这就是语用学的省力原则，沿用旧词语或旧词语模式以类推创造新词。

五 模因理论视域下的流行词翻译研究

最早把模因引入翻译理论研究的当属 Chesterman 和 Hans J. Vermeer。Chesterman 把有关翻译本身以及翻译理论的概念或观点统称为翻译模因（translationmemes），如翻译的理论概念、规范、策略和价值观念等；他把翻译研究看做是模因论的一个分支，试图用模因论来解释翻译提出的问题，并通过对翻译理论发展史的研究，探寻翻译理论的进化和形成规律；他详细讨论了翻译模因库中的五种超级模因（supermemes）——源语—目标语模因（source-target）、对等模因（equivalence）、不可译模因（untranslatability）、意译-直译模因（free-vs-literal）、写作即翻译模因（all-writing-is-translating）——的进化情况和相互关系；翻译模因库里的模因表现为信息从源语到目标语的转化过程，是一种非对等的复制和扩散，包括意译模因、节译模因、略译模因、译述模因等翻译模因变体①。

各种模因为了适应不同时期的社会环境,会以不同的面貌出现,并不断进行复制和传播,以求生存和发展。随着翻译理论的发展,翻译模因库中积累的翻译模因越来越多。每一模因既是对以前模因的复制和继承,但又存在一定的"突变"(mutation)。Chesterman 认为,模因在传播过程中产生变异,在变异中得以发展;模因之间的复制关系既非等价,亦非转移,而是增值关系(additive relation),即 A→A + A'。因此,模因传播是动态而非静态的过程。模因分共生模因(mutualist memes)和寄生模因(parasitic memes);共生模因与宿主互为生存条件,共同发展。② 如大多数翻译模因都对翻译的进化有所裨益,从而促进了翻译理论和翻译实践的发展。

(一)个案分析:基于模因理论的裸族词语实证翻译研究

这一修辞方式的出现要上溯到几年前,一位著名相声演员首创了"裸捐"一词,事实证明他发明的"裸捐"将永存。这个词一出现,迅速由最初的新鲜感而产生模仿,继而又在模仿的基础上创造性地运用,而且使用范围由网络逐渐向其他媒体扩展并迅速传播。

如今,"裸氏"家族添丁犹如新股上市。而让人始料未及的是,这种组词方式是一种揉进了时尚元素的"创新",比如裸婚、裸官、裸晒、裸退、裸价、裸车、裸泡、裸欲、裸色、裸油价、裸话亭……

2007 年 8 月 16 日,教育部发布了《中国语言生活状况报告(2006)》,并公布了《2006 年汉语新词语选目》。该选目列出了 171 条汉语新词语,其中"裸考""裸替"赫然在目。

翻译的过程就是将原语模因复制到目的语的过程。成功的翻译应当是:原语模因经宿主转换到目的语中,并被新的宿主所接受。然而,不同国家所具有的独特文化深深扎根在所使用的语言中,并影响制约着语言的传播。由于文化的这些差异性,原语模因在传播之后可能出现不被新宿主接受或模因变异而无法得到传播的现象。

---

① 马萧:《从模因到规范——切斯特曼的翻译模因论述评》,《广东外语外贸大学学报》2005 年第 3 期,第 53—56 页。
② 王灵芝:《模因传播与归化异化翻译的关系》,《中南大学学报》2007 年第 5 期,第 613—616 页。

1. 异化翻译模因视野下的裸族词语翻译

与归化翻译相反，异化翻译则以原语文化为导向，重视体现原语的语言习惯和表达方式，强调保留原语模因，这样既能使原语的模因传播到目的语中，又能使目的语读者了解并接受原语模因。译者通过"异化"翻译的方式，保留中国文化的特色和形象，使目的语读者领略异域文化的色彩，产生好奇的心理，渴望充实和更新自己的文化内容，使许多具有中国文化风情的原语模因逐渐为西方人所接受，并在英美文化中得以广泛传播和运用。现今英语中有越来越多的以汉语为来源的外来语就是很好的证明。

例7：那些捞了大笔钱财而逃之夭夭的狡诈官员在中国并非新鲜的事物。然而当经济不景气时基层对官员的腐败似乎更深恶痛绝。中国的网民特别为这些官员取了一个名字"裸官"（或者"裸地做官"，直译为"officialdom in the nude"）。这些官员把亲属和财产藏匿在国外以便将来获得海外永久居民的身份便于出逃。一有风吹草动这些官员就脚底抹油，神不知鬼不觉地溜到境外。

译文：Crooked cadres who take the money and run are not new in China. But as the economy slumps, grassroots resentment against official corruption seems to be growing. In particular Chinese Netizens are buzzing about "naked officials" (or luo ti zuo guan, literally translated as "officialdom in the nude"). These are officials who plan great escapes by hiding relatives and assets abroad to make it easier for them to gain permanent resident status overseas. Ultimately, the bureaucrats become so footloose and unencumbered——"naked"——that they can flee as soon as the noose begins to tighten.

以上的译文采用了"异化"翻译的方式，将"裸官"翻译成"nude official"，在直译的基础上作了解释性翻译，保留了中国文化的特色和形象，使目的语读者领略异域文化的色彩，力图将原语模因引入目的语，让目的语读者熟悉并接受原语模因。以下的译文则将其翻译为"naked officials""officialdom in the nude"并在括号内直接用音译并在其后的译文中作了解释，使目的语读者了解了"裸官"这一核心模因的真正含义。

陈青玲对"裸官"现象作了深刻的剖析,揭开了其真实面目[①]。"裸官"不是指官员裸露着身体上班或者是他们一身正气两袖清风,下台时一文不名。虽然从字面上来理解,所谓"裸"就是一丝不挂、无寸缕遮羞的意思,可是这些"裸官"实际上并不裸,头上戴着一顶巍巍的官帽,身上穿着一件斑斓的官衣,冠冕堂皇、威风凛凛。这些贪官或者说这些"裸官"将自己的家属和赃款转移出境以后,赤条条,光棍一杆,无牵无挂,随时睁大眼睛,竖起双耳,一有风吹草动就脚底抹油,神不知鬼不觉地溜到境外;裸体者剥离的是自己的衣服,这些"裸体官员"是将自己的亲属从身边"剥离"出去,以便解除他们的后顾之忧,隐藏了他们家属的行踪和不法财产。

例8:在发生经济危机时为了增加出口,有些中国玩具厂决定裸体出口,即为了在某种程度上规避美国和欧洲对玩具标准的更高的技术要求而出口没有油漆或仅为半成品的玩具。

译文:In order to boost exports during an economic slowdown, some Chinese toy factories have decided to export products unpainted or just semi-finished in a way to evade increasing technical demands on toy standards in the United States and Europe.

上面的这段文字将"裸体出口"直接翻译为"nude export",显然是采用了"异化"翻译的模因,更注重原语模因。"裸体出口"指的是出口未经深加工的产品。

在2008年7月24日VOA特别英语的经济报道中有一则题为"'Naked' Short Selling Gets a Close Eye"(审视"裸"卖空)的报道,对"裸"卖空作了详细的介绍,"裸"卖空就直接用"Naked" Short Selling来表达,不久的将来,nude official或naked official这一具有中国社会特色的词汇也许会成为英语中的外来语。

例9:Short selling is considered a necessary part of an efficiently operating market. With naked short selling, however, trading takes place with shares that have not yet been borrowed and may never be. Naked shorting lets

---

[①] 陈青玲:《"裸官""裸考"的认知分析》,《华北水利水电学院学报》2009年第2期,第120—122页。

traders short sell large amounts of stock that may not be available to borrow in the market. Sometimes, lenders of securities tell several short sellers that they can borrow the same shares.

译文：卖空是一个有效运营市场的必要部分。但是，对于裸卖空而言，交易却在尚未借来股票的情况下进行，也许从不需要借（股票）。裸卖空使交易者卖空市场上无法得到的大量股票。有时，证券借出人告诉几个卖空人，他们可以借到同一股票。（UNSV.com）

2. 归化翻译模因视野下的裸族词语翻译

首先让我们来考察下面这段文字对"裸婚"的翻译。

例10：坦白说吧，以我个人观点真的不赞成"裸婚"，人的一生就一次，真的希望风风光光的。在我身边就有一个活生生的例子，确确实实说是裸婚吧。当时我还参加了她所谓的婚礼（其实就是和BB的满月酒一起办），没有装修如画的房子，没有纵贯半条马路的车队，没有亲朋纷至的宴会，没有特别订制的衣装，只有两人手中各持一个的红本本见证，这就是他们的婚礼……

原译文：Frankly to say, in my opinion I don't agree with the "Naked wedding". In one's life, just have the one marry, everyone hope that rich and colorful.

Have an example in my life, that is the for sure.

In that time, I had joined her wedding (accturly, that is the party with her baby). No delicated house, no bride team, no banquet for the relatives and no custom-made wedding dresses. The only thing that Duan and Wang had were just two certificates proving their marriage to be legal. when I see the everything, I was so dowdy. She against the wishes of her parents, resolutely, and he married…… (En8848.com.cn)

以上是取自En8848.com.cn的一段双语阅读文章，有些译文显然有谬误，有些译文值得商榷，将其修改如下：

改译：Frankly speaking, I don't agree with the certificate-only marriage. In one's life, one is supposed to have only one marriage, consequently everyone hopes that rich and colorful.

There is an example in my life, that is the certificate-only marriage for sure.

At that time, I attended her wedding (accurately, that is the party for her one month baby). No well decorated house, no bride team, no banquet for the relatives and no custom-made wedding dresses. The only thing that Duan and Wang had were just two certificates proving their marriage to be legal……

译文将"裸婚"翻译为 Naked Wedding 实际上采用了异化翻译的模因,由于文化缺省,这种译法很容易引起目的语读者的误解,从字面上去理解其含义,还以为"裸婚"就是男人或女人光着身子在光天化日之下向路人征婚或者两个人不穿衣服举行婚礼呢。建议采取归化翻译的模因,改译为 flat marriage 或 certificate-only marriage。flat 指平的、静止的,也可理解为纯粹的意思。正如"flat water"是指没有气泡的止水,"flat marriage"可以形容没有任何修饰和排场的婚姻。同时,flat 给人以一穷二白的感觉,正可表现 80 后"裸婚"一族的经济现状。

例11:近来在年轻夫妇中流行"裸婚",即没有戒指,不办婚礼,没有贺礼有婚房,也没有其他任何新婚必备物品,唯一拥有的是结婚证,把两颗心联结在一起。

译文:A recent trend has developed among young couples to forsake the wedding ring, wedding party, wedding gift, new apartment and whatever else is traditionally considered a must-have for newly weds to get nothing but a marriage certificate to tie the knot. This kind of marriage is known as certificate-only marriage

例12:许多人主要由于身体状况良好退休后仍继续工作。如果退休后不再从事任何工作,被称为"裸退"。

译文:Many people take new jobs after retirement mostly because they are still in good health and want to keep on working. If a retiree takes no other jobs at all, he or she is deemed as in full retirement, or "naked retreat", as the Chinese term translates literally.

例13:期末考试、英语四六级考试、计算机等级考试、全国司法考试、公务员考试、研究生入学考试、各类招聘考试……当今大学校园里,考试成了大学生的首要任务。重压之下,越来越多大学生"裸考"。

裸考可以分为两类：一是什么加分都没有的，仅凭考试成绩报考高一级的学校。翻译为 non-extra-mark examination 二指不进行任何复习就参加考试，完全凭借自己的实力，不作弊，使用场合常为大学期间的考试，如四六级等，翻译为 non-prepared examination。显然这里的裸考属于第二种情况，应该翻译为 non-prepared examination，这里起作用的是归化的翻译模因。

例14：许多公司和个人对5月12日发生在中国四川省8级地震的受害者慷慨捐助，但是有些公司没有兑现慷慨捐助的承诺，实际上是裸捐。

译文：Many companies and individuals have made generous donations to the victims of the magnitude 8 earthquake that hit China's Sichuan Province on May 12. But some firms have failed to make good on their donation pledges. Consequently some of them are fictitious donations.

例15：裸捐这个词的字面意思为"naked donation"。在微软创始人比尔·盖茨说退休之后将总价值5千8百万美元的财产捐给慈善事业后这个词在网络上应运而生。因此，如果某人把所有的财产都捐给某一事业，他或她就是裸捐。

译文：The word, which literally means "naked donation", appeared in the online world after the founder of Microsoft, Bill Gates, said he would donate all his property-worth a total of US＄58 billion-to charity work after his retirement. So, if someone donates all of his or her assets to a cause, he/she is making a "naked donation" —an all-out donation

六 结语

生物学的转基因技术已经使一些生命体引入其他的基因，加快有益突变从而得到进化。译者既是异国模因的解码者和被感染者，也是异国模因的重要传播者。异化翻译保留原文语言及文化的特色，把一种文化中的模因复制到另一种文化当中，满足目的语读者消除对译文陌生感的需求。有时采取的归化方法保留了为目的语读者所熟悉的核心模因，更有助于读者理解和接受。文化体本身常常也有吸收异族模因的要求，对本族文化的模因来说，这些引进的异族模因构成了文化生命体进化所需的突变，使本族文化获得新的生命力，也丰富了本国的文化模因。

功能翻译理论在对外宣传翻译中的应用[①]

摘　要　本文回顾了功能翻译理论的发展历史，以该理论的目的法则以及另外两个原则——语内连贯和语际连贯为理论阐释，探析了对外宣传的翻译策略。

关键词　功能翻译理论　目的法则　翻译

一　功能翻译理论发展概述

功能翻译理论于20世纪70年代产生于德国。它的形成大体经历了三个阶段。凯瑟林娜·赖斯（Katharina Reiss）在其1971年出版的《翻译批评的可能性与限制》（Possibilities and Limitations in Translation Criticism）一书中提出了功能派理论思想的雏形。一方面她依然坚持以原作为中心的等值理论，并指出理想的译文应该从概念性的内容、语言形式和交际功能上与原文对等。她称这种翻译为综合性交际翻译（integral communicative performance）。另一方面她认为有些等值无法实现，因此，她主张译者应该优先考虑译文的功能特征而不是对等原则。赖斯的学生汉斯·威密尔（Hans Vermeer）摆脱以原语为中心的等值论的束缚，创立了功能翻译理论的奠基理论：翻译目的论（Skopos theory）。他根据行为学的理论提出翻译是一种人类的行为活动，而且还是一种有目的的行为活动。翻译时，译者根据客户或委托人的要求，结合翻译目的和译文读者的特殊情况，从原作所提供的信息中进行选择性的翻译。在威密尔"目的论"的基础上，贾斯塔·赫兹·曼塔利（Justa Holz Manttari）进一步发展了功能派翻译理论。他用信息传递来指文本、图

[①] 该论文已发表。具体参看韦忠生《功能翻译理论在对外宣传翻译中的应用》，《福建医科大学学报》（社科版）2006年第1期，第77—79页。

片、声音、肢体语言等各种各样的跨文化转换，视翻译为一项为实现特定目的的复杂活动。她的理论强调翻译过程的行为、参与者的角色和翻译过程发生的环境这三个方面。克里斯蒂安·诺得（Christiane Nord）是应用语言学和翻译学教授，是德国功能派翻译理论的主要倡导者，20世纪90年代他又进一步拓展了功能翻译理论，并在原有理论的基础上提出了"忠实+功能"的概念。

二 功能翻译理论对翻译的阐释与贡献

美国翻译理论家奈达（Nida）和英国翻译理论家纽马克（Newmark）的翻译理论都建立在某些语言学理论的基础上，主要是以原语文化为视点。汉斯·威密尔（Hans Vermeer）对这类应用翻译理论脱离现实的状况颇为不满，遂提出"目的论"，诺德（Nord）基于翻译教学的需要，进一步发展了威密尔的理论，并为了回应批评而给目的决定一切的原则附加了"忠诚"的条件。忠实性法则（the fidelity rule）是指原文和译文之间存在语际连贯（intertextual coherence），即通常所说的忠实于原文。在目的论中，忠实法则仅仅是指原语和目的语中应该存在某种对应关系，并不要求它们之间在内容上完全一致。当忠实性原则与功能主义标准发生冲突时前者应从属于后者。以"目的论"为代表的功能派试图把翻译从原语的桎梏中解放出来，从译入语的新视角来解释翻译活动，因而给德国翻译理论界带来了一场新的革命。与传统的翻译等值论相比，功能翻译理论有了一大进步。传统的翻译等值论认为不同语言之间存在某种程度的"对等"，而这种理论显然存在缺陷。"由于语言和文化的差异，不同语言间即便有偶合之处，归根结底并不存在一一对应的关系。"[1] 翻译功能理论并不注重原语与目的语是否对等，而是强调目的语应该首先基于对原语的分析，以目的语的预期功能为目的而采取不同的翻译策略，译文功能与原语可能相似或保持一致，也可能完全不同，这取决于不同文本所采取的不同翻译策略。

传统的翻译理论认为翻译应该遵循忠实通顺的原则，原语在目的语

---

[1] 陈小慰：《翻译功能理论的启示》，《中国翻译》2000年第4期，第10页。

中不能随意删减，改译不能归为翻译。对此，诺德是这样论述的①：
"按照目的语文化的准则来调整或'改写'原文，是每个专业翻译者日常工作的一部分。我们尽可以在方法论上把'翻译'（狭义上的）和'改译'区分开来，但我怀疑这对我们有什么用处。我宁愿把改译的特性纳入翻译的概念之中，好让人们（也就是翻译的使用者和发起者）了解翻译究竟是怎么回事。"功能翻译理论对翻译研究的贡献在于它为一些不遵循传统但经实践检验非常成功的翻译实践提供了理论根据，促使人们重新审视一些传统上不提倡、但从译文的功能角度看有时是必需的翻译策略，对扩大翻译研究的范围有一定的阐释意义②。

目的论创立之时正是等效论及语言学派盛行的时期。目的论大胆地摆脱了等效论的束缚，以目的为总的原则，把翻译置于行为理论和跨文化及交际的框架中进行考察，为世界翻译理论界包括中国翻译界开辟了一条崭新的道路。

三 功能翻译理论在对外宣传翻译中的应用

1984 年，威密尔在与雷斯合著的《一般翻译理论基础》（Groundwork for a General Theory of Translation）一书中首次提出"目的论"③。目的论将行为理论（action theory）引入翻译理论中，认为翻译是一种行为，一种跨文化的交际行为。任何一种行为都有其相应的目的，翻译行为所要达到的目的决定了翻译所要采取的翻译策略。这就是目的论的首要法则——目的法则（the skopos rule）。目的法则认为，一项具体翻译任务的目的决定了翻译一个文本需要直译、意译或者二者的中和，这就解决了千百年来人们关于是应该直译还是意译的争论④。

语内连贯（intratextual coherence）和语际连贯（intertextual coherence）是目的论的另外两个原则。语内连贯也称"连贯法则"（the co-

---

① 张南峰：《中西译学批评》，清华大学出版社 2004 年版，第 121 页。
② 陈小慰：《翻译功能理论的启示》，《中国翻译》2000 年第 4 期，第 10 页。
③ Christiane Nord, *Translating as A Purposeful Activity: Functionalist Approaches Explained*, Shanghai: Shanghai Foreign Language Education Press, 2001, p. 27.
④ Christiane Nord, *Translating as A Purposeful Activity: Functionalist Approaches Explained*, Shanghai: Shanghai Foreign Language Education Press, 2001, p. 29.

herence rule），是指译文必须符合目的语的表达方式，能够被译文读者理解，并且在目的语文化以及译文的交际环境中有意义，大致相当于严复倡导的"达"的翻译标准。语际连贯又被称为"忠实法则"（the fidelity rule），与严复倡导的"信"的翻译标准有所不同，在目的论中，忠实法则仅仅是指原文和译文中应该存在某种对应关系，并不要求原文和译文在内容上一字不差。目的论所要求的忠实，其程度和形式是由译文的目的和译者对原文的理解来决定的①。

不同的文体文本，因其语言风格、交际功能及其目的各不相同，在翻译中应该采用不同的翻译策略。文学文本除了要向目的语读者传达内容外，还需要再现原作的写作风格、感情色彩、异域文化等，而对外宣传的翻译目的是让目的语读者准确无误地理解和把握译文所传递的信息，因此要以目的语作为视点采用归化的翻译策略，更多地考虑目的语的文化习惯、遣词造句等。请比较下面新华社国内稿、对外英文稿及其相应的中文翻译稿对中国某一次军事演习的报道片断。

例1：燕山脚下精兵云集，渤海海域战舰巡弋，内蒙古草原铁甲疾驰，东北密林导弹矗立……一场全面展示人民解放军打赢未来高科技战争决心、信心和能力的大演兵，10月13日上午同时在四地展开。

……

这是告别二十世纪的大演兵，这是迎接新世纪的大检阅。②

英文稿：The Chinese People's Liberation Army (PLA) this morning began the largest show of military training achievements since its 1964 grand-scale contest of military skills.

The four-day military exercises are being carried out at four sites. The primary location is a military shooting range in a Beijing suburb. The other three sites are the training bases in the Inner Mongolia Autonomous Region, used by ground forces; in Bohai Sea, for the navy; and in Northeast China, for strategic missiles troops. ③

---

① Christiane Nord, *Translating as A Purposeful Activity: Functionalist Approaches Explained*, Shanghai: Shanghai Foreign Language Education Press, 2001, pp. 32–33.
② 翟树耀：《对外宣传报道与英语写作》，厦门大学出版社2001年版，第386页。
③ 翟树耀：《对外宣传报道与英语写作》，厦门大学出版社2001年版，第387页。

附 录

中文翻译稿：中国人民解放军今天上午开始了一场自1964年大比武以来规模最为宏伟的全军练兵成果汇报演示。

连续四天的军事演示正在四个场地展开：北京郊区某训练场为主场地，另外三个场地是内蒙古自治区的陆军训练基地，渤海湾的海军基地，东北的战略导弹基地。①

上述的国内稿富有文采，是一篇佳作，因为国内许多读者喜欢华丽、抒情的文体。而英语读者更习惯于事实的客观低调陈述，在他们眼里华丽的辞藻一般只能减少传播的准确性和效果，甚至被视为夸大其词。因此国内稿和对外英文稿区别对待，对外英文稿对原稿进行了改写，采用简洁明了，通俗易懂的语言，平易朴实，少用形容词，这是新闻报道的特殊性决定的。对外英文稿翻译成相应的中文则是一则简洁明了的新闻报道。

例2：尊敬的领导，各位来宾：

在党的正确领导下，在××精神的鼓舞下，在××方针的指导下，在党委的亲切关怀和具体指导下，在兄弟单位的支持下，我们这次盛大的展览会开幕了。

在翻译上述这段文字时，需要考虑汉英语言在民族风格上的差异，应对译文作出相应的调整以达到宣传目的。翻译时译文应该根据英语的习惯表达方式，在句子结构和表达方式上对原文进行相应的调整。现将原文翻译如下：

Respected Leaders,

Distinguished Guests,

Ladies and Gentlemen,

I have the honor to declare the exhibition a grand open. I'd like, if I may, to take this opportunity to convey our gratitude to those whose support and assistance have made the exhibition possible. Our particular thanks should go to ……

下面的例子是天津市电视台选送的2002年春天在CNN播出的一则名为"四马同喜"的新闻。

---

① 翟树耀：《对外宣传报道与英语写作》，厦门大学出版社2001年版，第385页。

例 3：2002 年是中国农历的马年，在马年的新春里，天津动物园的河马、斑马、野马、果下马四个家族中各有一名于马年之中产仔的"孕妇"，这一现象是天津动物园繁殖史上的一个极为惊奇而有趣的现象。①

该则新闻的原稿犯了一个常识性的错误，河马和斑马都不是马，只是长相像马。果下马生长于云南和贵州，因身材矮小，能在果树下行走而得名。马年是中国特有的文化现象。对中国观众而言，这四种被统称为马的动物，在马年的新春里同时产仔自然是喜事。译者在下面的译文中不仅解释了"马年"，还解释了为什么在中国的文化里这是喜上加喜的现象，对最后一句还作了灵活翻译，增加了新闻导语 To know more about this amusing coincidence, follow me to visit the zoo，使其更符合英语新闻报道的规范。

译文：2002 is the "Year of Horse" by the Chinese lunar calendar. In the spring of 2002, a hippo, a zebra, a wild horse and a Guoxia horse gave birth at the Tianjin Zoo. In China, hippo and zebra are generally called "horses", while the Guoxia horse is a kind of pony in Southwest China. So to the locals, four "horses" gave birth in the spring of the "Horse Year". To know more about this amusing coincidence, follow me to visit the zoo. （吴自选 译）②

例 4：市政府实施的菜篮子工程不仅丰富了市场供应，而且也稳住了物价。

"The shopping basket project", a programme aimed to improve the market supply of non-staple food implemented by the Municipal Government, has not only ensured a bountiful market supply but also stabilized the prices.

例 4 对"菜篮子工程"进行了解释性翻译，添加了一些词语，将原语信息准确无误地传达给目的语读者。

---

① 吴自选：《电视新闻汉译英翻译"信"的幅度》，《中国翻译》2004 年第 11 期，第 31 页。
② 吴自选：《电视新闻汉译英翻译"信"的幅度》，《中国翻译》2004 年第 11 期，第 31 页。

四 结语

传统的翻译理论以原语为视点，认为翻译应该遵循忠实通顺的原则，原语在目的语中不能被随意删减，改译不能归为翻译，在一定程度上束缚了翻译的发展。功能翻译理论以目的语为视点，更注重目的语的遣词造句习惯。对外宣传的翻译目的是让目的语读者准确无误地理解和把握译文所传递的信息，因此要以目的语作为视点采用归化的翻译策略。因此，功能翻译理论对对外宣传的翻译具有很强的指导作用。

言语行为理论视域下的
广告语篇建构与翻译策略[①]

摘 要 言语行为具有广告语篇建构功能。言语行为理论三分说对广告文本的特点有很强的阐释功能。译者一定要以作者的意图、消费者的预期效果，即言后行为，作为广告翻译的根本依据，采用有效的语言手段，传递原作者的主观意图以及在广告受众身上产生的客观效果。

关键词 言语行为理论；言后行为；翻译

一 广告语篇建构：言语行为理论的视角

奥斯丁（Austin）是言语行为理论（Speech Act Theory）的创立者，塞尔（Searle）则进一步发展并完善了该理论。按照奥斯丁的观点，词和句子并非语言研究的对象，其对象是通过词和句子所实现的行为；任何一个言语行为都包括三个层面，即言内行为（locutionary act）、言外

---

① 该论文已发表。具体参看韦忠生《言语行为理论视域下的广告语篇建构与翻译策略》，《安庆师范学院学报》（社科版）2013年第2期，第25—29页。

行为（illocutionary act）和言后行为（perlocutionary act）[1]。言内行为所传递的是字面意思；言外行为表述的是言外之意；言后行为则是言语行为所带来的后果。如果我们将语篇视为一个整体言语行为，就会发现语篇在这三个层面上的连贯方式和特征不尽相同，简言之，言内行为的连贯是有形的（explicit），以语法、词汇、逻辑关系和主位与述位结构等有形标志为其显著的外在特征；言外行为的连贯是隐形的（implicit），需要根据社会文化语境和情景语境去推导说话人的含义；言后行为的连贯是无形的，主要表现在说话人和受话人的心理互动（interactive）[2]。虽然在不同层面其形式和特点各不相同，然而它是一个完整的言语行为，构成一个有机的整体。按照奥斯丁对言语行为的阐释，发音行为并非一定是表意行为，然而表意行为无疑包括发音行为；言内行为不一定包含言外行为，但言外行为必定蕴涵言内行为；言外行为不一定导致言后行为，言后行为却肯定蕴涵言外行为和言内行为。这种内涵关系表现为单向的传递。现对例5这篇（P328）宣传南非的旅游广告文案片段作一个简要的分析，以体现言语行为的语篇建构功能。该文案言内行为的连贯是显而易见的，在第1和第3句中分别有一个it作为形式主语，而真正的主语为不定式短语，第2和第4句也分别以it作为形式主语，而真正的主语为省略了关系代词that的主语从句，符合语言规则，构成了有形的连贯。有4个以"Is it possible"开始的问句，形成了气势恢宏的排比结构，虽然其内容不限于某一话题，传递了不同的信息，似乎并不紧密关联，然而基于该广告的情景语境去分析，所有这些信息的目的都是为了宣传南非，实现了隐形的连贯，最后一句It is possible 与前面的几个以"Is it possible"开始的排比句互相呼应，构成语义的连贯。最后说话人和受话人之间无形的心理互动不言而喻：南非不仅物产丰富，而且文化积淀深厚，值得一游。

言内行为、言外行为和言后行为也体现了一种双向的或相辅相成的蕴涵关系，换言之，就是有形连贯、隐形连贯和无形连贯相互作用，互

---

[1] 何兆熊：《新编语用学概论》，上海外语教育出版社2002年版，第92页。
[2] 刘海云：《言语行为理论视角的语篇连贯探析》，《青海师范大学学报》2008年第2期，第110页。

为补充。其蕴涵关系可以如此表述：言内行为→语言语境（即语法，词汇，逻辑关系以及主/述位结构）等→有形连贯；言外行为→社会文化语境/情景语境→隐性连贯；言后行为→交际双方的心理互动→无形连贯。

二 言语行为理论视域下的广告语篇解读

一则成功的广告通常具备四大要素（AIDA）：Attention（注意）、Interest（兴趣）、Desire（欲望）和 Action（行动）。因此广告词通过各种语言手段引起潜在消费者的关注和兴趣，由此激起他们/她们的购买欲望，促使他们/她们产生心动不如行动的冲动，从而实现广告的价值。

广告为实用文体，一般由语言文字和非语言文字两部分构成。语言文字包括标题、正文和口号；非语言部分包括商标、插图和色彩等。虽然大多数广告的文案都包括这几部分，但是有些大众所熟悉的广告只以标题、口号加上商标或插图构成。本文所采用语料主要为广告口号，辅以少量的广告文案。

《译有所为——功能翻译理论阐释》概述了德国功能翻译理论的代表人物及具有重大意义的功能翻译理论。功能翻译理论在布勒（Buhler）的研究模式的基础上将文本功能模式分为四类[1]：指称功能（referential function）、表情功能（expressive function）、诉求功能（appellative function）和寒暄功能（phatic function）。其中第四种功能是功能翻译理论提出的。诉求功能是广告文本的主要功能，也就是广告文本的言后行为，其目的是促使人们购买某种产品。

（一）言内行为视域下的广告文本分析

言内行为是指"说话"这一行为本身，它大体与传统意义上的"意指"相同，即指发出语音、音节、说出单词、短语和句子等。这一行为本身不能构成语言交际，但在实施这一行为之中，我们通常实施了一个言外行为，有时还同时实施了言后行为。[2]

---

[1] Christiane Nord, *Translating as a Purposeful Activity: Functionalist Approaches Explained*, Shanghai: Shanghai Foreign Language Education Press, 2001, pp. 40–45.

[2] 何兆熊：《新编语用学概论》，上海外语教育出版社2002年版，第92—93页。

例1：Give a Timex to all, to all a good time.

译文：天美时手表，精确每一秒。①

例1是Timex（天美时品牌手表）的广告口号。大多数广告文本对其所介绍的产品都是直截了当地宣扬其优点，这个句子就是一个很好的例证。该例是一个祈使句，通过句法层面的分析就可理解其言内之意，即字面上的意义。Timex = Time + Excellent，由两个词拼缀而成，为新造词语，既使该广告口号引人注目，又突出了该产品标新立异之处。新造词语和简约词汇符合广告语言的特点，因而符合广告文本的言内行为。然而，这仅仅是解读广告文本的基本任务，受众还需要通过广告文本言内行为的言内之意推导其言外之意。简约的广告主题句能使目标受众在接受广告主题句的过程中，在领悟、接受、心理反应等方面可以少付出努力，符合语言经济原则。词汇简约也使得广告创作人员有可能以最小成本实现成功说服尽可能多的目标受众购买商品的广告效应。此外，传播媒体为了减少酬金和节省开支，客观上也要求广告创作人员遵循语言经济原则，尽量少用词、用短词。

(二) 言外行为视域下的广告文本分析

言外行为是通过"说话"这一动作所实施的一种行为，表示言外之力，人们通过说话可以做许多事情，达到各种目的，指说话人通过话语实施某个交际目的或者执行某个特定功能的行为，如传递信息、发出命令、问候致意、解雇下属、宣布开会等②。言外行为既可以采用直接手段，也可以采用间接手段。言外行为的完成有赖于交际语境。

发出命令是言外行为的其中一个特定功能，可以通过含蓄和婉转的间接指令实现该功能。因此，作为消费者的我们可能难以觉察广告试图在向我们发号施令，更不会将这些间接婉转的指令视为对我们面子构成的威胁。其原因在于广告设计者使用了极为含蓄和非间接的指令，通过各种语言策略尽量保全消费者的面子，体现了对消费者的极大关注，毫无强人所难、居高临下的命令语气，给消费者留有自由的选择余地，因

---

① 陈海花：《言语的效用及约束条件—英语广告主题句创作与翻译》，《外语教学》2006年第5期，第28—31页。

② 何兆熊：《新编语用学概论》，上海外语教育出版社2002年版，第92页。

而更容易使人乐于接受这些指令并购买该产品。

例2：We expect a lot of ourselves. You can, too. （某航空公司广告）①

译文：我们对自己要求很高，您也可以这样要求我们。

语用研究表明，当交际各方观点接近，利益趋同时，一方提出的要求和指令更易于为另一方所认同。一些广告正是利用这种"求同心理"来感化和劝诱消费者，缩短相互之间的心理距离，诱使他们接受广告发出的间接指令，认可其传递的商业信息并付诸行动。

（三）言后行为视域下的广告文本分析

言后行为是指说话带来的后果，例如，通过言语活动，我们使听话人受到了警告，或者使听话人接受规劝，不去做某件事，或者使听话人去做了我们想让他去做的事，等等。② 显而易见，广告文本的言后行为存在两种可能性：一是消费者认可广告制作人所传递的商业信息和意图，适时调适自我的认知环境，最终购买某种商品；另一种可能性就是消费者可能没有领悟广告文本的言外之意，导致言后行为的失败。因此，广告文本的言后行为就是言内行为与言外行为的最终目的，即购买某种商品，其实现则需要发话人的意图和受话人的反应融为一体。

例3：Money doesn't grow on trees. But it blossoms at our branches. ③

这是英国著名的劳埃德银行的广告，使用了双关语。"branch"的字面含义为"树枝"这里转义为"分行""分支机构"。这句话的言后行为不言而喻，表面上是承诺性的言语行为，实际上是建议式的非规约性言语行为，规劝将钱款存到劳埃德银行，将会给你带来丰厚的回报。可以翻译为：金钱易逝守财难，理财当属劳埃德。

例4：You reckon your Dodge would help you to all these dodges again?

---

① 卢榆梅：《试论英语广告的语言特征》，《广西教育学院学报》2003年第5期，第61—63页。
② 何兆熊：《新编语用学概论》，上海外语教育出版社2002年版，第92页。
③ 车丽娟、贾秀海：《商务英语翻译教程》，对外经济贸易大学出版社2007年版，第114页。

(道奇车广告)①

从句法层面来看,似乎这是警察在质问罪犯"你以为你的'道奇'车能帮你逃之夭夭吗?",而实际上该例则利用了第一个 dodge 作为汽车商标,第二个 dodge 为"逃避"的意思,使用了双关语,达到了宣传该汽车品牌的目的。在没有具体语境的情况下,dodge 可以是中性词,没有任何情感色彩,可以翻译为:"你以为你的'道奇'车能帮你一走了之吗?"

三 言语行为理论视域下的广告文本翻译

在广告文本中起主导作用的应是诉求功能:语篇发出指令性或诱导性信息,并产生明显的"言后行为",即直接刺激目的语消费者购买的欲望。因此在翻译的过程中,译者一定要以作者的意图、读者的预期效果,即言后行为,作为翻译的根本依据,正确体会原作者的主观意图以及在接受者身上产生的客观效果并采用有效的语言手段将原语的精神正确地传递给目的语读者,使译作像原作一样产生预期的效果。

(一) 言后行为视野下文化意象的审视与广告翻译

冯修文比较了中英文商标品牌名的相似点和不同点,认为其命名都遵循易读、易听、易记、易传的原则,避凶趋吉,具有象征意义;中英文商标品牌名的不同点在于前者重"意象",后者重"音形";前者重"雅",后者重"实";前者重名气,后者重情义。②

"意象"是一个中西方文化中共有的概念。早在中国的《周易系辞》中就有"圣人立象以尽意"之说,即以"象"的物质载体承载内涵丰富多样的主观的"意";在西方,康德曾给意象下过一个简明扼要的定义:由想象力所形成的形象显现,就叫做意象③。意象(image)由物象(physical image)与寓意(connotation)两个重要的部分组成,

---

① 董敏、胥国红、刘颖:《从言语行为理论分析广告英语》,《北京航空航天大学学报》2011 年第 5 期,第 99—104 页。

② 冯修文:《应用翻译中的审美与文化透视》,上海交通大学出版社 2010 年版,第 89—97 页。

③ 马秀鹏:《中西文学意象的理论阐述》,《南京农业大学学报》(社科版)2010 年第 3 期,第 116 - 119 页。

同时又和文化紧密相连，因此也常被称作文化意象。意象是一种文化符号，给人丰富的联想。

由于中西文化背景的差异，不同的物体在不同文化中所蕴含的文化意象迥然不同，传递着不同的言后行为，直接刺激目的语消费者购买的欲望。如英国商标 Zephyr 就反映了英国的文化特性。Zephyr 是古希腊神话中的西风之神。英国西临大西洋，东濒欧洲大陆，因此对英国人而言，从大西洋吹拂而来的西风总是温暖和煦的，是令人喜悦、值得歌颂的，例如著名的《西风颂》(Ode of the West Wind)。因此在英国将 Zephyr 作为汽车商标很容易被消费者所接受。然而在中国文化中西风总是与凄凉和悲伤等情感紧密相联，因为西风过后到处是衰败的景色。如果将其翻译为"西风"会给中国消费者产生消极的联想，而翻译为"和风"才更符合目的语消费者的文化心理，更好地实现言后行为。

同样，不同动植物在中西文化中也蕴涵截然不同的文化意象，直接影响其言后行为，决定着不同的广告效应。将"白翎"牌金笔翻译为 White Feather 有损品牌形象。英语谚语 show the white feather 是"临阵脱逃，服输示弱"意思。这句谚语源于西方的斗鸡比赛，人们总是认为尾部有白色羽毛的公鸡胆小，后来引申为怯懦。建议直接翻译为 Bai-ling，能引起外国消费者的好奇心，有利于品牌的传播，产生明显的"言后行为"。

Blue Bird（轿车）典出比利时作家 Maurice Materlinek（1911）获诺贝尔文学奖的童话剧 Blue Bird。剧中 Blue Bird 象征幸福，中文译名"蓝鸟"同样能激发中国消费者的美好联想。蓝意为"青"，蓝鸟即"青鸟"。了解中国文化背景的消费者很容易从品牌名联想到唐朝李商隐的诗句，"蓬山此去无多路，青鸟殷勤为探看"。青鸟乃蓬莱仙境的使者，因此将其直译为蓝鸟，既保留了单词的字面意义，又与中国文化相吻合，具有较强的可接受性。

（二）言后行为视野下文化心理的透视与广告翻译

英语广告文本大多风格简约，多用人称代词、形容词和副词、省略句、祈使句、疑问句，平行结构和修辞手法。汉语广告文本也具有言简意赅和大量使用形容词和副词、祈使句以及各种修辞手法的特点，然而在某种程度上汉语更倾向于采用华丽的语言、对偶排比结构、四字结构，以达到渲染气氛、打动消费者的目的，即言后行为。广告文本写作手法的不同体现了英汉两个民族不同的语言习惯和文化心理。因此，在英语广告文本的翻译中应该将朴实的语言变为文采华丽的语言，从而引起中国消费者的强烈共鸣以达到预期的言后行为。

例5：Is it possible to experience an astonishing merit of cultures, yet still feel really at home?

Is it possible there is a place abundant in life, abundant in every kind of food you desire, from fresh seafood to the sweetest most assorted fresh fruit?

Is it possible to go to a country that is so vast in the uniqueness of its lands, it has been duly recognized by the world and proudly boasts six of world heritage sites? ……

Is it possible such a place exists? ……

SOUTH AFRICA

It is possible.

译文：有没有可能在体验异域文化的同时还有宾至如归的感觉？

有没有这样一个地方，这里的海产品新鲜诱人，水果多样鲜美，人们可以尽享生活乐趣，

尽尝美味佳肴？

有没有这样一个地方，它幅员辽阔、独特的风景为世人公认，并且拥有六处世界遗产？……

真有这样的地方吗？……

南非就是这样的地方。

南非一切皆为可能。①

以上的例句摘自南非旅游宣传广告片的第二部分，解说词一共有24个以"Is it possible"开始的问句，排比的运用不言而喻，语言朴实，句式简洁，诗意盎然，让人不禁心驰神往。中译文充分考虑了中国观众的观赏阅读习惯，仍然保持原文的排比结构，使用了大量的四字结构，如"宾至如归""新鲜诱人""多样鲜美""生活乐趣""美味佳肴"

---

① 程尽能、吕和发：《旅游翻译理论与实务》，清华大学出版社2008年版，第240—241页。

"幅员辽阔""世人公认",韵律优美,毕竟诗化的语言和诗化的韵律更能引起目标受众的共鸣,实现言后行为,带给观众无尽的视觉冲击,激起去南非旅游的强烈冲动。

例6:A diamond is forever.

译文:钻石恒久远,一颗永流传。①

这是 DeBeers 的品牌广告语,原广告语为一个简单句,语言朴实。中文译文通过增补语意,将其扩展为"钻石恒久远,一颗永流传",形成排比结构,极富感染力,意韵深远,使一颗小小钻石的价值得以升华:钻石无价,爱情永恒。

(三)言后行为视野下审美心理的关照与广告翻译

广告语之所以能够吸引读者,是因为广告语言音美、意美、形美,更重要的是创意美。在审美观念日新月异的今天,在众多产品趋同的形势下,有创意方能取胜。广告语的创意美会使某些产品的宣传手段与众不同,从而脱颖而出,为商家抢占市场创造先机。创意美即广告语言采用不同寻常的表现手法,真实传神地反映产品的功能和效用,同时也给消费者以美的享受。

创造性翻译(creative translation)包括翻译策略中的增译,就是对原文意义进行引申或扩充,在原文的基础上进行适当的添加或者补充,将原文的隐含意义凸现出来,从而取得"神似"的广告效果。创造性翻译不拘泥于原文的语言形式,充分考虑社会文化语境,采用不同寻常的各种翻译手段体现广告文本的创意美,同时忠实于广告原文中信息的完整性和准确性。

例7:One Drop for beauty; Two drops for a lover; Three drops for an affair.②

译文1:一滴为了美;两滴献给情人;三滴足以招致一次风流韵事。(香水广告)

译文2:法国名牌香水,男士至爱的香水。

---

① 车丽娟、贾秀海:《商务英语翻译教程》,对外经济贸易大学出版社2007年版,第120页。

② 冯修文:《应用翻译中的审美与文化透视》,上海交通大学出版社2010年版,第208页。

译文3：法国名牌香水，男士的至爱。

中国广告法严禁与良好社会风尚相违背的内容。译文1虽然保留了原文的排比句式，但语言的美感荡然无存，也不符合中国的社会风尚。译文2打破原文的局限，重组原文，用"男士至爱"传递了原文内涵。改译后的译文3省略了"的香水"，使译文更为简洁，是三个译文中的首选。

例8：Have a break. Have a Kit-Kat[①].

译文1：快乐时光，奇巧风光。

译文2：轻松一刻，奇巧时刻。

例8为奇巧巧克力在全球的广告主题句，在美国的促销口号为"Break time, anytime"（休闲时光，尽情享用）。雀巢集团甜食品牌之一的Kit-Kat是一种口感独特的巧克力，香浓的牛奶配以香脆可口的威化夹心，入口松脆香甜。Kit-Kat翻译为"奇巧"，其头韵/k/译为汉语的双声，极为巧妙，然而遗憾的是英语中表达清脆口感的/k/无法在译文中再现。译文2采用两个"刻"字弥补了音韵的缺失，因而比译文1更为贴切。

例9：Try our sweet corn. You'll smile form ear to ear. [②]

译文1：香甜玉米等您尝，香醇口味沁心肠。

译文2：甜甜玉米待您品尝，穗穗让您如愿以偿。

这是一则十分成功的玉米广告语，ear既可以表示耳朵，又可以表示穗，是一种语义双关，产生一种含蓄委婉、耐人寻味的意境，激发消费者的好奇心，从而产生购买欲望。比较译文1和译文2，你会发现译文1似乎倾向于口语化，译文2可以视为书面语。在译文1中"香甜"与"香醇"押头韵，"等您尝"与"沁心肠"押尾韵；译文2使用了双声词"甜甜，穗穗"，"待您品尝，如愿以偿"构成押韵，韵律优美，朗朗上口。两个译文各有所长。

---

① Kit Kat（http：//en.wikipedia.org/wiki/Kit_Kat）.

② 车丽娟、贾秀海：《商务英语翻译教程》，对外经济贸易大学出版社2007年版，第114页。

四 结语

言语行为具有语篇建构功能。言内行为的连贯是有形的，以语法、词汇、逻辑关系等有形标志为表现特征；言外行为的连贯是隐形的，根据社会文化语境和情景语境去推导；言后行为的连贯是无形的，主要表现在说话人和受话人的心理互动。尽管不同层面上的形式和特点各不相同，但它们却是一个有机的整体。言语行为的三分说对广告文本的特点有很强的阐释功能。译者一定要以作者的意图、读者的预期效果，即言后行为，作为翻译的根本依据，正确体会原作者的主观意图以及在接受者身上产生的客观效果并采用有效的语言手段将原语的精神正确地传递给广告受众。

权利话语与翻译策略[①]

摘 要 译本中的"原作之隐形"现象是一个不争的事实。本文试图以福柯的权利话语理论和安德烈·勒菲弗尔的翻译"三要素"理论来分析这一隐形现象存在的必然性，认为勒菲弗尔确定了翻译研究以"译语为中心"的翻译理论基础。

关键词 隐形；意识形态；文化传统；赞助人；翻译

一 权利话语与翻译策略选择的理论阐释

传统的翻译理论主要关心的是从一种到另一种语言的意义的转换，人们首先关注的是"忠实""对等"等话语，从未考虑权利话语与翻译策略的选择之间的关系。在翻译理论的建构中，如果我们忽视权利与翻译的关系就不能准确概括翻译活动的本来面目，也就不能对某些翻译现

---

① 该论文已发表，此处内容有个别变动。具体参看韦忠生《权利话语与翻译策略》，《洛阳师范学院学报》2008 年第 4 期，第 152—154 页。

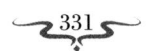

象作出令人信服的解释。

福柯（Foucault）的著作对权利作了详尽的叙述。在福柯的著作中，权利一词占据着中心的地位。以往人们认为权利就是禁止或阻止人们做某种事情的力量，他否认了这样的观点，而是将权利看作是由一切支配力和控制力构成的一种网络关系。他的权利话语思想认为权利大致可以分为两种，一种是有形的权利，如政权机构、国家机器、法律条文等，另一种是隐形的权利，如意识形态、伦理道德、宗教信仰、文化传统和政治制度等。这些诸多因素构成了一个庞大的网络，任何人都不能独立于这个网络而存在。权利还以话语的形式表现并能通过话语而得以实现。[1] 因此，权利和话语是不可分割的统一体。对于译者来说他本人的知识连同他的话语（即译作）也毫不例外地被操控于话语的网络之中，使译作留存"权利话语"的痕迹。

安德烈·勒菲弗尔（André Lefevere）是文化学派的典型代表。他在《翻译、重写以及对文学名声的操纵》一书中阐述了关于翻译的"三要素"理论。勒菲弗尔认为，翻译是对原文的重写。翻译不能真实地反映原作的面貌，主要因为它始终都受到三种因素的操纵：诗学观（poetics）、译者或当代的政治意识形态（ideology）和赞助人（patronage）。翻译文学作品要树立何种形象，译者的观点取向和翻译策略都与意识形态和当时的译语环境中占主流地位的诗学观紧密相关。而赞助人包括政党、阶级、宫廷、宗教组织、出版社和大众传播机构等等，都无时无刻不在操纵着翻译活动的全过程。勒菲弗尔认为意识形态指的是社会的、政治的思想观念或世界观。它可以是社会的、上层的，也可以是个人的。意识形态使用于翻译过程时，造成原作的文化在译作中的隐形。"翻译为文学作品树立何种形象，很大程度上取决于译者的意识形态；这种意识形态可以是译者本身认同的，也可以是赞助人强加给他的。"[2] 因此，在不同的意识形态的支配下，原作中带有民族文化特性的东西就有可能褪色、变形乃至消失。

---

[1] 孙会军：《普遍与差异》，上海译文出版社2005年版，第63—64页。

[2] André Lefevere, *Translation, Rewriting and the Manipulation of Literary Fame*, London: Routledge, 1992, p. 41.

二 权利话语和"三要素"理论操控下的隐形的译者

（一）译者的隐形

劳伦斯·韦努蒂（Lawrence Venuiti）是一位意大利裔的美国学者，美国坦普尔大学艺术与科学学院英语系教授。他的主要著作有《翻译再思考：话语、主体性、意识形态》（*Rethinking Translation*：*Discourse*，*Subjectivity*，*Ideology*）、《译者的隐形》（*The Translator's Invisibility*）《翻译之耻：对差异伦理的追求》（*The Scandal of Translation*：*Towards an Ethics of Difference*）。他在《译者的隐形》中一开头就引用诺曼·夏皮罗的话来说明译者在译文中的"隐形"。

"我认为，译文应力求透明，以至看起来不像译文。好的翻译像一块玻璃。只有玻璃上小小的瑕疵——擦痕和气泡。当然，理想的是什么也没有。译文应该永远不会引起读者感到他们是在读译作。"[①]

诺曼·夏皮罗所说的"透明"（transparent）就是韦努蒂所指的"隐形"（invisibility），即在译文中看不到译者的存在，读者就好像在读原文一样。韦努蒂指出，这种使译文透明的幻想就是要求译者保证译文通顺易懂。在通顺易懂的翻译策略下，抹杀了译者是在什么样的条件下进行翻译，其中包括译者对原文的干预。这里的干预实际上就是译者在翻译的过程中受到福柯所说的权利话语或者安德烈·勒菲弗尔阐述的翻译理论"三要素"的影响。

1. 意识形态对译者翻译活动的隐形操控

翻译的社会性主要表现在它是为一定的社会制度即意识形态体系服务的，任何违背意识形态权利话语的译本都是无法以正常的途径出版、发行和传播的。1910年英国与美国的两家出版社联手推出了一本题为《慈禧太后统治下的中国》的书，这本书以晚清中国历史为题材，其中第17章《景善日记》的译者是真正懂得汉语的作者白克好司。《景善日记》在英语世界出版后，与中国有过工作关系的英国政府人员、欧洲汉学界人士虽然对其真实性表示怀疑，但不愿公开指证这是伪造的文献，究其原因，主要是因为这本书的世界观完全符合英语世界对东方的

[①] 郭建中：《当代美国翻译理论》，湖北教育出版社2000年版，第189页。

构想①。Hulpke 报道说，美国作家的小说被译成德语时，就因为政治因素的介入而导致了某些敏感性细节的改写；Hulpke 认为译者所采取的翻译策略可能正是出于对书刊检查的考虑的结果②。苏曼殊在翻译雨果（Victor Hugo）的《悲惨世界》时，为了呼应当时提倡西方"科学"、"民主"和"打倒孔家店"、推翻封建制的主流意识形态，特意杜撰了一段故事，并增加了原作中不曾出现的人物男德，同时借男德之口吐出了一段批判孔子的话③。由于翻译伊斯兰教文本的译者大多是基督徒，加上对伊斯兰教的无知和仇恨，使西方人对伊斯兰教的翻译充斥着误解和歪曲④。彼德神父（1084—1156）翻译的《可兰经》在中世纪时广为流传，可是其中有九个章节竟然是他自作主张加上去的！萨勒的翻译因为对原文的歪曲而臭名昭著，他和其他许多译者一样用编造的或者在穆斯林看来是伪造的内容对穆罕默德的性格和人格进行攻击。有时他们除了歪曲事实还盗用名义，并用某些无知的穆斯林的言辞来诬陷穆罕默德。翻译中通过增加虚假的证据来攻击伊斯兰教，在人们看来是相当普遍的现象。而 20 世纪三四十年代由田汉、夏衍改编的托尔斯泰的名作《复活》在南京公演时，不但抹去了《马太福音》，而且还有意让原作中的波兰革命者唱起了抗日救国的战歌！美国《时代》是一本国际上久负盛名的新闻杂志，是全球最权威、发行量最大的新闻杂志，代表美国共和党的立场，向全世界灌输美国的价值观和意识形态，几乎每期都有关于中国的报道，然而其报道内容大多是另类的、边缘化的，主要报道中国的负面新闻，如持不同政见者、人权、动乱、宗教问题、西藏问题、吸毒、天灾人祸等。

2. 文化传统对译者翻译活动的隐形操控

文化权利话语涉及社会生活的每一个层面，它往往以风俗习惯、传

---

① 孙宁宁：《意识形态对翻译活动的操控》，《四川外语学院学报》2005 年第 1 期，第 105 页。

② 潘平亮：《操控？反操控？——后现代语境下的译者主体性研究》，《四川外语学院学报》2005 年第 5 期，第 126 页。

③ 王宏志：《重释"信达雅"——二十世纪中国翻译研究》，东方出版中心 1999 年版，第 40 页。

④ 孙会军：《普遍与差异》，上海译文出版社 2005 年版，第 135 页。

统、禁忌等不成文形式规定着社会成员的生活；文化往往能反映出一个民族的思维方式和表达方式。处于文化权利话语操控之下的译者往往以本族人都能普遍接受的言说方式对原文进行改译。这是主体文化对译者的操控。① 一个被反复讨论的例子是霍克斯（David Hawkes）对《红楼梦》的翻译。他采用归化的翻译方法将其译为 The Story of the Stone，介绍给西方读者。在《红楼梦》第一回的《好了歌》中，对译者最大的障碍是"神仙""孝顺"等词，霍克斯将其译为 salvation 和 grateful。"神仙"是道教的概念，按道教的说法是修道成功的人，与西方基督教宣扬的人死后的救赎而享永生有一些相似之处，因而被翻译为 salvation，但是这种用基督教的概念去代替中国道教的做法只能误导西方的读者，掩盖了两种文化在宗教上的差异。"孝顺"这个词在中国文化中也有特定的文化内涵，指尽心奉养父母，完全顺从父母的意志，译者在译文中将其翻译为抽象化的词，忽视了汉语文化的差异性。杨宪益夫妇将《红楼梦》译为 A Dream of Red Mansions，把"神仙""孝顺"译为 immortal 和 filial，很好地保留了汉语文化的差异性。杜争鸣通过对1972年尼克松访华讲话翻译中的几个有趣问题的分析讨论，认为当时的翻译对尼克松的形象做了"中国化"的处理，其中将单数"I"翻译成我们，对有些词语的翻译没有很好地考虑到其逻辑性并一味拔高，使他成为中国人心目中的"集体主义"的领导典范，因为在中国特别强调"集体主义"的意识形态体系中，从"个人"到"个人主义"再到"极端个人主义"的联系是必然的②。从文化传统来讲，这种个人出发点是以西方个人主义价值观为背景的。傅东华在翻译玛格丽特·米歇尔的《飘》时，为了让译文符合中国读者的文化意识，有意将男、女主人公 Red Butler 和 Scalet 译成了颇具中国色彩的"白瑞德"和"赫思佳"。他从目的语文化出发，将原语的姓氏文化隐形，从而把读者引入他所营造的文学氛围。文化隐形的现象在有关伦理道德的小说中表现得更为明显。在20世纪初蟠溪子所译的《迦因小传》中，迦因未婚先孕

---

① 潘平亮：《操控？反操控？——后现代语境下的译者主体性研究》，《四川外语学院学报》2005年第5期，第126页。

② 杜争鸣：《是谁准备了这盛大的晚宴？——"隐形译者"与"中国化"的美国前总统尼克松》，《中国翻译》2004年第6期，第53—57页。

的一节即被译者删除，因为当时中国社会的伦理道德不允许女子越雷池半步。《查太莱夫人的情人》节译本中有关性爱描写的许多场面都被删减，因为当代社会虽然开放了许多，但其主流意识形态仍不鼓励性开放。

3. 出版商、赞助人对译者翻译活动的隐形操控

出版商、赞助人对译者翻译活动的隐形操控是文化学派的典型代表安德烈·勒菲弗尔（André Lefevere）翻译"三要素"的其中一个要素，这一要素对译者的操控是显而易见的，因为他们是翻译的委托人、赞助者，译者从他们那里领取翻译报酬，所以不得不按照他们的要求进行翻译活动。赞助人（Patronage）在勒菲弗尔的"三要素"理论中被视作最为重要的因素。赞助人主要控制作品的意识形态、出版、经济收入和社会地位，它可以是诸如宗教集团、阶级、政府部门、出版社、大众传媒机构，也可以是个人势力[1]。对于翻译活动的走向、翻译文学的兴衰，译者的地位乃至生命，赞助人都起着至关重要的作用。

朱生豪（1912—1944 年）是中国所有莎士比亚剧本翻译工作者中翻译速度最快、成就最高的，梁实秋（1902—1987 年）是中国唯一独自完成全部莎士比亚剧本翻译的翻译家。贺显斌[2]就赞助人对译者翻译活动的操控开展了研究，认为朱生豪和梁实秋在莎士比亚剧本翻译活动中所体现的文化取向深受赞助人的影响。两位杰出的翻译家都将莎剧译成了散文体，但对他们的译本进行比较我们可以看出，他们在莎剧的翻译过程中所采用的翻译策略各不相同。究其原因，朱译本更多地为目的语读者考虑，明显偏好中国传统称谓语。在处理原文所涉及的宗教问题时，赞助者对他们的要求不尽相同。从现有的史料记载来看，朱生豪的赞助者曾经是他的同事，对其翻译工作没有进行太多的干预，这使得他能够按照自己推崇的中国传统采用归化的翻译策略进行翻译，以目的语文化为视点，更多地用佛教概念来对译基督教的概念，对一部分没有多少文化内涵的原语词汇却赋予了浓厚的中国文化气息，有时还用典

---

[1] André Lefevere, *Translation, Rewriting and the Manipulation of Literary Fame*, London: Routledge, 1992, p. 17.

[2] 贺显斌：《赞助者影响与两位莎剧译者的文化取向》，《四川外语学院学报》2005 年第 6 期，第 113—117 页。

型的儒家思想来代替。胡适及其所代表的编译委员会是梁实秋翻译活动的赞助者，为他支付各种费用，并安排出版有关事宜。他们不仅是翻译任务的委派者，还是翻译的发起者和委托人。从此，梁实秋开始了他长达 37 年的译莎生涯。胡适对他的翻译提出了具体的要求：采用有节奏的散文，翻译不能采用解释的方法（paraphrase），文中难译之处须详加注释。实际上，胡适就是要求他以原语文化为视点，更注重保留原语的语言文化形象。梁实秋说他在翻译莎剧时未作任何删节，试图采用异化的翻译策略将原文忠实地予以再现，这显然与赞助者的影响密切相关。梁译本对原作中的双关语尽量保留其原来的形式并辅以详细的注释。《错中错》总共采用了 49 处注释。大量的注释是梁译本的一个特色，这并非梁实秋的初衷，而是赞助者直接影响的结果。

三　结语

从福柯的权利话语理论、勒菲弗尔的翻译"三要素"理论和大量的史料来看，译本中的原作之隐形现象是社会、文化、意识形态乃至权力操纵的必然结果。它使我们从一个全新的角度来重新审视翻译与原作的关系，重新认识翻译"三要素"对译者的影响和作用。传统译论认为翻译必须完全忠实于原著，因此以"原著为中心"（source‐text oriented）是翻译活动最重要的准则，对原作任何形式的"叛逆"是无法接受的。勒菲弗尔对传统译论的这种观点提出质疑，认为翻译研究应该以"目的语为中心"（target‐text oriented）。纵观世界翻译界，还有其他一些学者持有相似的观点，诸如埃文·佐哈尔（Itamar Even Zohar）的"多元系统论"（Polysystem），图里（Gideon Toury）的"规范"（Norms）论，斯内尔·霍恩比（Mary Snell Hornby）的"格式塔理论"（Gestalt），弗美尔（Hans J. Vermeer）等人的"目的论"（Skopos theory）和后殖民翻译理论，都在不同程度上摒弃了以原著为中心的观点，颠覆了翻译研究的传统思想。

不可译现象和翻译补偿手段的应用[①]

摘　要　由于英汉两种语言在语言和文化上的不同特征，在词汇、语音、修辞和文化上存在不可译现象。笔者不同意完全不可译的观点，本文运用补偿手段探讨了以上四个方面的基本可译性。

关键词　不可译；补偿；英汉翻译

一　不可译现象与异化和归化的翻译策略

在英汉互译中，有时无法将原语或源语（source language）翻译成译入语或目的语（target language），从而造成一定程度上意义的损失，即"不可译"，它包括"语言上的不可译"和"文化上的不可译"。"语言结构、语言背景、思维方式、表达法的种种差异是造成可译性障碍的基本原因。因此，翻译中的可译性只能是相对的，绝对的可译性是不存在的。同理，翻译中的'忠'与'信'，也只能是相对的，绝对忠实于原文的译文也是不存在的。"[②]

翻译以原语文化为中心，还是以译语文化为中心，长期以来在我国翻译界是一个争论不休的话题，有关这方面的文章散见于各类学术刊物。笔者不同意完全不可译的观点，如果真的不可译，我们也就没有必要对翻译理论和技巧进行不断的探讨。

20世纪80年代美国翻译理论家尤金、奈达依据语言交际功能观点指出，如果译文读者对译文所做出的反应与原文读者对原文所做出的反应基本一致，那么便可认为翻译是成功的。这里只要求反应"基本一致"，而不要求完全一致，因为按照奈达的翻译理论，绝对一致的翻译

[①] 该论文已发表。具体参看韦忠生、胡奇勇《不可译现象和翻译补偿手段的应用》，《福建医科大学学报》（社科版）2004年第1期，第94—97页。

[②] 刘宓庆：《文体与翻译》，中国对外翻译出版公司1998年版，第31页。

是不存在的，原因是"人们（产生和）理解语言的方式，在任何情况下都不可能绝对一致"。

各国语言学家、翻译工作者从不同角度对跨文化交流问题进行了探讨，提出了各种各样的翻译策略。"异化"（foreignization 或 alienation）与"归化"（domestication 或 adaptation）就是最具代表性的两种方法。归化以原语文化为视点（source language culture oriented），异化以译入语文化为视点（target language culture oriented），前者主张译文应尽量适应译入语的文化习惯，为读者着想；后者提倡译文应尽量去适应原语的文化及原作者的遣词用字习惯。

美国现代翻译理论家奈达提出了所谓的"动态对等"或"灵活对等"（dynamic equivalence）的翻译方针，换言之，就是不把着眼点放在两种语言的对比上，而是放在译文读者的感受上，也就是把重点放在"译文和原文对读者所起的作用是否相同上"。所以这种"动态对等"或"灵活对等"的翻译就不限于一种译法，而要求从各种可能的译法中挑出最接近原文效果的译法。奈达主张把"翻译过程"看作是"不断从各种不同译文中选择最佳或较佳译文"的过程。

二　补偿的分类和界定

在翻译过程中，当遇到难以直接翻译的词句，译者往往需要借助译入语特有的语言表现手段，尽力弥补译文语言效果方面的缺损，以使译文达到与原文大体相同的效果，这种翻译过程就是补偿。采取补偿的翻译策略，考虑更多的是译入语或目的语的文化和遣词用字习惯，实际上是一种归化的翻译策略。

20 世纪 60—70 年代，翻译理论文献中先后出现过 compensation，compensatory，compensate for 等与补偿相关的术语，然而界定仍不明确。80 年代初，威尔斯（Wilss）在《翻译：问题与方法》（The Science of Translation: Problems and Methods）[①] 一书中多次提到补偿这一概念，称其为解决语言内及语言外结构差异的手段，后者指文化上的不可译性；

[①] Wolfram Wilss, *The Science of Translation: Problems and Methods*, Tubingen: Gunter Narr, 1982, p. 39, p. 104.

他也论述了词汇翻译的迂回策略,即解释性翻译,认为这是译者可以采用的唯一补偿手段。自 80 年代后期开始,对补偿的功用及分类更为明确。英国著名翻译理论家纽马克(Newmark)[1] 认为,补偿主要用于弥补译文在语义、声音效果、修辞及语用效果等方面的缺损。最著名的是赫维和希金斯(Hervey and Higgins)[2] 提出的补偿的分类:(1) compensation in kind(类比补偿):在译语文本中运用与原文相当的语言手段,再现原文效果;(2) compensation in place(换位补偿):译文在不同于原文的位置再现相同的效果;(3) compensation by merging(融合补偿):译文将原文多个特征融合在一起;(4) compensation by splitting(分解补偿):译文将原文较短语句的含义和特征融合在译文较长的一段话中。作者认为上述几种形式并不互相排斥,可以同时运用。我国学者柯平先生[3]认为变通和补偿手段包括加注、增益、视点转换、具体化、概略化、释义、归化和回译;马红军先生[4]则将补偿手段划分为显性补偿和隐性补偿,前者指明确的注释(包括脚注、尾注、换位注、文内注以及译本前言、附录等),体现译者的异化翻译倾向;后者包括增益、具体化、释义、归化等手段,指译者充分利用各种译入语手段对原文加以调整,反映译者总体上的归化翻译策略。

翻译界普遍认为,有关双关、典故与语音效果的转换应视为补偿,而与特定文体及修辞无关的变通手段(如语法转换)则不应属于补偿。马红军先生认为只要释义或变通是为了再现原文语言效果及传达言外之意,则均可归于补偿。

三 补偿在不可译现象中的应用

(一)补偿在词汇翻译中的运用

英语中有些词汇在汉语中找不到相对应的词,就不能用异化法,而

---

[1] Peter Newmark, *A Textbook of Translation*, New York: Prentice Hall, 1988, p. 90.
[2] S. Hervey and Higgins I., *Thinking Translation. A Course in Translation Method: French-English*, London: Routledge, 1992, pp. 35–40.
[3] 柯平:《英汉与汉英翻译教程》,北京大学出版社 2003 年版,第 109—110 页。
[4] 马红军:《翻译补偿手段的分类与应用》,《外语与外语教学》2003 年第 10 期,第 37—39 页。

要用归化法加以引申,这种引申可以从抽象到具体,也可以从具体到抽象。

例1:There were times when emigration bottleneck was extremely rigid and nobody was allowed to leave the country out of his personal preference.

Bottleneck 的原意是"瓶颈"或"(交通)狭口",引申为"限制";preference 的原意是"偏爱",引申为考虑。其译文为:过去有过这种情况,移民限制极为严格,不许任何人出于个人考虑而迁居他国[①]。

释义法也是一种变通的做法。在英译汉中,有时需要灵活地译出英语词典的原义,对原词语进行阐释。释义使抽象名词具体化,暗含词义明朗化。如英语中有几类带有强烈语义色彩的动词,在汉语中无对应色彩的动作,因此我们要在它们前面加上描摹性副词。

saunter 悠然自得地走,amble 从容不迫地走,stride 大踏步地走,trudge 步履艰难地走,trapes 懒散疲乏地走,trek 寸步难行地走,shamble 蹒跚地走,prance 昂首阔步地走,scamper 蹦蹦跳跳地走,clump 拖着沉重的脚步走,tiptoe 踮着脚尖走。

例2 由于全国实行了经济改革,中国农民已打破了延续了几十年的大锅饭制度。

译文:Thanks to the economic reform across the country, farmers in China have smashed the "common big rice pot" system that existed for decades, i.e. the absolute equalitarianism whereby everyone gets the usual pay and benefits irrespective of his performance.

"打破大锅饭"是具有中国特色的流行语,若直译为 smash the common big rice pot,不了解中国国情的外国读者就很难理解,这里作了解释性翻译予以补偿,同时尽可能保留民族特色。

例3:I knew even then that she was helping people out. She had a face that invited confidence and a heart that never betrayed it. (F. Oursler)

译文:即使在那个时候,我也已经懂得她是在热心帮助人家。她的脸使人看了就把她当作自己人,为人更是耿耿此心。

---

① 刘宓庆:《文体与翻译》,中国对外翻译出版公司1998年版,第142页。

例4："Oh! Tell us about her, Auntie," cried Imogen; "I can just remember her. She's the skeleton in the family cupboard, isn't she? ……"（J. Galsworthy：In Chancery）

译文："哦，给我们讲讲她的事儿吧，好姑姑"，伊莫根嚷嚷道："我几乎记不得她了，她是咱们家衣橱里的骷髅，丑得见不得人，是吗？……"

在以上两个译例中，invited confidence 用释义法译为"使人看了就把她当作自己人"，译例2对 skeleton 进行了阐释，增加了"丑得见不得人"这样的字眼，使其暗含含义明朗化。

（二）补偿在语音音韵翻译中的运用

英语和汉语在语音规律上相差很大，在英汉互译中找不到对应的形式，成为翻译中的不可译现象。如：

What keys are too big to carry in your pockets?

A donkey, a monkey, and a turkey.

例句中，英语利用了发音/ki/与 ki 及词形的相似性，表示答话人的机智敏捷和幽默风趣，这种由语音相似所构成的韵律美和词形后缀相同的形式美在译成汉语时很难再现。

在英语文学作品中，有一些文化水平很低的人物的语言不规范，语法、拼写、发音错误百出，这种情况要采用注释的方法，否则读者很难体会原文作者的意图。

英汉语在音韵表达上差别很大，我们可以采用变通的方法，利用汉语的叠音词、对偶句式、双声、排比结构等方法加以补偿。

例5：Change is part of life and the making of character. When things happen that you do not like, you have two choices: You get bitter or better.

译文：变化是生活的一部分，而且也塑造了人的意志品德。当你不喜欢的事情发生了，你有两种选择：要么痛苦不堪；要么痛快达观。[1]

例句中 bitter or better 是头韵（alliteration），还押尾韵，这里将其译成音韵对仗、工整贴切的对偶句式，最大限度地传达了原文的韵味。

例6：Competence, Concentration, Comprehension, Conscientiousness,

---

[1] 黎昌抱：《英语修辞格探新》，吉林大学出版社2001年版，第10页。

Clarity, Courtesy.

译文：业务过硬、精神集中、理解全面、工作认真、清楚利落、彬彬有礼。①

这里每个词都押头韵，音律铿锵。译文采用排比结构作为变通的方法，四字格节奏优美，较好地表现了原文的音乐美。

（三）补偿在修辞翻译中的运用

绝大多数英语修辞格都能找到与之相对应的汉语修辞格，它们无论在结构上或修辞作用上都彼此十分相似，在这种情况下可采取异化的方法。但是实际上，由于两个民族的思维方式和美学观念等各不相同，因此更应采用归化的办法以保持原文的语言表现力和感染力。

1. 转换比喻形象

paint（gild）the lily 与"画蛇添足"都具有强烈的民族色彩。在西方，百合花是"清白"与"贞洁"的象征，因此给百合花粉饰当然被看作是多此一举；而汉文化中蛇本无足，画蛇添足只能弄巧成拙，典出《战国策·齐策二》中的"画蛇添足"与典出莎士比亚《约翰王》（King John）中的"paint the lily"各自所具有的民族性都十分明显。英语的这一成语翻译成汉语时就要转换比喻形象，将其翻译成画蛇添足或采用释义法译为"给百合花涂彩，多此一举"。

2. 引申词义

在翻译英语修辞格时，往往还要引申词义。例如英语的 Oxymoron（矛盾修饰法）有时按照其字面意义和语法结构翻译出来会令人不解。

例7：The Major again pressed to his blue eyes the tips of the fingers that were disposed on the edge of the wheeled chair with careful carelessness. (Charles Dickens: Dombey and Son)

译文：少校用一种经心作出的漫不经心的姿态再次把原来放在轮椅边上的指尖按住自己的蓝眼睛。

这里将 careful 引申为"小心作出的"。

3. 增加用词

为了忠实通顺地表达原文的思想内容，在翻译英语修辞格时，需要

---

① 黎昌抱：《英语修辞格探新》，吉林大学出版社2001年版，第11页。

增加用词。

例8：The messenger who was not long in returning, followed by <u>a pair of heavy boot</u> that came <u>bumping</u> along the passage <u>like boxes</u>. （Dickens）

译文：送信人不久就回来了，后面跟着一个穿着笨重靴子的人，在过道里走的咯噔咯噔乱响，像滚动箱子一样。

A pair of boot（一双笨重的靴子）属于英语修辞格Metonymy（借代），译文加词为"一个穿着笨重靴子的人"；bumping（碰，撞）属于Onomatopoeia（拟声），译文增词为"咯噔咯噔乱响，"like boxes（像箱子一样）属于Simile（明喻）。根据上文，译文增加"滚动"二字，这样译文就通俗易懂了。

英汉语的双关语都是指同形异义词或同音异义词的巧妙使用，因此双关语分为谐音双关语和谐义双关语，双关语是一种特殊的表达方式，使语言生动活泼，富有文采。双关语的翻译在多数情况下在译文中很难再现原文的修辞形式，可用叠字来作为一种变通的补偿方式。汉语歇后语中有些也含有谐音相关的修辞结构，翻译时有一定的难度，绝大多数是不可译的。

例9：It's a long, long way to Siberia and long, long wait at Moscow airport. （Jeff Trimble）

译文：去西伯利亚的路，千里迢迢；在莫斯科机场候机，遥遥无期。①

句中way和wait是谐音双关语，long, long way和long, long wait相连，给人一种路途遥远，几无盼头的感觉。这里用"迢迢""遥遥"叠字形式作为一种变通的译法。

例10："试纺，顶多忙一阵子，过了几天，还不是外甥打灯笼—找旧（照旧）。"（周而复，《上海的早晨》）

译文："And if we're now going to have a check spinning, it'll only mean that we'll be busier than ever for a spell and then after a few days <u>things will be back to what they were before.</u>"

在这里歇后语的喻义被准确贴切地译出来了，但是在译文中汉语的

---

① 包惠南：《文化语境与语言翻译》，中国对外翻译出版公司2001年版，第335页。

双关语体现不出来。

(四) 补偿在文化翻译中的运用

在漫长的历史发展过程中,语言中积淀了丰富的文化,尤其文化中所蕴含的文化语义,鲜明地体现了民族性,由于两种语言不同的文化观念,势必存在文化局部交叉、碰撞和冲突,这就给语言的翻译带来了种种障碍和困难。每一种语言都有其特定的词汇、成语、典故等"文化负载词"(culturally – loaded words),在译入语中找不到与之对应或对等的词语,不得不采取异化并加注的方法,从而使作品的语言风格、艺术特色、表现手法等受到不同程度的损失。

例11:"这断子绝孙的阿Q!"远远地听到小尼姑的带哭的声音。(鲁迅,《阿Q正传》)

译文:"Ah Q, may you die sonless!" Sounded the little nun's voice tearfully in the distance.

"不孝有三,无后为大"是中国的封建传统道德观念,至今这种传统的观念仍然根深蒂固,这是数千年来形成的一种民族心理;在中国人的观念中,骂人"断子绝孙"是最刻毒的咒语。而在西方社会,这种观念要淡薄的多。因此英美读者不可能理解译文中"sonless"的文化含义,因而译文必须加上一条注释:a curse intolerable to ear in China,才能使译文读者确切理解全句的语用含义。

有些专有名词往往反映某种背景情况、民俗或典故,遇到这种情况,我们必须把它们所具有的特殊含义阐释出来。

例12:Now you can meet good Samaritans again, here, there and everywhere.

Samaritan是《圣经》中的一个人物,生性乐善好施,因此全句译为:现在你又可以处处见到乐于助人的人了。

例13:"难道这也是个痴丫头,又像颦儿来葬花不成?"因而笑道:"若其也葬花,可谓东施效颦了,不但不为新奇,而是更是可厌。"(曹雪芹,《红楼梦》第三十四回)

译文:"Can this be another absurd maid to come to bury flowers like Taiyu?" He wondered in some amusement. "If so, she's 'Tung Shih imitating His Shih,', which isn't original but rather tiresome."

一般的英美读者不大可能了解译文中出现的"Tung Shih"和"His Shih",因此对 Tung Shih imitating His Shih 这一典故也必然感到茫然不解,为此译者加注如下:"His Shih was a famous beauty in the ancient Kingdom of Yueh. Tung Shih was an ugly girl who tried to imitate her ways."这样便于不熟悉中国文化的英美读者理解这一典故的含义。

四 结语

由于英汉两种语言结构的特殊性和民族文化的差异性,翻译中不可译性限度的存在是一个不争的事实。译者要深入探讨两种语言的特点,努力缩小这种限度。补偿无疑是翻译不可译现象的一种非常有效的方法。笔者认为不存在完全不可译现象,任何语言现象都是基本可译的。

汉语流水句汉译英探析[①]

摘 要 流水句是汉语特有的句式之一,一般较长。这种句式汉译英的要点是理清其语义和关系,加以拆译,添加必要连接词语以体现英语句子之间逻辑关系的显性连接和汉语的隐性连贯。

关键词 汉语流水句;汉译英;意合与形合

一 英语的形合与汉语的意合

当代美国著名翻译家奈达在 *Translate Meaning* 一书中指出,就汉语和英语而言,也许在语言上最重要的一个区别就是形合和意合的对比。鲁道夫·弗莱士博士[②]认为汉语是"世界上最成熟的语言"。"汉语广泛运用意合手段来表情达意,正是它智慧和最成熟的标志之一。近年来,

---

[①] 该论文已发表。具体参看韦忠生,胡奇勇《汉语流水句汉译英探析》,《集美大学学报》(哲社版)2005年第2期,第82—85页。

[②] 毛荣贵:《英译汉技巧新编》,外文出版社2001年版,第128页。

我国的许多学者也纷纷达成共识：汉语的优势并不限于四字结构，意合在许多语言中根本无法形成优势，而重意合的汉语则令其相形见绌。"①就表情达意的功能而言，形合是明示，意合是隐含。形合和意合的主要区别在于：英语句子中连接词使用较多，一般不能随便省略。英语的长句就是意合的体现，它除了主句还包括若干分句、从句和大量的修饰语如从句、介词短语、形容词短语、非谓语动词形式等，使用了大量的连接词，从而形成结构较为复杂的长句，英语长句在公文文体、论述文体、科技文体和文艺文体中用得尤多，是由于长句可以严密细致地表达多重而又密切相关的概念。汉语是分析性为主的语言，没有形态变化，少用甚至不用关联词，词语之间的语法关系主要是通过词序或虚词（助词）等手段来表示。词的先后次序一般是按照时间顺序和逻辑关系来排列。形合手段可分为两种②：一是形态，包括构词和构形；二是形式词，包括连接词、关系词、介词、助词、代词和语气词等。请看一些英语字典对形合和意合的释义。

Hypotaxis: The dependent or subordinate construction of relationship of clauses with connectives; for example, I shall despair if you don't come. (The American Heritage Dictionary)

Parataxis: a) the coordinating ranging of clauses, phrases, or words one after another without coordinating connectives (as in "he laughed; she cried") b) the subordinating clause beside a main clause without a subordinating connective (as in "I believe it is true"; "there is a man wants to see you" (Webster's Third New International Dictionary)

我们可以对上述两个英语定义进行分析。他们均认为英语的形合与汉语的意合之间的区别在于小句之间是否使用联结词，即关系代词、关系副词、并列连接词和从属连接词。对意合的定义还指出其区别不仅在于小句（clause）之间是否使用连接词（connective），还表现在词语、短语之间是否使用连接词，而对形合的定义未提及词语与短语之间的关系，两个定义均未涉及语篇中句子之间的关系。笔者认为形合借助形态

---

① 毛荣贵：《英译汉技巧新编》，外文出版社2001年版，第128页。
② 周志培：《汉英对比与翻译中的转换》，华东理工大学出版社2003年版，第34页。

和形式词体现词语间、小句间和句子间的关系；意合不借助形态和形式词，依据句子与句子自身意义上的连贯性与逻辑顺序达到连接的目的。形合注重的是显性连接（overt cohesion），意合注重的是隐性连贯（cover coherence）。

二 汉语流水句的界定

汉语也有长句，"流水句"是其中一种句式，它是指一口气说几件事，中间似断似连，一逗到底，直到说完才有一个句号，参与一个事件过程的不是一个人，可能有几个甚至多个人，因此有几个主语或话题。"汉语造句主要采用流水记事法，常用分句或流水句来逐层叙述思维的各个过程。"① 流水句是汉语造句的一个重要特征，句子以"意尽为界"。句子的信息容量没有语法形式上的限制，弹性很大，一句接着一句，恰似流水，可以无限制地扩展下去，呈"线性的流动、转折，追求流动的韵律、节奏，不滞于形"②。流水句这个生动的说法是由吕叔湘先生提出的，他认为流水句中几个小句流下去，一个小句接一个小句，很多地方可断可连③。胡明扬、劲松先生④分析了现代汉语中流水句在语音、句法以及语义方面的特征，将"流水句"界定为"是一种在非句终句段也出现句终语调，语义联系比较松散，似断还连的无关联词语复句"。认为流水句的语音特征是除了全句末尾有一个句终语调以外，句中小句末尾也会出现句终语调，只不过这类句中语调比全句的句终语调要短。通过实验他们发现，流水句中小句间的句中停顿与句末停顿时间之比为 0.25—0.75 : 1，平均数为 0.48 : 1，即句与句之间停顿大致比句中停顿长一倍。流水句的句中停顿与句间停顿的差别是比较明显的，如果句中停顿达到一定的长度，则可以构成独立的句子。流水句这种非句终位置出现句终语调的

---

① 连淑能：《英汉对比研究》，高等教育出版社2002年版，第67页。
② 申小龙：《中国句型文化》，东北师范大学出版社1988年版，第59页。
③ 吕叔湘：《汉语语法分析问题》，商务印书馆1979年版，第27页。
④ 张斌、范开泰、张亚军：《现代汉语语分析》，华东师范大学出版社2002年版，第265页。

现象是一种"非常规的现象"。流水句在结构上的特征有两个[①]，第一，一个流水句至少包括两个独立句段；第二，句段之间一般不是靠关联词语来联结的。现代汉语的句段有两类，一类是独立句段，在没有特定的上下文和语境的支撑下能独立成句；一类是非独立句段，在没有特定的上下文和语境的支撑下不能独立成句。流水句的语义特征是句段与句段之间的语义联系比较松散，一般很难添加表示某种紧密逻辑关系的关联词语。流水句与一般的意合复句一样不使用关联词语，但是意合复句内部个构成部分之间的语意关系较为紧密，可以加上表示某种逻辑关系的关联词语。然而流水句内部的各句段之间有时难以添加恰当的关联词语。张斌等还举出下列三个例子。

例1：（如果／因为）他不来信，（那么／所以）我不回信。

例2：（既然）这两天不舒服，（就）不要去了。

以上两句是通过意合法构成的复句，都可以补上相应的关联词语。下面的一个例子则为流水句，其小句之间无须添加关联词语，即使补上也很勉强。

例3：用不着您看家，（因为）待会儿有警察来照应着这条街，去，换上新衣裳去。（《龙须沟》）

汉语中常见的另一种句子为动词句，它与流水句不同，应予以区别，它只有一个主语。这种句式是指一个施动者做了一连串的动作。

例4：车夫毫不理会，或者并没有听到，却放下车子，扶那老女人慢慢起来，挽着臂膊立定，问伊说：你怎么啦？（《一件小事》鲁迅）

例句4中一口气叙述了车夫的几个动作，施动者都是车夫。

三　汉语流水句的翻译

"流水句"一连叙述几件事，一逗到底，直到说完才有一个句号。一般都较长，属于汉语的长句，语意复杂，很难用一句表达清楚，往往需要拆译成两句或多句。了解汉语与英语构句法的不同有助于理清汉语流水句的意义和关系，恰当地选择译文的表达方式。汉语的长句还包括

[①] 张斌、范开泰、张亚军：《现代汉语语分析》，华东师范大学出版社2002年版，第265页。

动词句、名词句、总分复句、转折复句等。尽管汉语流水句结构松散，但汉语的构句非常注重意义的连贯，所呈现的汉语叙事的特点是平铺直叙、起承转合一般都隐含在字里行间的。

下面的语料则采用匡佩华和曹珊翻译的《牡丹亭》，其中文由陈美林根据明朝汤显祖的原著改编而成。

例5：不觉冬去春来，久困思动，今日醒来，阳光照屋，精神为之一振，扔在屋角的包袱一直未曾打开，趁天气晴朗，一把拎了过来，抖出冬天换下的衣裳，上面尚有点点雨渍雪痕，便将它摊在窗前晒起。

译文：Before very long winter passed and spring arrived. One day when Liu Mengmei woke up, he was pleased to find that the room full of sunshine. He had lain on the bed for a long time and now found it better to get up and move around. He jumped up and took up the bundle which he had thrown in the corner of the room many days ago. His winter clothes still had stains of rain and snow and he hung them up by the window to dry.①

原文是一个包括87个字符的流水句，其话题分别为"冬""春""柳梦梅""阳光""精神""包袱""上面"，表示人物的话题与表示事物的话题夹杂在一起，包含几层意义，整句没有一个连接词，体现了汉语的意合的特点。译文将其翻译成五句，并使用了一些连接词如when，that，which将语义连接在一起。

例6：杜丽娘不顾一切，掩声而入，只见柳梦梅先前剔过的油灯此刻又明灭不定，便趋步案前，再续上一些灯油，剔出一节灯草，灯光渐渐明亮，不一会儿灯草居然结出并头结。

译文：She took a risk and entered to find that the oil lamp that he had lit had become dim. She added some oil and soon the room was brightly lit with two parallel strands of wick – a good omen for a marriage.②

原文是一个包括75个字符的流水句，全句包含三层意义，三个话题分别为"杜丽娘""灯光""灯草"。这一句与上例不同，在上例中

---

① 汤显祖著，陈美林改编，匡佩华、曹珊译：《牡丹亭》，新世界出版社1999年版，第95页。
② 汤显祖著，陈美林改编，匡佩华、曹珊译：《牡丹亭》，新世界出版社1999年版，第129页。

表示人物的话题与表示事物的话题夹杂在一起,而在这个例子中先是一个表示人物的话题"杜丽娘,后有一连串的动作,然后是两个表示物体的话题。如果没有"灯光"后的两个短句则成了动词句。译文将其译为两个句子,添加了两个关系代词 that。

例 7:这座罗城修筑得高大厚实,城上建有瞭望楼,城墙上修有女墙,女墙上留箭眼,可以射杀城外贼众。

译文:The new wall was high and solid with watchtowers on top. On the wall were several short walls with arrow holes from which the soldiers could shoot the enemy outside. ①

原文包括 44 个字符,包含四层意义,有四个话题:罗城、城上、城墙上、女墙上,其中的三个话题为表示方位的词,与上述两例均为不同,汉语有大量方位词作为话题。与以上两例不同还体现在此句完全是描写物。译文把原文翻译成两个句子,from which 是介词加关系代词引导的定语从句,是正式的文体。

例 8:"…… 否则,我们走倦了就睡在铁道旁边,或者跑到对面的小山上面,青草做我们的床,白云做我们的被,还有悬在天空中的不灭的灯光,夜莺的音乐,多么幸福啊!……"(《黄昏》谢冰莹)

译文:"Otherwise, when we got tired, we could lie down sleeping beside the railway, or go up the opposite hill to lie on top with sleeping grass as our bed, the white clouds as our quilts, and with inextinguishable lights over us in the sky and nightingales singing sweet songs. Oh, how happy we would be! ..." (Tr. By Zhang Peiji)

原文 84 个字符,其话题分别为:我们,青草,白云,包含好几层意思,最后有一个议论句"多么幸福啊!"这一句与上述三个例子都不同,既有叙述、描写,结尾还有议论。译文将其分为两句,将议论句另译为一句,这种句式的议论句经常需要这样处理。在译文中补上连接词 when,用介词短语都体现了英语形合的特点。

---

① 汤显祖著,陈美林改编,匡佩华、曹珊译:《牡丹亭》,新世界出版社 1999 年版,第 159 页。

四 形合和意合的局限性

"英语重形合,汉语重意合"是我国翻译界的共识,对翻译实践具有普遍的指导意义。"重"为"偏重"之意,并没有否定两种语言都有形合句和意合句。然而,这一论述本身具有模糊性,可理解为英汉两种语言系统中形合与意合的对立,也可理解为形合与意合不具有语言系统的规定性,而是人们在运用英汉两种语言时有不同的选择倾向性。我们应该从其第二层含义以及语用意义的角度去理解这一论断,避免将一种趋势拔高为一条定理,避免简单化和绝对化。我们应该更多地考虑原语和译入语文本的题材、体裁、风格等,如法律、论述文和科技文体的形合的频率一般高于其他文体。"一般地说,英语形合句多,汉语意合句多,但其多少与文体密切相关。"[1] "在许多情况下,形合与意合不具有语言系统的规定性,而是语言使用者在实际的话语中所作出的语用选择。"[2] 根据中外许多学者的研究,从整体上来说,汉语意合句的频率比英语高。

五 结语

汉语流水句是汉语长句的其中一个句式,往往较长,汉译英时要拆译,将其拆成两句或以上的句子,其次要将汉语流水句中隐含的逻辑关系体现出来,添加一些必要的连接词,体现英语的形合特点。英汉修辞学都主张长短句交替、单复句相间。过分使用长句或短句都会产生单调感。因此,我们要遵循英汉修辞学的这一原则,尽量采用长短句交替的句子。

---

[1] 连淑能:《英汉对比研究》,高等教育出版社2002年版,第60页。
[2] 申连云:《形合与意合的语用意义及翻译策略》,《外国语》2003年第2期,第67页。